高等教育轨道交通“十三五”规划教材·机车车辆类

机车车辆运用与维修

（修订本）

焦风川　王斌杰　主编

北京交通大学出版社

·北京·

内 容 简 介

本书为铁路机车车辆专业专业课程，本课程的目标和任务是使学生了解国内外动车组运用现状、先进维修技术及设备，学习动车组运用、维修基本知识、维修手段及设备，掌握动车组运用、维修及其组织管理基本理论。

本书分为运用、维修两部分。分别介绍动车组运用、维修相关基础知识及原理。运用部分讲解运行图、动车组运行、运用管理基本知识，重点阐述动车组运用组织、动车组的周转、运用指标及分析、运用安全等知识；维修部分以可靠性维修为基本点，内容涵盖动车组维修基本理论（故障机理、故障诊断、故障分析方法及原理）、动车组检修制度及制订检修制度的基本原理、动车组维修的组织及实施。

图书在版编目（CIP）数据

机车车辆运用与维修/焦风川，王斌杰主编．—修订本．—北京：北京交通大学出版社，2012.12（2024.7 重印）

（高等教育轨道交通“十三五”规划教材）

ISBN 978-7-5121-1309-1

Ⅰ.① 机…　Ⅱ.① 焦…　② 王…　Ⅲ.① 机车-车辆运行-高等学校-教材　② 机车-车辆修理-高等学校-教材　Ⅳ. ① U26

中国版本图书馆 CIP 数据核字（2012）第 298839 号

责任编辑：吴嫦娥　　特邀编辑：李晓敏

出版发行：北京交通大学出版社　　　电话：010-51686414

北京市海淀区高梁桥斜街 44 号　　邮编：100044

印 刷 者：北京虎彩文化传播有限公司

经　　销：全国新华书店

开　　本：185×260　　印张：17.25　　字数：431 千字

版　　次：2024 年 7 月第 1 版第 2 次修订　　2024 年 7 月第 4 次印刷

书　　号：ISBN 978-7-5121-1309-1/U·123

定　　价：49.00 元

本书如有质量问题，请向北京交通大学出版社质监组反映。对您的意见和批评，我们表示欢迎和感谢。

投诉电话：010-51686043，51686008；传真：010-62225406；E-mail：press@bjtu.edu.cn。

总序

我国是一个内陆深广、人口众多的国家。随着改革开放的进一步深化和经济产业结构的调整，大规模的人口流动和货物流通使交通行业承载着越来越大的压力，同时也给交通运输带来了巨大的发展机遇。作为运输行业历史最悠久、规模最大的龙头企业，铁路已成为国民经济的大动脉。铁路运输有成本低、运能高、节省能源、安全性好等优势，是最快捷、最可靠的运输方式，是发展国民经济不可或缺的运输工具。改革开放以来，中国铁路积极适应社会的改革和发展，狠抓制度改革，着力技术创新，抓住了历史发展机遇，铁路改革和发展取得了跨越式的发展。

国家对铁路的发展始终予以高度重视，根据国家《中长期铁路网规划》（2005—2020年）：到2020年，中国铁路网规模达到12万千米以上。其中，时速200千米及以上的客运专线将达到1.8万千米。加上既有线提速，中国铁路快速客运网将达到5万千米以上，运输能力满足国民经济和社会发展需要，主要技术装备达到或接近国际先进水平。铁路是个远程重轨运输工具，但随着城市建设和经济的繁荣，城市人口大幅增加，近年来城市轨道交通也正处于高速发展时期。

城市的繁荣相应带来了交通拥挤、事故频发、大气污染等一系列问题。在一些大城市和一些经济发达的中等城市，仅仅靠路面车辆运输远远不能满足客运交通的需要。城市轨道交通节约空间、耗能低、污染小、便捷可靠，是解决城市交通的最好方式。未来我国城市将形成地铁、轻轨、市域铁路构成的城市轨道交通网络，轨道交通将在我国城市建设中起着举足轻重的作用。

但是，在我国轨道交通进入快速发展的同时，解决各种管理和技术人才匮乏的问题已迫在眉睫。随着高速铁路和城市轨道新线路的不断增加以及新技术的开发与引进，管理和技术人员的队伍需要不断壮大。企业不仅要对新的员工进行培训，对原有的职工也要进行知识更新。企业急需培养出一支能符合企业要求、业务精通、综合素质高的队伍。

北京交通大学是一所以运输管理为特色的学校，拥有该学科一流的师资和科研队伍，为我国的铁路运输和高速铁路的建设作出了重大贡献。近年来，学校非常重视轨道交通的研究和发展，建有“轨道交通控制与安全”国家级重点实验室、“城市交通复杂系统理论与技术”教育部重点实验室，“基于通信的列车运行控制系统（CBTC）”取得了关键技术研究的突破，并用于亦庄城轨线。为解决轨道交通发展中人才需求问题，北京交通大学组织了学校有关院系的专家和教授编写了这套“高等教育轨道交通‘十三五’规划教材”，以供高等学校学生教学和企业技术与管理人员培训使用。

本套教材分为交通运输、机车车辆、电气牵引和土木工程四个系列，涵盖了交通规划、运营管理、信号与控制、机车与车辆制造、土木工程等领域，每本教材都是由该领域的专家执笔，教材覆盖面广，内容丰富实用。在教材的组织过程中，我们进行了充分调研，精心策划和大量论证，并听取了教学一线的教师和学科专家们的意见，经过作者们的辛勤耕耘以及编辑人员的辛勤努力，这套丛书得以成功出版。在此，我们向他们表示衷心的谢意。

希望这套系列教材的出版能为我国轨道交通人才的培养贡献绵薄之力。由于轨道交通是一个快速发展的领域，知识和技术更新很快，教材中难免会有诸多的不足和欠缺，在此诚请各位同仁、专家不吝批评指正，同时也方便以后教材的修订工作。

编委会

2019 年 3 月

出版说明

为促进高等轨道交通专业机车车辆类教材体系的建设，满足目前轨道交通类专业人才培养的需要，北京交通大学机械与电子控制学院、远程与继续教育学院和北京交通大学出版社组织以北京交通大学从事轨道交通研究教学的一线教师为主体、联合其他交通院校教师，并在有关单位领导和专家的大力支持下，编写了本套“高等教育轨道交通‘十三五’规划教材·机车车辆类”。

本套教材的编写突出实用性。本着“理论部分通俗易懂，实操部分图文并茂”的原则，侧重实际工作岗位操作技能的培养。为方便读者，本系列教材采用“立体化”教学资源建设方式，配套有教学课件、习题库、自学指导书，并将陆续配备教学光盘。本系列教材可供相关专业的全日制或在职学习的本专科学生使用，也可供从事相关工作的工程技术人员参考。

本系列教材得到从事轨道交通研究的众多专家、学者的帮助和具体指导，在此表示深深的敬意和感谢。

本系列教材从 2012 年 1 月起陆续推出，首批包括：《设计与制造公差控制》、《可靠性工程基础》、《液压与气动技术》、《测试技术》、《单片机接口技术》、《计算机辅助机械设计》、《控制理论基础》、《机械振动基础》、《动车组网络控制》、《动车组运行控制》、《机车车辆设计与装备》、《列车传动与控制》、《机车车辆运用与维修》。

希望本套教材的出版对轨道交通的发展、轨道交通专业人才的培养，特别是轨道交通机车车辆专业课程的课堂教学有所贡献。

编委会

2019 年 3 月

前　言

在铁路跨越式发展的进程中，我国通过引进高速动车组、交流传动大功率机车，使我国铁路机车车辆达到了国外先进水平，现代机车车辆已经成为结构复杂、技术含量高、集成度高的智能化大型复杂系统，其运用可靠性直接关系到高速、重载铁路运输的安全与效益。

机车车辆水平的提高对运用方式、管理方法、检修制度、运用维修人员提出了更高的要求。传统的模式已不能适应目前的发展，尤其是对高速列车的维修，已经发展成为一门综合性学科，必须运用现代维修理论与方法，指导维修实践，建立完整的维修保障体系，对高速列车实行高效、完备的运用维护，保证其运用可靠性。同时，也必须有一支高素质、高水平的运用维修技术队伍和管理队伍。

本书是适应目前铁路现场需求，在铁道部动车组高级技术班培训讲义的基础上修改、完善而成。目标是提升运用与维修人员的现代维修理念，重视机车车辆整个寿命周期内的各项维修活动，大力推行以可靠性为中心的、分层次的、多样灵活的维修模式。全书分为两篇，第 1 篇为动车组运用知识，介绍了动车组运用管理所涉及的基础业务知识，铁道部颁布的动车组专项管理规定，重点是动车组运用管理及动车组的周转。第 2 篇系统介绍机车车辆的维修系统理论、保障体系，详细阐述适应现代维修的可靠性基础知识及已逐渐成为机车车辆维修支撑技术的故障诊断、分析技术；机车车辆及其配件的寿命管理；国内外维修制度的形成与发展；以信息化为基础建立的我国动车组维修体系。

本书面向铁路机车车辆运用、维修领域，可作为专升本、本科教学的教材及参考书。可根据教学对象先修知识、层次，选择讲授不同的内容，使学员通过学习能够成为适合机车车辆、动车组运用和检修的工程技术人员和管理人员。

本书由焦风川、王斌杰主编，编写分工为：王斌杰编写动车组运用工程部分第 1 章、第 2 章及动车组维修部分第 6 章、第 7 章、第 9 章；焦风川编写动车组运用工程部分第 3 章、第 4 章、第 5 章及维修工程部分第 8 章、第 10 章、第 11 章。在编写过程中，参考了大量业界前辈及同行所编著的文献和论著，在此向这些文献和论著的编著者表示衷心的敬意和感谢！随着我国高速、重载铁路网络的不断发展、完善，新的管理体制、新的运用方式、新的维修模式将会不断涌现，我们将紧随发展，不断完善教材内容。感谢为本书出版付出劳动、提供资料、提出建议的所有朋友和同事！

由于编者水平的限制，时间仓促，还有很多疏漏，望读者批评指正。

编　者

2012 年 12 月于北京

目　录

第1篇　动车组运用工程

第1章　概述 …… 2

1.1　动车组运用特点 …… 2
1.2　国外动车组运用简介 …… 13
1.3　我国高速动车组概况 …… 15
复习参考题 …… 22

第2章　动车组运用基础 …… 23

2.1　列车运行 …… 23
2.2　列车运行图 …… 27
复习参考题 …… 36

第3章　动车组运用管理 …… 37

3.1　运用管理组织及内容 …… 37
3.2　动车组运用方式及制度 …… 40
3.3　周转图 …… 45
3.4　运用指标 …… 49
复习参考题 …… 51

第4章　动车组专业管理规定 …… 52

4.1　动车组专业管理 …… 52
4.2　动车组运行 …… 60
4.3　动车组停放防冻管理办法 …… 63

第5章　动车组运用所基本管理制度 …… 65

5.1　检修计划管理制度 …… 65
5.2　安全防护管理制度 …… 65
5.3　随车机械师出退乘交接管理制度 …… 66
5.4　检修信息管理制度 …… 67

第2篇　动车组维修

第6章　维修概述 …… 70

6.1　维修的定义及基本范畴 …… 70
6.2　维修理论概述 …… 73
6.3　动车组维修的分类 …… 76
复习参考题 …… 80

第7章　动车组维修可靠性基础 …… 81

7.1　概述 …… 81
7.2　可靠性预计 …… 100
7.3　故障的可靠性分析 …… 102
7.4　动车组的维修性 …… 128
7.5　动车组寿命周期费用分析 …… 134
复习参考题 …… 144

第8章　故障检测、诊断技术 …… 146

8.1　概述 …… 146
8.2　测试性 …… 149
8.3　故障诊断技术 …… 152
8.4　列车运行状态监测、诊断系统 …… 169
复习参考题 …… 171

第9章　动车组寿命及其管理 …… 172

9.1　寿命的定义及分类 …… 172

9.2 寿命的确定方法 …………………… 174
9.3 寿命管理 ……………………………… 176
9.4 动车组及其零部件延寿措施 ……………………………… 179
复习参考题 ……………………………… 182

第 10 章 维修制度 …………………… 183

10.1 基本概念 ………………………… 183
10.2 维修间隔期的确定 …………… 187
10.3 维修级别的分析 ……………… 193
10.4 以可靠性为中心的维修制度 ……………………………… 196
10.5 高速列车的维修制度 ……… 202
复习参考题 ……………………………… 210

第 11 章 动车组维修的组织与管理 …… 211

11.1 高速动车组维修概述 ……… 211
11.2 维修机构 ………………………… 216
11.3 主要检修设备 ………………… 227
11.4 检修流程 ………………………… 236
11.5 动车组检修管理与人员培训 ……………………………… 249
11.6 信息化的维修管理 ………… 256
复习参考题 ……………………………… 260

附录 A 模拟试题 ……………………… 261

A1 模拟试题一 ………………………… 261
A2 模拟试题二 ………………………… 262

参考文献 ……………………………… 264

第1篇　动车组运用工程

第1章　概述

第2章　动车组运用基础

第3章　动车组运用管理

第4章　动车组专业管理规定

第5章　动车组运用所基本管理制度

第1章

概　述

【本章内容概要】

讲述动车组的特点，动车组的关键技术，介绍了我国各型动车组的技术参数和编号方法。

【本章学习重点与难点】

学习重点：明确动车组的关键技术；动车组的编码规则；我国动车组的技术参数。

学习难点：需要读者在掌握相关知识的基础上，能够深入分析动车组高速运行中出现的问题。

1.1　动车组运用特点

从1964年日本东海道新干线开始投入商业运营，高速铁路在世界发达国家崛起，百年铁路重振雄风，铁路发展进入了一个崭新的阶段。自日本之后，法国、德国、意大利、西班牙、瑞典等国家也相继发展了不同类型的高速铁路。我国的高速动车组从2007年4月18日投入运营，将成为世界上拥有高速动车组数量最多，运营里程最长的国家。

1.1.1　世界主要动车组分布

世界各国时速200公里及以上动车组主要分布见表1-1。

表1-1　世界各国时速200公里及以上动车组主要分布

国家	动车组型号及最高运行速度		动车组数量	动车组制造商	营业里程/km
	动车组型号	最高运行速度/(km/h)			
日本	0系	210	400列	川崎重工、日立、日本车辆、东急车辆、近畿车辆	2300
	300系	270			
	500系	300			
	700系	285			
	200系	240			
	E2、E3	300			
	E4	240			
法国	TGV-P	270	460列	阿尔斯通	1580
	TGV-A	300			
	TGV-2N	300			

续表

国家	动车组型号及最高运行速度		动车组数量	动车组制造商	营业里程/km
	动车组型号	最高运行速度/(km/h)			
德国	ICE-1	280	220 列	西门子	4800
	ICE-2	280			
	ICE-3	330			
	ICE-T	230			
西班牙	AVE	300	24 列	阿尔斯通、西门子	471
意大利	ETR450	250	102 列	菲亚特	237
	ETR460	250			
	ETR470	250			
	ETR500	300			
韩国	KTX	300	46 列	阿尔斯通	412
中国	CRH 系列	350	811 列	中国南车、北车集团公司	5575

1.1.2 高速动车运用特点

1. 高速度

速度是高速铁路技术水平最主要的标志，各国都不断提高高速列车的运营速度。世界各主要国家动车组速度见表 1-1。最高运营速度就是指最高商业运行速度。除最高运行速度外，旅客更关心的是决定旅客全程旅行时间的旅行速度。而旅行速度则是一个国家运用管理（尤其是行车组织）水平的具体体现。

2. 高密度

列车间的间隔越小，运行密度越大，为旅客提供的服务频率越高，旅客等待乘车的时间就越短，就能吸引更多的客流。高速铁路一般都采用“小编组，高密度”的组织方式，最小追踪列车间隔时间技术设备可以达到 3 min。以日本东海道新干线为例，最小追踪列车间隔时间为 4 min，每日运行 18 h，日行车量达到了 142.5 对。

3. 高正点率

正点率是高速铁路整个系统设备可靠性和运输组织水平的综合反映，也是运输服务质量的核心，不仅在与其他交通运输方式竞争中赢得了旅客，同时也强化了自身的管理工作。赢得客流的重要手段。西班牙规定高速列车晚点超过 5 min 要退还旅客的全额车票费，自投入运营以来，其列车正点率高达 99.6% 以上；日本规定到发超过 1 min 就算晚点，晚点超过 2 h 就要退还旅客的加快费，日本东海道新干线列车平均误点时间只有 0.3 min。

4. 高可靠性

安全是高速铁路永远的主题，各国高速铁路都拥有其完善的安全保障体系。高速铁路被认为是最安全的现代交通运输方式。

5. 高度统一的综合管理

各国都根据自己国家的运营特点建立了综合运营管理系统，综合考虑动车组的运用计划、控制、维修，最大限度提高动车组的运用效率。如日本的 CSMOS 系统、法国的 CTC 系统、庞巴迪的 MAXIMO 等。

1.1.3 动车组特点

1. 动车组的动力配置型式

动车组的动力配置型式是指在动车组编组中动力车（用“M”表示）和拖车（用“T”表示）的数量多少及编组的位置。目前，动车组的动力配置型式有两种，即动力集中型配置和动力分散型配置。

在动车组编组中两端为动力车（或一端为动力车、另一端为控制车）、中间为拖车，即动力集中型动力配置。如法国东南线 TGV 高速列车，10 辆编组中两端是动力车，中间是拖车，即 2 动 +8 拖（简称 2M +8T）。

在动车组编组中全部为动力车或大部分为动力车、小部分为拖车，即动力分散型动力配置。如日本 700 系高速列车，16 辆编组中有 12 辆动力车，4 辆是拖车，即 12M +4T。

两种类型的动车组都具有自身的特点和发展过程。从动车组产生和发展历史来看，某个国家或某条高速铁路采用什么类型的动车组，可能与它们的运用条件、运用经验和传统技术有关。因此在选择和比较它们的优劣时不能一概而论。只有详细分析它们的技术特性，结合具体的运用要求和使用条件才能得出比较明确的结论和选型方案。这里就动力集中型动力配置与动力分散型动力配置的动车组的优缺点进行分析，见表 1-2 和表 1-3。

表 1-2 两种类型的动车组优缺点比较一

动车组集中型优点	动力分散型缺点
它与传统的列车相似，便于按习惯进行运行管理和维修管理	与传统运营、维修管理体制和习惯不适应，必须建立一套新的维修保养体系
故障相对较高的电器、机械设备集中在头车，运用中便于监测和进行技术保养，这些设备的工作环境也较清洁	动力设备安装在车下，要求体积小，工作环境差。分散的动力设备故障率相对较高
机械、电气设备与载客车厢相隔离、车厢内噪声、振动较小	车辆下部吊装动力设备，其产生的振动和噪声会影响车厢内的舒适度，增加了隔振降噪的技术难度
动力头车可以摘挂使列车进入既有线，甚至可更换内燃机车使列车直接进入非电气化铁路运行	列车只能分单元编组，不能驶入非电气化铁路运行

表 1-3 两种类型的动车组优缺点比较二

动力分散型优点	动车组集中型缺点
动力车不但能够提供列车牵引力，同时可以容纳旅客，增加了动车组的载客量	动力头车不能载客，相对减少了载客量
将牵引动力设备和牵引电机的功率和重量分散到各个车辆负担，较易实现高速列车减轻轴重的要求	动力头车集中了全部动力设备，减轻设备重量比较困难，而高速列车要求列车的轴重尽量轻
牵引力分散在各个动力车轮上，可解决动车组大牵引力与轴重限制之间的矛盾	高速动车组需要动力头车产生足够大的黏着牵引力，这与减轻轴重的要求形成矛盾
可以充分利用动力制动功率，列车具有较好的制动性能	动力头车的制动能力受到黏着的限制，需要拖车分担部分制动功率，因此列车的制动性能欠佳

2. 高速铁路客运特点

高速铁路之所以受到各国政府的普遍重视，是由于高速铁路与高速公路和中长途航空运输相比有下列特点。

(1) 旅客旅行时间。中长途旅客选择乘坐交通工具首先考虑耗费的旅行总时间，即旅客从出发地到达目的地的时间。耗时越少，被选择的可能性就越大。

(2) 安全性和舒适度。德国铁路、公路和民航运输的事故率（每百万人公里的伤亡人数）之比大致为1∶24∶0.8。公路大轿车的事故率为铁路的2.5倍。日本对20世纪70年代以来所发生的旅客生命财产事故分析表明，汽车事故是铁路事故的1 570倍，飞机事故是铁路事故的63倍。就高速铁路而言，日本近40年，法国10多年从未发生过列车颠覆和旅客死亡事故。

(3) 准时性。高速铁路为全天候行车，线路为全封闭，设有先进的列车运行与调度指挥自动化控制系统，能确保列车运行正点，较其他交通运输方式准确可靠。

(4) 能源消耗。根据日本近年来的统计，各种交通运输工具平均每人公里的能耗，高速铁路571.2J，高速公路公共汽车583.8J，是高速铁路的1.02倍；小轿车3 309.6J，是高速铁路的5.79倍；飞机2 998.8J，是高速铁路的5.25倍。

(5) 占用土地。4车道高速公路的占地宽度为26m，复线铁路占地宽度为20m；如以单位运能占地相比较，高速铁路仅为高速公路的1/3左右。飞机航道虽不占用土地，但一个大型机场需用地20 km^2，相当于1km复线铁路的占地面积，而1 000km航线内至少要有2～3个大型机场，总用地约为铁路的2～3倍。

(6) 综合造价。普通复线电气化铁路每公里造价约为1 000万元，高速铁路标准高些，估计为1 300万～2 500万元。每个坐席摊到的机车车辆购置费，普通铁路约为1.2万元，高速铁路约为5万元左右。

(7) 运输能力。根据国外资料，高速铁路客运专线每天开行的旅客列车为192～240对，如每列车平均乘坐800人，年均单向输送能力将达5 600万～7 000万人。4车道高速公路客运专线，单向每小时可通过小轿车1 250辆，全天工作20h，可通过2 500辆。如果大轿车占20%，每辆车平均乘坐40人，小轿车占80%，每辆车乘坐2人，则年均单向输送能力为8 760万人。航空运输主要受机场容量限制，如一条专用跑道的年起降能力为12万架次，采用大型客机的单向输送能力只能达到1 500万～1 800万人。可见，高速铁路的运能远大于航空运输，而且一般也大于高速公路。

(8) 环境保护。在旅客运输中，各种交通工具有害物质的换算排放量，铁路每人公里一氧化碳为0.109kg，公路为0.902kg，是铁路的8倍。在噪声污染方面，日本以航空运输每千人公里产生的噪声为1，则小轿车为1，大轿车为0.2，高速铁路为0.1。

(9) 经济效益和社会效益。高速公路的交通堵塞和事故给国民经济带来了巨大损失。欧共体国家用于解决公路堵塞的费用约占国民生产总值的2.6%～3.1%，总金额在900～1 100美元之间，相当于整个欧洲高速铁路网的全部投资；用于处理公路事故的费用也占国民生产总值的2.5%。

修建高速铁路的直接经济效益也是很显著的。日本和法国的实践证明，其直接投资收益都在12%以上，一般在10年之内即可还清全部贷款，其社会收益率也在20%以上。据日本资料，旅客由于从既有线改乘新干线高速列车，每年可节约旅行时间3亿小时，即每年节省的时间效益相当于当时修建东海道新干线所需的全部费用。法国一条高速铁路的效益是一条6车道高速公路的3倍多。同时，高速铁路对促进国民经济发展、提高国家综合科技水平也起着巨大的推动作用。

3. 高速铁路线路特点

高速铁路的线路平面和纵断面的设计必须满足行车安全平顺、保证客舒适性和便于线路维修等要求。线路的平面是由直线和曲线组成的，曲线包括圆曲线和缓和曲线。

1）超高与曲线半径

列车在曲线上运行时，车辆和旅客都要经受离心力的作用。离心力不但增加了列车与线路之间的轮轨相互作用力，而且影响旅客的乘车舒适度。为了减少列车通过曲线线路时旅客经受的离心力和轮轨之间的相互作用力，通常采用在曲线线路外侧钢轨设置超高的办法，而内轨保持原来的高度不变。

曲线线路外轨超高与曲线半径和列车平均速度有关。最大超高的选择应保证在曲线上停车而又遇到大风时，不致使列车倾覆，并考虑不同速度的列车所产生的未平衡离心加速度不致过大。

目前，除日本东海道新干线规定最大超高为200 mm外，其余各线及各国高速铁路干线最大超高均为180 mm。日本东海道新干线曲线半径只有2 500 m。法国大西洋线曲线半径为6 000 m。我国武广客运专线最小曲线半径一般9 000 m，困难区域7 000 m。

2）缓和曲线

缓和曲线是指平面线形中，在直线与圆曲线、圆曲线与圆曲线之间设置的曲率连续变化的曲线。当列车由直线（或圆曲线）驶向圆曲线（或直线）时，使离心力逐渐增加（或逐渐减小），以减缓轮对对外轨的冲击。当正线上曲线半径不大于2 000 m时，则要在圆曲线与直线间加设缓和曲线，以减少列车在突变点处的轮轨冲击。

列车从直线经由缓和曲线进入圆曲线过程中，应满足行车安全和旅客舒适度的要求。随着列车运行速度的提高，缓和曲线将由三次抛物线改为半波正弦曲线。在半波正弦曲线缓和曲线范围内，与曲率相适应的超高也按曲线变化，并规定适当的变化率。

缓和曲线的长度对行车的安全平顺性有直接影响。缓和曲线的长度应考虑以下因素：

- 外轨超高递增坡度不致使轮对内侧车轮轮缘脱轨；
- 轮对外侧车轮升高速度不致影响旅客的舒适度；
- 未平衡离心加速度的增长率不致影响旅客的舒适度。

3）夹直线

列车通过同向或反向曲线时，受力情况极为复杂，除因外轨超高使列车绕线路纵轴转动外，还有缓和曲线起点和终点处的冲击及未平衡离心加速度变化的影响等。因此，必须在同向曲线或反向曲线之间加入一段直线段（即夹直线）。夹直线应尽量长些，特别是反向曲线时的夹直线更应长些，这对运营安全是有利的。

4）线间距

相邻两线路中心线间的距离，简称线间距。在高速复线铁路上，两列车交会时将产生巨大的会车压力波引起列车横向摇晃。直接影响列车运行性能。因此，需要根据具体情况选择适当的线间距。

日本规定线间距至少为4.2 m，站内线路间距定位4.6 m。法国规定线间距为4.2 m。德国则规定线间距为4.5 m。我国《铁路主要技术政策》规定：

200 km/h时，线间距≥4.4 m；

250 km/h时，线间距≥4.6 m；

300 km/h时，线间距≥4.8 m；

350 km/h时，线间距≥5.0 m。

5）最大坡度

限制坡度的大小对运营和工程两方面均有影响。高速线路的最大坡度除与地形条件有关外，还与高速列车的牵引功率、牵引特性和制动性能有直接关系。东海道新干线的正线最大坡度为15‰。我国拟建高速铁路区间最大坡度一般不超过12‰，困难条件下，不超过20‰。

6）竖曲线半径

在铁路线路的纵断面上，由于列车在经过相邻两坡段的变坡点时会产生附加应力和附加加速度，其值与坡度代数差成正比。因此，在设计纵断面时，相邻坡段的坡度代数差应尽量小些。

在线路纵断面上，以变坡点为交点连接两相邻坡段的曲线，称为竖曲线。竖曲线半径一般采用圆曲线形。竖曲线半径的大小，除应保证列车经过变坡点时车钩不脱钩、车轮不脱轨外，还应考虑在竖曲线上产生竖向离心加速度和离心力对旅客舒适度的影响。竖曲线半径与行车速度有关，行车速度越高，竖曲线半径应越大。

法国TGV东南线的竖曲线半径为25 000 m。日本除东海道新干线外，其余各线的竖曲线半径均为15 000 m。我国拟建高速铁路上的竖曲线半径标准为：最高时速为160～250 km/h时，竖曲线半径为15 000 m；最高时速为250～300 km/h时，竖曲线半径为20 000 m。

1.1.4 动车组技术

1. 高速运行出现的主要问题

由于运行速度的提高，在动车组的设计与开发中会遇到普通列车不曾有过的以下技术问题。

（1）列车的牵引力是依靠轮轨之间的黏着产生的。增加列车的运行速度，需要提高牵引力。而轮轨牵引力是有一定限制的，超过这个限制值便可能因失去黏着而发生轮轨之间的滑动，并失去牵引力。另外，随着速度提高，轮轨之间的黏着系数会下降，这与需要提高牵引力存在一定矛盾。

（2）列车需要的功率随速度的三次方增加。因此，随着运行速度的提高，高速列车需要的牵引功率将更大。因此，如何在一定的重量和体积的条件下实现大功率的牵引动力又将是高速列车面临的一个重要技术课题。

（3）列车速度提高了，还必须能在一定距离和时间之内停车，这将面临着大功率和安全的制动技术问题，依靠传统的制动方法则不能解决高速列车的制动问题。

（4）列车速度提高，轮轨之间的相互作用力增大，对列车和线路的破坏作用加大。噪声、振动对环境造成的影响增大，乘客舒适度下降，列车运行稳定性和脱轨安全性问题突出。因此，高速列车轮轨系统动力学便自然成为高速列车区别于普通列车的新课题。

（5）列车空气动力学也是高速列车不可回避的重要课题。除列车运行阻力之外，高速列车周围的空气流场及其对周围物体和环境产生的影响、列车会车和通过隧道时短时内的气压波动对车体及对车内人员的强力作用、空气升力对列车运行的影响、车厢窗户的强度及密封性能等，都是必须注意并加以解决的空气动力学问题。

（6）列车在高速运行条件下，靠人工操作不可能保证安全，必须具备一套安全运行自动控制系统。它不但能监测和控制高速列车在预定的状态下安全运行，而且还具备智能化较强的诊断系统，保证操纵控制系统和操作人员能及时获知和及时处理可能发生的故障。

2. 动车组关键技术

由于运行速度的提高，在动车组的设计与开发中必须相应地解决一系列关键技术。如系统集成技术，具有新结构和参数的高速转向架，包括动力制动、空气制动、电磁涡流制动、制动防滑器和控制系统综合作用的复合制动系统，列车车体结构及材料的轻量化技术，以交－直－交变流技术为核心的大功率电力传动与驱动技术，列车外形设计与车厢密封技术，车内环境控制及卫生排污技术及列车信息传输等，如图 1-1 所示。

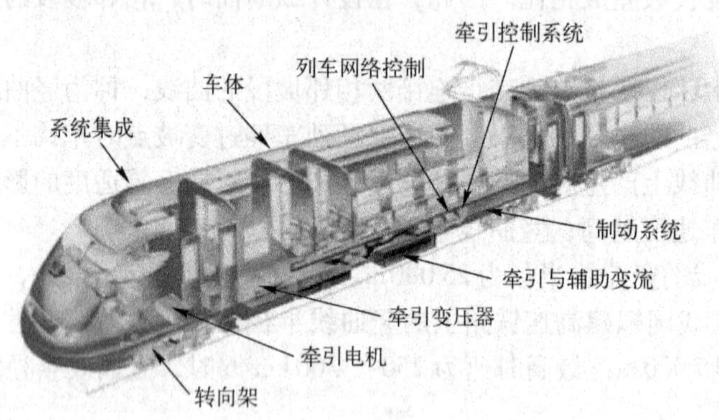

图 1-1　动车组关键技术示意图

1）系统集成技术

系统集成技术是对动车组车体、转向架及牵引变流、制动、网络控制、辅助供电、车辆连接等元素按有关参数进行合理选择设计，进而生产、组装、测试、试验的过程。通过集成使动车组达到牵引、制动、车辆动力学、列车空气动力学、舒适性、安全性等性能要求。

2）高速转向架技术

高速转向架是高速列车的核心之一。它具有承载、导向、减振、牵引及制动等功能。高速列车首先遇到的是高性能的转向架设计问题。它对列车运行的安全和舒适至关重要。对于高速转向架来讲，要求具有高速运行的稳定性、平稳性和良好的曲线通过性能。

（1）高速运行的稳定性。

转向架的稳定性意味着列车在高速运行时，列车不发生脱轨和倾覆等安全事故，也即列车是稳定的。什么情况下能保证列车稳定呢？通常可用“蛇行稳定性临界速度”（以下简称“临界速度”）界定列车的稳定性。

列车沿轨道运行时，轮对在沿轨道向前滚动的同时，轮对中心将在轨道中心线附近出现横向振动，就会引起轮对或转向架的蛇行运动。蛇行运动的稳定性与列车运行速度直接相关。当列车在某一速度以下运行时，即使有一定的线路扰动使列车在横向偏离线路中心位置，当扰动消失后，列车在横向的振动会逐渐衰弱，最后回到线路中间位置，因此列车运动是稳定的。当列车在某一速度以上运行时，线路任何的微小干扰都会使列车在横向产生上述蛇行运动，而且振幅越来越大，直至车轮轮缘碰撞钢轨，损伤车辆及线路，甚至造成列车脱轨和倾覆等行车安全事故。这时列车运行就是不稳定的，这时的速度称为“临界速度”。

国外高速转向架的试验研究证明，当列车运行时速超过200 km，有可能出现这种不稳定的蛇行运动。为保证稳定和安全，高速列车必须在其“临界速度”以下运行。

（2）高速运行的平稳性。

转向架的平稳性是指列车在规定的线路条件下、在设计最高速度范围内运行时，设备能平稳工作、乘客感到舒适的基本性能。理论分析和实践经验表明，车辆的垂向和横向运行平稳性随速度提高而下降。在较低速度下平稳性满足要求的列车，在高速运行时就难以满足平稳性要求。

就乘客而言，舒适度是反映乘客在旅途中疲劳程度的综合性生理指标。影响舒适度的因素很多，如车内设备、通风、照明、温度、湿度、噪声、瞭望和振动等。通常用平稳性指数（W）来表示列车的平稳性，对于高速动车组而言，其平稳性指数必须达到优级。我国动车组在时速 394 km 时，平稳性指标小于 2.0（优级 <2.5）。

（3）良好的曲线通过性能。

列车通过曲线时，如果单独一个轮对在曲线上运行时，由于左右轮轨接触点的半径发生变化，外侧车轮半径增大，内侧车轮半径减小，使轮对能够沿曲线自动转向，轮轨之间的侧向力相对较小。但是，一旦构成转向架，轮对就难以实现理想的转向。这时，在车轮和钢轨间将产生侧向压力，并造成车轮、钢轨的磨损。列车低速通过曲线时，轮轨间的磨损问题尚不突出。但列车高速通过曲线时，将产生过大的侧压力，造成轮轨的剧烈磨损，还容易引起列车脱轨和倾覆等安全事故。因此，要尽量减小轮轨之间过大的侧向力作用，使列车安全通过曲线。

一般来说，改善车辆的曲线通过性能与抗蛇行运动稳定性往往是矛盾的。因此在高速转向架设计时，要合理地兼顾两方面的性能要求。此外，在高速转向架设计时还需要控制噪声，尽可能减轻自重，尤其是减轻转向架簧下质量，以减少轮轨之间的动力作用。

3）车体技术

车体技术主要包括车体结构轻量化设计、优良的空气动力学外形设计、密封性能和隔声性能等。车体结构轻量化是指车体结构在满足结构强度、刚度和安全的前提下，使车体质量最轻。为了节省牵引功率，降低高速所引起的动力作用对线路结构、机车车辆结构产生的损伤，以及提高旅客乘坐舒适度，就必须最大限度地降低动车组车体的质量。国际铁路联盟（UIC）对高速列车的轴重规定不得大于 17 t。

目前，国内外高速列车车体轻量化有两种途径，一是采用新材料，二是合理的结构优化设计。新材料主要是铝合金和不锈钢，从发展趋势看，铝合金将成为动车组车体的主导材料。铝合金车体普遍采用大型中空挤压铝型材结构，挤压铝型材的长度与车体长度一致，每块型材的宽度为 600～800 mm。意大利 ETR460 型摆式列车车体的铝型材车体结构断面图如图 1-2 所示。它由 12 种共 22 块大型中空挤压铝型材组成，全车仅有 22 条纵向焊缝，车体质量只有 7.5 t。

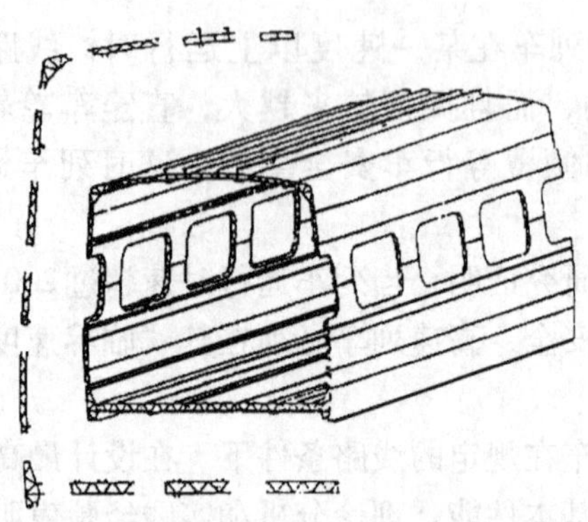

图 1-2　意大利 ETR460 型摆式列车车体的铝型材车体结构断面图

优良的空气动力学外形是指动车组头型和车身的流线化设计。随着动车组运行速度的提高，空气的动力作用一方面对动车组运行性能产生影响，同时，动车组高速运行引起的气动现象对周围环境也产生影响。其涉及的主要方面有动车组在不同情况下运行时的车体表面压力及其变化、动车组受到的空气动力学的力和力矩的作用等。其中，动车组运行时的阻力不可忽视。

动车组运行时所受到的基本阻力包括空气阻力和机械摩擦阻力。空气阻力随运行速度的不同而不同，并与动车组运行速度的平方成正比。低速运行时，动车组以机械摩擦阻力为主；运行速度达到 200 km/h 左右时，空气阻力约占基本阻力的 70%，运行速度进一步提高，空气阻力所占的比例还将进一步增大。研究表明，空气阻力已成为动车组运行时的主要阻力。

对于动车组来说，头型和车身设计非常重要，好的头型和车身设计可以有效地减少动车组车体表面压力、降低动车组的空气阻力，节约牵引功率，提高动车组运行的稳定性等。CRH2 型动车组流线化外形如图 1-3 所示。

此外，列车在交会和过隧道的时候，在列车的周边会形成很大的负压，国外实行的气动强度指标是 ±4 000 Pa。通过在武广线不同速度下的单列车过隧道，列车隧道交会等试验，证明上述气动强度标准安全裕量已经不多了。为此，中国新一代的高速列车把气动强度的指标提高到 ±6 000 Pa。

图 1-3　CRH2 型动车组流线化外形

车体具有良好的密封性能和隔声性能也是高速列车必须要解决的一项关键技术。随着动车组运行速度的提高，特别是当两列动车组在隧道交会时，头、尾车外面的气流压力变化很大。如果车外压力的波动反映到车厢内，将使旅客感到不舒适，轻者压迫耳膜，重则头晕恶心，甚至造成耳膜破裂，见表 1-4。另外，随着动车组运行速度的提高，所产生的噪声也将增大。车外噪声传到车内，将影响旅客的舒适度，同时，也将造成铁路沿线的环境噪声污染。因此，必须对车厢进行密封和隔声处理，并削弱噪声源以减小对周围环境的噪声污染。

表 1-4　压力波对旅客舒适性的影响

压力变化/kPa	生理学现象
2	可忍受
3	开始不舒适的平均值
4	非常不舒服
5	不舒服的上限，开始有耳痛
8	很痛
>9	强烈疼痛
>13	耳膜可能有破裂
>23	几乎肯定耳膜有破裂

增加车体气密性主要是指在车体大断面挤压铝合金型材连续焊接工艺，车窗高性能密封材料，塞拉车门的气压密封及锁紧机构、排水水封装置的气密性能、空调通风连续供排气等方面实现了新的突破。

增加车厢密封性的有效措施之一，可以采用密闭式集便装置，实行污物集中处理，采用密封性能良好的给排水系统。密闭式集便装置在国外高速列车上已有很长的使用历史。其形式也各有不同，大致有以下四种形式：循环式厕所，使用经过化学剂杀菌，漂白及过滤的污水作为循环冲洗水，并依靠重力排放到便池下方的污物箱中；真空式厕所，由空气喷射器喷出高压空气，使污物箱产生真空，将污物吸入污物箱。一次用水量为 0.25 ～0.5 L。以上两种密闭式厕所比较常用。而喷射式厕所和带有生物作用处理箱的净水冲刷厕所，由于普及率较低、尚不成熟而未加推广。

高速列车的振动和噪声必须控制得当，日本的 Faststar360 高速列车就是因为噪声超标而无法实现 360 km/h 的运行速度。高速列车降噪措施主要在噪声源的控制，车轮采用降噪的涂料，车与车之间的连接使它更加平滑等。增加车体气密性，降低列车噪声是高速列车关键性的技术措施，也是高速列车技术水平的集中体现。

密接式车钩缓冲装置也是高速列车不可缺少的装置。密接式车钩缓冲装置是使动车组各车厢之间或动车组与动车组之间实现连挂，并且传递及缓和动车组在运行时所产生的牵引力或冲击力的牵引缓冲装置，是保证列车运行安全、提高旅客舒适度的重要部件。高速列车对牵引缓冲装置提出了更高的要求。

各国高速列车普遍采用密接式车钩连接装置，两密接式车钩连接面之间的纵向间隙一般都小于 2 mm，上下、左右偏移也很小。对提高列车运行的平稳性和电气线路、风管的自动对接提供了保证。

密接式车钩缓冲装置可分为两类，第一类是用于动车组单元之间的自动密接式车钩缓冲装置，第二类是用于动车组内部各车厢之间的半永久式车钩缓冲装置。在自动密接式车钩缓冲装置中设置具有较大吸收冲击能量的压溃管，用作列车实际连挂速度超过规定连挂速度时的过载保护元件。目前，也将压溃管应用于半永久车钩缓冲装置中，以起到过载保护作用。

4）牵引传动系统

牵引传动系统是高速列车性能竞争的核心之一，主要由牵引变压器、变流器、牵引控制、牵引电机几个不同的部分组成。我国高速列车采用交—直—交、动力分散牵引传动方式，其关键技术包括轻量化大容量变压器、大功率变流器、绝缘栅双极型晶体管（IGBT）控制模块、牵引电机、传动装置等。列车受电弓从接触网上取得的是一定频率和恒定电压（我国为25 kV/50 Hz）的电源，通过主变压器降压，经整流器整流后输出至逆变器，由逆变器输出电压和频率均可以调节的三相交流电源来驱动牵引电机，使牵引电机在所要求的转速和转矩范围内工作，带动车轮高速运转，如图 1-4 所示。

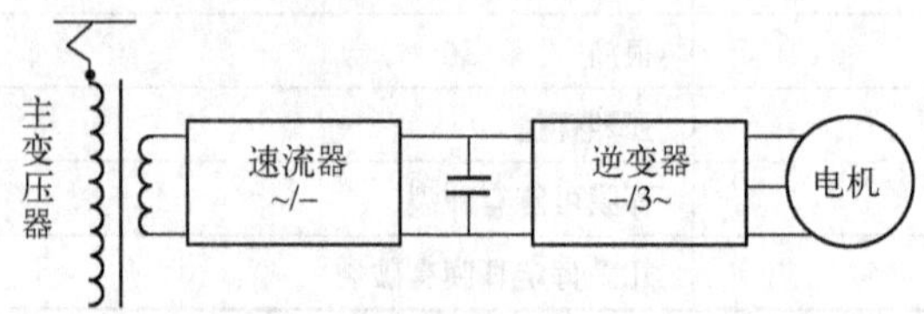

图 1-4 交流传动系统构成简图

列车制动时，强大的惯性由牵引传动系统将动能转变成电能反馈回电网，这时反转的电动机将像飞机发动机反喷那样快速降低列车的速度，再生的交流电可以供其他列车使用。如果忽略空气的运行阻力和摩擦阻力，列车速度在50 km/h 以上的动能有98% 可以被利用。随着新型电力电子器件不断发展，智能功率模块（IPM）等组成的变流机组已经能控制 1 000 kW 以上的交流牵引电机正常运转，如此大功率、高频率的电能变换将产生大量热量，这些热量的处理对于牵引系统正常工作至关重要，目前自冷却的同步永磁交流牵引电机已经开发成功，空冷主变压器也将得到应用。

高速受流具有新特点。接触网 - 受电弓受流系统的受流过程是受电弓在接触网下，以列车行使的速度与接触网之间滑动完成的，是一个动态过程，这一动态过程包括了多种机械运动形式电气状态变化。与普通列车的电力牵引相比较，高速列车电力牵引的接触网 - 受电弓受流具有新的特点。

① 高速列车的行驶速度较普通列车高得多，因而受电弓沿接触导线移动的速度大大加快，这就使接触网与受电弓的波动特性发生变化，从而对受电产生影响。

② 高速列车所受的空气阻力较普通列车大得多，空气动态力也是高速受电的一个重要因素。

③ 高速列车所需的牵引功率较普通列车大得多，若采用多弓受电必然会增加阻力和加大噪声，并引起接触网的波动干扰，因而受电弓的数量不能太多，这就需要解决受电弓从接触网大功率受电问题。

5）制动系统

高速列车对制动技术提出了严峻的挑战，因为列车的动能与速度的平方成正比，而在一定的制动距离条件下，列车的制动功率是速度的三次函数。因此，传统的空气制动能力远远不能满足需要。

动车组制动系统具备的条件是：尽可能缩短制动距离以保障列车安全；保证高速制动时车轮不滑行；司机操纵制动系统灵活可靠，能适应列车自动控制的要求。因此，高速列车需要采用复合制动方式，即空气盘形制动 + 电气动力制动。

电气动力制动，是指利用某种能量转换装置，将运行中列车的动能转换为其他形式的能量，并予以消耗的制动方式。电气动力制动的基本原理是制动时将牵引电机转换为发电机，所产生的电能可以输出给制动电阻转变为热能发散（称为电阻制动）或反馈至接触电网（称为再生制动）产生制动效果。我国动车组中两种电气动力方式均采用，以后者应用为多。其特点是制动力与列车速度有很大关系，列车速度越高，制动力越大，随着列车速度的降低，制动力也随之下降。为实现按速度控制制动力的大小以充分利用黏着，采用高性能的防滑装置以及采用微机控制等。

6）列车网络控制系统

列车网络控制系统是车载分布式的计算机网络系统，承担动车组牵引、制动控制等指令及列车信息的传输，同时对列车上的主要设备进行状态监测，并具有故障诊断及故障记录功能。信息通过车载网络进行传输，减少了控制线的数量，从而减轻了列车重量并提高了系统可靠性。该系统能够给司乘人员提供操作指导，并给维修人员提供技术支持。

列车自动控制系统对保证高速列车安全运行有十分重要的作用，世界各国在发展高速铁路时都十分重视列车自动控制系统的研究和开发，研制了多种基础技术设备，如列车超速防护系统、卫星定位系统、车载智能控制系统、车载微机自动监测和诊断系统等。

目前在世界高速铁路上的自动控制方式主要分为两类，一类是以设备为主、人控为辅的控制方式，以日本新干线采用的 ATC（列车自动控制）方式为代表。另一类是人机共用、人控为主的方式，以法国高速列车（TGV）为代表，主要采用 TVM300 型安全防护系统及改进的 TVM430 型安全防护系统，还有德国 ICE 高速列车采用的 FRS 速差式机车信号和 LZB 型双轨条交叉电缆传输式列车控制设备等。

高速度、高密度行车要求行车设备经常处于不间断运用状态，故障诊断系统可对列车运行状态进行实时监测。作为高速铁路重要行车设备的列车、牵引供电和通信信号等，应具有高度的可靠性，保证总处于良好状态；一旦设备存在危及行车安全隐患时，能及时地在未然状态下发现，并发出警告，强制列车减速甚至停车。这就要求对高速列车、供电和通信信号等运用中的设备，特别是关键的零部件，实行实时诊断，检查出设备故障后，能够自愈或将信息实时传输至综合调度中心，实行统一控制。

1.2 国外动车组运用简介

动车组的运用方式各国因国情不同而有着较大的区别。各国高速铁路建设管理模式大致有四种类型：一是新建高速铁路双线，专门用于旅客快速运输，如日本新干线和法国高速铁路，均为客运专线形式，白天行车，夜间维修；二是新建高速铁路双线，实行客货共线运行，如意大利罗马—佛罗伦萨高速铁路，客运时速 225 km，货运时速 120 km；三是部分新建高速线与部分既有线混合运行，如德国柏林—汉诺威线，承担着客运、货运任务；四是在既有线上使用摆式列车运行，这在欧洲国家常见，在美国“东北走廊”

摆式列车时速也达到了 240 km。

建设管理模式的不同，使得动车组的运用管理模式不尽相同。

1.2.1　日本新干线动车组运用

日本新干线经过多年的实践，逐步总结、研究出一套具有日本特色的列车运用组织方法。其基本过程是：首先从分析旅客运输需求开始制订列车运行的种类及列车开行方案，在考虑车站、线路及其他设备及人员的条件下，形成基本列车运行图，充分考虑旅客季节性、临时性运输需求，在基本列车运行图基础上形成实际列车运行图（预先制定列车运行时刻，根据需求投入使用的列车），当发生列车运行波动时，采用必要的办法尽量快速恢复列车的稳定运行。为了保证列车运行的可靠，在编制列车运行图的同时，完成动车组的运用计划、乘务员的运用计划。运用特点如下。

1. 列车密度大，运行组织灵活多变

日本新干线上运行的列车种类、运行速度各不相同，每小时最多可发车 12 列，日均发车 285 列，日均客运量已高达 37 万人次。还采用各种列车的 60 种不同的停车站方式，以吸引各方面的旅客。新干线的列车运行图中各种类型的列车相互配合十分巧妙，在不等速列车之间进行待避、越行时，使列车发车时刻和沿途停站时间及站间距离不均衡性得到了出色的协调，这是日本新干线运营多年实践的结晶。

2. 安全、准时

新干线的安全性、准时性使新干线信誉日益提高。

3. 实行一体化管理

为保证列车运行质量，新干线的管理是实行一体化指令业务方式管理。成功地开发、运用了新干线行车管理系统 COSMOS（Computerized Safety Maintenance and Operation Systems of Shinkansen），对于列车运行计划、列车运行管理、列车运行调整、动车组运用计划等进行全面的控制，使得列车运行非常稳定。

1.2.2　德国 ICE 动车组运用

德国从 20 世纪 70 年代开始逐渐形成了四通八达的城市间特快列车系统（IC 系统），连接着 30 多个重要城市和交通中心。德国高速铁路部分区段由既有线改造而来，全部高速线路均按客货列车混合运行，货物列车的最高时速为 120 km。德国高速铁路的基本组织方式为白天不同速度的客运列车混合运行（高速列车、IC 列车等），夜间客运列车、货运列车混合运行。德国之所以采用这种方式，主要是德国的区间通过能力比较富裕，而且既有铁路列车技术水平与高速列车的差别不是很大。

在动车组使用方面，通过优化列车运行图、优化车底周转来提高动车组的使用效率，使动车组年平均运行公里达到 50 万公里以上。

ICE 动车组从早晨 6 点开始发车，最晚 24 点到达，实行节拍运输，即按固定相等的运行间隔开行，运行间隔大多是 1 h，根据运量需要有的区段采用 30 min 的节拍运输，在一些运量小的区段采用 2 h 间隔的节拍运输。这种运输方式能为大多数旅客全天提供均衡的列车，可实现优化的维修程序，节拍时间容易记忆，便于旅客对车次的选择。

1.2.3 法国 TGV 动车组运用

法国高速铁路在建设模式上，采用部分修建新线、部分旧线改造的方式，以巴黎为中心向各个方向辐射，为客车专用铁路。每条高速线上只运行同一种类的高速列车，列车运行组织相对简单。整个列车运行图为平行运行图，列车运行线平行，只有停站地点和次数不同。为满足客流需要，在高速线上运行的高速列车可以下到既有线上运行。

列车运行图根据市场需求编制，充分考虑新线、既有线列车速度差，换乘等问题，使高速列车和其他普通列车在班次上互相协调，在各大铁路枢纽站制订出完整的转车方案；充分利用 TGV 高速列车可双向运行的特性，按照折返时间要求尽量把某一方向的列车时刻表和反方向的列车时刻表衔接起来；利用 TGV 高速列车可联挂的特性，在一天、一周及例外的高峰时刻，实行两组列车重联编组运行。根据运营要求合理安排线路维修天窗。

在编制动车组使用计划时，一般采用动车组长、短途结合，多次循环开行的方式，一些列车的整备工作在车站的侧线进行，大大提高动车组的使用效率。列车日平均行程超过 1 000 km，最高记录达到每日 2 500 km，列车的年平均运程达高到 50 万公里左右。

1.3 我国高速动车组概况

1.3.1 简介

我国高速动车组为 200 km/h、300 km/h 速度级的动力分散交流传动电动车组，共有 CRH1、CRH2、CRH3、CRH5 四种型号。动车组在既有线指定区段及新建的客运专线上以 200 km/h、300 km/h 速度级正常运行，在既有线其他区段以最高速度 160 km/h 速度运行。主要技术参数如下。

车种：坐车、餐车或坐车与餐车的合造车。

牵引方式：动车组采用电力牵引交流传动方式，前后两端设有司机室。列车正常运行时，由前端司机室操纵。

定员：

长编组，约 1 200 人；

短编组，约 600 人。

轴重：动车≤17 t，拖车≤16 t。

平直道上紧急制动时的制动距离或减速度应满足列车追踪间隔要求，其中制动距离按下述指标执行：

制动初速 200 km/h 时，≤2 000 m；

制动初速 160 km/h 时，≤1 400 m。

运营速度：200 km/h

最高试验速度：250 km/h

两端过渡车钩中心高度：880^{+10}_{-5} mm

通过最小曲线半径：

联挂运行时，145 m；

单车调车时，100 m。

运行时受流方式：尽可能采用单弓受流、其他备用，如需采用双弓受流时，两弓之间距离不得影响动车组正常运用。

车体宽度：约 3 300 mm

车体长度：约 25 000 mm

车顶距轨面高度：约 4 000 mm

车体地板面距轨面高度：约 1 250 mm

牵引功率 >5% 的额定功率时网侧总功率因数（λ）：≥ 0.98

等效干扰电流（一个基本动力单元）：< 1.5 A

主变压器原边电流畸变率（THD）：< 5%

牵引传动系统效率（额定工况）：≥ 0.85

1.3.2 动车组编号

1. 动车组型号和列车编号构成

动车组的型号和列车编号构成如下。

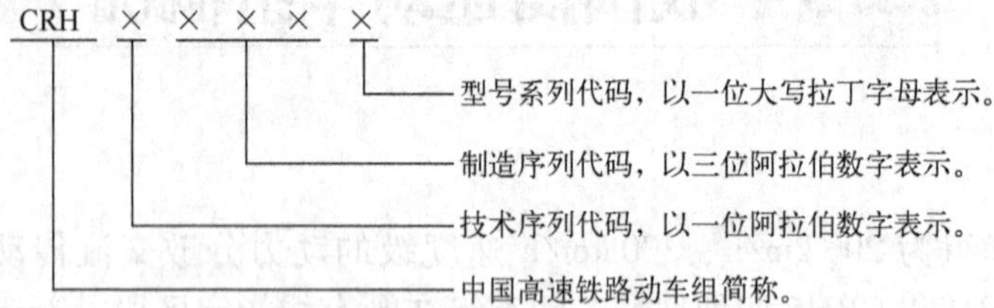

2. 动车组中车辆车种和编号构成

动车组中车辆的车种和编号构成如下。

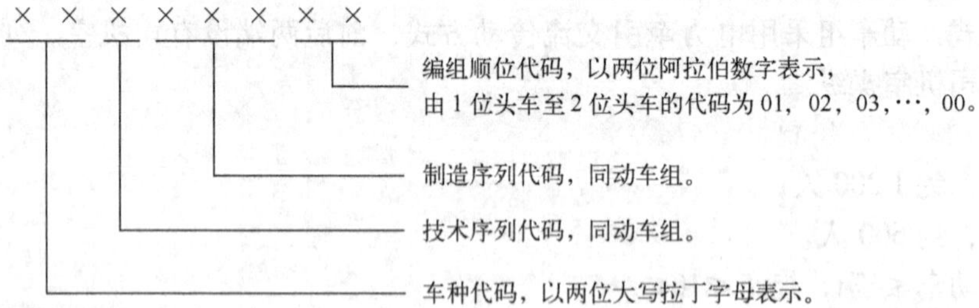

3. 编号说明

（1）动车组编组中的车种代码是汉语拼音缩写，分别为：一等坐车 ZY、二等坐车 ZE、软卧车 RW、硬卧车 YW、餐车（含酒吧车）CA、二等坐车/餐车 ZEC、餐车卧车合造车 CW。

（2）各型动车组的技术序列代码分配如下：BSP 动车组定为“1”，四方股份动车组定为“2”，唐山工厂动车组定为“3”，长客股份动车组定为“5”。

（3）各型动车组的制造序列代码按不同的技术序列单独编排，顺序由 001 ~999 依次排列。

（4）各型动车组的型号系列代码按动车组的速度等级、车种确定。对已有的动车组规定如下：

A——运营时速 200 公里、8 辆编组、坐车。

B——运营时速 275 公里、8 辆编组、坐车。

C——运营时速 300 公里、8 辆编组、坐车。

（5）动车组编组顺位代码以两位阿拉伯数字表示，位置排列编号自首车起从 01 开始顺序排列，尾车的排列编号为 00。

4. 动车组编号示例

（1）动车组的型号和车号示例。

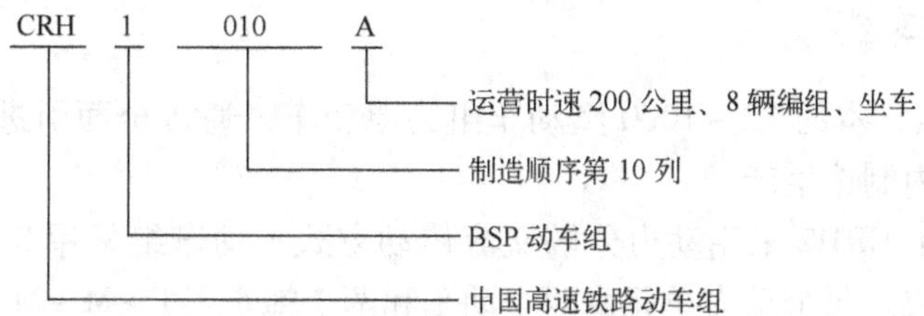

（2）动车组中车辆的车种和编号示例。

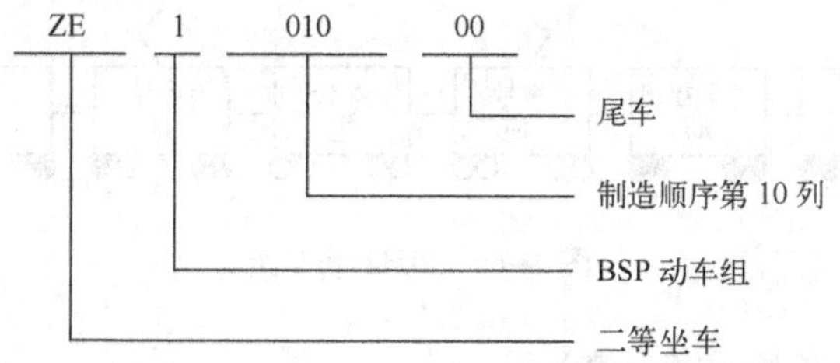

1. 3. 3 CRH1 动车组

CRH1 动车组是一种全面采用先进技术、现代化的动力分散型电动车组，由青岛四方庞巴迪鲍尔铁路运输设备有限公司（BSP 公司）生产制造。该列车以在欧洲丹麦、瑞典已经运营了五年的 Regina 动车组为原型，并融合了庞巴迪、Adtranz 和 ABB 几十年来的技术经验，因此保证了该动车组技术先进，运营可靠。

（1）编组结构：CRH1 动车组由 4 种形式的车辆组成，其中有车端带司机室的动车（Mc1，Mc2）；带受电弓的中间拖车（Tp1，Tp2）；不带受电弓的中间拖车（带吧台拖车）（Tb）；中间动车（M1，M2，M3）。由一个基本编组 8 辆车构成，如图 1-5 所示。

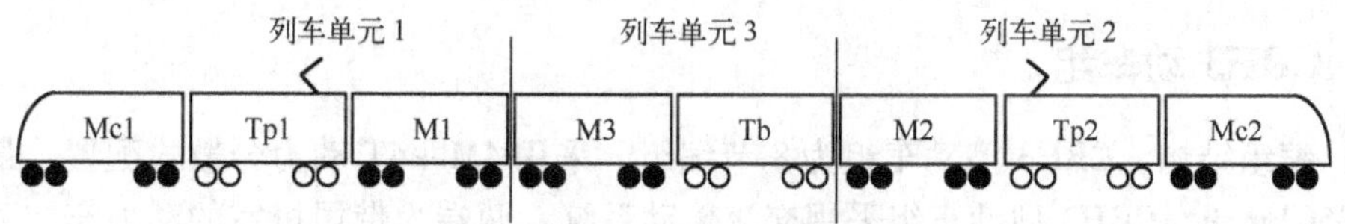

Mc—动力车 Tp、Tb—拖车

图 1-5 CRH1 动车组

（2）主要外形尺寸：Mc 车厢长度 26 033 mm；Tp、Tb 和 M 车厢长度 25 910 mm，车体承载结构截面宽度 3 331 mm，高度 4 040 mm，内部地板高度是距轨面距离 1 250 mm，转向架中心间距离 19 000 mm。

（3）列车定员：一等车坐席144人，二等车坐席510人，二等坐车/餐车坐席16人，全列车定员共670人。

（4）编组重量：420.4t。

（5）轴重：≤16t。

（6）速度：运行速度≤200km/h，无火回送限速120km/h，空气弹簧破裂限速120km/h。

（7）适应站台高度：500～1200mm。

（8）辅助电源供电：3相AC 380V 50Hz，DC 110V。

1.3.4 CRH2动车组

CRH2动车组以日本的E2-1000型动车组为原型车，通过全面引进设计制造技术，由四方股份公司在国内制造生产。

（1）编组结构：CRH2采用动力分散交流传动方式，动车组采用8辆编组，4动4拖，由两个动力单元组成。每个动力单元由两个动车和两个拖车（T-M-M-T）组成；首尾车辆设有司机室，可双向驾驶，编成后的CRH2动车组如图1-6所示。

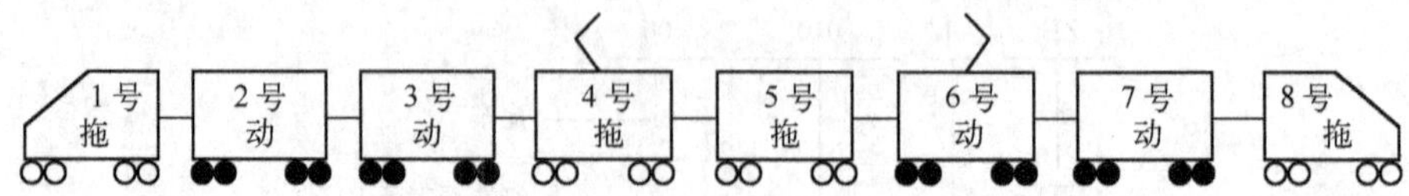

图1-6 CRH2动车组

（2）列车外形尺寸（长×宽×高）。

全长：201 400mm×3 380mm×3 700mm；

头车：25 700mm×3 380mm×3 700mm。

（3）列车定员：一等车坐席51人，二等车坐席504人，二等坐车/餐车坐席55人，全列车共610人。

（4）编组重量：345t。

（5）轴重：≤14t。

（6）速度：运行速度≤200km/h，无火回送限速120km/h，空气弹簧破裂限速120km/h

（7）适应站台高度：1 100～1 200mm。

（8）辅助电源供电：DC 100V、单相AC 100V、AC 220V、AC 400V。

1.3.5 CRH3动车组

（1）编组结构。CRH3型动车组为8节编组，采用4M+4T动力分散式配置，最高运行速度达350km/h。CRH3型动车组采用交流传动系统，两端为带司机室的动力车，列车正常运行时由前端司机室操纵。CRH3动车组包括5种不同的车，即端车（头车和尾车）、变压器车、变流器车、餐座合造车和一等车。CRH3型动车组如图1-7所示。

（2）主要外形尺寸。CRH3型动车组头车长度25.860m，中间车长度24.825m，总长约200m，车体宽度3.265m，车体高3.890m。

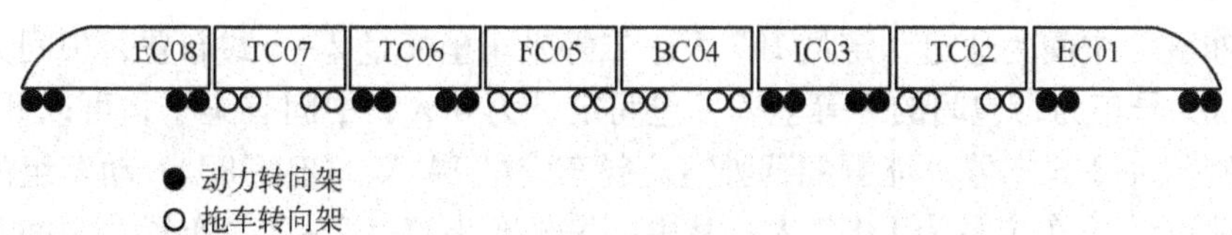

图 1-7 CRH3 型动车组

1.3.6 CRH5 动车组

CRH5 型电动车组是以 ALSTOM 公司的 SM3 型动车组为原型车，通过全面引进设计制造技术，由长客股份公司在国内制造生产。

（1）编组结构。动车组由 8 辆车组成，其中 5 辆动车 3 辆拖车；首尾车辆设有司机室，可双向驾驶，编组后的 CRH5 型动车组如图 1-8 所示。

图 1-8 CRH5 型动车组（长客/阿尔斯通动车组）

（2）列车外形尺寸（长 × 宽 × 高）。

头车：27 600 mm × 3 200 mm × 4 270 mm；

中间车：25 000 mm × 3 200 mm × 4 270 mm；

全列车：211 500 mm × 3 200 mm × 4 270 mm。

（3）列车定员：一等车坐席 60 人，二等车坐席 420 人，二等坐车/餐车坐席 42 人，全列车共 622 人。

（4）编组重量：451 t。

（5）轴重：≤17 t（动）/16（拖）。

（6）速度：运行速度≤200 km/h，无火回送限速 120 km/h，空气弹簧破裂限速 120 km/h。

（7）适应站台高度：500 ～1 200 mm。

（8）辅助电源供电：DC 24 V，三相 AC 380 V 50 Hz。

1.3.7 CRH380 动车组

1. CRH380A 动车组编组及平面布置

1）动车组编组

CRH380A 动车组采用 8 辆编组，6 动 2 拖，设有二等坐车/观光车、一等坐车、二等坐车、二等坐车/酒吧车。CRH380AL 动车组采用 16 辆编组，14 动 2 拖，设有观光车、一等坐车、二等坐车、酒吧车。

2）平面布置

CRH380A 动车组的平面布置图如图 1-9 所示，全车定员为 494 人。其中一等坐车坐椅呈2+2式布置，中间为通道，定员107人。二等坐车坐椅呈2+3式布置，中间为通道，定员373人。03号车为带包间的一等坐车，包间定员为6人，中间有桌子，可以开小型会议。观光车座位呈2+2式布置，能看到驾驶室。餐车定员14人。CRH380AL动车组的平面布置如图1-10所示，全车定员为1 027人。其中一等坐车坐椅呈2+2式布置，中间为通道。二等坐车坐椅呈2+3式布置，中间为通道。01号车为带包间的一等坐车，包间定员为4人，中间有桌子，可以开小型会议。观光车座位呈1+2式布置，能看到驾驶室。

图1-9 CRH380A动车组的平面布置图

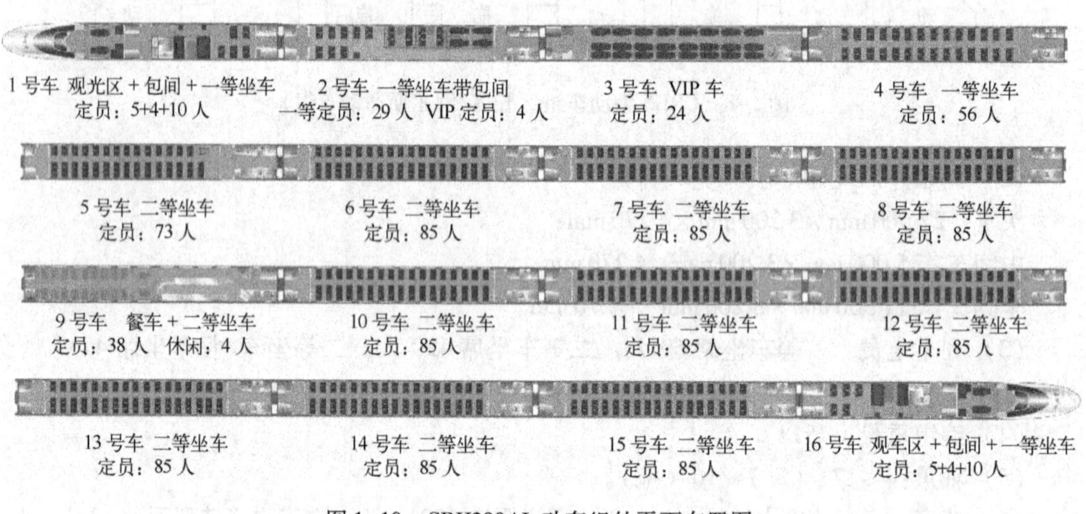

图1-10 CRH380AL动车组的平面布置图

2. CRH380B动车组编组及平面布置

1）动车组编组

CRH380B动车组采用8辆编组，4动4拖，设有二等坐车/观光车、一等坐车/包间车、一等坐车、二等坐车、二等坐车/餐车。CRH380BL动车组采用16辆编组，8动8拖，设有观光车、一等坐车、VIP车、二等坐车、餐车。

2）动车组平面布置

CRH380B动车组的平面布置图如图1-11所示，全车定员为490人。其中一等坐车坐椅呈2+2式布置，中间为通道。二等坐车坐椅呈2+3式布置，中间为通道。03号车为带包间的一等坐车，包间定员为6人，中间有桌子，可以开小型会议。观光车座位呈1+2式布置，能看到驾驶室。

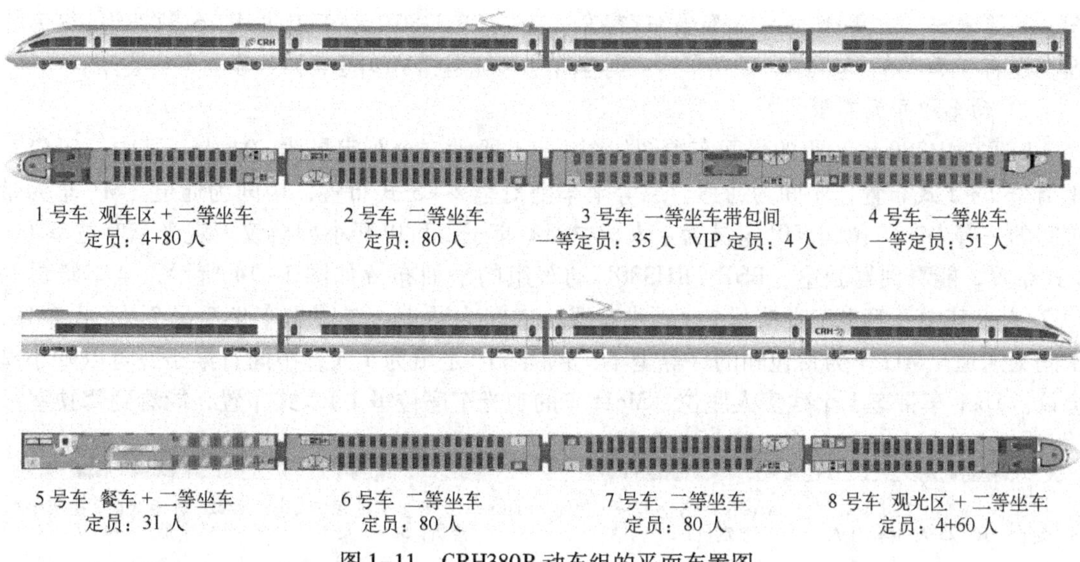

图1-11 CRH380B动车组的平面布置图

3. CRH380C动车组编组及平面布置

1）动车组编组

CRH380C动车组采用16辆编组，8动8拖，设有一等坐车/观光车/包间车、一等坐车/包间车、VIP车、一等坐车、二等坐车、二等坐车/餐车。

2）动车组平面布置

CRH380C动车组的平面布置图如图1-12所示，全车定员为1 004人。其中一等坐车坐椅呈2＋2式布置，中间为通道。二等坐车坐椅呈2＋3式布置，中间为通道。2号车为带包间的一等坐车，包间VIP定员为4人，中间有桌子，可以开小型会议。观光车座位呈1＋2式布置，能看到驾驶室。

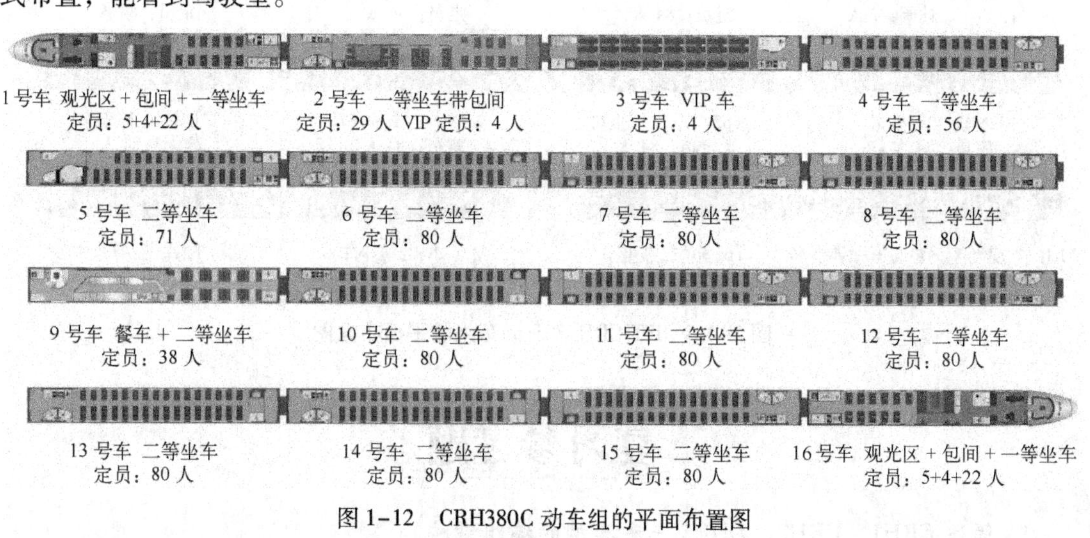

图1-12 CRH380C动车组的平面布置图

4. BST CRH380动车组编组及平面布置

1）动车组编组

BST CRH380动车组采用8辆编组，4动4拖，设有二等坐车/观光车、一等坐车/包间车、一等坐车、二等坐车、二等坐车/餐车。BST CRH380L 动车组采用 16 辆编组，8 动 8 拖，设有一等坐车/包间车/观光车、一等坐车、一等坐车/包间车、二等坐车、餐车。

2）动车组平面布置

BST CRH380 动车组的平面布置图如图 1-13 所示，全车定员为 494 人。其中一等坐车坐椅呈 2 +2 式布置，中间为通道。二等坐车坐椅呈 2 +3 式布置，中间为通道。M1 车为带包间的一等坐车，包间 VIP 定员为 4 人，中间有桌子，可以开小型会议。观光车座位呈 1 + 2 式布置，能看到驾驶室。BST CRH380L 动车组的平面布置如图 1-14 所示，全车定员为 1 028人。其中一等坐车坐椅呈 2 +2 式布置，中间为通道。二等坐车坐椅呈 2 +3 式布置，中间为通道。M1f 车为带包间的一等坐车，包间 VIP 定员为 4 人，中间有桌子，可以开小型会议。Tps1 车带有 1 个残疾人座位，Mc1t 车的观光车座位呈 1 +2 式布置，能看到驾驶室。

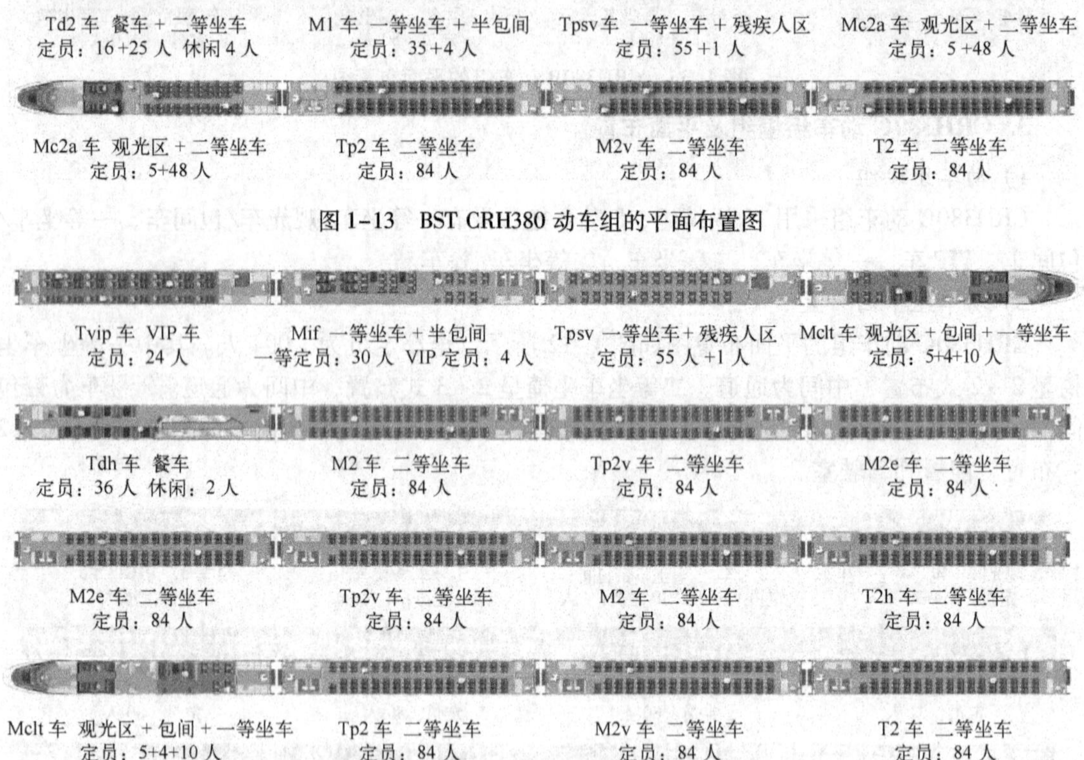

图 1-13　BST CRH380 动车组的平面布置图

图 1-14　BST CRH380L 动车组的平面布置图

复习参考题

1. 简述 CRH1、CRH2、CHR5 三种车型的编组结构。
2. 举例说明我国动车组车种和车号编码规则。

第2章 动车组运用基础

【本章内容概要】

在线路分界点的基础上，介绍了闭塞的基本概念和基本方法，目的是使读者对于列车运行有初步的认识；在此基础上，讲述列车运行图的概念、作用、组成及识别方法。

【本章学习重点与难点】

学习重点：行车闭塞的概念与方法；列车识别图的识别；列车识别图的要素；高速列车运行图的特点。

学习难点：明确各种运行图的要素，并能在实际运行图中识别，为运行图的编制奠定基础。

高速铁路是当代新技术的集成，是一个庞大而复杂的系统工程。铁路运输设备是完成铁路运输任务的物质基础。高速铁路主要有下列几类技术设备组成。

(1) 铁路线路和沿线的各种车站。铁路线路是列车运行的基础，而铁路沿线的各种车站则是办理客货运输的基地。

(2) 高速列车及其维修设备。高速列车是高速铁路的技术核心，是高速铁路的主要技术设备；维修设备又是保障列车的完好和正常运用的必要条件。

(3) 高速铁路安全运行管理系统。它是高速铁路的神经中枢，是保证行车安全和提高运输效率的有力工具。

2.1 列车运行

2.1.1 列车的一般概念

凡已编成并连挂在一起的车列，挂有机车或动车并具备应有的信号（即边灯或尾灯）、乘务组及车长者叫做列车。发往区间的单机、动力车及重型轨道车，也都按列车办理。动车组属于列车，是一种特殊编组形式的列车。

列车按照运输的性质和用途可分为旅客列车、军用列车、混合列车、运输人员列车、快运货物列车、其他货物列车及路用列车等。旅客列车按其速度和用途又可分为直通旅客特别快车、直通旅客快车、旅客快车、直通旅客列车、旅客列车及市郊旅客列车等。军用列车是专门运送部队及军用物资的列车。混合列车是客货车辆混合编组的列车。运输人员列车是在临时有大量人员需要运送时新组织的列车。快运货物列车是用于需要快速运输易腐货物及牲畜等。其他货物列车包括直达、直通、区段、摘挂及小运转列车等。路用列车是装运路用材料、事故救援及为其他公务需要所开行的列车。

为便于组织列车运行，所有在铁路各区段运行的列车都必须编定列车号码，称为车次。车次编号的原则为：凡干线上的列车向铁道部所在地的方向行驶者称为上行，编成双数。反之，称为下行，编为单数。支线上的列车向连接干线的车站行驶者为上行，编为双数，反之，为下行，编为单数。每一对往返列车，一两个连续数字编号。同一昼夜，同一区段内车次编号不得重复。列车编组中规定开行的列车有以下几种。

（1）始发直达列车。在一个车站装车后直接编组或在相邻几个车站装车后编组，通过一个及其以上编组站不进行改编作业的列车。

（2）技术直达列车。在技术站编组，通过一个及其以上编组站不进行改编作业的列车。

（3）直通列车。在技术站编组，通过一个及其以上区段站不进行改编作业的列车。

（4）区段列车。在技术站编组，开行距离为一个区段，在中间站不进行摘挂车作业的列车。

（5）沿零摘挂列车。在技术站（或中间站）编组，在区段内中间站进行零担货物装卸和车辆摘挂作业的列车。

（6）枢纽小运转列车。在枢纽内的几个车站之间开行的列车。

2.1.2 线路分界点

为了保证铁路行车安全和必要的通过能力，铁路上每隔一定距离需要设置一个车站。车站把每一条铁路线划分成若干个长度不等的段落，每一段线路叫做一个区间。车站成为相邻区间之间的分界点。

分界点是车站、线路所及自动闭塞区间的通过色灯信号机的通称，分为有配线和无配线两种，有配线的分界点叫车站。没有配线的分界点叫线路所或自动闭塞闭塞分区的通过信号机，如图 2-1 所示。区间和分界点是组成铁路线路的两个基本环节。

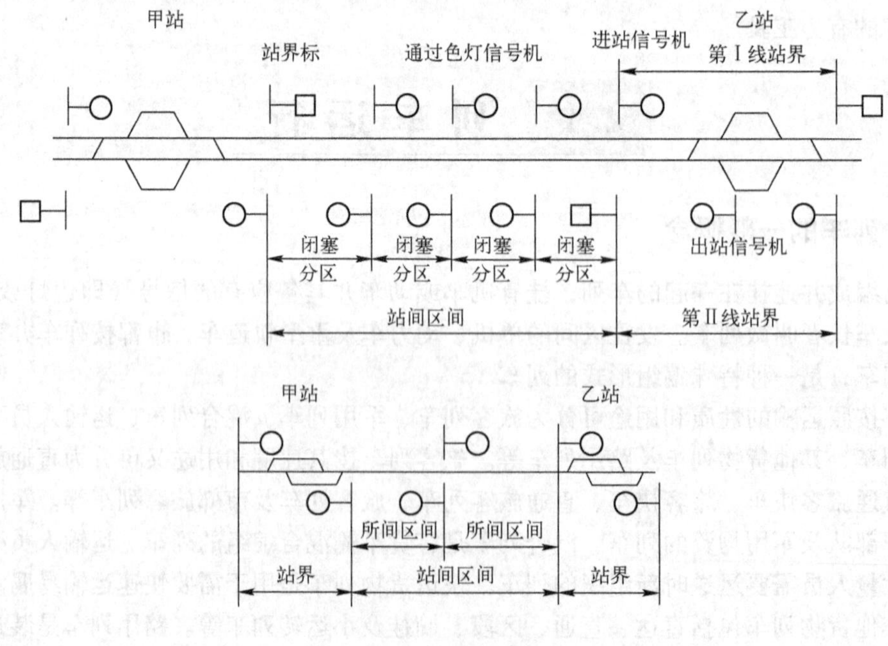

图 2-1　分界点

区间分为站间区间、所间区间及闭塞分区三类。

站间区间，是指两端的分界点均为车站的区间。所间区间，是指两端的分界点为线路所或线路所与车站间的区间，是在非自动闭塞区段上为了提高铁路线的通过能力设置的最简单的分界点。在线路所设有通过信号机，用以划分区间，并有专人办理接发列车的工作。

通过色灯信号机是自动闭塞区段上的分界点，只设有色灯信号机，它将站间区间划分为几个闭塞分区，以提高通过能力并自动地指示列车的运行。

线路所及其通过信号机仅用作调整列车运行，目的在于保证行车安全，以及必要的线路通过能力。

2.1.3　行车闭塞

1. 闭塞的基本概念

为保证铁路必要的通过能力和行车安全，铁路线路以车站为分界点划分成若干个区间。列车在区间内运行的时候，列车速度快、质量重、制动距离长，又不能避让。因此，必须采取技术措施确保列车在区间内运行安全，保证在同一时间内，在同一区间（站间、所间、闭塞分区间）只准许一列列车运行。我们把在规定区间，只准许一列列车运行的方式称为闭塞，实现闭塞方式的设备叫做闭塞设备。

为保证列车在区间内行车安全，列车由车站驶向区间运行的条件：一要验证区间空闲；二要有进入区间的凭证；三要实行区间闭塞。

准许占用区间的凭证通常为车站的出站信号机和区间通过信号机的进行信号显示。当出站信号机或通过信号机的进行信号显示作为准许占用区间的凭证时，在列车进入区间后信号机应自动关闭。

在同一区间只准许一列列车运行，一旦列车占用区间，即实行闭塞，在闭塞解除之前，不许其他列车驶入。在单线区段还必须防止两个车站同时向一个区间发车，所以必须杜绝发生追尾或迎面冲突事故。

2. 闭塞的方法

行车闭塞法的作用是控制列车与列车之间保持一定距离，以保证列车安全运行。列车运主要有两种方法：一是时间间隔法，一是空间间隔法。

1）时间间隔法

时间间隔法，是指在一个区间里，用规定的时间将同方向运行的列车，彼此间隔开运行。即在同一区间内前次列车开出后，相隔一定时间再向同一方向开行第二趟列车。

由于用时间间隔列车，没有设备上的控制，容易发生人为的事故，安全性较差。采用这种间隔开行列车时，要求的条件也比较复杂，如区间内的坡道、瞭望条件都会影响、限制列车的运行速度。所以只有在特殊情况下（列车堵塞、事故起复后的车流疏散、战时行车、一切电话中断的行车等）采用之。

2）空间间隔法

在铁路正线上每相隔相当距离设立一个车站（或线路所）、自动闭塞色灯信号机，这样把铁路线路分成若干线段（区间或闭塞分区），在同一时间、同一空间内只准许一个列车运行的方法，称为空间间隔法。这种行车方法也是我国目前所采用的闭塞法。空间间隔法的优点：

- 铁路线划分很多的区间（或闭塞分区），在一定时间内每一区间都可开行列车，提高行车能力；
- 在各个车站上都有为列车到、发、会让、越行而铺设的配线，可保证列车安全会让；
- 在一个区间里只准许一个列车运行，列车可按规定的速度在区间内运行，既能提高列车行车速度，又能加速机车车辆（动车组）周转；
- 在有的区段干线上设立线路所，对提高干线的通过能力，也起到一定作用。

在这种方式下，列车由车站驶向区间的条件如下。

（1）验证区间空闲：主要设备有轨道电路、计轴设备等。

（2）有进入区间的凭证：

- 出站信号机，区间通过信号机；
- 特殊情况下的凭证（路票、调度命令等）。

（3）实行区间闭塞。同一区间只准许一列列车运行，一旦列车占用区间，即实行闭塞，在闭塞解除之前，不准许其他列车驶入。

3. 实现区间闭塞的制度

1）人工闭塞

采用电气路签、路牌及路票作为列车占用区间的凭证，由接车站值班员检查区间是否空闲。因这种方法在交接凭证和检查区间状态时都是依靠人来完成，所以称作人工闭塞。

2）半自动闭塞

半自动闭塞利用装在区间两端车站行车室内的半自动闭塞机和两站相对出站信号机实现相互控制的一种闭塞设备。一部分由人工操作（办理闭塞及开放出站信号机），另一部分靠列车自动完成（列车发车后，出站信号机自动关闭）。

3）自动闭塞

将站间铁路线路划分为若干个闭塞分区，在每个闭塞分区的分界处，设立通过信号机，站内和区间均装设轨道电路。根据列车运行及闭塞分区状态，自动地变换通过信号机的显示，将闭塞分区占用情况自动地通知追踪列车，这种方法称为自动闭塞，是主要的闭塞制度。按轨道信息的编码方式，自动闭塞分为交流计数电码自动闭塞、极频自动闭塞、移频自动闭塞等；按信号显示方式，自动闭塞分为三显示、四显示自动闭塞，三显示自动闭塞信号机颜色为红、黄、绿，分区长度1 200～3 000 m，如图2-2所示；四显示自动闭塞信号机颜色为红、黄、绿黄、绿，分区长度600～1 000 m，如图2-3所示。显然，四显示方式区间距离短，同样长度站间区间容许更多列车驶入，运输效率高于三显示方式。

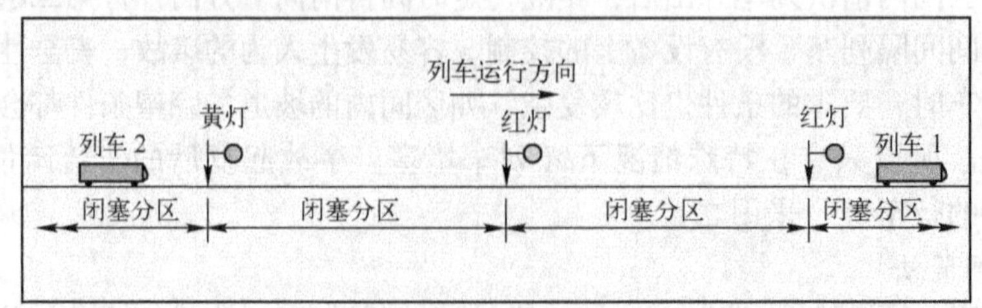

图2-2　三显示自动闭塞方式示意图

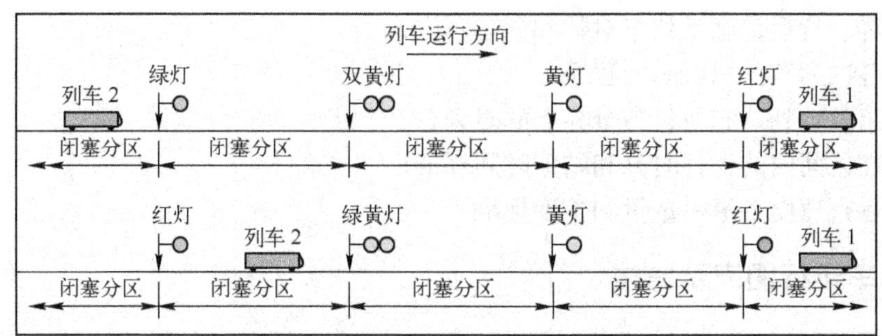

图 2-3　四显示自动闭塞方式示意图

4）移动自动闭塞

移动自动闭塞基于先进的通信传输手段，实时地或定时地进行列车与地面间的双向通信联络，在两列车间自动地调整运行间隔，使之经常保持一定的安全距离。这种方法突破了固定闭塞的局限性，摆脱了利用地面轨道电路设备判别列车占用闭塞分区与否的束缚，不需要将区间划分成固定的若干闭塞分区，地面实时地向车载信号设备传递车辆运行前方线路限速情况，指导列车按线路限制条件运行，提高了列车运行安全性。这种方法的关键技术是列车的精确定位技术和车地间的双向通信技术。移动自动闭塞示意图如图 2-4 所示。

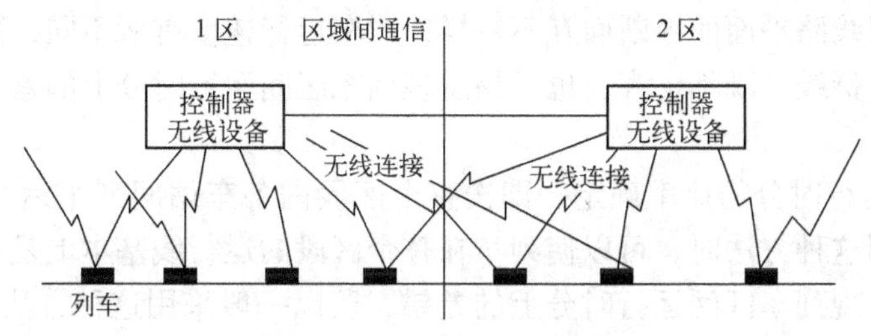

图 2-4　移动自动闭塞示意图

2.2　列车运行图

2.2.1　列车运行图的概念与作用

在组织旅客和货物运输的生产过程中，列车运行是一个很复杂的环节，它要利用多种铁路技术设备，要求各个部门、各工种、各项作业之间互相协调配合，才能保证行车安全和提高运输效率。

列车运行图是铁路运输实现列车安全正点运行、经济有效地组织铁路工作的列车运行生产计划，是全路组织运行的基础。它规定了铁路线路、站场、机车、车辆等设备的运用，以及与行车有关的各个部门的工作，并通过列车运行图把整个铁路网的运输生产活动联系成为一个统一的整体，严格地按照一定的程序有条不紊地进行工作，保证行车安全。另一方面，运行图是铁路向社会提供运输供应能力的一种有效形式，是组织运输生产和产品供应销售的综合计划，是铁路运输生产联结厂矿企业生产、生活的纽带。

列车运行图是运用坐标原理描述列车运行时间、空间关系，规定各次列车占用区间的程序，表示列车在铁路各区间运行时间及在各车站停车和通过时间的线条图。表明内容包括：

- 根据客、货运量确定列车对数和列车车次；
- 规定各次列车占用区间的程序；
- 列车出发、到达和通过各分界点的时刻；
- 列车在区间内的运行时分和站停时间标准；
- 列车运行速度、牵引重量和长度标准。

2.2.2 列车运行图表示方法

列车运行图是运用坐标原理对列车运行时间、空间关系的图解表示，是对列车运行时空过程的图解，可以有两种不同的形式：一种是以横坐标表示时间，纵坐标表示距离，列车运行图上的水平线表示分界点的中心线，水平线间的间距表示分界点间的距离，垂直线表示时间；另外一种是用横坐标表示距离，用纵坐标表示时间，列车运行图上的水平线表示时间，垂直线表示分界点中心线，垂直线间的间距表示分界点间的距离。目前我国铁路列车运行图采用第一种图形表示形式。

在运行图上，用纵坐标表示车站中心线的位置有以下两种确定方法。

（1）按区间实际里程的比率确定，即按整个区段内各车站间实际里程的比例确定横线位置。采用这种方法，运行图上的站间距离完全反映实际情况，能明确地表示出站间距离的大小。由于各区间线路平面的纵断面互不一样，列车运行速度有所不同，列车在整个区段的运行线往往是一条折线，既不整齐，也不易发现列车区间运行时分上的差错，所以一般不采用这种方法。

（2）按区间运行时分的比率确定，即按整个区段内各车站间列车运行时分的比例来确定横线位置。采用这种方法时，可以使列车在整个区段的运行线基本上是一条斜直线。既整齐美观，也易于发现列车区间运行时分上的差错，所以一般采用这种方法。如图 2-5 所示，A—B 区段下行方向货物列车运行时分共计 180 min，确定横线位置时，首先确定技术站 A、B 的位置，在代表 B 站的横线上向右载取相等于 180 min 的 BF 线段，得 F 点，同时按 Aa、ab、bc、cd 和 dB 区间的列车运行时，将 BF 线划分为 5 个间段，连接 A、F 两点，得到一斜直线。过 5 个时间段站点作垂直线，在 AF 斜直线下可得交点，过各该交点作水平线，即为代表 a、b、c、d 车站的横线。

为适应使用上的不同需要，列车运行图按时间划分方法的不同有如下三种格式。

（1）二分格运行图。它的横轴以 2 min 为单位用细竖线加以划分，10 分格与小时格用较粗的竖线表示，如图 2-6 所示。二分格图主要在编制新运行图时使用。

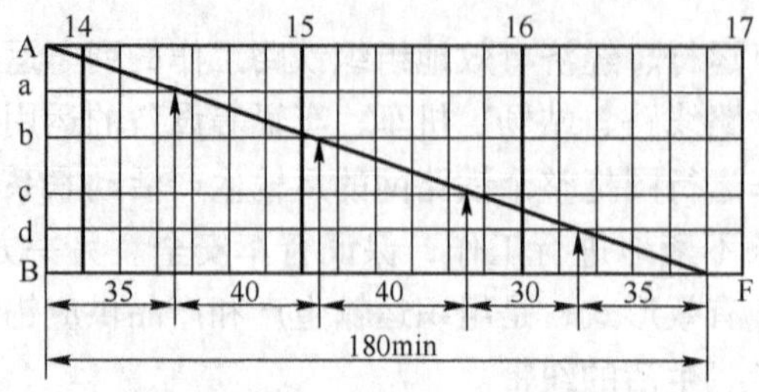

图 2-5 按区间运行时分确定车站位置示意图

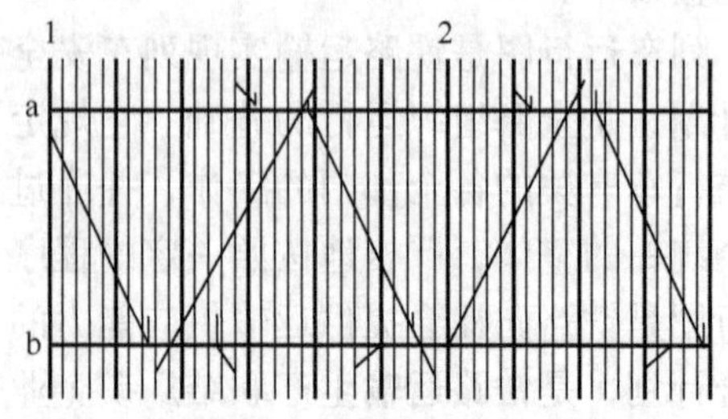

图 2-6 二分格运行图

（2）十分格运行图。它的横轴以 10 min 为单位用竖线加以划分，半小时格用虚线表示，小时格用较粗的竖线表示，如图 2-7 所示。十分格图主要供列车调度员在日常调度指挥工作中编制调度调整计划和绘制实绩运地图时使用。

（3）小时格运行图。它的横轴以 1 h 为单位用细竖线加以划分，如图 2-8 所示。小时格图主要在编制旅客列车方案图和机车周转图时使用。

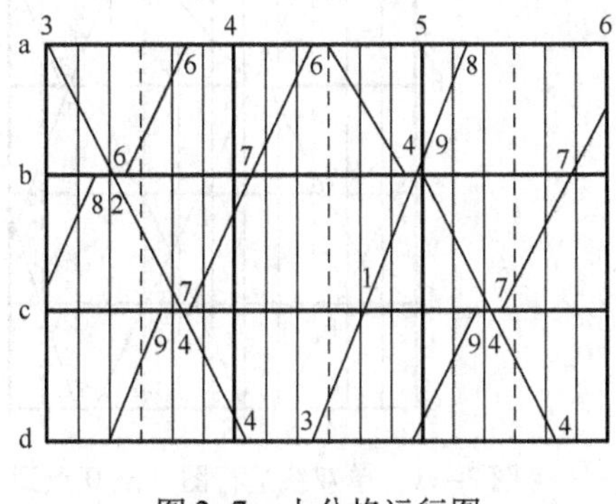

图 2-7 十分格运行图

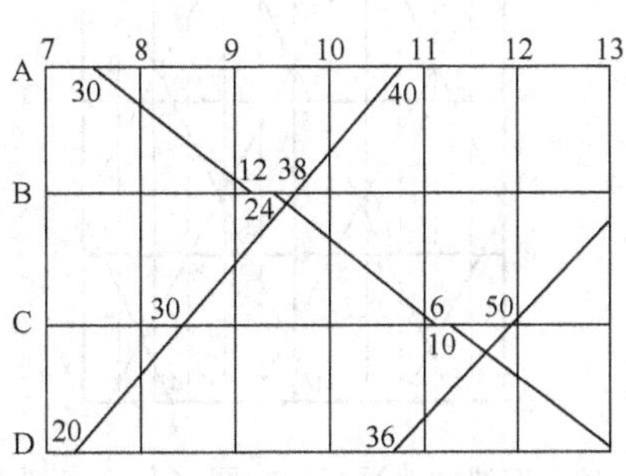

图 2-8 小时格运行图

2.2.3 列车运行图的分类

按使用范围及铁路线路的技术设备（如单线、复线）和列车运行速度、上下行方向的列车数量、列车的运行方式等条件，列车运行图可分为多种类型。

1. 按照区间正线数

（1）单线运行图。在单线区段，上下行方向列车都在同一正线上运行，两个方向列车必须在车站上进行交会，如图 2-9 所示。

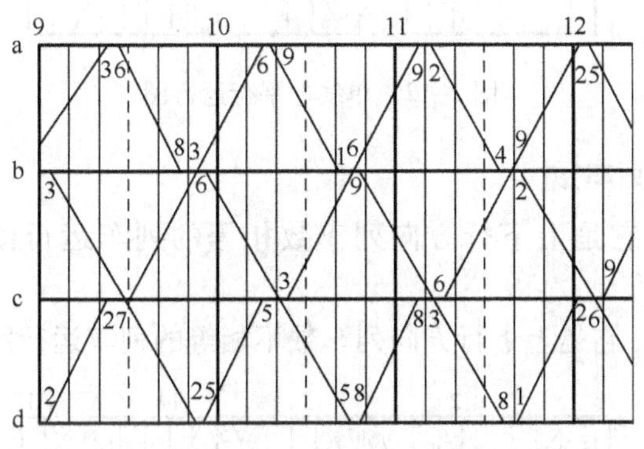

图 2-9 单线成对平行运行图

（2）双线运行图。在双线区段，上下行方向列车在各自的正线上运行，上下行方向列车的运行互不干扰，可以在区间内或车站上交会，但列车的越行必须在车站上进行，如图 2-10 所示。

（3）单双线运行图。在有部分双线的区段，单线区间和双线区间各按单线运行图和双线运行图的特点铺画运行线，如图 2-11 所示。

2. 按照列车运行速度

（1）平行运行图。在同一区间内，同一方向列车的运行速度相同，且列车在区间两端站的到、发或通过的运行方式也相同，因而列车运行线相互平行，如图 2-10、图 2-11 所示。

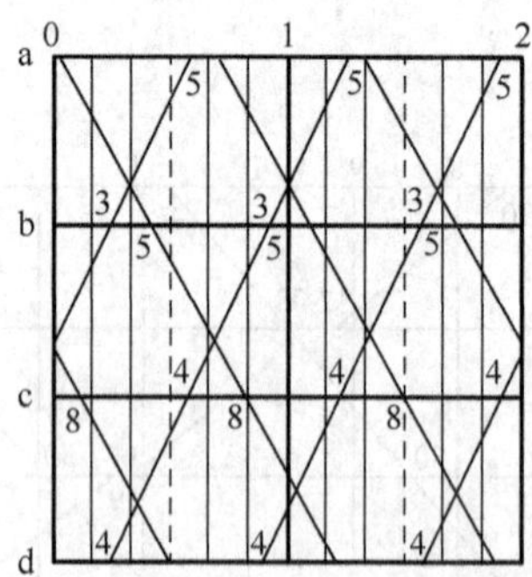

图 2-10　双线成对平行运行图（从 0 点到 2 点）

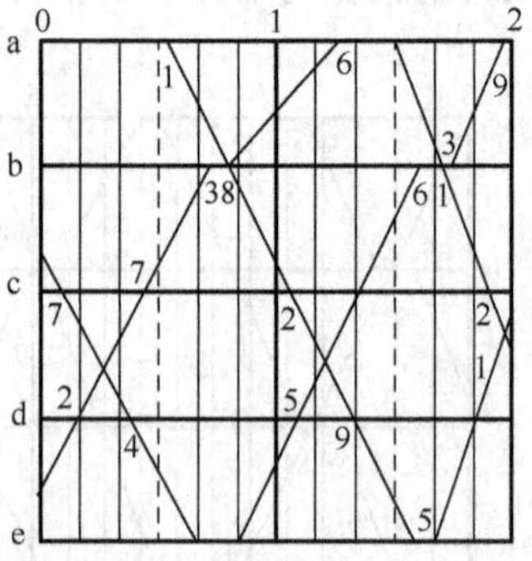

图 2-11　单双线运行图（从 0 点到 2 点）

（2）非平行运行图。在运行图上铺有各种不同速度的列车，且列车在区间两端站在到、发或通过的运行方式不同，因而列车运行线不相平行，如图 2-12 所示。

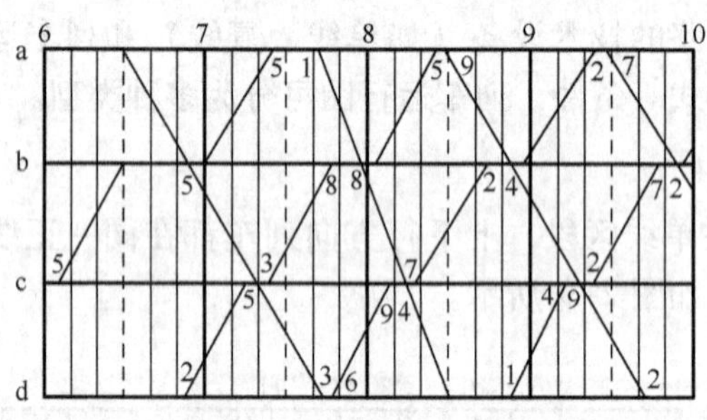

图 2-12　单线非平行运行图

3. 按照上下行方向列车数

（1）成对运行图。它是上下行方向列车数相等的列车运行图，如图 2-9、图 2-10 所示。

（2）不成对运行图。它是上下行方向列车数不相等的列车运行图，如图 2-13 所示。

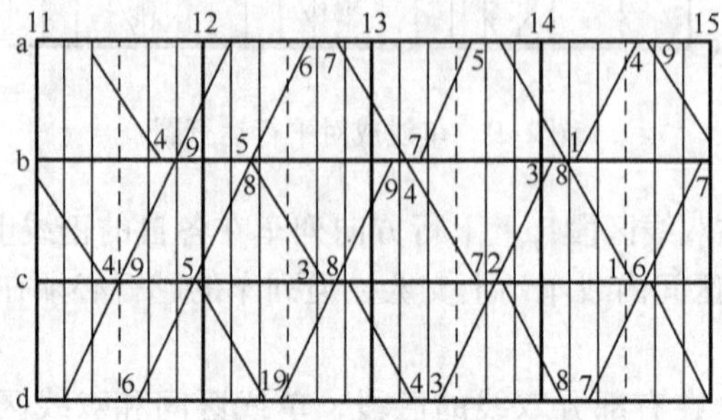

图 2-13　单线不成对运行图

4. 按照同方向列车运行方式

（1）连发运行图。在这种运行图上，同方向列车的运行以站间区间为间隔。单线区段采用这种运行图时，在连发的一组列车之间不能铺画对向列车，如图 2-13 所示。

（2）追踪运行图。在这种运行图上，同方向列车的运行以闭塞分区为间隔，在装有自动闭塞的单线或双线区段上采用，如图 2-14 所示。

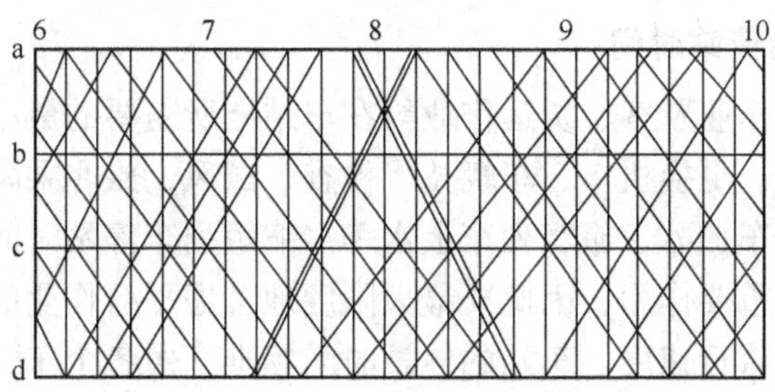

图 2-14　双线追踪非平行运行图

上述分类都是针对列车运行的某一特点而加以区别的。实际上，每张列车运行图都具有多方面的特征。例如，某一区段的列车运行图（图2-14），它既是双线的、非平行的，又是追踪的。

2.2.4　运行图的识别

（1）运行图横纵坐标如前所述，运行图中的斜线表示列车的运行，斜线和横轴的夹角的大小，表示列车的运行速度的高低，夹角越大，列车运行速度越高。

（2）运行图上的列车运行线（斜线）与车站中心线（横线）的交点，即为列车到达、出发或通过车站的时刻，根据列车运行图的格式，到发时刻有不同的表示方法。在二分格图上，以规定的标记符号表示，不需填写数字；在十分格图上，填写 10 min 以下数值；在小时格运行图上，填写 60 min 以下数值，所有表示时刻的数字，都填写在列车运行线与横线相交的钝角内。列车通过车站的时刻，一般填写在出站一端的纯角内。

（3）在运行图上，铺画有许多不同种类列车的运行线，为了便于识别起见，对各种列车采用不同的表示方法，并对每一列车冠以规定的车次，标在区段的首末两端区间相应列车运行线的上方。上行列车的车次为双数，下行列车的车次为单数。我国铁路规定向首都的方向为上行方向，反之，为下行方向。

2.2.5　列车运行图要素

列车运行图虽有各种不同的类型，但它是由一些基本要素所组成的。列车运行图要素包括：列车区间运行时分；列车在中间站的停站时间；机车（动车）在基本段和折返段所在站的停留时间标准；列车在技术站、客运站和货运站的技术作业过程及其主要作用时间标准、车站间隔时间、追踪列车间隔时间。

1. 列车区间运行时分

列车区间运行时分是指列车在两相邻车站或线路所之间的运行时间标准，它由机务部门根据《牵引计算规程》，采用牵引计算和实际试验相结合的方法进行查定。

由于旅客列车和货物列车的运行速度各不相同，上下行方向的线路平面、纵断面条件和列车重量也不相同，所以列车区间运行时分应按各种列车和上下行方向分别查定。此外，列车区间运行时分还应根据列车在每一区间两个车站上不停车通过和停车两种情况分别查定。列车不停车通过两个相邻车站所需的区间运行时分称为纯运行时分。列车到站停车的停车附加时分和停站后出发的起运附加时分，应根据机车类型、列车重量及进出站线路平面、纵断面条件查定。

2. 列车在中间站的停站时间

为办理列车的技术作业及客、货运作业等在车站上所需要的最小停站时间标准。如列车甩挂作业、摘、挂补机、更换机车、车辆技术检查、试风、旅客乘降、行李包裹装卸、零担货物装卸、快运货物列车加冰、旅客列车上水等。缩短列车停站时间，对提高列车旅行速度和铁路区间通过能力有重要作用，因此要最大限度地考虑平行作业的可能性，以求尽量缩短停站时间，提高列车的旅行速度。车站的停站时间标准，由各个车站用分析计算和实际查标相结合的办法确定。

3. 机车（动车）在基本段和折返段所在站停留时间标准

机车（动车）在折返段所在站应办理的作业有：在到发线上的到达作业，包括到达试风、摘机车、准备入段进路等；入段走行；在段内作业；出段走行；在到发线上的出发作业，包括挂车、出发试风等。该时间取决于动车组的周转方式、机务、车站设备条件、动车组交路和作业方式等，由车、机两部门在车站和机务段共同进行查定。

缩短动车组在自、外段、站的折返停留时间，有利于加速动车组的周转，提高其运用效率。

4. 列车在技术站和客货运站的技术作业时间标准

在编制列车运行图时，需具备技术站、客货运站技术作业过程的主要作业时间标准，必须编制与车站技术作业过程相配合的列车运行图。包括：

- 在到发车场内办理各种列车作业的时间标准；
- 在驼峰或牵出线上解体和编组列车的时间标准；
- 旅客列车车列在配属段、折返段所在站的停留时间标准；
- 货物站办理整列或成组装卸作业时间标准。

上述标准，一般根据《车站行车工作细则》确定。

5. 车站间隔时间

车站间隔时间，是指在车站上办理两列车的到达、出发或通过作业所需要最小间隔时间。常用的车站间隔时间包括不同时到达间隔时间、会车间隔时间、同方向列车连发间隔时间、同方向列车不同时发到间隔时间和不同时到发间隔时间等几种，其值大小与车站信号、道岔操纵方法，车站邻接区间的行车闭塞方法，以及车站类型、接近车站线路的平、纵断面情况，动车组类型，列车重量和长度等因素有关。在查定车站间隔时间时，应遵守有关规章的规定及车站技术作业时间标准，以保证行车安全和最有效地利用区间通过能力。

6. 追踪列车间隔时间

在自动闭塞区段，一个站间区间内同方向可有两列或两列以上列车，以闭塞分区间隔运行，称为追踪运行。追踪运行列车之间的最小间隔时间，称为追踪列车间隔时间，其示意图如图 2-15 所示。追踪列车间隔时间，取决于同方向列车间隔距离、列车运行速度及信联闭设备类型。

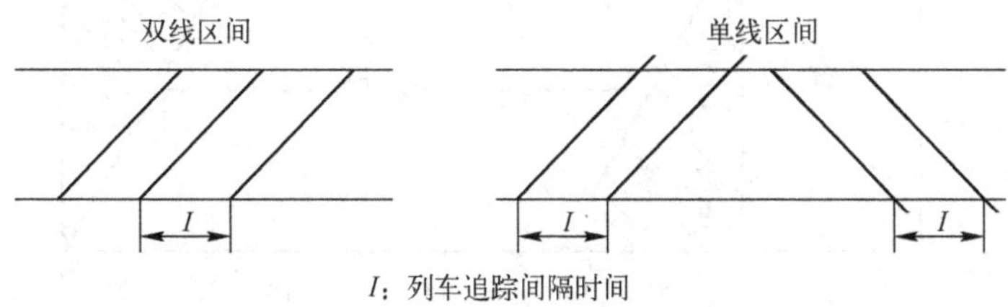

图 2-15 追踪列车间隔时间示意图

2.2.6 高速铁路的列车运行图

1. 高速铁路列车运行图的特点

1）高峰时段的密集性

为旅客旅行提供快捷、舒适的旅行条件是高速铁路运输组织工作的出发点，高速铁路的列车运行图中列车运行线的安排必须满足旅客出行规律的要求。我国铁路客流平均行程为 400 多公里，旅客的出行规律大体是早出晚归，早（6:30 ～9:30）晚（17:00 ～20:00）将形成列车密集发车、到达的高峰时间带。高速铁路（或客运专线）高峰时段的旅客列车，尤其是短途旅客列车几乎是按最小追踪列车间隔密集到发。

2）与既有线的协调性

在高速铁路上运行时旅客列车都应有一定的旅行速度要求，以保证较短的旅途时间。在一定技术条件下，列车旅行速度与停站次数和停站时间有关。为提高服务频率，缩短旅客候车时间，中间站要求有较多的列车停站；为使旅客有充裕的时间上、下车，停站时间应长一点。高速铁路列车运行图的编制要妥善解决保证一定的旅行速度与提高服务频率之间的矛盾。必须尽可能减少高速列车越行中速列车的次数，且尽可能使客运停站与越行相结合。

3）运行线的高弹性

为保证列车的高正点率，列车运行图必须要有足够的应变能力，即具有高度的弹性；当列车运行紊乱时，要能尽快恢复正常，以保证能经常处于按图行车的状态。为此，列车运行线间要预留一定的冗裕时间，以减少个别列车晚点的影响；或者预留一定数量的备用线，让晚点列车按就近的备用线运行。

4）有效时间带的出现

高速铁路一般将 0 ～6 点都作为“天窗”时间，作为线路及牵引供电设备的养护维修时间。由于“天窗”多采用矩形，列车只能在 6 点钟及其以后出发，0 点钟及其以前到达，因此，对不同运行距离的列车就形成了有效时间带，其示意图如图 2-16 所示。设列车运行在 A、B 间，平均旅行时间为 4 小时，则 6 点自 A 站发出的列车，10 点到 B 站，零点到 B 站的列车在 A 站必须在 20 点发出。

该种列车只能铺画在 6 ～20 点间。图 2-16 中的三角区对该种列车是无效的，只能用于铺画运行时间较短的列车。高速铁路列车运行图的铺画必须遵守并充分运用这一规律，以充分利用其区间通过能力。

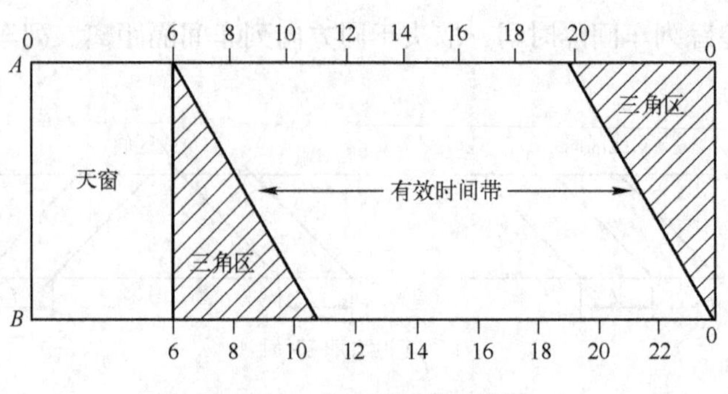

图 2-16 有效时间带示意图

2. 列车运行图基本要素的确定

列车运行图基本要素在一定程度上影响区间和车站通过能力的充分利用、运输设备的效率及列车的旅行速度。高速铁路列车运行图基本要素的确定应在保证列车运行安全的前提下，按先进的作业组织和操作方法进行确定。

1）追踪列车间隔时间

高速列车按 3 min 设计，近期按 4 min 使用；跨线中速列车按 4 min 设计和使用。

2）列车区间运行时间

高、中速列车运行时间应采用牵引计算确定。

3）列车起停车附加时间

起停车附加时间采用牵引计算结果，但高速及中速的起车附加时分均应不大于 2 min，停车附加时分均应不大于 1 min。

4）列车在站停车时间

高速列车在枢纽客运站 2 ～5 mm，在中间站 1 ～3 min；中速列车在枢纽客运站 4 ～6 min，在中间站 2 ～4 min。

5）动车组折返时间

在站立即折返 20 ～25 min，入段作业 90 ～120 min。

6）天窗时间内按单线行车时的车站间隔时间

不同时到达时间 $\tau_{不} = 3$ min；会车间隔时间 $\tau_{会} = 1$ min；不同时通过连接双线和单线车站的时间 $\tau_{不通} = 4$ min。车站间隔时间示意图如图 2-17 所示。

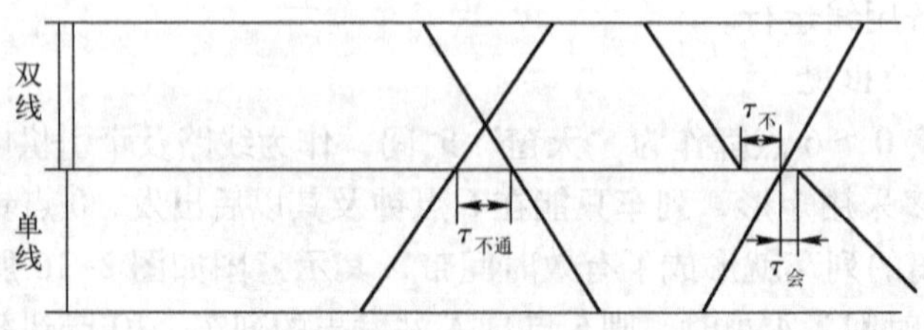

图 2-17 车站间隔时间示意图

3. 高速列车运行图的编制

1）编制原则

（1）充分保证列车运行安全、正点。

编制列车运行图时必须严格遵守各种间隔时间标准及运行时分的限制。列车运行线的安排，应尽可能减少或避免敌对进路的出现。为提高列车运行正点率，列车运行线间要留一定的冗余时间，保留一定的应变弹性，一旦个别列车晚点，有调度人员调整的余地。在运行图上还应设置若干备用线，有的晚点列车可利用备用线运行。

（2）最大限度地为旅客提供方便。

运行图的编制要为旅客提供极为方便的乘车条件，运行线的安排要符合不同旅客服务的出行规律，便于旅客乘座自己认为合适的车次；一些核心列车的到发点宜多年固定不变；同类列车在运行图上应尽可能均衡排列、有规律，实行类似德国的节拍式运行；列车运行图还必须保证各车站必要的服务频率，限制列车的停站次数；相同发到站的列车可采取交替停站的办法。

（3）统筹协调高速线与既有线的衔接问题。

我国高速铁路建设一般都与铁路扩能相结合，都要与既有线相连接，是铁路网的组成部分，而不是独立系统。为输送跨线客流，无论采取跨线列车上、下高速线还是高速列车下高速线的方式，都存在着高速线与既有线列车运行线的衔接问题。即使是采取换乘方式，接续车次也有衔接问题。

高速线与既有线相关的列车运行线必须统筹兼顾，高速线维修天窗的设置必须考虑这一因素。高速线与既有线列车运行线的衔接是一个复杂的统筹优化问题，是谋求两者最好的经济及社会效益问题，涉及两线运输资源的有效利用及对客流的吸引能力。

（4）合理利用运输能力。

我国铁路客流量比较大，列车运行图的编制必须考虑合理利用运输能力问题。为合理利用运输能力，在满足旅客出行规律需求前提下，必须处理好以下问题。

① 高中速列车运行线的排列。高速铁路区间长，而高、中速列车的速差又比较大，可组织两列中速列车追踪运行，但这要受到全路客车方案的约束；实际编制中，前后两列高、中速列车所造成的空费时间，可以被短途高速列车或空车底回送利用。凡可利用的空费时间应充分利用。

② 长、短途高速列车运行线的排列。在非天窗时间内，不同运行距离的列车都有自己的有效时间带。在有效时间带内应优先安排长途列车。剩余的短途列车运行线可利用长途列车有效时间带以外的三角区。

③ 动车组的套用。动车组的套用可以节省投入运用的车组数量，还涉及运输能力的利用问题。列车运行图的编制时要尽可能杜绝空车底的回送和调配。为此，动车底要灵活运用，可反向（折返）套用，也可顺向（同一方向的两列车）套用。非枢纽站夜间最后一班车应尽可驻留该站，以供次日首发列车使用。

上述列车运行图的编制原则是互相制约的，编制列车运行图的技巧和艺术，就是如何协调处理好各种关系。

2）编制过程

（1）中速列车衔接点的确定。在旅客列车开行方案已确定的情况下，则可进行列车运行图的编制。首先应根据全路（全国）旅客列车的开行方案，确定中速列车（含下高速线的高速列车，以下同）由既有线上高速线的时间，即在高速线上的首次发车时间；中速列车由高速线下既有线的时间，即在高速线上的最终消失时间。有了以上两种时间，结合高速列车的发车点，采取顺推和倒推的方式，则可铺画中速列车运行线。

（2）高速列车发车点的设定。首先安排核心列车（如北京至某地的直达列车等）、朝发夕至的列车和夕发朝至等列车的发点。在此基础上，相对均衡地分布各种列车的始发点，但列车的始发点必须在各自的有效时间带之内。

（3）列车运行线的铺画。无论是人工铺画还是用计算机铺画，都允许在一定范围内，移动列车的始发点，但挪动高速线与既有线列车运行线的衔接点，要再次与全路客车开行方案协调。无论是高速列车还是中速列车，铺画的运行线都必须体现事先设定的停站方案。杜绝以减少停站（降低服务频率）来换取较高的旅速。

（4）备用运行线的铺画。客运专线，尤其是高速铁路，应根据运输能力的利用情况，铺画一定的备用运行线供运行调整用。备用运行线分别按高、中速列车均衡铺划在各个时间段；备用运行线一般应设较多的停站，以备灵活运用。备用运行线的设置应不影响正式运行线的铺画，尤其不能降低列车的旅行速度。计算区间通过能力利用率时，不应计入备用运行线。备用运行线的设置也可与季节性列车运行线相结合。

（5）列车运行图指标的计算。高速铁路列车运行图应计算以下指标：

- 站间直达高速列车的旅行时间及其旅行速度（h，km/h）；
- 高速列车平均旅行速度（km/h）；
- 跨线列车平均旅行速度（km/h）；
- 长编组和短编组高速动车底投入运用的数量（组/日）；
- 高速和跨线列车公里（列·km/日）；
- 长、短编组高速动车底平均每个车底的列车公里（列·km/日）等。

复习参考题

1. 什么是闭塞？由哪几种闭塞方法？
2. 什么是列车运行图？它的作用是什么？如何识别运行图？
3. 简要说明列车运行图的要素。
4. 高速列车运行图有哪些特点？

第3章 动车组运用管理

【本章内容概要】

总体介绍了动车组运用管理的内容，方便读者对车辆的保管和使用有初步的了解；讲述了动车组的运用方式、运转制度、乘务方式和周转图与乘务员运用方法；提出了动车组的运用指标，用于分析动车组运用管理水平、运用效率和完成运输任务的情况。

【本章学习重点与难点】

学习重点：动车组运用管理的内容；动车组运用方式、运转方式、乘务方式；运用指标的计算。

学习难点：怎样充分利用动车组，缩短周转时间，提高运用效率。

动车组特别是高速动车组在我国的运用时间不长，运用经验尚缺，运用管理、运行模式都基于既有线机车、车辆的管理经验，尚需不断进行尝试、探索，从而总结出我国高速动车组的运用模式。本章基于既有线运用管理简单介绍动车组运用管理相关知识内容。

3.1 运用管理组织及内容

3.1.1 运用管理部门的体制及职责

我国铁路运用管理工作贯彻“统一指挥、分级管理”的原则，以利于充分发挥各级机运用管理组织的职能作用。运用管理组织机构如图3-1所示。

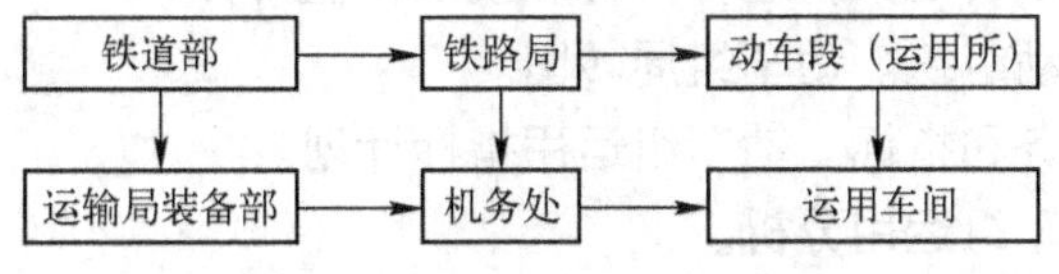

图3-1 运用管理组织机构

各级运用组织的职责如下。

1. 铁道部

（1）对全路机车运用工作统一规划，综合平衡。

（2）制定有关运用的规章制度及全路运用工作人员的培训规划和乘务员任职条件。

（3）确定、调整全路机型，审定各铁路局的年度配属，编制列车运行图，审批跨局动车周转图、交路、牵引定数，掌握乘务制度、运转制、乘务员换班方式。

(4) 负责全路机车、动车及救援列车的调度指挥。

(5) 审批乘务员驾驶证。

2. 铁路局

(1) 执行铁道部的命令指示，根据铁道部有关规定，制定本局机车（动车组）运用的有关细则、办法和作业标准。

(2) 审定动车组运用计划。

(3) 确定动车段（机务段）的动车组（机车）配属。

(4) 审批动车组、机车报废、出租，负责全局长期备用动车（机车）管理。

(5) 审定各动车段（机务段）提报的列车运行图和动车组（机车）周转图资料。

(6) 确定全局救援列车的配制，负责全局机车和救援列车的管理及调度指挥。

(7) 审核上报机务部门部定报表资料。

(8) 拟定本局动车组、机车乘务员配备计划，组织动车组、机车乘务员的培训、考核和晋升。

3. 动车段（运用所）

(1) 贯彻执行上级的命令指示及有关规章、标准，认真执行列车运行图、周转图，按计划供应质量良好的动车组（机车），全面完成年、季、月度动车组（机车）运用计划。

(2) 加强乘务员的管理，负责乘务员的任免、教育、培训、晋升考试及技术考核。

(3) 运用现代科技手段，强化安全管理，不断加强安全基础工作，质量良好地完成运输生产任务。

3.1.2 动车组运用管理的内容

动车组的运用管理工作是高速铁路运输组织工作的重要组成部分，运用管理工作的内容丰富，范围广泛，主要有以下几个方面。

(1) 运用组织。统一指挥、分级管理。

(2) 动车组的运用。动车组交路和周转方式。

(3) 乘务员的使用。乘务制度和换班方式。

(4) 动车组能力。牵引定数，运行时分和技术作业时分。

(5) 动车组生产活动组织。动车组周转图。

(6) 动车组生产任务和指标。动车组运用指标计划。

(7) 调查研究。动车组运用分析。

(8) 行车安全。制度、措施和章程。

(9) 行车组织指挥。内外勤和地勤工作管理。

(10) 适应特殊情况下运输需要。专运动车组、机车（班）。

(11) 救援列车的管理和出动。

(12) 非值乘人员登乘动车组、机车的管理。

(13) 动车组的配属、调拨、回送、备用及保养。

(14) 乘务员的培养、教育、考试、提升和人事管理。

3.1.3　动车组的管理

1. 动车组配属与使用

动车组由铁道部统一管理，统一调配，实行配属制度。所谓配属制度，就是铁道部根据运输任务的需要和运输设备条件等因素将动车组配属给各铁路局、动车段使用和保管的制度，以完成运输生产任务。

配属原则如下。

（1）根据铁路建设的规划发展和客运量的变化趋势，远期、近期相结合，各地所配属的动车组要力求稳定，避免频繁调动。

（2）车型力争集中统一。有利于动车组的运用管理与检修的布局安排。

（3）要适应运输设备的基本条件。动车组的基本性能及构造条件要与该区段线路的限制坡道、钢轨重量、桥梁等级、最小曲线半径、允许速度、站线有效长度及气候特点等具体条件相适应。

（4）车型配置应与修理工厂的专业化修车方案相吻合并力求缩短动车组检修时的回送距离。

2. 动车组的分类

此处动车组的分类是指从管理角度进行的分类，而非技术角度。由于动车组车型不同，运用情况复杂，为了正确统计、考核与分析有关动车组运用状况等，必须对动车组进行以下分类：

- 按动车组的配属关系，分为配属动车组与非配属动车组；
- 按动车组的支配使用关系，分为支配动车组与非支配动车组；
- 按动车组的工作状况，分为运用动车组与非运用动车组。

1）配属动车组和非配属动车组

（1）配属动车组。根据铁道部配属命令，拨交铁路局、动车段保管、使用的动车组。配属动车组包括：在工作中、等待工作中和技术作业中的动车组；在检修和待修中的动车组；在长期备用和短期备用中的动车组；等待报废和交接过程中的动车组。

（2）非配属动车组。它是指原配属关系不变，由于工作需要，根据铁道部命令，由他局（段）派至本局（段）助勤的动车组，还包括某些临时加入支配的动车组（如跨段轮乘的动车组和未配给局（段），委托进行动力试验或运行考核的新造动车组）。

配属、非配属动车组的转变时分：

- 凡新购置、新造或在段调拨的动车组，依据铁道部运用部门拍发的电报和机调命令，自实际交接完了共同签字时分起加入配属；
- 在工厂或动车段修竣后调拨的动车组，自验收员签字时分起加入配属；
- 报废动车组，自铁道部核备“动车组报废申请核准书”后并电复时起取消配属。

2）支配动车组和非支配动车组

（1）支配动车组。它是指本局（段）有权支配使用的动车组。支配动车组不一定都是本局（段）的配属动车组；本局（段）的配属动车组也不是都有权支配。

（2）非支配动车组。它是指在配属动车组中本局（段）无权支配使用的动车组，其中包括根据铁路局命令批准的长期备用、出助的动车组及按租用合同办理的出租动车组。

3）运用动车组和非运用动车组

（1）运用动车组。它是指参加各种运用工作的动车组。包括担当工作以前必须进行必要的准备工作、等待工作的动车组，以及中间技术检查动车组和经铁道部命令批准的其他工作的动车组。

（2）非运用动车组。它是指为未参加运用工作而处于停留或修理状态中的支配动车组。包括备用、检修及铁道部命令批准的其他动车组。

3. 动车组的调拨

动车组的调拨，由铁道部决定，以部运输局的电报和部调度命令为准；动车组状态应符合运用条件。原配属单位应做好交接准备工作，填写移交记录，办理移交手续。

4. 动车组的回送

动车组因新配属、调拨、出助、出租、检修等需要时要进行回送。动车组的回送一般采用专列方式进行。从动车组动力可使用状态划分，分为有动力回送和无动力回送两种，亦称为有火回送和无火回送。动车组回送的相关规定如下。

（1）动车组回送运行时，须安排动车组司机及随车机师执乘。

（2）动车组回送由动车组有关运用所、铁路局提出注意事项，列车调度员应根据所提事项，发布有关调度命令。

（3）动车组回送时不得通过驼峰。

（4）动车组在回送中不得实施紧急制动。发生紧急制动后，动车组随车机师应确认转换车钩的连接状态。

（5）动车组有火回送时按客运列车办理，过境局应按动车所属局请求指派带道司机。

（6）动车组无火回送时应办理专列回送，编组不得超过 16 辆。与机车连接用中间转换车钩，机车提供 DC 110 V 电源，限速 120 km/h。

（7）动车组必须随车配备中间转换车钩及 DC 110 V 电源连接线。

动车组的无火回送采用回送车与动车组固定连接，由客运机车牵引回送。由于动车组两头车采用密接车钩，其高度为 1 000 mm，而回送车车钩距轨面高度为 880 mm，为 15 号车钩，所以回送车与动车组需要通过过渡车钩连接，其连接方式如图 3-2 所示。

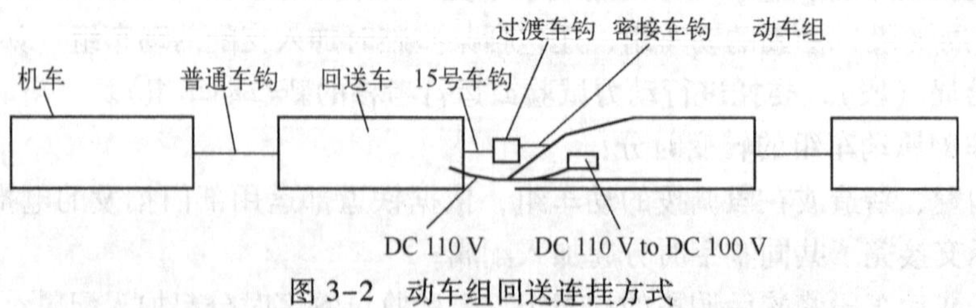

图 3-2 动车组回送连挂方式

3.2 动车组运用方式及制度

3.2.1 动车组的运用方式及分析

我国既有铁路的客车车底使用方式是车底有固定配属，车底在配属段和折返段之间运行，车底运行区段固定。参照既有铁路客车车底运用方式，根据动车组可运行的区段形式，可将动车组的使用划分为固定方式、不固定方式和半固定方式。

1. 固定方式

与既有铁路车底运用方式一致，动车组只在固定的区段内往返运行，动车组的这种使用方式称为固定方式，如图 3-3 所示。固定方式又分为站间固定方式和两区段套跑方式。站间固定是指动车组只在车站 A、车站 B 之间接续周转运行；套跑方式是指动车组可以在 AB 及 BC 两个区段运行，根据运行图情况动车组终到 B 站之后，可以挂运行线到达 C 站，也可以挂线返回 A 站，终到 A 站的动车组只能挂线到 B 站。终到 C 站的动车组，只能挂线运行到 B 站。这是目前动车组运用的主要方式。

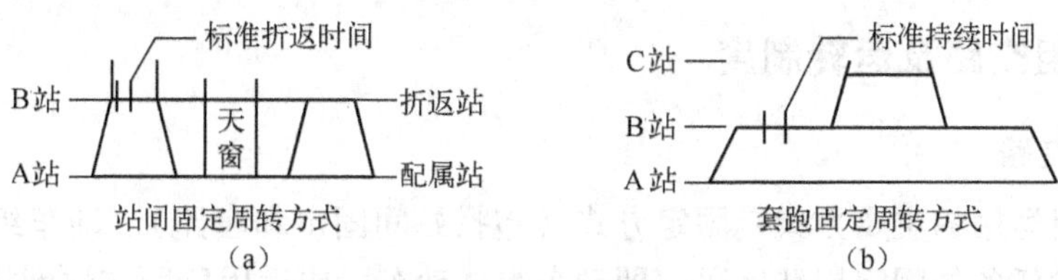

图 3-3　动车组的固定使用

采用固定方式，动车组在固定的区段内运行，有利于动车组的管理，即可以根据区段内特点采用不同的编组方案，动车组的运用组织相对比较容易。但固定方式也存在着以下缺陷。

(1) 不能很好地解决动车组的维修问题。车组检修基地采用集中配置，即设置维修中心，负责某一区域或某一型号动车组的维修方式。那么，在不包含检修基地或距离检修基地较远的区段运行的动车组需要维修时，特别是高级别修程的维修时，不仅需要备用动车组替代其运行，而且需要专程回送。这样，对动车组的使用和运输组织实际上都会带来极大的不便。

(2) 动车组非生产时间长，利用率较低，因而，需要使用较多数量的动车组。

2. 不固定方式

不固定方式以高速铁路全线为统一系统，充分考虑动车组的维修问题和动车组的使用效率问题。它的含义：是指在假定各动车组之间没有差别的情况下，不固定各动车组运行区段，根据需要可以在任何高速区段之间运行，如图 3-4 所示。

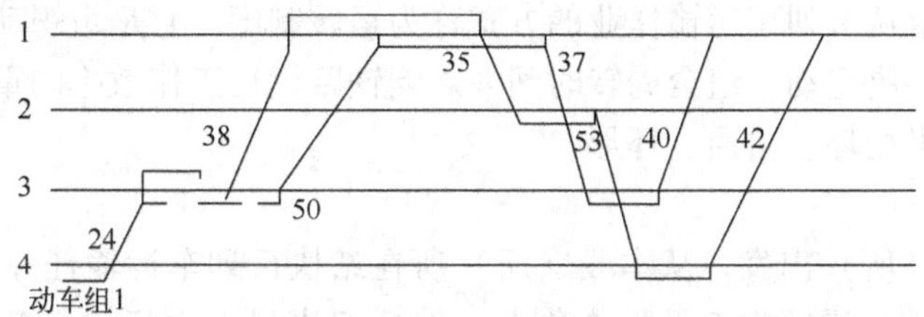

图 3-4　动车组的不固定使用

图 3-4 中动车组可以根据需要运行 24、38、35、53、42 等 5 条运行线，也可根据需要运行 24、50、37、40 等其他运行线，可以运行的区段没有限制。动车组可以连续运行的基本原则是满足动车组转线、整备等接续时间要求。

与固定方式比较，在不固定方式下，动车组可在任何区段间运行，因此，在动车组使用过程可以根据其运行状态对其中必须在检修基地进行维修的动车组预先安排其运行交路，使其通过检修基地所在地，从而得到及时维修，这样就能实现运用计划和维修计划一体化的思想。另外，只要满足接续时间要求，动车组就可运行不同的运行线，从而有可能提高动车组的使用效率，减少动车组的使用数量。因此，不固定方式是动车组使用比较合理的方式。

但是这种方式也有一些不足，由于周转接续安排得较紧密，当出现一些大的随机干扰时，运用计划比固定方式更容易受到影响：由于假定各动车组之间无差别，动车组的编组不能根据区段客流特点改变。

3. 半固定方式

个别动车组采用固定运行方式，而另外的动车组采用不固定运行的方式。

3.2.2 动车组交路及运转制度

1. 动车组交路

目前动车组运用的主要方式是固定方式（包括站间固定和套跑）。动车组的交路，是指动车组担当运输任务的固定周转区段，即动车组从动车段或运用所所在站到折返段所在站之间往返运行的线路区段。动车组交路的确定是组织运用工作，确定运用所设施和配置、车型分配、运用指标的重要依据，担当的交路数多，交路长对减少铁路建设投资和铁路运输费用及提高动车组的运用效率是非常有益的。确定交路是一个比较复杂的工作，必须同时考虑到现有线路情况、动车组的类型、行车组织的特点及客流情况，沿线的自然条件和生活条件等因素。确定交路的基本原则为：

- 适应铁路发展的需要，本着节约投资的方针，有利于提高线路通过能力；
- 考虑运输组织的分工，合理发挥动车组长距离运行的优势；
- 统筹安排乘务员劳动和休息时间，合理利用动车组性能，提高运用效率；
- 近期与远期相结合，适应铁路发展的远期规划。

动车组的交路按区段长度不同分为一般交路和长交路。对于长交路，在乘务组采用换乘的乘务制度条件下，交路按方向又可分为直线形交路（或称双向交路）和多边形交路（或称多向交路）。

2. 运转制度

动车组在交路上从事列车运输作业的方式称为运转制度。它是组织动车组运用、确定动车组整备设备布置，决定动车组全周转时间并影响铁路运输工作效率的重要因素。动车组运转制可分为循环、半循环、肩回、环形。

1）肩回运转制

动车组由本段（所）出发，从本段（所）所在站执行列车运输任务折返段（所）所在站，进入折返段（所）进行整备及检查作业，然后担当另一次运输任务回本段所在站，进入本段进行整备及检查作业。担当两个方向相反的机车交路的，称为双肩回运转制。在这种情况下，动车组在一个区段内往返一次，就要进入本段（所）一次，如图 3-5 所示。

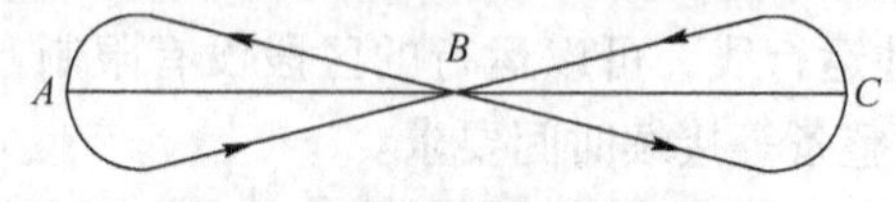

图 3-5 双肩回运转制示意图

2）循环运转制

动车组从本段（所）所在站出发，在一个牵引区段（如甲—乙间）上往返担当列车运输任务后回到本段（所）所在站（甲站），仍继续担当其他车次，运行到另一牵引区段（如甲—丙间）的折返段所在站（丙站），再从丙站以某一车次返回乙站。这样，动车组在两个牵引区段上循环运行，平时不进本段（所），直到需要进行检修时才入本段（所），这种方式叫全循环运转制，如图 3-6（a）所示。乘务员在折返段（所）进行调休的循环运转制度，如图 3-6（b）所示。

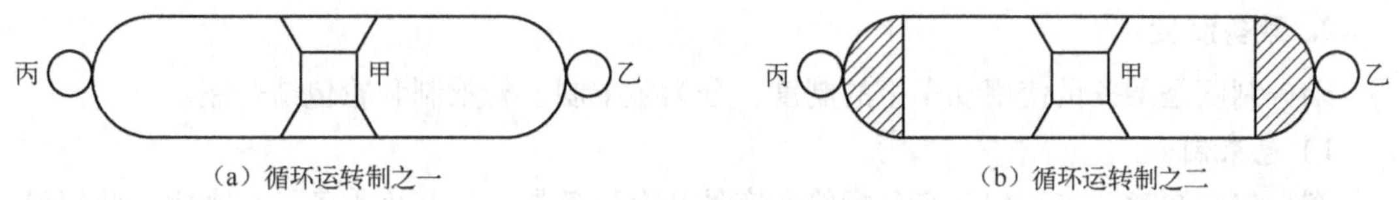

（a）循环运转制之一　（b）循环运转制之二

图 3-6　循环运转制示意图

循环运转制的优点是：动车组运用效率较高，能够加速动车组的周转，并减轻车站咽喉的负担；缺点是：占用到发线时间较长，站内可能需要设整备设备，对动车组质量要求较高。

3）半循环运转制

如果动车组在两个牵引区段上周转循环一次就入本段（所）进行整备、检查一次，则称为半循环运转制，如图 3-7 所示。

4）环形运转制

动车组出段（所）后，在一个或几个方向担当若干次往返作业后，直到进入修程或需要整备作业时，机车才入本段（所）进行作业的，称为环形运转制，如图 3-8 所示。适合于距离短而运量大的交路（如广深线）。

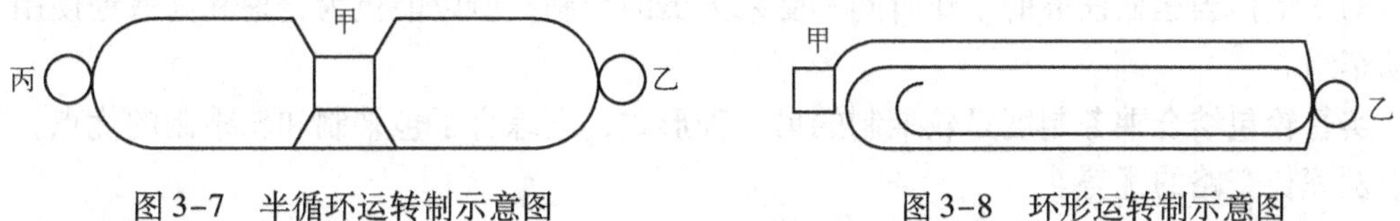

图 3-7　半循环运转制示意图　图 3-8　环形运转制示意图

3.2.3　乘务制度

动车组的乘务组由司机、随车机师、客运服务人员、车长组成。动车组司机担当列车驾驶工作，随车机师担当动车组设备维护及故障处理工作，客运服务人员负责车内客运服务。目前我国动车组实行单司机乘务制度，即由一个司机担当列车驾驶任务，在折返段（所）或本段（所）换班作业。

1. 乘务员的劳动和休息时间标准

为了保证行车安全，要求乘务员在工作时要精力充沛，注意力集中。为此，必须保证乘务员的充分休息。铁道部规定了乘务员的劳动和休息时间标准。

1）乘务员劳动时间

一次连续工作时间标准（包括出、退勤工作时间，以下同），不得超过 8h。乘务员的便乘时间，不计入连续工作时间内（随货运列车或无卧铺客运列车便乘时除外）。

2）乘务员休息时间

乘务员在本段休息时间不应少于16 h，外段调休时间不得少于5 h（其时间的计算为到达公寓签到休息至叫班时止）；在外段驻班休息时间不得少于10 h；轮乘制外段换班继乘休息时间不得少于6 h。

严格防止乘务员超劳。在编制列车运行图时不准出现超劳。各级调度要根据列车实际运行情况，准确掌握叫班时间。密切注意列车运行情况，遇特殊情况超劳时，要尽快采取措施。

2. 乘务制度

乘务制度是乘务员使用动车组的制度，分为包乘制、轮乘制和轮包结合制。

1）包乘制

实行包乘制时，将一列动车分配给固定的几个乘务员，这几个乘务员包乘组，每组设司机长一人。包乘组负责所包动车组的运用、安全、保养、交接等工作，以保证质量良好地完成运输生产任务。

包乘制的优点是：

- 乘务员熟悉所包动车组的性能特点，有利于运行安全；
- 为动车组的运用管理工作提供了方便的条件。

包乘制的缺点：

- 受乘务员一次连续劳动时间限制，交路区段长度受一定限制；
- 动车组和人员固定使用，相互制约，不利于调度指挥。

2）轮乘制

实行轮乘制度，将动车组全体乘务员和动车组统一组织，集中使用，按照歇人不歇车的循环轮乘管理体制，由乘务员轮流使用全部动车组。由于动车组和乘务员之间没有固定关系，动车组担当运输任务的工作时间不受乘务员的牵制，所以能更为合理和高效地使用人力和动车组。

实行轮包结合乘务制度是轮乘制的另一种形式，它综合了包乘制和轮乘制的优点，更有利于发挥长交路的优势。

轮乘制同包乘制比较有突出的优越性，具体表现为：

- 便于合理掌握机车乘务员的作息时间，提高乘务员的劳动生产率；
- 加快了动车组的周转，减少了运用台数，提高了动车组的运用效率，也间接地提高了线路通过能力。

3. 乘务方式

乘务员如何换班出乘，担当动车组作业的方法称为乘务员的出乘方式，又称乘务方式。对于动车组，乘务方式根据交路长度和乘务员的连续工作时间标准，目前一般有以下两种。

1）立即折返制

乘务员由本段（所）出乘担当驾驶作业，到达折返段不需要换班，而接运最早的列车返回本段（所）后再退勤休息。这种乘务方式称为立即折返制，如图3-9所示。这种乘务方式适用于行车密度大的短交路，其优点是乘务员休息的时间较长，有利于参加段内的组织活动和业务学习，便于对乘务员的组织管理工作，动车组运用效率也比较高。

2）驻班制

采用驻班制乘务方式时，在折返段（所）预先派驻若干乘务员，当本段乘务员执乘列车到达折返段休息时，由折返段（所）驻班乘务员接续牵引。如此轮流执乘，轮流在折返段休息。

驻班制乘务方式适用于行车密度大的长交路上，可以提高动车组运用效率。但是乘务员经常在外段驻班，生活和学习条件不够正常。驻班制示意图如图 3-10 所示。

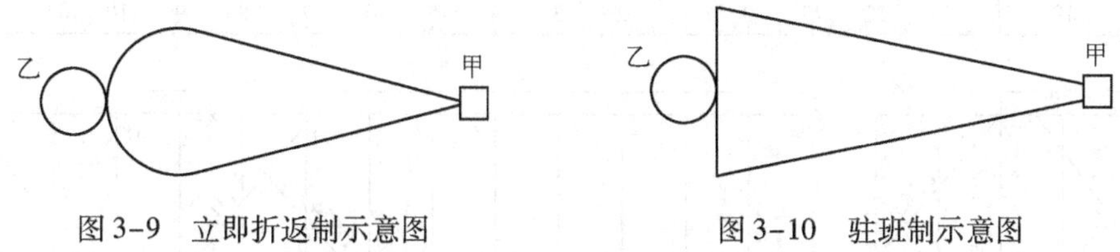

图 3-9　立即折返制示意图　　　图 3-10　驻班制示意图

上述动车组交路类型、动车组运转制度和乘务员的乘务方式，三者是互相配合，密切相关的。

3.3 周 转 图

3.3.1 周转图的基本概念

周转图是根据所确定的动车组交路、乘务制度、乘务员换班方式和动车组在本外段（所）、站的技术作业标准编制的动车组工作计划。是机务部门组织运输生产的基础，是动车组运用和维修计划的重要组成部分。周转图与列车运行图是相互依存的，应该同时编制完成。正确的编制机车周转图，对实施列车运行图，保证行车安全，提高运输生产效率和机车运用效率，完成铁路运输计划，具有重要意义。

1. 动车组周转图的编制依据

动车组周转图的编制依据动车组交路、乘务制度、乘务员换班方式和动车组在本外段（所）、站的技术作业标准。

2. 周转图的基本要求

（1）适应运输需要，统筹安排各区段的动车组类型、数量，保证列车运行图和运输方案的实施。

（2）经济合理地使用动车组，加速周转，改善周转图的各项指标。

（3）贯彻《中华人民共和国劳动法》（以下简称《劳动法》），合理安排乘务员的劳动和休息时间。

（4）合理安排本、外段动车组的整备、检修作业，乘务员技术作业和保养工作时间。

3.3.2 周转图的表示方法

周转图是以横坐标表示时间（使用 1 h 格或 10 分格），纵坐标表示距离，斜线列车运行线及列车接续连接线组成的图解。周转图的整个横轴代表一天的时间，分成 24 h 等分格，每格代表 1 h，横轴的起终时刻一般以 18 点标注并顺序标注时刻。整个纵轴代表交路区段，距离的比例视使用的交路图图纸的大小而定，对本段、折返点和乘务员换乘所在站以不同横线标注，中间站以细横线标注。周转图的左侧应注明乘务方式、区段公里、动车组最短折返时间标准等，右侧标明站名。周转图运行线与列车运行图运行线的表示方法相同，但只填写动车组折返（含乘务区段）区段站的始发和终到时刻，其分钟数标在相应小时的格内，以数字表示，列车车次和动车组型号标注在运行线的斜线上。动车组周转图（部分）如图 3-11 所示。

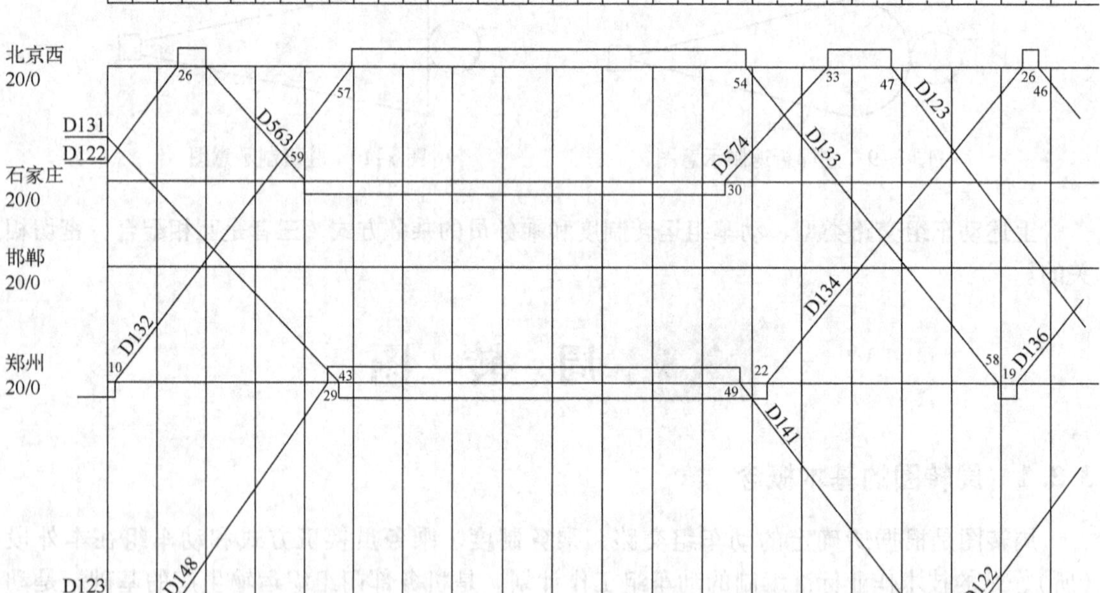

图 3-11　动车组周转图（部分）

列车开行密度较大的区段，为解决列车到、开时分标注困难，可采用如图 3-12 所示的标注方法。

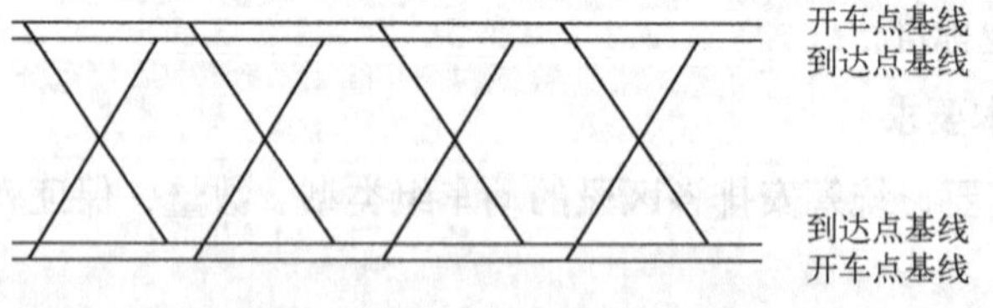

图 3-12　到、开时分标注示意图

3.3.3　周转图的分类

（1）按适应运输的性质分为基本周转图、分号周转图（综合分号和独立分号）、旬间记名式周转图、日计划周转图。

基本周转图是对应基本列车运行图的，它适应一定时期的最大行车量，是一切周转图的基础。

分号周转图（包括综合分号和独立分号）是对应同名分号列车运行图的，它基本适应月计划行车量。旬、月计划周转图是按旬、月计划的行车量对分号周转图略加调整产生的。

（2）按运转制的不同分为肩回式周转图、循环式周转图和半循环式周转图，如图 3-13、图 3-14、图 3-15 所示。

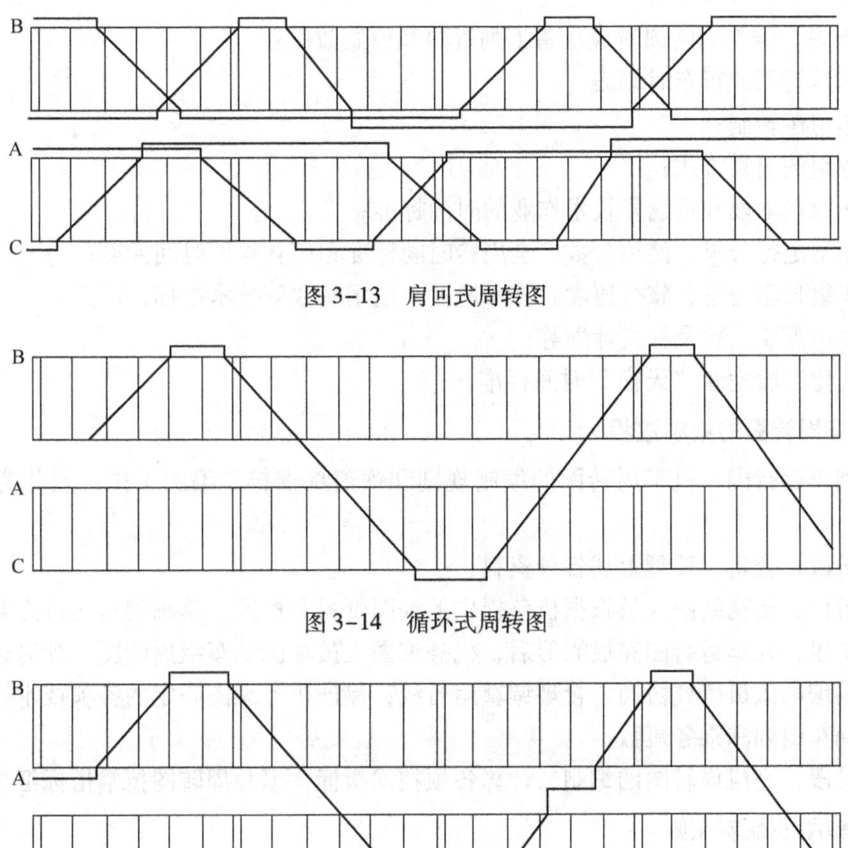

图 3-13　肩回式周转图

图 3-14　循环式周转图

图 3-15　半循环式周转图

（3）按使用性质分为计划周转图和实际周转图。

上述各种周转图均属于计划周转图。

实际周转图是指按动车组实际运行情况和列车运行线表示方法及列车运行整理符号绘制的周转图。其绘制内容除满足计划图标注要求外，还应绘制：

- 动车组检修扣车符号；
- 列车正点、晚点符号及晚点时分、原因；
- 备用、检修后投入运用的符号；
- 动车组出、入段时分；
- 运行实际情况的简单记述等。

3.3.4　周转图的编制

为了提高周转图的编制质量，必须充分做好编制前的各项准备工作，在查定周转图的各项标准时，应贯彻改革、挖潜、提效、扩能的方针，在牵引电算、牵引试验和充分调查研究的基础上，保证各项技术标准和动车组使用方案先进、合理、可行。

1. 周转图的编制资料

一般来说，编制周转图时应准备下列资料和原始数据：

- 列车运行图或行车时刻表；
- 动车组运转制；
- 乘务组的出乘方式；
- 动车组在本段和折返段技术作业的时间标准；
- 动车组走行公里、使用台数、全周转时间标准和检查停留时间标准；
- 动车组日车公里、旅行速度、技术速度、使用系数等技术指标；
- 乘务员需要人数及补充计划等；
- 电气化区段检修“天窗”时间标准。

2. 机车周转图的编制过程

根据列车运行图、机车周转图的编制规则和铁道部安排，编图工作一般分为四个阶段进行：

第一阶段，查定、整理上述各种资料；

第二阶段，运输编图人员根据机务提供的编图资料和标准，草画列车运行方案；

第三阶段，列车运行图完成雏形后，机务编图人员草画动车组周转图，针对运行图中的问题与运输编图人员研究协商，合理调整运行线，保证机务编图确定的各项技术标准，初步确定使用动车组列和乘务班数。

第四阶段，完成周转图的编制，计算各项技术指标，填写周转图技术指标汇总比较表。

3. 周转图的编制原则

周转图与列车运行图同时编制，编图人员要共同研究列车编组计划，列车对数和各项查定资料，制定列车运行图与机车周转图的初步方案，然后进行具体编制。

机务编图人员与列车运行图编图人员密切配合，及时发现和解决问题，做好以下工作：

- 认真细致地审定旅客列车方案，经济合理地使用动车组；
- 按照列车编组计划、列车对数和各项查定资料，同时安排好列车工作方案和动车组周转方案，尽量压缩非生产时间，提高速度系数；
- 正确查定核心及各分号列车车次，编制好分号周转图；
- 旬间记名式周转图编出后，还应同时编制出旬间乘务员工作详明表。

4. 列车运行图与周转图的协调

在旅行速度、本外段（所）技术作业时间和本外段所在站作业时间标准确定的前提下，应设法使动车组在本外段的待发时间减小至最低限度，以提高动车组的运用效率。然而，周转图是按列车运行线编制的，因此，只有在编制列车运行图的工作过程中充分考虑动车组周转的因素，才能实现经济合理的使用动车的目的。为此，机务编图人员要在运行图编制前向运行图编图人员提供各区段动车组的运用和乘务员作业标准，编制完草图，从图中检查乘务员一次作业是否超劳，及时和运行图编图人员研究调整。

5. 周转图的编制

1）基本周转图的编制

编制基本周转图应该首先草画动车组周转图，计算简明效率表，然后绘制正式周转图，再根据它计算动车组的主要指标。

2）分号周转图的编制

分号周转图是在基本列车运行图的基础上，根据不同运量抽减相应的运行线形成的，一般编制 2 ～ 3 个。综合分号多用于复线区段和通过能力有富余的单线区段。独立分号运行图是按基本列车运行图规定的技术标准（允许改变个别标准），像基本图一样编制，重新定点定线，它适用于单线区段。编制综合分号周转图从基本图中抽减运行线时，根据车流情况，最好着眼于外段折返成对抽减，如图 3-16 所示。抽减运行线是否恰当，很大程度上影响机车运用效率，需要分析抽线后对本段机车交路的影响。

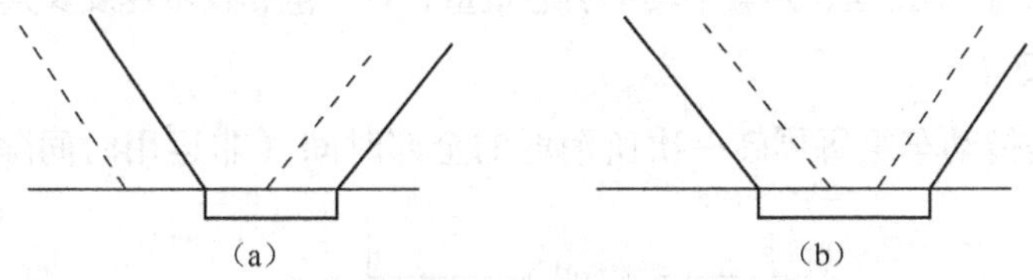

图 3-16　合理抽线示意图

3.4　运 用 指 标

动车组的运用管理水平、运用效率对降低运营成本、完成运输任务起着重要作用。直接反映铁路运输任务完成情况、动车组运用效率高低的因素就是运用指标。动车组运用指标是考核运用工作的尺度。通过对运用指标的统计和分析，可以准确、及时地获得动车组运用情况，发现运用组织工作中的问题，不断提出改进措施，提高动车组运用管理水平。

动车组运用指标，根据其性质和作用的不同可分为数量指标、质量指标两大类。数量指标表示计划指标在规定时间内动车组运用的经济活动在效率上应达到的指标，反映总的运用工作量，常用绝对数表示，如走行公里等，是计算其他指标的基础。而质量指标则表示动车组在运用计划内，反映运输工作量的统计指标，常用平均值、百分数表示。如动车组日车等。

动车组的运用状态、运输种别为客运工作。从机务工作量的统计角度来说，动力集中型动车组 AB 型（动力集中型，两端均为动车）按两台机车统计，运行时前端为本务机车，后端为重联机车（工作量分劈各按 50%）；AC 型（动力集中型，一端为动车，另一端为操纵端）比照一台机车统计。动力分散型每列比照一台机车统计。

3.4.1　动车组运用数量指标

运用数量指标表示计划指标在规定时间内（如日、旬、月、季、年）动车组运用的经济活动在效率上应达到的目标，反映总的运用工作量，包括动车组的走行工作量、工作时间及其完成的各种总重吨公里。

1. 走行公里

动车组实际走行或换算走行的公里。

2. 牵引总重吨公里

动车组牵引列车完成的工作量。牵引总重吨公里 = 牵引总重 × 走行公里。

3. 自重吨公里

自重吨公里是动车组沿线走行所产生的自重吨公里。自重吨公里 = 动车组重量 × 沿线走行公里。

3.4.2 动车组运用质量指标

动车组运用质量指标主要从牵引力利用程度和时间上的利用情况来反映动车组的运用效率。主要由全周转时间、日车公里、列车平均牵引总重量、日产量和技术速度及其他有关指标。

1. 全周转时间

全周转时间是指动车组每周转一次所消耗的全部时间（非运用时间除外），其示意图如图 3–17 所示。

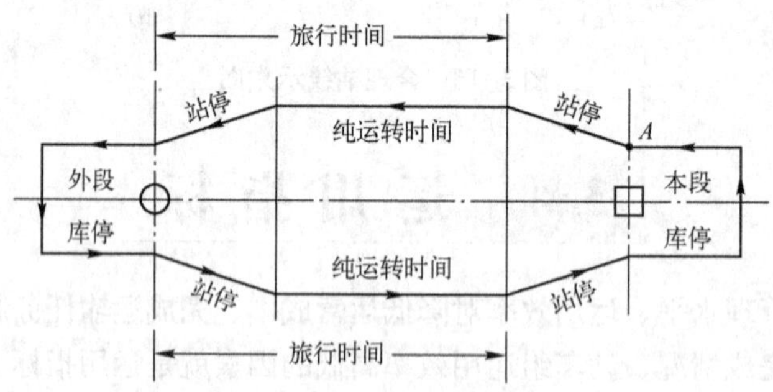

图 3–17 动车组全周转示意图

全周转时间包括以下几个部分。

(1) 纯运转时间。动车组在区间内运行所占用闭塞的时间，包括区间内各种原因的停留时间。

(2) 中间站停留时间。动车组在列车运行区段内中间站（线路所、信号所）的停留和调车时间。

(3) 旅行时间。自始发站出发时起至终到站到达时止的全部时间。

(4) 本段和折返段停留时间。为动车组入段时起至出段时止的时间（非运行时间除外）。

(5) 本段和折返段所在站停留时间。为动车组自出段时起至车站出发时止，和完成运输到达本段、折返段所在站时起至入段时止的全部时间，包括转线、调车时间。

动车组的周转时间分为全周转时间和运用周转时间两种。运用周转时间，是指动车组从出本段经过闸楼时起，担当一个交路的往返作业后，回到本段通过闸楼时止所用的时间。其计算方法为：运用周转时间 = 全周转时间 – 本段停留时间。

2. 日车公里

日车公里是指在一定时期内全路、全铁路局或全段（所）平均每列动车组一昼夜内走行的公里数。用 $S_{日}$ 表示，它是反映动车组工时有效利用程度和列车速度这两个方面因素的重要指标。一般变动不大，仅在年或季分析，日常不分析。

3. 技术速度和旅行速度

技术速度 $v_{技}$ 是不计入中间站停留时间的列车在区段内的平均速度，也即列车机车在区间内平均每小时走行的公里。即：

$$v_{技}=\frac{L\times 60}{\sum t_{运行}} \quad (\mathrm{km/h})$$

式中，L——交路长度；

$\sum t_{运行}$——区间纯运转时间。

旅行速度 $v_{旅}$ 是计入中间站停留时间的列车在区段内的平均运行速度，也即列车机车在区段内平均每小时走行的公里：

$$v_{旅}=\frac{L\times 60}{\sum t_{运行}+\sum t_{中停}} \quad (\mathrm{km/h})$$

式中，$\sum t_{中停}$——区段内中间站总的停留时间。

旅行速度不仅考核动车组的牵引能力和操纵水平，而且能体现出中间站作业情况，列车组织、调度指挥水平等。旅行速度和技术速度的比值称为速度系数，用 γ 表示。即：

$$\gamma=\frac{v_{旅}}{v_{技}}\leqslant 1$$

γ 值接近 1，则说明两个速度越接近，列车在中间站的停留时间越短，动车组周转越快。

4. 日产量

动车组日产量是指平均每列动车组一昼夜内所生产的总重吨公里。是综合反映动车组运用效率和牵引力利用程度的指标。既综合反映动车组的运用效率，也反映铁路整个运输的综合成绩，是铁路经经济技术考核的主要指标之一。

5. 动车组辅助走行率

辅助走行率是指动车组的辅助走行公里与沿线走行公里的比值，这个指标可反映出动车组的走行效率。其计算公式为：

辅助走行率 =（辅助走行公里 ÷ 沿线走行公里）×100%

该比值越大，说明动车组的无用走行公里越多，浪费也大，所以希望该比值越小越好。

复习参考题

1. 运用管理包括哪些内容？
2. 简述动车组的运用方式及制度。
3. 什么是动车组的周转图？简述其作用及识别方法。
4. 什么是动车组的全周转时间？怎样才能缩短周转时间，提高运用效率？
5. 简述技术速度和旅行速度的含义及意义。

第4章 动车组专业管理规定

【本章内容概要】

讲述铁道部颁发的动车组运行的专业接口管理、运行的要求与组织。

【本章学习重点与难点】

学习重点：乘务组岗位职责；随车机械师作业标准；动车组运行要求。

学习难点：掌握随车机械师作业标准。

4.1 动车组专业管理

4.1.1 乘务组组成及隶属

动车组乘务组由司机、随车机师和客运服务人员组成。动车组司机担当列车驾驶工作，随车机师担当动车组设备维护及故障处理工作，客运服务人员负责车内客运服务。

（1）动车组本务司机隶属机务段管理。

（2）随车机械师和地勤司机隶属车辆段管理。

（3）客运乘务人员隶属客运段管理。

4.1.2 乘务组成员主要岗位职责

1. 本务司机

（1）认真执行规章制度，服从命令听从指挥，切实履行规定职责。

（2）动车组在区间被迫停车时，负责指挥随车机械师、列车长处理有关行车、列车防护和事故救援等工作。

（3）出所后负责 CRH1 型、CRH3 型、CRH5 型动车组的车门集控开关，负责通知 CRH2 型动车组随车机械师集控开关车门。

（4）动车组发生故障时，按照规定程序独立处理或指挥随车机械师共同处理。

（5）负责在运用所内（动车组操纵端司机室）与地勤司机办理动车组驾驶、列控、LKJ－2000、CIR 设备及制动系统技术状态、主控钥匙交接。

2. 随车机械师

（1）认真执行规章制度，服从命令听从指挥，切实履行规定职责。

（2）负责在运行途中监控动车组的技术状态，发现故障及时将有关信息通知司机，并采取措施，妥善处理。

（3）动车组出入所时，负责与动车所办理技术交接。

（4）在司机指挥下，处理有关行车、列车防护和事故救援等工作。

（5）发生危及行车安全故障或其他紧急情况时，及时通知司机采取停车措施或使用紧急制动阀停车。

（6）根据司机通知，负责 CRH2 型动车组车门的开关。

3. 客运乘务员

（1）在车站，确认旅客乘降情况并通知司机关闭车门。

（2）列车运行中，负责车内清洁卫生并为旅客提供质量良好的服务。

（3）发生危及行车或旅客安全的紧急情况时，及时通知司机采取停车措施或使用紧急制动阀。

（4）列车在区间非正常停车时，维持车内秩序，保护旅客安全。需要组织旅客撤离列车时，通知司机并转告调度或前方站。需要防护时，服从司机统一指挥。

4. 地勤司机

（1）认真执行规章制度，服从命令听从指挥，切实履行规定职责。

（2）动车组出入动车所时，负责与本务司机办理动车组驾驶、列控、LKJ－2000、CIR 设备技术状态及主控钥匙交接。

（3）动车组出所时，负责与相关行车安全设备检修单位办理行车安全设备出所合格证交接。

（4）负责动车组的调车作业。

4.1.3 动车组专业接口管理

1. 动车组运用管理

车辆段按规定的修程修制完成动车组的运用检修，确保动车组出所时技术状态达到标准要求。机务段在动车所设派班室和待乘室，安排本务司机按计划出乘。

2. 动车组车载设备管理

电务段负责列控车载设备、铁通公司负责 CIR 设备、机务段负责 LKJ－2000 设备、车辆段负责车载广播设备的检修。在动车所内设上述设备的检修点，负责相关出入所检测、检查及维护工作。

3. 车内设备使用和管理

动车组配电盘、车内空调、照明及旅客信息系统设备由随车机械师操作。自动广播装置的广播内容由客运段负责按规定要求录制，车辆段负责输入自动广播装置。客运乘务员发现设备故障时通知随车机械师及时处理。运行中发生设备损坏时，随车机械师与列车长共同确认，并填写上部设施破损记录，双方签字。

4. 动车组的整备和保洁管理

动车组的客运整备和车内外保洁由客运段负责，吸污作业由车辆段负责。设有洗车机的动车所，动车组外皮清洗由车辆段负责。

5. 动车组作业计划管理

车载行车安全设备（列控设备、CIR 设备、LKJ－2000 设备）的检修、客运整备及保洁作业统一纳入动车组运用检修计划，由动车所统一管理。各专业作业结束后，在动车所调度室填写检修竣工单。

6. 动车组调车管理

动车组出入所由本务司机负责，动车组转线及所内调车等作业由车辆段安排地勤司机负责。各铁路局根据具体情况制定详细的作业办法。

7. 动车组的交接管理

（1）动车组入动车所后，本务司机与地勤司机办理技术交接，提交动车组运行状态交接单（附件 2）并交还主控钥匙；动车所地勤司机与行车安全设备检修单位办理列控及 LKJ－2000、CIR 设备运行技术状态交接。

（2）动车组出动车所前，由动车所安排质检员组织地勤司机、客运人员、随车机械师及列控、LKJ－2000、CIR 设备检修单位进行出库联检，填写出库联检记录单。客运人员负责车厢内服务设施完好状况的检查确认，与质检员办理交接；随车机械师负责动车组技术状态的检查确认，与质检员办理交接；有关行车安全设备检修单位负责对列控、LKJ－2000、CIR 设备进行出库检查确认后填写行车安全设备合格证与地勤司机办理交接；本务司机负责驾驶设备技术状态的确认，与地勤司机办理交接。

（3）动车组在无动车所的车站终到、始发时，随车机械师代替地勤司机与本务司机办理动车组运行状态交接单和主控钥匙交接。

（4）动车组继乘，由本务司机按规定交接。

（5）列控车载设备柜钥匙交接管理。列车运行中，列控车载设备柜钥匙由随车机械师负责管理。途中本务司机根据调度命令需操作列控隔离开关时，与随车机械师联系，随车机械师应做好记录。列控及 LKJ－2000 车载设备出入所检测时，由设备检测单位与动车所办理钥匙交接。

4.1.4 随车机械师作业标准

1. 岗位职责

1）监控运行技术状态

① 运行中在乘务室通过车载信息系统监控显示器，监控动车组运行及设备工作状态。

② 在运行中巡视检查车辆设备，发现问题正确判断、果断处理。

③ 在始发和折返站进行技术检查作业。

2）管理和操作动车组设备

① 规定操作动车组设备设施。

② 控制车内空调换气装置，设置调节空调及换气装置运行模式。

③ 控制车内客室照明，设置调节照明工况。

④ 控制车内旅客信息系统显示。

⑤ 指导客运服务人员正确使用车内设备。

3）应急处理途中突发故障

① 运行中发生突发故障时，积极进行应急处理。

② 车载信息系统提示报警的动车组突发故障分为三类：属司机独立处置的，需加强与司机联系，了解故障处理情况；属与司机协作处置的，在司机指挥下，共同处理；属随车机械师独立处理的，处理完成后及时将情况通报司机。

③ 记录突发故障处置情况，及时向运用所调度室汇报。

4）承担部分行车组织职能

① 运行途中因动车组故障或其他原因在区间被迫停车时，加强与司机联系，掌握情况，及时报告运用所调度室，并在司机指挥下，做好有关行车及安全防护。

② 动车组故障需要救援时，负责安装过渡车钩，连接风管，配合司机做好救援准备工作。

2. 一次往返作业标准

1）接车作业

① 出乘时随车机械师按规定着装，佩戴标志，提前到调度室报到，领取 IC 卡、动车组钥匙，听取命令、要求及注意事项。

② 按规定设置安全号志，进行动车组下部车体两侧检查。检查重点是转向架、车体、头罩及排障器、车端连接装置等。

③ 作业完毕，撤除安全号志。

④ 在非驾驶端司机室与司机交接主控钥匙，申请供电。

⑤ 进行动车组上部设施检查。作业重点是乘务室信息系统显示 ，设定空调、照明、车次、车站、编组、旅客显示信息；与司机配合进行乘务室与前后端司机室联络电话试验；检查车内主要服务设施和安全设施技术状态，检查随车工具、材料及行车备品。

⑥ 向调度室报告作业情况，等待随车出库。

随车机械师接车作业线路如图 4-1 所示。

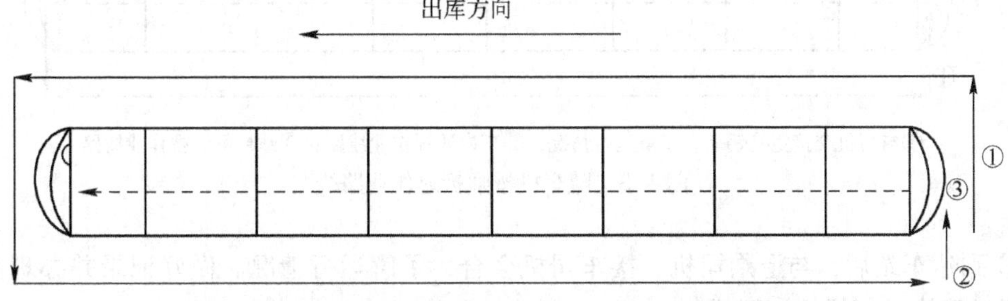

①下部两侧作业路线；②交接钥匙，申请供电；③车内上部检查作业线路

图 4-1　随车机械师接车作业线路

2）始发作业

① 动车组出库时，随车机械师应从动车组尾部巡视至头部，检查动车组运转情况，发

现异常及时处置，并向调度室报告。

② 到达车站后，从前端司机室下车，在站台侧巡视确认外侧车号及目的地显示器状态。

③ 到达乘务室，监视车载信息系统等待发车。

随车机械师始发作业线路如图 4–2 所示。

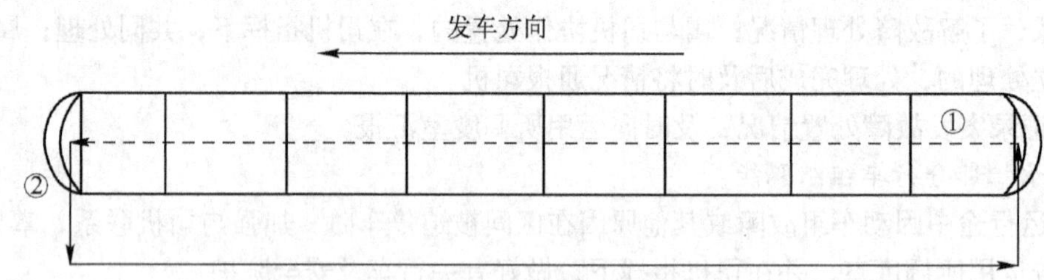

① 车内巡视作业路线；② 站台侧巡视作业线路

图 4–2 随车机械师始发作业路线

3）途中作业

① 发车后，在车内进行一次巡视检查。重点是列车运行动态和车内主要服务设施技术状态。

② 运行中，在乘务室，通过车载信息系统监视列车运行及设备工作情况。发现故障及报警时，按规定程序处理。

③ 在区间内临时停车时，随车机械师配合司机，做好有关行车、安全防护工作，并及时向运用所调度室汇报。需要救援时，负责与司机共同安装过渡车钩和连接风管。

④ 客运服务人员报告设备故障时，及时赶赴现场处理，并做好故障写实记录。

4）折返站作业

随车机械师折返站作业线路如图 4–3 所示。

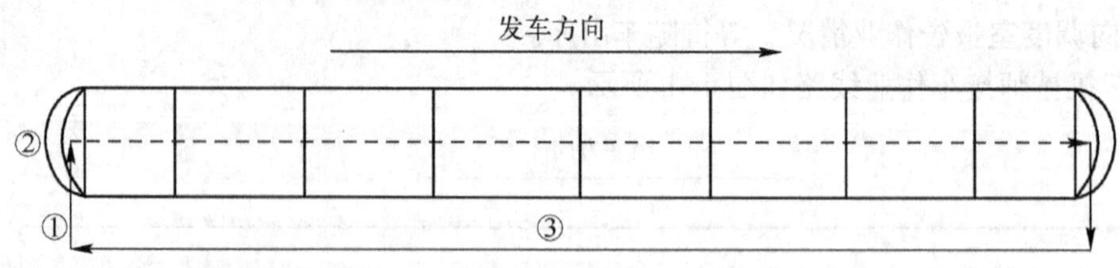

①与司机交接主控钥匙，了解运行情况；②车内巡视作业线路；③站台侧巡视作业线路

图 4–3 随车机械师折返作业路线

① 到达车站后，与退乘司机、接车司机会合，了解运行情况、做好记录并办理主控钥匙交接、签认（司机换乘时进行）。

② 旅客下车后，从动车组尾部巡视至头部，检查车内设备技术状态，发现故障进行处理并做好记录。

③ 从前端司机室下车，在站台侧巡视确认外侧车号及目的地显示器状态。

④ 到达乘务室，监视车载信息系统等待发车。

5）终到作业

① 确认车上人员下车后，锁闭车门。

② 填写乘务报告，重点故障提前预报运用所。

③ 随车返回运用所。

④ 进入司机室，在检修模式下用 IC 卡转储运行信息。

⑤ 向司机了解运行情况，做成记录，办理签认。

⑥ 到调度室报告运行情况，签认交接《动车组运用日志》，交接重点故障，交还动车组钥匙及 IC 卡。听取命令、指示和要求。

⑦ 退乘。

3. 随车工具与备品

（1）工具：

- GSM－R 移动电话 1 部
- 钳型电流表 1 只
- 红外线测温仪 1 只
- 第四种检查器 1 个
- 38 件套工具 1 套
- 9 件套梅花扳手 1 套，活口扳手 1 把
- 便携工具箱 1 套
- 充电电钻 1 台
- 应急照明灯 1 台
- 管子钳 12、18 寸各 1 把
- 圆锉、半圆锉各 1 把
- 组套螺丝刀 1 套
- 手锤、撬棍、扁铲各 1 把

（2）材料：

- 过渡车钩 1 个
- 救援风管 1 个
- 铁丝 20 米

（3）行车备品：

- 响墩 6 个
- 火炬 2 支
- 短路铜线 1 副
- 红绿色手信号灯 1 盏
- 红绿信号旗 1 副
- 防护信号灯 1 盏

4. 随车机械师乘务日志

随车机械师乘务日志见表 4-1。

表4–1 随车机械乘务日志

动车组运行记录

<table>
<tr><td>年 月 日</td><td>车次：</td><td>机师值乘号：</td><td>司机值乘号：</td><td>车长值乘号：</td></tr>
<tr><td>出乘指示</td><td colspan="4"></td></tr>
<tr><td rowspan="7">运行记事</td><td>时间</td><td>区段</td><td>故障情况</td><td>处理结果</td></tr>
<tr><td></td><td></td><td></td><td></td></tr>
<tr><td></td><td></td><td></td><td></td></tr>
<tr><td></td><td></td><td></td><td></td></tr>
<tr><td></td><td></td><td></td><td></td></tr>
<tr><td></td><td></td><td></td><td></td></tr>
<tr><td></td><td></td><td></td><td></td></tr>
<tr><td colspan="3">累计走行公里：</td><td colspan="2">累计电力：</td></tr>
</table>

（正面）

<table>
<tr><td>工具材料备品交接</td><td>到达机师签字： 出乘机师签字：</td></tr>
<tr><td>随车机师趟运行情况交接</td><td>到达机师签字： 出乘机师签字：</td></tr>
<tr><td>学习内容及领导添乘指示留言</td><td></td></tr>
<tr><td>审阅</td><td>乘务队长审阅签字： 年 月 日</td></tr>
</table>

（反面）

动车组技术状态交接

____年____月____日　　　　　　　　　　　　　　　　　　所长签字：

	车型	车号	故障	到达机师签字	处理结果	处理人签字	地面工长签字	验收人签字	接车机师签字	附注
随车机师入所交接										

	车型	车号	故障	发现者签字	处理结果	处理人签字	地面工长签字	验收人签字	接车机师签字	附注
地面作业组发现										

	车型	车号	故障	发现时间	处理结果	地面工长签字	接车机师签字	附注
车机师接车发现								

随车机械师与司机交接

<table>
<tr><td colspan="3">日期：</td><td colspan="3">车次：</td></tr>
<tr><td colspan="2">机师姓名：</td><td>值乘号：</td><td colspan="2">司机姓名：</td><td>值乘号：</td></tr>
<tr><td rowspan="6">主控钥匙交接</td><td>时间</td><td>地点</td><td>机师签字</td><td>司机签字</td><td>备注</td></tr>
<tr><td></td><td></td><td></td><td></td><td>□交 □还</td></tr>
<tr><td></td><td></td><td></td><td></td><td>□交 □还</td></tr>
<tr><td></td><td></td><td></td><td></td><td>□交 □还</td></tr>
<tr><td></td><td></td><td></td><td></td><td>□交 □还</td></tr>
<tr><td></td><td></td><td></td><td></td><td>□交 □还</td></tr>
<tr><td rowspan="6">供停电交接</td><td>时间</td><td>地点</td><td>机师签字</td><td>司机签字</td><td>备注</td></tr>
<tr><td></td><td></td><td></td><td></td><td>□供电 □停电</td></tr>
<tr><td></td><td></td><td></td><td></td><td>□供电 □停电</td></tr>
<tr><td></td><td></td><td></td><td></td><td>□供电 □停电</td></tr>
<tr><td></td><td></td><td></td><td></td><td>□供电 □停电</td></tr>
<tr><td></td><td></td><td></td><td></td><td>□供电 □停电</td></tr>
<tr><td>司机退乘交接</td><td colspan="5">记事：

司机签字： 机师签字： 日期：</td></tr>
</table>

检修计划

月　计　划
月　总　结

4.2 动车组运行

4.2.1 动车组标志

（1）动车组在头部及尾部分别显示列车标志，显示方式昼间与夜间相同。其显示方式为：动车组运行方向首端司机室头灯向前显示白色灯光，昼间可不显示，动车组运行方向尾部司机室头灯向后显示红色灯光。

（2）动车组无火回送时，运行方向首端司机室向前显示白色灯光，昼间可不显示，运行方向尾部司机室向后显示红色灯光。

4.2.2　动车组发车、接车

1. 发车条件

动车组司机确认以下条件后发车。

（1）车载信息显示正常。

（2）收到车站（助理）值班员的发车信号。

（3）站进路信号机开通。

车站（助理）值班员确认以下条件后向司机显示发车信号。

（1）旅客上下完毕，动车组车门关闭。

（2）出站进路信号机开通。

（3）发车条件具备。

2. 接车及试运行

1）接车分类及组织

接车一般分为新造接车、厂修接车、转属接车、入厂改造接车四种情况。

路局根据铁道部下发的动车组配（转）属电报或工厂修竣通知，由车辆部门牵头组织机务、电务等部门成立接车小组，在指定时间内赴接车地点与对方办理交接事宜。交接完毕后，由工厂、修竣单位或转属局请令安排回送。

2）接车注意要点

（1）组成接车小组，一般由车辆部门任组长，负责接车小组的信息联络、行程及接车工作的筹备。

（2）出厂前按运用状态与机务、电务部门联合进行动车组相关试验。

（3）转属车交接时注意动车组二级（专项）修的检修记录、遗留故障的核查。

（4）回送分有动力和无动力两种方式。无动力回送过程中重点监控蓄电池电压，防止亏电。运行途中密切监控动车组的运行状态，遇到异常情况，果断处理。

3）试运行分类及组织

试运行分为新造车试运行、模拟试运行、检修试运行、专项试运行等。

新造试运行是在线路上以动车组最高允许速度进行的试运行。主要是调试、整定动车组相关参数，检查各系统功能是否正常，是否满足合同技术规格要求。

模拟试运行在新型动车组正式上线运行前或新线开通时进行，主要是检验动车组与线路、站台设施、接触网供电、通信信号等正式运营线路环境的适应性。

检修试运行是动车组经过三、四、五级检修后进行的试运行。三级修试运行主要是对动车组走行及专项检修改造部件进行检验，四、五级检修试运行主要是对动车组各系统及改造部件进行检验。

专项试运行是动车组部件经过改造或大部件更换后需进行运行验证的试运行，重点对专项改造项目或更换部件进行检验。

动车组试运行由试运行所在线路的铁路局组织实施。跨局试运行时由动车组配属局向部申请，由部安排。部组织的试验项目由部统一组织。根据试验需求，可组织相关主机厂及配套单位参加。

3. 试运行注意要点

（1）试运行前应制定试运行计划。计划中明确试验项目、试验交路、参加人员、行车组织、应急预案等相关内容。各单位接到试运行命令后准备相关的试验大纲、应急工具备品、行车防护用品等。

（2）试运行前对动车组进行全面检查，确保达到上线运行条件。

（3）试运行后，对试运行数据整理分析，一是检验试运效果，二是作为技术资料存档。

（4）动车组各级修程有超过检修周期的或行车安全设备（ATP/CIR）超过检修周期时，动车组严禁上线试运行。

4.2.3 动车组转换司机室

动车组司机需转换司机室操纵时，应通知车站，在15 min内完成转换作业。

4.2.4 动车组连挂与摘解

（1）单列动车组实行固定编组，运行过程中不解编。

（2）两列型号代码相同的动车组可连挂运行，其连挂与摘解作业由动车组司机和随车机师负责。

（3）动车组连挂作业要求如下。

① 车站按规定办理进路，开通信号。司机确认信号正常后，开始连挂作业。

② 移动动车组在距被连挂车组10 m处停车，随车机械师下车检查连接装置状态良好，向司机显示连挂信号。

③ 连接时，司机分别在连挂端司机室，按规定程序操纵，连挂速度不超过5km/h。

④ 连挂后，随车机械师确认车下连挂状态良好后通知司机，司机确认车载信息显示正常，并按规定程序进行检测。

⑤ 司机确认动车组连挂作业完成后，转换司机室，进入运行方向前端司机室并检测车载信息，确认显示正常后即向车站报告。

（4）动车组摘解作业要求如下。

① 车站按规定办理进路，开通信号。司机确认信号正常后，开始解编作业。

② 摘解前，随车机械师下车检查连接装置状态，确认可以摘解后向司机显示摘解信号。

③ 摘解时，司机分别在连挂端司机室按规定程序操纵，移动其中一列动车组，另一列动车组处于制动状态。动车组移动速度不超过5 km/h，移动至距停留动车组10 m处停车。

④ 停车后，随车机械师确认连接装置正常复位，并通知司机。

⑤ 司机接到通知后，按规定程序进行转换司机室作业并检测车载信息，确认显示正常，及时向车站报告。

4.2.5 机车与动车组连挂及摘解

（1）机车与动车组连挂按以下要求作业。

① 连挂前，随车机械师在动车组连挂端安装中间过渡车钩及风管、连接线。动车组司机在连挂端司机室按规定程序操作，做好动车组连接前准备，并通知机车司机。

② 机车司机确认符合连挂条件后，方可进行连挂。

③ 连挂时，机车限速 5 km/h。

④ 连挂后，动车组乘务组人员按规定程序进行作业，机车司机组织进行试风及供电状态检查，动车组司机在司机室确认车载信息正常，并向机车司机报告。

⑤ 机车司机确认连挂作业完毕，向车站报告。

（2）机车与动车组摘解按以下要求作业。

① 摘解前，动车组处于制动状态，机车停止 DC 110V 电源供电。动车组随车机师确认动车组制动及停电，摘解机车及动车组间风管、连接线及车钩，并通知司机。

② 机车司机确认具备摘解条件后方可开始摘解作业。

③ 摘解时，机车限速 5 km/h。

4.2.6 回送及救援

（1）动车组回送运行时，须安排动车组司机及随车机械师执乘。

（2）动车组回送由动车组有关运用所、铁路局提出注意事项，列车调度员应根据所提事项，发布有关调度命令。

（3）动车组回送时不得通过驼峰。

（4）动车组在回送中不得实施紧急制动。发生紧急制动后，动车组随车机械师应确认转换车钩的连接状态。

（5）动车组有火回送时按客运列车办理，过境局应按动车所属局请求指派带道司机。

（6）动车组无火回送时应办理专列回送，编组不得超过 16 辆。与机车连接用中间转换车钩，机车提供 DC 110 V 电源，限速 120 km/h。

（7）动车组申请救援时，动车组司机及时向列车调度员详细报告停留位置、动车组技术状态及救援请求，列车调度员根据实际情况发布救援命令。

（8）动车组必须随车配备中间转换车钩及 DC 110 V 电源连接线。

4.2.7 安全应急处理

动车组运行途中，发生异常情况时比照直达旅客列车运行相关规定执行。

4.3 动车组停放防冻管理办法

4.3.1 防冻管理办法

动车组在气温低于 0℃停放时，为了防止部分设备因存水冻结造成损坏，确保动车组完好，特制定本办法。

(1) 气温低于0℃时，动车组应停放于具备防冻保温功能的处所，停放处所应具备下列条件之一。

① 接触网供电。

② 外接单相AC 400 V地面电源供电。

③ 暖库。

(2) 供电工况下的防冻。

① 确认动车组具备升弓或地面供电条件后，值班人员进行供电操作。

② 值班人员通过MON将动车组空调设置在供暖工况，并确认空调、司机室电加热、设备电伴热装置工作正常。

③ 允许间隔供电，当室内温度达到18℃～20℃且保持1 h方可断电。供电时间间隔，视各地区具体情况由铁路局自行确定。

- 非供电工况下的防冻执行各型动车组防冻排水作业办法；
- 动车组防冻工作由车辆部门负责，应成立防冻值班队伍；
- 停放前应按照排水操作程序对动车组进行排水、吸污作业，并做好记录，在保持供电工况或暖库停放时动车组可不排水；
- 供电停放时，值班人员随时掌握供电状态，不得擅自离岗，交接班时办理好动车组钥匙、设备备品交接，认真填写交接记录；
- 供电期间，值班人员每小时对动车组车内的供电、设备运行情况及车内温度进行巡视检查，做好记录，发现问题，及时处理并上报；
- 停放的动车组，禁止使用卫生间、小便间设施；
- 车辆部门应加强对防冻工作的领导，指定专人负责，定期开展防冻作业的演练，积极探索动车组防冻工作的规律。

4.3.2 动车组防冻排水作业办法

铁道部已颁布了CRH1、CRH2、CRH5型动车组防冻排水作业办法，详细规定了各型动车组防水作业的操作规程和操作步骤，此处不再赘述。

第5章 动车组运用所基本管理制度

【本章内容概要】

介绍动车组运用所的关于检修计划、安全、随车机械师、检修信息的管理制度，提出运用所工作人员要严格遵守执行以上制度以确保工作的安全与车辆的安全。

【本章学习重点与难点】

学习重点：检修计划、安全、随车机械师、检修信息的管理制度。

学习难点：运用所工作人员要严格遵守管理制度。

5.1 检修计划管理制度

(1) 计划制定。由调度部门在一、二级检修作业前2小时制定出当日的检修作业计划。检修计划的编制要以换件修、均衡修为原则，以动车组的走行公里、配件使用寿命及保养周期为基础，结合列车信息管理系统在列车运行中传输的临时故障等情况进行编制。

(2) 计划下达。当班检修组长每日开工前到调度领取本组当日的检修作业计划，并根据作业计划单的内容，分配、传达到当班作业人员。对重点检修项目应详细说明检修技术特点和安全注意事项，并安排材料、配件的准备。

(3) 计划实施。检修组根据每日的作业，严格执行规章制度，严格执行检修技术工艺要求和技术标准。

(4) 计划信息反馈。当日作业完成后，检修组应根据每日的作业完成情况填入作业计划单，并将作业计划单交回调度，调度应对完成的项目进行记录统计，并将未完成的项目编入下一次检修计划中。

(5) 计划修改补充。调度应根据前日的作业完成情况对次日的作业计划进行调整和补充，形成次日的作业计划。

5.2 安全防护管理制度

1. 在运用所设立专门高压供电班组

班组内设安全监督员和隔离开关操作员。人员需经牵引供电专门培训合格。熟知隔离开关设备的结构、性能、主要技术参数和操作、保养方法，并能正确操作和保养。熟知隔离开关操作的作业范围、作业程序及有关规定，隔离开关停止使用的条件。作业中认真使用安全防护用品。

2. 安全监督员的工作内容与要求

1）接班作业

对口交接认真检查各种绝缘备品用具是否齐全完好无损，检查隔离开关钥匙应放在工具箱内，登记本交接清楚，双方签字。认真听取班计划任务，核对进路，做到心中有数。

2）分闸作业

动车组入库前到达现场，按调度安排认真确认股道空闲，检查隔离开关位置、接触网状态无异常，与司机执行对道还道制度，在规定地点显示手信号，将动车组接入安全作业区。

司机应持有隔离开关操作合格证，方能办理手续，按规定认真填写登记本，字迹工整，严禁简化作业。

核对申请办理隔离开关的股道，动车组号是否与登记本相符，确认受电弓确已降下，监护司机穿好防护用品并将隔离开关钥匙交于司机，站在开关手柄一侧呼唤“分闸”。

司机站好位后并打开开关手柄锁，由监护员拉住接地杆，监护其按规定操作。

确认主刀闸断开接地刀闸闭合后，手柄分闸定位后，加锁锁闭。

监护员按规定挂好接地线后将隔离开关钥匙交司机。

3）合闸作业

司机按规定项目登记、请求合闸、手续不得简化。

核对申请办理合闸的股道，动车组号与登记本是否相符，监护司机穿好防护用品，摘下接地线放在固定地点呼唤“合闸”。

司机位于开关手柄一侧后，监护司机按规定合闸。

确认接地刀闸打开，主刀闸闭合后，锁闭开关手柄。

收好防护绝缘用品及隔离开关钥匙，放入存放箱内。

4）交班作业

打扫室内外清洁卫生保持环境清洁，围栏内绝缘垫板进行清扫，不积存泥垢。

对口交接钥匙、防护绝缘用品存放箱、绝缘垫板、备品，交接时做好记录。

3. 隔离开关操作员工作内容与要求

（1）动车组进入库内降下受电弓，做好防护。

（2）操作前先认真检查各种绝缘备品用具是否齐全完好无损，检查隔离开关钥匙应放在工具箱内，检查隔离开关是否有异常。

（3）在安全监督员的监督下穿戴好防护用品，从安全监督员手中接过隔离开关钥匙。

（4）在安全监督员的监督指挥下打开隔离开关，将其加锁锁闭，并确认接地杆是否挂好。

（5）重新回到动车，然后升弓检验接触网压是否为零。在确认网压为零的情况下，允许车顶检查人员登顶作业。

（6）车顶人员作业完毕，确认车顶无异物后，回到隔离开关位置，在监督员的监督下合隔离开关（合闸时与分闸时一样必须穿戴好防护用品）。

（7）合闸后将隔离开关加锁所闭，将防护用品放回指定位置，填写好记录表格。

5.3 随车机械师出退乘交接管理制度

（1）随车机械师乘务交接和出库作业要在库内进行。

（2）出乘时，到运用所调度室领取动车组车载信息系统用 IC 卡，了解动车组检修质量情况，做到心中有数。

（3）上车后，随车机械师应按照《动车组机师检查项目标准》检查动车组技术状况，发现问题及时处理，如不能处理时通知调度安排检修组人员处理。随车机械师应按《动车组随车机师作业标准》配合出乘司机进行动车组出库前的相关试验，司机检查试验合格后在《动车组技术状态交接本》上签字。

（4）列车牵引终到后，到动车组驾驶端与司机共同确认车载运行信息，用车载信息 IC 卡进行转储，司机将运行中发现的司机室设备故障（该故障为车载自诊断系统故障信息中未显示的）填写《动车组技术状态交接本》并签字，连同车载信息 IC 卡交随车机械师，由随车机械师交回运用所调度室。

（5）随车机械师到运用所调度室退乘时，要汇报本次列车运行情况，确认下次出乘时间，并在专门记录本上登记。

5.4　检修信息管理制度

（1）动车一、二级检修作业生产信息主要内容为：调度室下达的动车一、二级检修作业每日和月度计划及执行情况、生产运输任务完成情况、动车组运行情况、临修任务完成情况及其他生产信息。

为确保动车一、二级检修作业顺利进行，必须做到生产信息迅速、畅通，检修作业指挥秩序正常。

（2）生产信息管理以调度室为网络中心，司机和随车机械工程师值乘信息、动车组车载信息系统用 IC 卡信息、ATC 运用检修信息、质量检查组信息、各检修作业组作业信息和外部行车运输信息为网络结点。网络中心负责生产信息的收集、分析、上报、反馈，各结点负责生产信息的收集、落实、上报。

（3）当班调度员每日当班后要与运用所外部行车运输信息部门联系，收记当日生产任务、行车计划和相关信息；并上报当日动车组一、二级检修作业计划和相关信息。当班调度员根据行车调度命令、月度检修计划安排、运用故障信息向各动车组检修作业组下达当日夜班动车组一、二级检修作业计划。特殊情况，临时任务，由当班调度员以调度命令形式及时下达至相关作业组，并记录。

（4）调度命令下达后，各作业组要认真执行并及时上报执行信息情况。

（5）动车组一、二级检修作业当班工作完成情况及一般信息，由值班调度员统计后，按照相关规定上报。检修作业和动车组运行重要信息调度员要及时向报告管理和技术人员。

（6）调度室在动车组检修作业开始前，组织动车组检修计划布置会，各作业组组长领取动车组检修计划并提出生产中存在的问题及影响计划兑现的因素。调度室认真做好协调事宜。

（7）动车组运行途中发生故障及其他不明原因造成列车晚点等临时情况时，随车机械师必须第一时间内向调度室直接报告情况。值班调度员必须及时向技术和管理人员报告情况。

第2篇 动车组维修

第6章 维修概述

第7章 动车组维修可靠性基础

第8章 故障检测、诊断技术

第9章 动车组寿命及其管理

第10章 维修制度

第11章 动车组维修的组织与管理

第6章

维修概述

【本章内容概要】

维修作为保持和恢复产品处于执行规定功能状态所进行的所有技术和管理，在动车组的全寿命周期中占有很大的比重，并对动车组的安全运行有着至关重要的作用。本章讲述动车组维修的范畴分类及“以可靠性为中心”的维修理论，初步介绍动车组维修的梯次结构。

【本章学习重点与难点】

学习重点：动车组维修的作用和意义；近代维修的新概念；维修的分类。

学习难点：充分认识维修对于动车组安全的重要性，理解现代维修的理念，掌握“以可靠性为中心”的维修意义。

为了保证高速列车快速、高效、安全、舒适运行，必须经常对列车进行整备、检查、保养和修理等维修工作。高速列车的维修是高速铁路系统综合保障工程中的重要组成部分，是高速铁路系统工程中的重要环节，是保持和提高铁路运输能力的重要因素。

6.1 维修的定义及基本范畴

6.1.1 维修的定义

依据 GB/T 2900.13—2008，维修的定义为：“为保持或恢复产品处于能执行规定功能的状态所进行的所有技术和管理，包括监督的活动。维修可能包括对产品的修改。”

6.1.2 维修的要素

(1) 维修的主要目的是使产品保持、恢复或改善其规定的技术状态，即预防故障及其后果；在发生故障或损坏后使其恢复到规定的状态；动车组维修的目的是保持、恢复改善动车组的可靠性。

(2) 近代的维修概念已将维修扩展到对产品进行改进，局部改善产品的性能，这样的维修又称为改进性维修，即利用完成产品维修任务的时机对产品进行改进或翻新，以提高产品的固有可靠性、维修性和安全性水平。

(3) 维修贯穿于产品服役的全过程，包括使用和存储过程。维修是对产品进行维护和修理的简称。维护是指保持产品良好工作状态所做的一切工作，包括擦试、清洗、涂油润滑、校调检查，以及补充能源、油、水、砂等消耗材料的整备工作；修理是指恢复产品良好工作状态所做的一切工作，包括检查、判断故障、排除故障及全面翻新作业等。

(4) 维修既包括技术性活动，如检测、隔离故障，拆卸、安装、更换或修理，以及零部件校正、调试等，还包括有关的管理、培训工作。

6.1.3 动车组维修的作用和意义

1. 维修是提高效能的重要途径

良好的维修提高了动车组的可用性，使其具有较高的利用率和完好率，保证其安全正点运行；同时还保持了动车组的固有能力，使其具有较高的可靠性。因此完善动车组的维修是提高效能，扩大运输能力的有效途径。

2. 维修是铁路安全运输的重要保证

动车组的高速性要求有好的舒适性，以及较短的整备和维修时间，对维修提出了更加严格的要求。除要求达到较高的可靠性外，还应具有良好的维修性、可测试性和依靠先进的远程通信及时交换信息的能力。

3. 完善动车组的维修是降低寿命周期费用的重要措施

动车组的维修费用在整个寿命周期费用中占有很大的比重，约为其购置费用的 3 ～ 9 倍。通过采用现代化维修技术、改进维修工艺，制订合理的维修制度来降低维修费用，会使高速列车的寿命周期费用得到大幅度下降。据有关资料介绍，投入 1 美元改善维修，可取得寿命周期费用减少 50 ～ 100 美元的效果。

6.1.4 动车组维修的基本范畴

维修是理论与实践密切结合的一种创造性活动，是在科学理论指导下，在深入研究维修客观规律的基础上，通过优化维修内容，整合维修资源，创造新的维修保障模式，实施科学管理，实现维修综合效益最佳化的系统工程活动。

动车组维修的基本问题是在复杂多变的铁路运输需求下积极探索动车组维修的客观规律，科学地确定维修内容，合理配置和高效利用有限的维修资源，采取科学的方法，组织实施合理、适度、有效的维修，以保持、恢复、改善动车组可靠性。

1. 优化维修内容

维修什么、什么时候维修、在什么地方实施维修、采用何种维修策略，这是动车组维修实践面临的首要问题，也是动车组科学维修应着重解决的一个关键问题。

首先，动车组维修应该做到维修适度。对动车组的维修是在对维修规律科学认识的基础之上，是以科学理论为指导的，维修活动归根结底是为了保持、恢复和改善装备的可靠性；维修是一种系统工程活动。必须统筹规划，从设计入手，全程监控，系统管理，正确使用。只有建立了对动车组维修科学的认识，才能为动车组维修创造一个良好的维修平台，为动车组维修内容的优化提供有效的方法和理论基础。

其次，维修内容的确定与优化是一个非常复杂的问题，必须采用科学的分析方法和技术工具。传统维修是建立在直觉和经验基础之上的，由于主观认识的局限性，往往导致该维修的没有维修，不该维修的工作做了很多，而以 RCM 为代表的现代维修理论，是建立在对装备设计特性、运行功能、故障模式和故障后果科学分析的基础上的，综合运用了可靠性理论、逻辑决断、数理统计等理论和技术方法，科学地确定维修的必要性、可行性和有效性，最终制定出实用、合理的维修计划或大纲，为动车组维修内容的优化提供了技术支持。

第三，从辩证的角度来看，维修内容的优化工作是一个循序渐进、螺旋式上升的认识过程。在这一过程中，维修客体——动车组具有相当的复杂性，且在不断地改进、变化；维修主体——维修人员和管理人员都是有限理性的人，认识上都存在一定的缺陷或不足；使用需求、运用条件是多样的。因此，维修内容必须随着动车组技术的发展、维修认识的深化和运用条件的变化而不断优化。

2. 优化维修资源，合理布局维修机构

维修资源是指动车组维修所需的人力、物资、经费、技术、信息及时间等的统称；维修机构是执行维修任务，完成维修工作的执行机构。维修资源和维修机构是构成动车组维修系统的基本要素，是实施动车组维修的物质基础和重要保证，它直接关系到动车组的使用效能，影响到动车组的寿命周期费用和维修费用的有效使用。

动车组结构复杂，高新技术含量高，价格昂贵，使用可靠性和安全性要求高。必须对维修资源实施有效管理，建立与动车组相匹配的经济而有效的维修系统，科学地利用各种维修资源，以最经济的资源消耗，及时、快速有效地保持、恢复动车组的规定技术状态，保证运输任务的完成。

动车组所配置的维修资源是有限的，必须对维修系统实施科学管理，合理设置维修机构的地点、级别，形成维修能力的梯次机构，合理布局，最大限度地发挥维修资源的作用。

3. 科学的维修管理

动车组维修的科学管理必须解决以下问题：运用现代管理理论、方法和手段，依托先进的科学技术，树立科学的维修指导思想、制定科学的维修目标、确定科学的维修内容和时机、选择科学的维修方式和策略、进行科学的维修资源调配。

（1）规划维修任务。对维修任务进行预测和规划，是维修科学管理的重要任务之一。既是科学制定维修计划的重要前提，也是合理使用维修力量的基本依据。

（2）制定维修计划。维修计划是对维修各项工作内容、步骤和实施程序所作出的科学安排和规定。在预计维修任务、明确维修目标的基础上，应当根据各级维修任务、维修目标和维修能力等实际情况，分别制定出维修计划。

（3）调配维修资源。按照系统优化的原理，统筹规划，组织不同维修能力的机构进行不同层次的维修，科学配置维修资源。

（4）组织维修实施。

（5）监控维修质量。综合运用质量监督、维修技术标准、维修计量和维修信息等技术手段，建立动车组维修质量信息管理系统，建立质量管理体系，严格执行维修技术标准，对维修工作和维修质量实行全系统、全员参与、全过程管理，不断提高维修质量科学管理的能力水平。

6.2 维修理论概述

6.2.1 维修理论的范畴

动车组维修理论的范畴如图 6-1 所示。可以概括为两大范畴。一部分是维修的组织管理理论，包括维修的指导方针和对策等的研究，这是对维修进行宏观研究，寻求维修工作组织的最佳途径。另一部分是维修技术及手段的研究，这是对维修进行微观研究，以寻求解决维修工作中的具体技术问题。

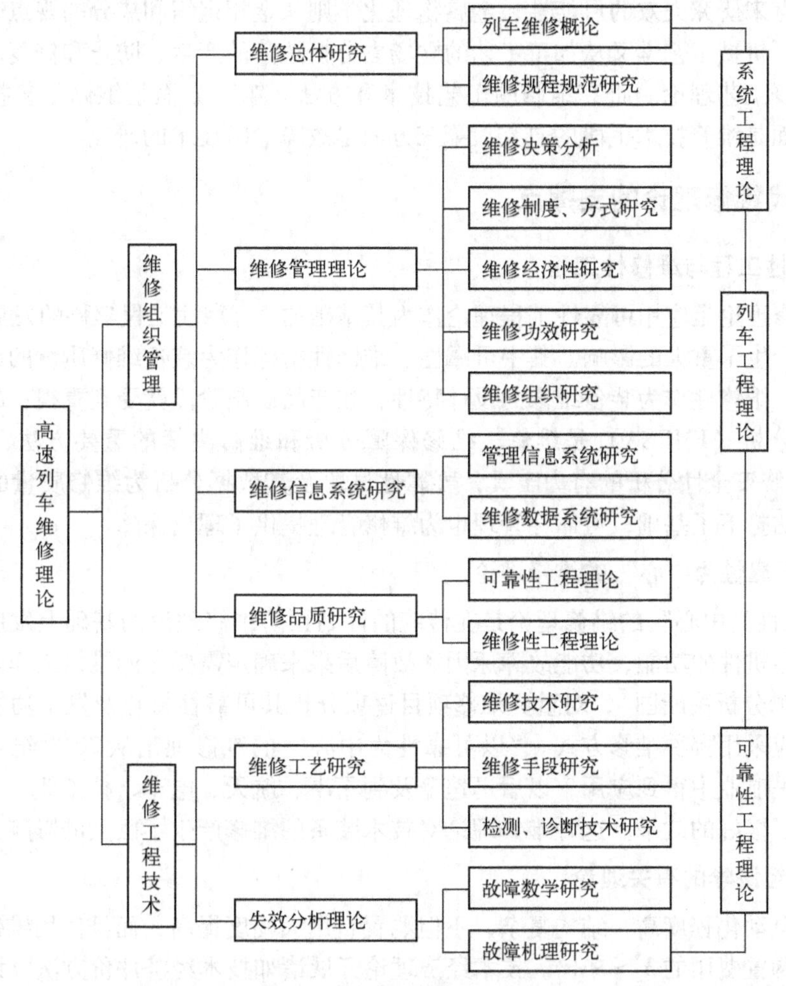

图 6-1 动车组维修理论的范畴

1. 维修组织管理理论

（1）维修总体理论。以现代科学技术观点，联系维修实际，对动车组及其维修保障系统的维修目标和维修活动等的原则、方向进行研究。它包括维修概论、维修规程及规范的研究等。

（2）维修管理理论。用系统工程理论进行维修管理的研究。研究对象主要是动车组维修方针及决策；维修思想和维修制度的变化与发展；维修方式；维修组织和维修工效等。

（3）维修信息系统理论。动车组的维修离不开网络技术的支撑，信息系统方面的理论主要有各种代码的合理编制、信息系统结构管理的理论及动车组维修信息分析和决策的研究等。

（4）维修品质的研究。主要是可靠性工程、维修性工程和质量保障体系方面的研究。利用概率和数理统计的基本理论对高速列车的可靠性、维修性进行研究，在维修性工程中还包括行为科学方面的理论。另外，还包括动车组的采购和指标验证研究等。

2. 维修工程技术方面的理论

（1）失效分析理论。这里的失效分析主要是指对动车组及其零部件失效（故障）的微观机理分析，而失效（故障）的宏观分析，则包括在可靠性工程的范畴内。失效（故障）分析涉及多门学科：断裂力学从裂纹萌生与发展的角度来研究失效的原因；材料力学以材料强度为出发点来研究失效的可能性；金属物理化学则从金相组织和成分的观点来研究失效的生成和机理；机械工艺学又从加工工艺的立场去分析故障的产生、防止和修复。

（2）维修工艺理论。研究维修的工艺技术和方法。第一方面是维修工艺技术方面的研究；第二方面是维修技术手段的研究；第三方面是故障诊断技术的研究。

6.2.2 近代维修理论的支撑点

1. 可靠性工程与维修性工程

近代维修理论是应用可靠性工程理论作为其基础的，可靠性工程学科的发展对技术装备的维修行业产生了重大的影响。其中可靠性、维修性指标作为装备维修质量的评价及验收标准；可靠性、维修性作为装备维修的设计特性，在产品研制阶段就受到重视；故障模式、影响及危害度分析（FMECA）是维修、维修保障分析和维修决策的重要方法；故障树分析（FTA）是维修安全性分析的有力工具；可靠性试验及其数据分析为维修质量的评定和验收以及寿命评估打下了基础；可靠性管理也为维修管理提供了理论保障。

2.“以可靠性为中心”的维修理论

“以可靠性为中心”的维修理论是在传统的计划预防维修理论的基础上发展起来的，提出按照装备各机件的功能、功能故障原因和故障后果来确定需要做的维修工作。提出了维修方式的“逻辑分析决断图”，对重要维修项目逐项分析其可靠性特点及发生功能性故障的影响，来确定应采用哪种维修方式。“以可靠性为中心”的维修理论从20世纪60年代开始，首先在美国民航业中得到应用，以后迅速普及到军事、航天、电车、核工业、交通等行业和部门，取得了极好的效果。这种维修理论对技术装备的维修产生了巨大的影响。

3. 技术经济学的有关理论

动车组自动化程度高，结构复杂，不但购置费用大幅度提高，而且使用维修费用也猛烈增长，达到购置费用的3～9倍。技术经济理论开展诸如技术经济评价方法、评价动车组大修的经济界限、动车组更新的经济寿命和费用效能分析等。特别是动车组的寿命周期费用分析，能够权衡分析动车组的设计制造费用，改进RAMS（可靠性、可用性、维修性和安全性）特性，对于动车组的采购决策、运用维修策略都具有重要的意义。

6.2.3 近代维修理论的新观念

近代维修理论的特点是不孤立地看待维修本身，而用系统工程的观点和方法来看待、分析和研究维修，即用全系统、全寿命和全费用的观点认识和看待维修。

1. 维修的全系统观点

（1）将动车组及其相关部分看成一个系统。

（2）重视动车组的可靠性和维修性。

（3）重视保障系统。

（4）树立大局观，结合我国具体情况从实际出发对整个维修系统进行优化。

2. 维修的全寿命观点

动车组的全寿命过程又称为寿命周期（Life Cycle，LC）。“寿命周期”分为5个阶段，即概念与定义、设计与研制、制造与安装、使用与维修和处理阶段”（GB 6992—1997）。维修的全寿命观点主要指：

- 在寿命周期的各个阶段都有相关的维修活动；
- 寿命周期各阶段相互关联，互相影响；
- 重视维修多信息反馈，形成闭环信息系统。

3. 维修的全费用观点

维修的全费用观点就是要考虑动车组从论证、研制直至报废处理的整个寿命周期的费用总和（Life Cycle Cost，LCC）。其中研制和制造费用称为获取费用或采购费用，属于一次性投资；而使用维修费用则需不断付出的费用，称为再现费用。维修的全费用观点包含如下几点。

（1）只有LCC才能衡量装备的经济性。在进行装备系统的各种权衡分析时，只有LCC才能真实地反映动车组的经济性；只有LCC最小时动车组才是最经济的。

（2）重视再现费用。若干装备采购费和使用维修费的对比见表6-1。从表中可以看出，为降低装备的LCC，必须对再现费用给予足够的重视。在购置动车组时除考虑性能和价格外，也要充分考虑该动车组投入使用后，运用维修需要支出的费用，在合同中包含LCC计算的内容。

表6-1 装备采购费和使用维修费的对比

装备名称	采购费/%	使用维修费/%	维修费/采购费
机车车辆	12～34	66～88	2.9～8.3
战斗机	30～50	50～70	2.0～3.3
装甲车辆	20～30	70～80	3.3～5.0
驱逐舰	25～40	60～75	2.5～4.0
空调装置	30	70	3.3
通风装置	21	79	4.8

再现费用的重要性可以图形的方式说明，如图6-2所示。再现费用往往都是隐藏在“冰山”下面的，是不可见的，如果没有给予充分重视，就会像图中的船只一样，撞上冰山。

（3）LCC具有先天性。寿命周期的各个阶段对LCC的影响是不一样的，越是前面的阶段对LCC的影响越大，装备寿命周期各阶段活动对LCC的影响如图6-3所示。由图可见，论证、研制阶段对LCC影响就已达到80%以上，虽然使用维修费用占LCC很大的比例，但其大部分却是由前期论证、研制阶段中的各种决策所决定的，因此从装备的整个LCC来看，愈早应用LCC方法愈好。

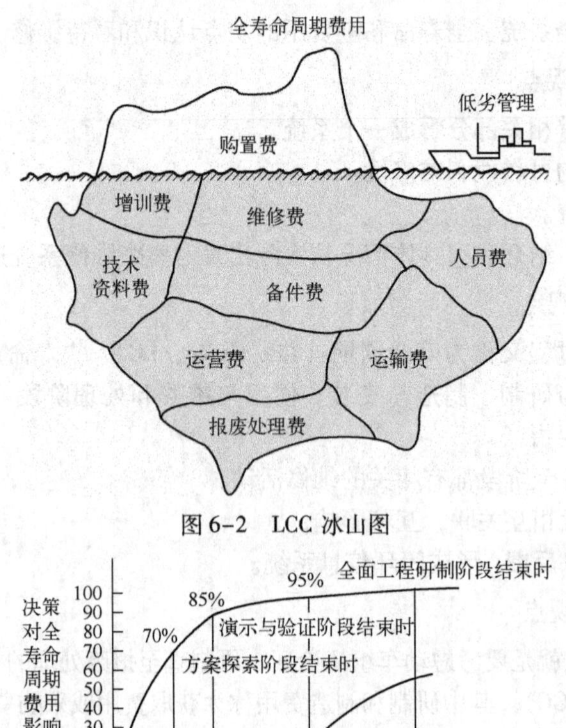

图 6-2　LCC 冰山图

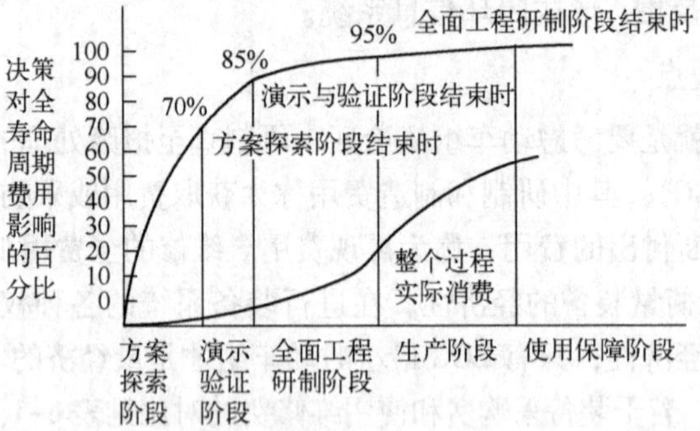

图 6-3　装备寿命周期各阶段活动对 LCC 的影响

6.3　动车组维修的分类

从不同的角度和立场出发，维修有不同的分类方法。迄今还未有动车组维修的全面、系统的分类方法，现将常用的一些维修分类表述如下。

6.3.1　按维修目的与时机分类

按维修时机即故障前或故障后进行维修来分类，有预防性维修和修复性（校正）维修。按维修目的分类，则有预防性维修、修复性维修和改进性维修，如图 6-4 所示。

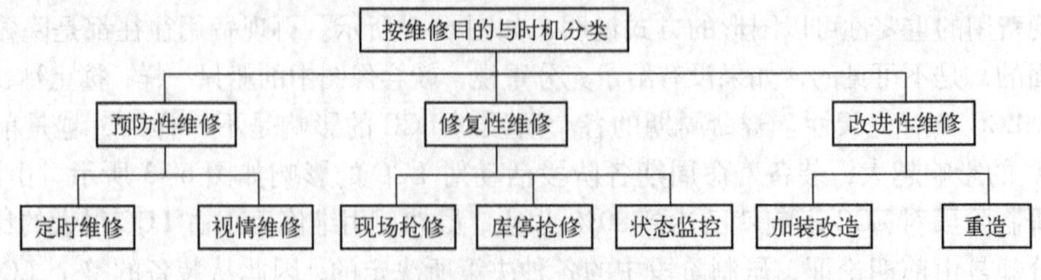

图 6-4　按维修目的与时机分类图

1. 预防性维修

预防性维修（Preventive Maintenance，PM）是指通过对产品的系统检查、检测和发现故障征兆以防止故障发生，使其保持在规定状态所进行的全部活动。包括调整、润滑、定期检查和必要的修理等。维修活动在故障发生前预先进行，目的是为了消除故障隐患，防患于未然。预防性维修又可分为定时维修和视情维修。

（1）定时维修（Hard Time Maintename）。指“以上次检查后经历的工作小时数或日历时间为依据对产品进行维修”。

定时维修是指装备使用到规定时间予以维修，使其恢复到规定的状态。此处的“规定时间”可以是规定的间隔期、累计工作时间、日历时间、运行里程和循环次数等。定期维修的工作范围可以是定期调整、润滑和定期检查，可以是定期拆卸，从装备分解清洗直至全面翻新，也可以按照规定的寿命予以更换或报废。

（2）视情维修（On - Condition Maintenance，OC）（状态修、预知维修、预兆维修）。指“对产品参数值及其变化进行连续、间接或定期的监测，以确定产品的状态，检测性能下降，定位其故障和失效部位，记录和追踪失效的过程和时间的一种维修”。

视情维修认为故障不是瞬间发生的，而是有一个从发生到发展，最后形成故障状态的过程，总有一段有征兆可寻的时间。如果找到跟踪故障迹象过程的方法，将观察到的装备运行状态和规定的标准进行比较，则可以采取措施预防故障发生或避免故障后果，从而决定装备是继续使用到下一个检查期还是需加工修理后使用，或者进行零部件的更换或报废。

2. 修复性维修

修复性维修（Corrective Maintenance，CM）又称校正维修，是指“产品发生故障后，使其恢复到规定状态所进行的全部活动。它可以包括下述一个或全部步骤：故障定位、故障隔离、分解、更换、再装、调准及检测等”（GJB/Z 91—1997）。修复性维修按照发生故障后修理是否及时可以分为及时维修和延迟维修，其中常用的维修类型有现场抢修、库停抢修和状态监控维修。

1）现场抢修

现场抢修（On - Site Maintenance，OSM）是指“在产品使用所在地或附近对产品进行维修”（GJB/Z 91—1997）。对动车组来说，现场抢修是指在执行运输任务过程中发生故障后采取快速诊断或应急修复措施，对装备进行车上修理，使之逐渐或部分恢复必要的功能或自救能力的过程。

2）库停抢修

库停抢修是动车组一种特殊的修复性维修，是指动车组故障后无法在运输中完成维修，而利用规定的库停时间，在库内进行抢修，使其恢复性能。

3）状态监控维修

状态监控维修（Condition Moritoring Maintenance，CMM）是指“通过对使用中的具体产品的全部总体数据进行分析，指出是否需要对技术资源进行分配，确定应采取的维修”。状态监控维修不是一种预防性维修，它允许故障发生，并根据对使用信息的分析指出需要采取的适当措施。”（WATOG - 1991）

状态监控维修是对那些产生故障，但这些故障又暂不影响安全和生产任务的装备进行总体连续监控，以判断其是否能够继续使用，从而决定修理时机。

3. 改进性维修

改进性维修（Impmvernent Maintenance，IM）是指利用完成动车组维修任务的时机，对动车组进行改进或改装，以提高其效能、固有可靠性、维修性和安全性水平。

改进性维修是近代维修工作的一个新概念。这种结合维修工作进行的改进和改装是维修工作的扩展。在动车组维修中常用的改进性维修有以下几种。

1）大修时的加装改造

大修时，除了执行大修规程所规定的检修范围以外，对于那些可靠性不高的零部件进行技术改造，或为了提高安全性而加装一些装备，还包括出于改进性能而进行的加装改造。

2）重造

对经过多年使用和多次大修的动车组，利用大修的时机进行彻底的修理和现代化改造，从而使其性能、可靠性、维修性和安全性有明显的提高。

6.3.2 按维修的计划性分类

按维修的计划性可分为计划维修和非计划维修两类。

1. 计划维修

计划维修（Scheduled Mainte - nance，SM）是指“在产品寿命周期中，按预定的安排所进行的预防性维修”（GJB/Z 91—1997）。计划维修内容和时机事先加以规定，并按照规定的计划进行，属于预防性维修的范畴。

2. 非计划维修

非计划维修（Unscheduled Maintenance，UM）是指“不是按预定安排，而是根据产品的某些异常状态或某种需要而进行的修复性维修”GJB/Z 91—1997）。非计划维修的维修内容和维修时机带有随机性，不能事先做出确切安排，修复性维修属于非计划维修范畴，也包括动车组的事故修。

6.3.3 按维修方法分类

在一定维修时机、维修条件和维修范围内，有原件修理、换件修理、拆拼修理和集中修理四种维修方法。

1. 原件修理（现车修）

原件修理是对故障或损坏的零部件进行调整、加工或其他处理而使其恢复到所要求的功能后继续使用的修理方法。又可分为等级维修和原形维修。

1）等级修

等级修是指为消除配合表面的磨损或损坏，而改变原件配合尺寸为几个尺寸的修理方法。为了便于配合零部件的更换，一般选择配合尺寸的等级不宜过多，否则会给零部件的更换造成麻烦，使备件增多，甚至有时还会影响使用性能。

2）原形修

原形修是指采用表面工程有关技术，消除配合表面的磨损或损坏，并使其到原来的设计尺寸。这种修理方法利于零部件的互换性，并用某些新技术还可改善其部分技术性能。

原件修理通常需要一定的设施、设备和一定技术等级的人员等维修资源的支持，而且在多数情况下不能在零部件原位进行，耗时较长，不便于及时快速维修。

2. 换件修理

换件修理，是指用完好的备用零部件、元器件或模块更换故障、报废的零部件、元器件或模块的修理方法。

换件修的优点：能满足快速维修的要求，对维修级别和维修人员的技能要求也不高，在高速运输条件下，换件修可缩短修理停时，保证维修质量，节省人力，是动车组维修的一种非常重要的方法。

换件修的缺点：不适用于所有的装备和各种条件；要求装备的标准化程度高、备件要具有互换性；同时还必须科学地确定备件的品种和数量，对换下来的零部件是废弃还是修复或者降级使用，也要进行权衡分析。

3. 拆拼修理

拆拼修理，是指将暂时无法修复或报废装备上可以使用或有修复价值的部分或零部件拆卸下来，更换到其他的装备上，从而利用故障、损坏或报废装备重新组配成完好装备的修理方法。这种方法只适于某些特殊需要情况下的装备修复，经上级批准后才能实施。

4. 专业化集中修

专业化集中修是指将动车组及其主要零部件的修理进行专业化分工，按照车型及零部件种类相对集中到技术力量较强的单位进行维修的方法。专业化集中修的特点是：

- 采用换件修的方法将损坏的零部件拆下来进行专业化集中修，可大大缩短检修停时，提高装备利用率；
- 便于集中专业人才，提高维修质量；
- 能充分利用专业设施，减少装备重复投资；
- 生产组织较为复杂；
- 需一定数量的备品储备，占用较多的资金。

6.3.4 按维修等级和机构分类

动车组的维修按性质、范围和深度分为 D1、D2、D3、D4、D5 五个级别。分别在运用所、检修基地两种级别的机构实施，见表 6–2。

表 6–2 维修等级和机构

	D1 级维修	D2 级维修	D3 级维修	D4 级维修	D5 级维修
运用所	◎	◎			
检修基地	◎	◎	◎	◎	◎

◎ 表示具备该级别能力。

复习参考题

1. 结合动车组的维修，阐述维修的定义及其要素。
2. 简述动车组维修的基本范畴。
3. 换检修、专业化集中修各有哪些优缺点？两种维修方式有何联系？
4. 动车组的维修涉及哪些学科知识？简述近代维修的理论基础。
5. 何为维修的全费用观点？简述其指导意义。

第7章 动车组维修可靠性基础

【本章内容概要】

讲述可靠性基本概念、系统可靠性模型与分析方法、故障分析方法；结合维修性相关概念，介绍了动车组全寿命周期费用分析方法。

【本章学习重点与难点】

学习重点：可靠性基本理论；维修性概念；LCC 概念与模型。

学习难点：掌握可靠性特征量与设计方法；故障模式、后果、严重度分析；故障树分析方法；LCC 模型与设计方法。

7.1 概　　述

7.1.1 可靠性相关概念

1. 故障

研究故障的目的是为了故障诊断、查明故障模式、研究故障机理、分析故障规律，探求、改进维修手段，提高动车组的可靠性和有效利用率。

失效（故障）的定义为："产品丧失规定的功能。对可修复产品通常也称为故障"（GB/T 2900.13—2008）。

由定义可看出：失效与故障都是指"产品丧失规定的功能"，但"故障"一词用于可修复产品，而"失效"一词多指不可修复产品。动车组属可修复产品，在铁路行业中"故障"一词已为广大人员普遍使用；对于不可修复或不值得修复的产品才使用"失效"。

定义中所指的"丧失规定的功能"，包括：

- 产品发生破坏性故障，使其无法工作，因而丧失其功能；
- 产品尚能工作，但有一个或几个性能参数达不到规定要求；
- 因操作失误而造成产品功能丧失；
- 由于环境应力变化，导致功能丧失。

2. 可靠性

所谓可靠性，是指"产品在规定的条件下和规定的时间内，完成规定功能的能力"（GB/T 2900.13—2008）。它具备以下五个要素。

（1）产品指研究对象。可以是硬件，一个系统或一个组件，或者是整列车等；也可以是软件，如动车组维修指南、维修信息系统程序等。

（2）规定条件是指产品在使用中所处的环境条件（温度、压力、温度、风沙和辐射等）、工作条件（功能模式、负荷条件、冲击振动情况等）、维修条件和操作方式等。

（3）规定时间是指产品完成规定任务或功能所需要的时间，可以用运行时间、走行公里或循环次数来表示。一般来说，耗损产品可靠性是时间的递减函数，时间越长，可靠性越差。

（4）规定功能通常是指产品在技术文件（招标、投标书、技术条件等）中所规定的工作能力。

（5）能力常用概率来度量“能力”，称为可靠度。

3. 广义可靠性

上述可靠性定义是对不可修复产品而言的，称为“狭义可靠性”（简称可靠性）。对于动车组类的可修复产品，除了应考虑产品的狭义可靠性以外，还要考虑其发生故障后维修的难易程度，也就是它的维修性问题。通常将可靠性和维修性综合考虑的可靠性概念称为“广义可靠性”。对于可修复产品来说，可靠性和维修性都好的产品，有效工作时间就长，可靠性和维修性差的产品有效工作时间就短。所以用有效性（可用性）来综合考虑可靠性和维修性，对产品的广义可靠性进行评定。从扩大的意义上来说，广义可靠性还有更丰富的内涵，除可靠性、维修性以外，主要还有耐久性和安全性，即：

$$
\text{广义可靠性}\begin{cases}\left.\begin{array}{l}\text{可靠性}\\\text{维修性}\end{array}\right\}\text{有效性（可用性）}\\\text{耐久性}\\\text{安全性}\end{cases}
$$

1）有效性（可用性）

依据 GB 3187—1982，有效性的定义是：“可以维修的产品在某时刻具有或维持规定功能的能力”。有效性是反映产品效能的主要特性之一，有如下特征。

（1）有效性是产品可靠性和维修性的综合表征。对可修复产品而言，总是希望其工作时间长，非工作时间要短。不仅要关心产品的可靠性，即不易出现故障的可能性如何，而且还要关心产品一旦出现故障应能尽快修复，使其早日投入正常运行。因此综合考虑可靠性和维修性的广义可靠性就是有效性。

（2）与可靠性、维修性一样，有效性也可用概率表达，称为有效度（可用度），即在任意随机时刻，当任务需要时，产品可投入使用状态的概率。

（3）有效性定义是针对“某一时刻”的，而不是“某一时间间隔”，因此它表征某一特定时刻要进行该项工作的完好程度。

（4）有效性不但与工作时间有关，而且还是维修时间的函数，随着工作时间和维修时间不同，有效性也不相同。

2）耐久性

耐久性是指“产品在规定的使用和维修条件下，达到某种技术或经济指标极限时，完成规定功能的能力”（GB/T 2009.13—2008）。机车车辆、汽车、船舶等运输行业常用耐久性作为表征产品技术水平的一个重要特性，一般采用产品的大修周期和报废寿命（使用寿命）作为衡量产品耐久性的指标，说明如下。

（1）耐久性表示产品工作的持久能力，是一种持续时间的概念，表征产品的寿命。而可靠性则表示产品完成任务的能力，除与时间有关外，还具有更广的内涵。严格地说来，耐久性应该属于可靠性范畴中的寿命特性。

(2) 耐久性定义是针对“时间间隔”，而不是过程的某一时刻的特性，因此它不表示产品使用过程中某个瞬间的状态，而表示产品运用某一阶段或整个过程结束时的期限（寿命）。

(3) 产品的极限技术状态，是指产品继续使用在安全上不允许或由于规定参数超出了使用指标，而又不能排除；或由于使用效率降低到不允许的程度；或由于零件磨损，修理费用过大，再使用则不经济的状态。

3）安全性

安全性的定义是：“产品在一定的功能、时间、成本等制约条件下，使人员和设备蒙受伤害和损失最小的能力”。说明如下。

(1) 与安全性相对应的概念是危险性。安全性评价就是对产品的危险性进行定性和定量分析，得出产品发生危险的可能性及其程度的评价，以寻求最低事故率，最少损失和最优的安全投资效益。

(2) 产品发生故障往往引起程度不同的事故，造成人身伤亡或资材损失，因此可靠性也包括安全性，也关系到人体的安全性。安全性和可靠性是息息相关的，提高产品的可靠性也有助于提高整个系统的安全性。

(3) 对人机系统的安全性评价内容是非常广泛的，目前已经形成了一门新学科——安全工程学。其评价指标也是多方面的，主要有事故造成的最大人员伤亡数，事故造成的最大财产损失数，事故发生的概率，人员暴露于危险环境中的频率以及安全投资水平等。

4. 运用可靠性

从可靠性形成过程来说，可靠性可以分为固有可靠性和运用可靠性。通过设计、制造形成的可靠性称为固有可靠性；而产品在使用条件下（包括保管、运输、操作和维修等），保证固有可靠性发挥的程度称为运用可靠性。

(1) 固有可靠性所涉及的问题是产品由于设计、制造所形成的可靠性，不包括使用、维修中所形成的可靠性，属于狭义可靠性问题。而运用可靠性所考虑的主要问题除固有可靠性的内容外，还有运用维修中所形成的可靠性问题，属于广义可靠性。

(2) 运用可靠性的范畴要大于固有可靠性。为了保证产品在使用中有高的可靠性，首先要做到设计质量高，制造质量好，然后尽量保证合理正确的使用和维修方法。

(3) 要想取得高水平的运用可靠性，关键在于设计和寿命周期内各阶段的所有活动。动车组可靠性的上限是由设计确定的。随着其投入制造，可靠性就会降低；制造的进展、工艺的改善、经验的积累，将使可靠性增长，增长的上限是由设计所决定的可靠性水平；当动车组投入运营，其可靠性将再次降低，随着现场对动车组的了解，运用经验的丰富，操作人员熟练程度的增加，维修水平的提高，可靠性将进一步增长，但使用可靠性指标永远不会大于固有可靠性指标，而且，随着运营里程的增加，维修次数的增多，动车组的可靠性会有一定程度的下降。

5. 寿命

在可靠性领域，将产品从开始工作到发生故障前的一段时间 T 称为寿命。由于产品发生故障是随机的，所以寿命 T 也是一个随机变量。对不同的产品、不同的工作条件，寿命取值的统计规律一般是不同的。

寿命中所说的时间是广义时间，其单位称为寿命单位。根据产品寿命度量不同，有不同的寿命单位，如小时（h）、公里（km）等。

7.1.2 故障的统计特征参数

要定量研究产品的故障规律，必须运用统计技术和方法对零部件或产品的故障模式、寿命特性进行描述和分析，使之在统计上呈现一定的规律性。

故障的统计特征是以产品的故障统计特征量为基础进行可靠性分析，并以量化的可靠性指标来表征。这些指标也是可靠性工程中应用的指标。可靠性指标与故障分布具有密切的关系。

1. 累积故障概率与可靠度的关系

产品在规定的条件下和规定的时间 t 内，完成规定功能的概率称为产品的可靠度函数，简称可靠度，记为 $R(t)$。这个概率值越大，表明产品在 t 内完成规定功能的能力越强，产品越可靠。

假设有同一种类的产品 N 个，在 $t=0$ 时开始使用，该产品工作到 t 时刻，有 N_f 个产品出了故障，余下 N_s 个产品还继续工作。N_f 和 N_s 都是时间的函数，可以写为 $N_f(t)$ 和 $N_s(t)$，当 N 足够大时，产品在 t 时刻的累积故障概率可近似地用该时刻故障产品数 N_f 和产品数量 N 之比来表示，即累积故障为：

$$F(t)=\frac{N_f(t)}{N} \tag{7-1}$$

如果用随机变量 T 来表示产品从开始到发生故障的连续正常工作时间，用 t 表示某一指定时刻，则产品在该时刻的可靠度为随机变量 T 大于时间 t 的概率，即：

$$R(t)=p(T>t) \tag{7-2}$$

其对立事件的概率，即累积故障概率函数，为随机变量 T 小于或等于 t 的概率：

$$F(t)=p(T\leqslant t) \tag{7-3}$$

产品在规定时间内故障与不故障是对立的，因此，产品的累积故障概率函数 $F(t)$ 也叫做不可靠度。显然有：

$$R(t)+F(t)=1 \tag{7-4}$$

2. 故障分布密度函数与可靠度的关系

通常把累积故障概率函数 $F(t)$ 的导数叫做故障分布密度，用下述公式描述：

$$f(t)=\frac{\mathrm{d}}{\mathrm{d}t}F(t) \tag{7-5}$$

$$f(t)=-\frac{\mathrm{d}R(t)}{\mathrm{d}t} \tag{7-6}$$

故障分布密度函数 $f(t)$ 和 $F(t)$、$R(t)$ 的关系为：

$$R(t)=1-F(t)=\int_0^{\infty}f(t)\,\mathrm{d}t-\int_0^{t}f(t)\,\mathrm{d}t=\int_t^{\infty}f(t)\,\mathrm{d}t \tag{7-7}$$

由式（7-7）可知，可靠度 $R(t)$ 与累积故障概率函数 $F(t)$ 呈互补关系，累积故障概率函数 $F(t)$ 与故障分布密度函数 $f(t)$ 呈微积分关系。

工程中确定故障分布密度 $f(t)$ 时，可近似地用在 t 时刻给定的一段时间 Δt 内，同一类产品单位时间内发生故障的数量 $[\Delta N_f(t+\Delta t)/\Delta t]$ 与投入使用的总产品数量 N 之比来表示，即：

$$f(t)=\frac{1}{N}\times\frac{\Delta N_f(t+\Delta t)}{\Delta t} \tag{7-8}$$

3. 故障率与可靠度的关系

故障率定义：产品在 t 时刻后的单位时间内故障的产品数，相对于 t 时还在工作的产品数的百分比值，称作产品在该时刻的瞬时故障率 $\lambda(t)$，习惯上称为故障率。

假定 N 个相同产品其可靠度为 $R(t)$，那么产品在 t 时刻到 $t+\Delta t$ 时刻的故障数为 $NR(t)-NR(t+\Delta t)$，瞬时故障率可以写作：

$$\lambda(t)=\frac{N[R(t)-R(t+\Delta t)]}{NR(t)\cdot\Delta t} \tag{7-9}$$

当 N 足够大时，$\Delta t\to 0$，利用极限概念可化为求导形式，则：

$$\lambda(t)=\frac{f(t)}{R(t)} \tag{7-10}$$

实际工程中可按下式计算：

$$\lambda(t+\Delta t)=\frac{1}{N_s(t)}\cdot\frac{\Delta N_f(t+\Delta t)}{\Delta t} \tag{7-11}$$

这样，故障率 $\lambda(t)$ 可以表示为产品在某段时间内的故障数与此段时间内的总工作时间之比。表示的是某时刻 t 以后的单位时间内的故障产品数与 t 时刻残存产品数之比，它反映了该时刻后单位时间内产品故障的概率。因此故障率也被称为故障强度。所以，产品故障率越高，其可靠性越差。而故障分布函数 $f(t)$ 反映的是某时刻 t 以后单位时间内产品故障数与 $t=0$ 时总产品之比。因此故障分布函数反映产品在所有可能工作时间范围内的故障分布情况；它们反映了不同的概念。

故障率的单位：1/h 或%/h、%/1 000 h（单位时间内产品发生故障的百分数）；开关类产品用 1/动作；列车也可用 1/km 或 1/1 000 km。

4. 平均寿命

1）定义

对不可修复产品和可修复产品，平均寿命在概念上是不同的。对不可修复产品是指平均无故障时间；对可修复产品是指平均故障间隔时间中的平均工作时间，而不是指每个产品报废的时间。

平均无故障时间（Mean Time To Failure，MTTF）：不可修复产品故障前工作时间的平均值或数学期望。

平均故障间隔时间（Mean Time Between Failure，MTBF）：可修复产品在相邻两次故障之间的工作时间的平均值或数学期望。

2）计算公式

不可修复产品和可修复产品的平均寿命在数学上的表达式是一致的。

设 N 个相同产品在相同条件下进行使用或试验，测得全部寿命数据分别为 t_1，t_2，…，t_i，则其平均寿命 MTTF 为：

$$\text{MTTF}=\text{MTBF}=\frac{1}{N}\sum_{i=1}^{N}t_i \tag{7-12}$$

工程中，对于可修复产品，平均寿命是指一个或多个产品在它的使用寿命期中的某段时间内的总工作时间与故障数之比。

对于动车组及零部件，其有效寿命或平均寿命是维修决策的重要依据。如其在此期间的故障率 $\lambda(t)=\lambda$（λ 为大于零的常数），对应的可靠度函数为指数分布 $R(t)=e^{-\lambda t}$。则其平均故障间隔时间为：

$$\mathrm{MTBF(MTTF)}=\frac{1}{\lambda}$$

累积故障概率 $$F(t)=\begin{cases}1-e^{-\lambda t} & (t>0)\\ 0 & (t\leqslant 0)\end{cases}$$

故障分布密度函数 $$f(t)=\begin{cases}\lambda e^{-\lambda t} & (t\geqslant 0)\\ 0 & (t<0)\end{cases}$$

7.1.3 故障规律

动车组及其零部件的故障规律是这些产品、零部件在使用寿命期内故障的发展变化规律。因产品性质的不同而呈现不同的规律性。

1. 典型故障率曲线—浴盆曲线

浴盆曲线于1950—1952年提出，1959年正式命名，是最经典的故障率曲线，认为故障率是时间的函数，分为三个阶段，如图7-1所示。

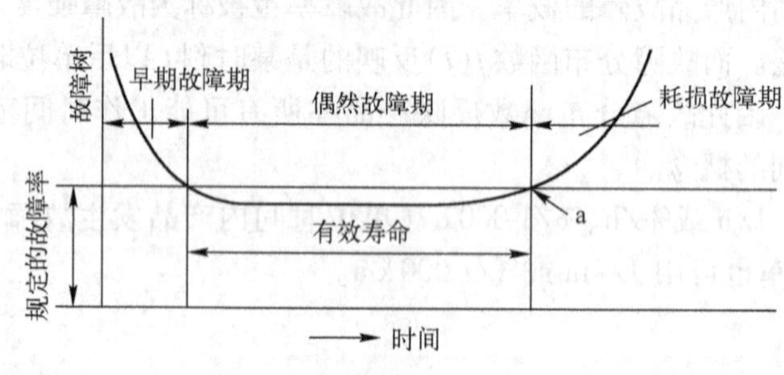

图7-1 浴盆曲线

1）早期故障期

早期故障期出现在产品使用的早期，此时产品刚刚制造完成或大修出厂，其特点是故障率较高，但随着时间的增加而迅速下降。早期故障通常是由于设计、制造上的缺陷等原因引起，如材料不合格、装配不当、磨合不够、焊接不良和质检不认真等。

2）偶然故障期

偶然故障期又称使用寿命期，是紧接在早期故障期之后的故障率稳定期，其特点是故障率较低，是产品最良好的工作阶段。偶然故障是由偶然因素引起的，何时发生是无法预测的。

3）耗损故障期

耗损故障期出现在使用寿命期的终了，其特点是故障率开始随工作时间的增加而迅速上升。

浴盆曲线的提出，在维修理论和维修实践中具有重要的作用和地位，对预防性维修工作是十分重要的。浴盆曲线在一定程度上反映了高速列车及其零部件的故障规律和形成过程，为科学维修提供了技术途径。

维修理论和实践表明，浴盆曲线并不是万能和完美的，并不是所有的产品故障率都服从浴盆曲线，都有耗损故障期。浴盆曲线所揭示的故障规律只适用于简单设备或一两种故障模式占主导地位的设备，使用范围有限。应从辩证的角度来认识浴盆曲线，既要充分认识其在维修中所发挥的作用，又应从发展的角度，根据高速列车的技术发展、功能结构、使用特点，积极探索新的故障规律特征。

2. 复杂装备无耗损区故障率曲线

复杂装备是相对简单装备而言的，简单装备是指只有一个或很少几种故障模式会引起故障的装备。复杂装备无耗损区故障率曲线于 20 世纪 60 年代提出，通过对航空复杂技术装备故障率曲线的调查统计，共发现六种故障率曲线的基本形式，如图 7-2 所示。图中 A 曲线有明显的耗损期，符合浴盆曲线，约占 4%；B 曲线也有明显的耗损期，约占 2%；C 曲线无明显的耗损期，但故障率随时间增加，约占 5%；D、E、F 曲线根本无耗损期，约占 89%。这说明，随着装备的复杂化，其故障规律已不同于早期的简单装备。在铁道机车车辆产品的统计数据中，符合 A 至 C 型故障率曲线的产品大约占 5% ～ 10%，而符合 D 至 F 型故障率曲线的占 90% ～ 95%。

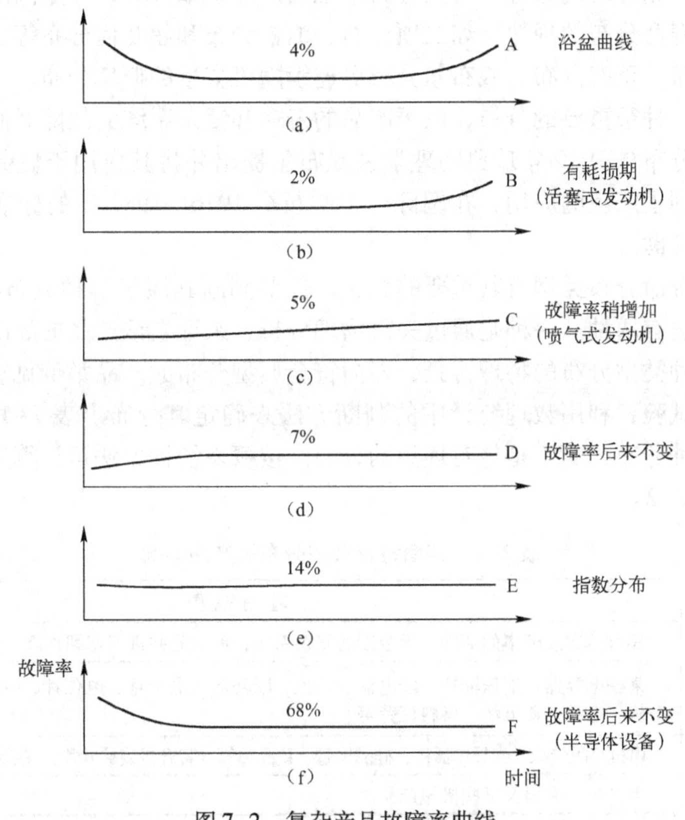

图 7-2 复杂产品故障率曲线

3. 装备全寿命递减规律

20 世纪 80 年代以来，出现了统一场故障理论。认为现代电子装备的故障发生遵从全寿命故障率递减规律，即在全寿命期内，装备的故障率随时间的变化而不断降低。其基本观点是：装备存在固有缺陷，在内外应力作用下，缺陷导致装备发生功能故障；应力施加的速度快，故障就会提前出现；每个偶然故障都有其原因和结果，通过施加应力可以加速故障的发生；随应力施加时间的增加，装备缺陷总数按指数递减，因而故障率也将按指数递减，装备从制造、试验到使用都存在这种相同的过程。其实质是将出厂前筛选的概念扩大到使用阶段。

7.1.4 寿命分布

1. 寿命分布的作用

产品的寿命分布（故障分布）是产品故障规律的具体体现，是可靠性工程应用和可靠性研究的基础。一个产品故障的发生或寿命终结是随机的，因此，对一种产品寿命要用寿命的分布函数（或故障分布函数）进行描述。掌握了产品的可靠性参数，可从其分布预测产品的故障发生及其规律，以便合理使用、维修和保障等。

2. 常用寿命分布

寿命分布的类型是各种各样的，某一类分布适用于具有共同故障机理的某类产品，它与装备的故障机理、故障模式及施加的应力类型有关。

以工作次数、循环周期数等作为其寿命单位的产品，如开关，可用离散型随机变量的概率分布来描述其寿命分布的规律，如二项分布、泊松分布和超几何分布等。大多数产品寿命需要用到指数分布、正态分布、威布尔分布等连续随机变量的概率分布。

指数分布是一种很重要的分布，电子产品的寿命和复杂系统的故障时间均可用指数分布来描述。威布尔分布自 1939 年瑞典物理学家威布尔提出并将其应用于疲劳试验中以来，在可靠性工程中得到了广泛的应用，在国际电工委员会 1976—1981 年的标准中已将它作为一种重要的分布来考虑。

确定产品的寿命分布类型有其重要的意义，但要判断其属于哪种分布类型仍是困难的，目前所采用的方法有两种。一种是通过失效物理分析，来证实该产品的故障模式或失效机理近似地符合于某种类型分布的物理背景，寿命符合典型分布的产品举例见表 7-1。另一种方法是通过可靠性试验，利用数理统计中的判断方法来确定其分布。表 7-1 给出的示例，只能是近似符合某种分布，而不是绝对理想的分布。按概率统计方法可计算出各种寿命分布的寿命特征，见表 7-2。

表 7-1　寿命符合典型分布的产品举例

分布类型	适用范围
指数分布	具有恒定故障率的部件，无余度的复杂系统，经试验并进行定期维修的部件
威布尔分布	某些电容器、滚珠轴承、继电器、开关、断路器、电子管、电位计、陀螺、电动机、航空发电机、电缆、蓄电池、材料疲劳等
对数正态分布	电机绕阻绝缘、半导体器件、硅晶体管、锗晶体管、直升机旋翼叶片、飞机结构、金属疲劳等
正态分布	飞机轮胎磨损及某些机械产品

表 7-2　各种寿命分布的寿命特征

分布类型	寿命特征
二项分布	均值 $E(X)=np$
指数分布	平均寿命 $E(T)=\theta=\frac{1}{\lambda}$　　寿命方差 $D(T)=\frac{1}{\lambda^2}=\theta^2$ 可靠寿命 $t_r=\frac{1}{\lambda}\ln\frac{1}{r}$　　中位寿命 $t_{0.5}=0.693\frac{1}{\lambda}=0.693\theta$ 特征寿命 $t_e^{-1}=\frac{1}{\lambda}=\theta$

续表

分布类型	寿命特征
伽马分布	平均寿命 $E(T)=\frac{k}{\lambda}$　寿命方差 $D(T)=\frac{k}{\lambda^2}$
威布尔分布	平均寿命 $E(T)=\theta=\gamma+\eta\Gamma\left(1+\frac{1}{m}\right)$（其中 $\Gamma\left(1+\frac{1}{m}\right)$ 为 Γ 函数） 寿命方差 $D(T)=\sigma^2=\eta^2\left[\Gamma\left(1+\frac{2}{m}\right)-\Gamma^2\left(1+\frac{1}{m}\right)\right]$ 可靠寿命 $t_r=\gamma+\eta(-\ln r)^{\frac{1}{m}}$　中位寿命 $t_{0.5}=\gamma+\eta(\ln 2)^{\frac{1}{m}}$ 特征寿命 $t_e^{-1}=\gamma+\eta$
对数正态分布	平均寿命 $\theta=E(T)=e^{\mu+\frac{\sigma^2}{2}}$　寿命方差 $D(T)=\theta^2(e^{\sigma^2}-1)$ 可靠寿命 $t_r=e^{n+Z_p\sigma}$（式中 Z_p 是标准正态分布分位点值）
正态分布	平均寿命 $E(T)=\mu$　寿命方差 $D(T)=\sigma^2$ 可靠寿命 $t_r=\mu+Z_p\cdot\sigma$　中位寿命 $t_{0.5}=\mu$

7.1.5　系统可靠性

1. 概念

装备通常是由各个分系统及元器件、零部件和软件组成的，完成一定功能的综合体或系统。系统组成还应包括使用装备的人。显然，系统的各个组成元素（单元）的可靠性对系统的可靠性是有影响的。因此，要从系统的角度研究各组成部分与系统的关系，建立系统可靠性与各个组成元素（单元）可靠性的关系，找出各种类型系统可靠性与单元可靠性的关系，建立系统可靠性的模型，以便进行可靠性分配、预计及相应的可靠性设计、评定。

系统可靠性模型是指为分配、预计或估算产品的可靠性所建立的系统可靠性框图和数学模型。

可靠性框图是表示系统与各单元功能状态之间的逻辑关系的图形。它是针对复杂产品的一个或一个以上的功能模式，用方框表示系统各组成部分的故障或它们的组合与系统故障的逻辑图。一般情况下，可靠性框图由方框和连线组成，方框代表系统的组成单元，连线表示各单元之间的功能逻辑关系。这种表示是定性的。可靠性数学模型表达系统与组成单元的可靠性函数或参数之间的关系。

本节讨论中假设：

系统和单元仅有“正常”和“故障”两种状态；

各单元的状态均相互独立，即不考虑单元之间的相互影响；

系统的所有输入在规定极限之内，即不考虑由于输入错误而引起系统故障的情况。

符号约定：

A——系统 A 正常工作的事件；

A_i——第 i 个单元正常工作的事件；

$R_s(t)$——系统的可靠度；

$F_s(t)$——系统的不可靠度；

$R_i(t)$——单元 i 的可靠度；

$F_i(t)$——单元 i 的不可靠度；

T——系统寿命；

T_i——单元 i 的寿命；

θ_s——系统平均寿命。

2. 串联系统

1）定义及框图模型

组成系统的所有单元中任一单元的故障均会导致整个系统故障（或所有单元能完成规定功能，系统才能完成规定功能）的系统称为串联系统。串联系统是最常见和最简单的系统之一，其可靠性框图如图 7–3 所示。

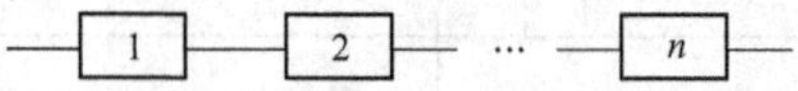

图 7–3 串联系统可靠性框图

2）数学模型

n 个单元的串联系统中，只要有 1 个单元故障，系统就会发生故障，所以系统寿命 T 等于系统中寿命最短的单元寿命，即：

$$T=\min_i(T_i)$$

根据可靠度定义 $R(t)=P(T>t)$，则：

$$R_s(t)=P(T>t)=P\{\min(T_1,T_2,\cdots,T_n)>t\}=P\{T_1>t,T_2>t,\cdots,T_n>t\}$$

由于各单元相互独立，且 $R_i(t)=P\{T_i>t)$，所以：

$$R_s(t)=P\{T_1>t\}P\{T_2>t\}\cdots P\{T_n>t\}=R_1(t)R_2(t)\cdots R_n(t)=\prod_{i=1}^{n}R_i(t)$$

当已知第 i 个单元的故障率为 $\lambda_i(i=1,2,\cdots,n)$ 时，$\lambda_s(t)=\sum\limits_{i=1}^{n}\lambda_i(t)$

当各单元的寿命服从指数分布时，即故障率 $\lambda_i(t)=\lambda_i(i=1,2,\cdots,n)$，由上式得：

$$\lambda_s(t)=\sum_{i=1}^{n}\lambda_i(t)=\lambda_s$$

即如果所有单元寿命服从指数分布，则系统寿命也服从指数分布，且故障率等于各单元故障率之和。

当所有单元的故障率相等时，可以得到系统的可靠性：

$$R_s(t)=e^{-n\lambda t},\quad \lambda_s=n\lambda,\quad \theta_s=\frac{1}{n\lambda}$$

3）提高串联系统可靠度的途径

从设计角度出发，为提高串联系统的可靠性，应从下列几方面考虑：

- 提高单元可靠性，降低单元故障率；
- 尽可能减少串联单元个数；
- 尽可能时，缩短任务时间。

【例 1】 某一系统有 5 个子系统串联而成，子系统寿命服从指数分布，且故障率相等，为 0.002 h^{-1}。求任务时间为 50 h 时的系统可靠度。

解：由 $\lambda_s=n\lambda$，$R_s(t)=e^{-n\lambda t}$，$\theta_s=\frac{1}{n\lambda}$，得：

故障率：$\lambda_s = n\lambda = 5 \times 0.002 = 0.010$

可靠度 $R_s(t) = e^{-n\lambda t} = e^{-5\times0.002\times50} = 0.606$

寿命 $\theta_s = \frac{1}{n\lambda} = \frac{1}{5\times0.002} = 100$

3. 并联系统

1）定义

组成系统的所有单元都发生故障时系统才发生故障的系统称为并联系统，如图 7-4 所示。

并联系统是最简单的冗余系统。从功能上而言，一个单元即可完成系统功能，设置多单元并联是为了提高系统的可靠性。但从另一个角度来说，系统的基本可靠性会随之下降，且增加了维修的难度和工作量，设计时应进行综合权衡。

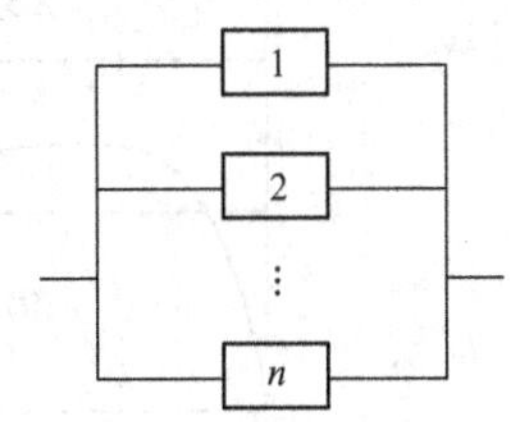

图 7-4 并联系统可靠性框图

2）数学模型

根据并联系统定义，由 n 个单元组成的并联系统中所有单元都发生故障时系统才发生故障。所以系统寿命 T 应等于单元中寿命最长的单元的寿命，即：

$$T = \max_i(T_i)$$

$$F_s(t) = P\{T \leqslant t\} = P\{\max(T_1, T_2, \cdots, T_n) \leqslant t\} = P\{T_1 \leqslant t, T_2 \leqslant t, \cdots, T_n \leqslant t\}$$

由于各单元相互独立，且 $F_i(t) = P\{T_i \leqslant t\}$，则得：

$$F_s(t) = P\{T_1 \leqslant t\}P\{T_2 \leqslant t\}\cdots P\{T_n \leqslant t\} = F_1(t)F_2(t)\cdots F_n(t) = \prod_{i=1}^{n} F_i(t)$$

或

$$R_s(t) = 1 - F_s(t) = 1 - \prod_{i=1}^{n} F_i(t) = 1 - \prod_{i=1}^{n}[1 - R_i(t)]$$

4. 模型分析

（1）将串联系统中的 $R_s(t)$ 用 $F_s(t)$ 替换，同时将 $F_i(t)$ 用 $R_i(t)$ 替换，则串联系统公式就变为了并联系统公式，反之，亦成立。这说明串联系统与并联系统存在对偶性。

（2）当单元寿命服从相同的指数分布时即 $\lambda_i(t) = \lambda (i = 1, 2, \cdots, n)$，则：

$$R_s(t) = 1 - (1 - e^{-\lambda t})^n$$

$\lambda_s(t) = -\frac{R'_s(t)}{R_s(t)} = \frac{n\lambda e^{-\lambda t}(1 - e^{-\lambda t})^{n-1}}{1 - (1 - e^{-\lambda t})^n}$ 为 t 的函数但不是指数分布。

$$\theta = \int_0^{\infty} R_s(t)\,dt = \int_0^{\infty}[1 - (1 - e^{-\lambda t})]\,dt$$

设 $y = 1 - e^{-\lambda t}$，则 $dy = \lambda e^{-\lambda t}dt$

$t = 0$ 时，$y = 0$

$$\lim_{t\to\infty} y = \lim_{t\to\infty}(1 - e^{-\lambda t}) = 1$$

所以 $$\theta_s = \int_0^1 (1 - y^n) \cdot \frac{dy}{\lambda(1 - y)} = \int_0^1 \frac{1}{\lambda}(1 + y + y^2 + \cdots + y^{n-1})\,dy$$

$$= \frac{1}{\lambda}\left(1 + \frac{1}{2} + \cdots + \frac{1}{n}\right) = \frac{1}{\lambda}\sum_{i=1}^{n}\frac{1}{i}$$

(3) 当系统仅有 2 个指数分布单元组成，且 $\lambda_1 \leqslant \lambda_2$ 时，则：

$$R_s(t) = 1 - (1 - e^{-\lambda_1 t})(1 - e^{-\lambda_2 t}) = e^{-\lambda_1 t} + e^{-\lambda_2 t} - e^{-(\lambda_1 + \lambda_2)t}$$

$$\lambda_s(t) = -\frac{R'_s(t)}{R_s(t)} = (\lambda_1 + \lambda_2) - \frac{\lambda_1 e^{-\lambda_1 t} + \lambda_2 e^{-\lambda_2 t}}{e^{-\lambda_1 t} + e^{-\lambda_2 t} - e^{-(\lambda_1 + \lambda_2)t}}$$

可见，并联系统故障率不再是常数，并联系统故障与单元故障率之间的关系如图 7-5 所示。

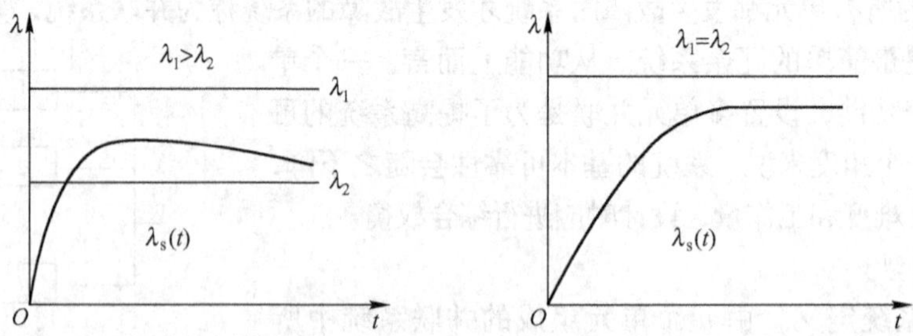

图 7-5 并联系统故障率与单元故障率之间的关系

(4) 提高并联系统可靠度的方法：

(1) 提高单元可靠性，减少单元故障率；

(2) 增加并联单元个数，但当单元数在 3 以上时应考虑其增益；

(3) 尽可能缩短任务时间。

【例 2】 某一系统由 5 个子系统并联而成，子系统寿命服从指数分布，且故障率相等，为 $0.002\ h^{-1}$。工作时间为 500 h，求系统可靠度及寿命。

解：

$$R_s(t) = 1 - (1 - e^{-\lambda t})^n = 1 - (1 - e^{-0.002 \times 500})^5 = 0.899\ 1$$

$$\theta_s = \frac{1}{\lambda}\sum_{i=1}^{n}\frac{1}{i} = \frac{1}{0.002}\sum_{i=1}^{5}\frac{1}{i} = 1\ 141.7$$

5. 混联系统

1）概述

由串联系统和并联系统混合而成的系统称为混联系统。计算 n 个独立单元组成的混联系统可靠度时可将系统简化为若干个子系统，子系统由简单串、并联组成，计算每个子系统的可靠度，逐步迭代到整个系统，每一步迭代所需公式仅为串、并联公式。

混联系统框图如图 7-6 所示，由 7 个单元组成，单元可靠度分别为 $R_1(t)$，$R_2(t)$，…，$R_7(t)$，系统的可靠度 $R_s(t)$ 可按如下步骤计算：

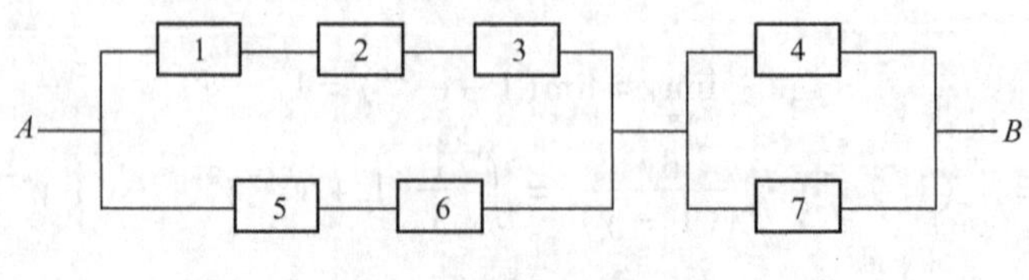

图 7-6 混联系统框图

所给系统 S 可以分解为 3 个子系统 S_1、S_2、S_3，S_1 由单元 1、2、3 串联而成；S_2 由单元 5 和单元 6 串联而成；S_3 由单元 4 和单元 7 并联而成，如图 7-7 所示。进一步将 S_1、S_2 并联构成分系统 S_4，系统最终简化为图 7-8 所示系统。

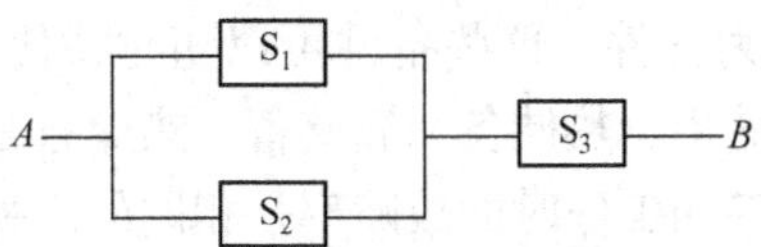

图 7-7　由 S_1、S_2、S_3 组成的等效图

图 7-8　由 S_3、S_4 组成的等效图

系统可靠度：
$$R_s(t)=R_{s_4}(t)R_{s_3}(t)$$
而
$$R_{s_4}(t)=R_{s_1}(t)+R_{s_2}(t)-R_{s_1}(t)R_{s_2}(t)$$
$$R_{s_3}(t)=R_4(t)+R_7(t)-R_4(t)R_7(t)$$
$$R_{s_1}(t)=R_1(t)R_2(t)R_3(t)$$
$$R_{s_2}(t)=R_5(t)R_6(t)$$
$$R_{s_4}(t)=R_1(t)R_2(t)R_3(t)+R_5(t)R_6(t)-R_1(t)R_2(t)R_3(t)R_5(t)R_6(t)$$
从而 $R_s(t)=[R_1(t)R_2(t)R_3(t)+R_5(t)R_6(t)-R_1(t)R_2(t)R_3(t)R_5(t)R_6(t)]\cdot[R_4(t)+R_7(t)-R_4(t)R_7(t)]$

2）串并联系统

串并联系统是单元先并联后串联的特殊混联系统，并联的各单元相同。其可靠性框图如图 7-9 所示。如果每个单元 A_i 的可靠度为 R_i，则此系统的可靠度为：

$$R_s(t)=\prod_{i=1}^{n}\{1-[1-R_i(t)]^m\}$$

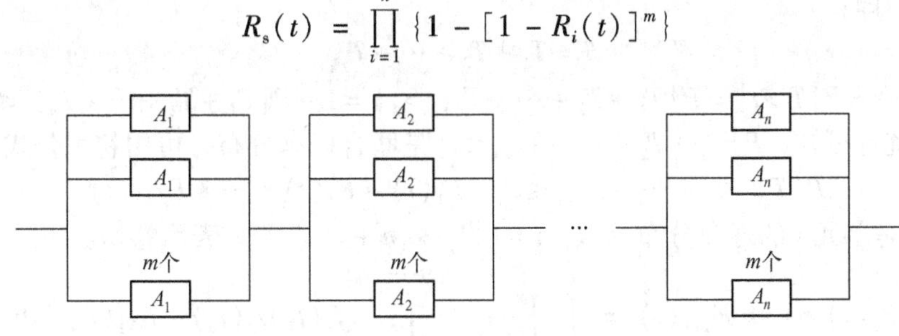

图 7-9　串并联系统可靠性框图

3）并串联系统

并串联系统是单元先串联后并联的混联系统，且串联单元组的可靠度相等。其可靠性框图如图 7-10 所示。如果每个单元 A_i 的可靠度为 R_i，则此系统的可靠度为：

$$R_s(t)=1-[1-\prod_{i=1}^{n}R_i(t)]^m$$

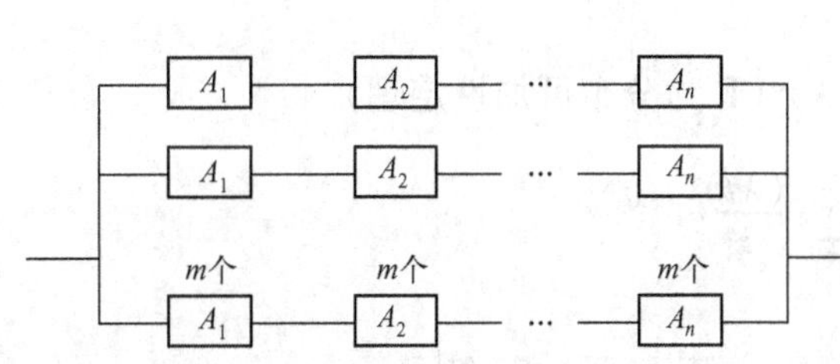

图 7-10　并串联系统可靠性框图

从系统功能上看，串并联系统和并串联系统的功能是一样的，但在单元可靠度和单元数相同时系统可靠度是不一样的，可以证明：$R_{s1}(t)>R_{s2}(t)$。

串并联系统可靠度较高，即：

所以单元级冗余（如串并联系统）比系统级冗余（如并串联系统）可靠性高，这为我们进行系统设计提供了参考。

6. 冗余系统

冗余系统又称储备系统，是把若干个单元作为备件，这些备件可以随时替代失效的单元，以提高系统的可靠度。常见的单元储备形式有冷储备、热储备和温储备。热储备是指所有储备件与工作单元一起工作，单元在储备期间的故障率和工作时的故障率是相同的。并联系统是一种特殊的热储备系统。冷储备是指单元在储备过程中不工作不失效，储备期的长短不影响单元的工作寿命。温储备是指单元在储存期内会有故障，但故障率小于工作故障率，介于冷储备和热储备之间。如电子元器件、易老化的垫圈、在储备期间也会失效，可看作温储备。

在后两种储备中，工作单元发生故障后，转换开关就启动一个储备单元代替工作。故转换开关是否可靠工作，也影响储备系统的可靠度。下面讨论转换开关可靠的冷储备系统。

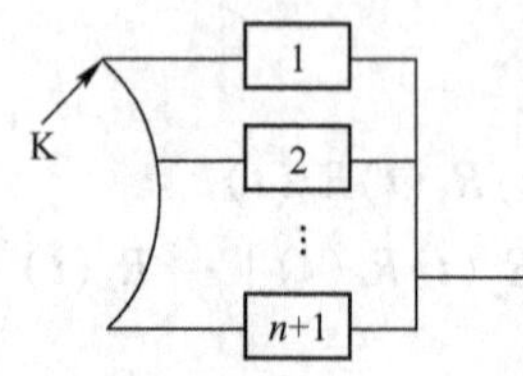

图 7-11 转换开关可靠的冷储备系统

1）定义

系统 S 由 $n+1$ 个单元组成，其中一个单元工作，其他 n 个单元都作冷储备。当工作单元失效后，一个储备单元代替工作，这样逐个去替换，直到 $n+1$ 个单元都失效。并假定代替过程中转换开关不失效。这样的系统称为转换开关可靠的冷储备系统或理想的冷储备系统。如图 7-11 所示，K 为转换开关。

2）系统可靠度的计算

设 $T_i(i=1,2,\cdots,n,n+1)$ 为单元 i 的寿命，由系统的工作方式可得系统的寿命 T 为各单元寿命之和，即：

$$T=T_1+T_2+\cdots+T_{n+1}$$

$$R_s(t)=P\{T>t\}=P\{T_1+T_2+\cdots+T_{n+1}>t\}=1-P\{T_1+T_2+\cdots+T_{n+1}\leqslant t\}$$

由概率统计可知，$P\{T_1+T_2+\cdots+T_{n+1}\leqslant t\}$ 是联合概率分布，可用卷积公式计算，即：

$$P\{T_1+T_2+\cdots+T_{n+1}\leqslant t\}=F_1(t)*F_2(t)*\cdots*F_{n+1}(t)$$

其中，$F_i(t)$ 是单元 i 的寿命分布函数，$i=1,2,\cdots,n+1$；“ $*$ ” 表示卷积。

$$F_1(t)*F_2(t)*\cdots*F_{n+1}(t)=\int_{-\infty}^{t}\int_{-\infty}^{t-t_1}\cdots\int_{-\infty}^{t-(t_1+t_2+\cdots+t_n)}f_1(t_1)f_2(t_2)\cdots f_{n+1}(t_{n+1})\mathrm{d}t_1\mathrm{d}t_2\cdots\mathrm{d}t_{n+1}$$

故
$$R_s(t)=1-F_1(t)*F_2(t)*\cdots*F_{n+1}(t)$$

当组成系统的单元为同一型号，且服从指数分布时，即 $\lambda_i(t)=\lambda=$ 常数$(i=1,2,\cdots,n+1)$，可求出系统可靠度。

对于单元服从指数分布，$f_i(t_i)=\lambda_i \mathrm{e}^{-\lambda_i t}$，即 $T_i\sim\Gamma(t|1,\lambda_i)$，又由于单元相互独立，所以：

$$T=\sum_{i=1}^{n+1}T_i\sim\Gamma(t\mid n+1,\lambda)\text{（}\Gamma\text{ 为分布可加性定理）}$$

即
$$R_s(t)=\sum_{i=0}^{n}\frac{(\lambda t)^i}{i!}\mathrm{e}^{-\lambda t}$$

3）系统平均寿命

$$\theta_s=E(T)=E\left(\int_{i=1}^{n+1}T_i\right)\xlongequal{\text{独立}}\sum_{i=1}^{n+1}E(T_i)=\sum_{i=1}^{n+1}\theta_i$$

当 $\lambda_i(t)=\lambda_i$ 时, $i=1,2,\cdots,n+1$　$\theta_s=\sum_{i=1}^{n+1}\frac{1}{\lambda_i}$

当 $\lambda_i(t)=\lambda_i$ 时, $i=1,2,\cdots,n+1$　$\theta_s=\frac{n+1}{\lambda}$

7. 表决系统

1）定义

表决系统也是一种冗余系统，在工程实践中得到了广泛的应用。

(1) $K/n(G)$系统。组成系统的 n 个单元中，只要有 K 个或 K 个以上单元正常，则系统正常，把这样的系统称为“n 中取 K 好表决系统”，记为 $K/n(G)$系统。

(2)“n 中取 K 至 r”系统。几个单元中，有 K 至 r 个单元正常则系统正常。如果正常单元数目小于 K 或大于 $r(r>K)$则系统不正常。例如，多处理机系统，若全部 n 台处理机中，少于 K 台正常工作，则系统计算能力太小；若多于 r 台同时工作，则公用设备（如总线）不能容纳那么大的数据量，因而系统效率很低。故可认为 K 至 r 台处理机正常，则系统正常，否则系统发生故障。类似情况存在于任何具有固定容量的计算机网络中。

(3)“n 中取连续 K”系统。考虑有 n 个中继站的微波通信系统，如果 1 站发出的信号可由 2 站或 3 站接收，2 站中继的信号可由 3 站或 4 站接收，依次类推直至 n 站。显然，当 2 站故障时系统仍能把信号从 1 站传至 n 站。所有中间站相间地出现单站故障时也是如此，系统还是正常的。但是，若任何相邻两站发生故障，则通信系统失效。该系统是“n 中取连续 2 则失效”的直列式系统，简称“n 中取连续 2”系统。

表决系统的特例是并联($1/n(G)$)和串联($n/n(G)$)系统。

2）$K/n(G)$表决系统的可靠性分析

$K/n(G)$系统的可靠性框图如图 7-12 所示。

2/3(G)系统完好（事件 A）与各单元完好的关系为：

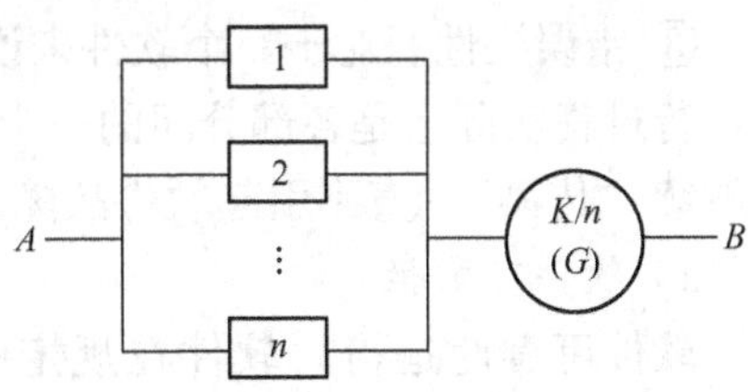

图 7-12　$K/n(G)$系统的可靠性框图

$$A=A_1A_2A_3\cup A_1A_2\overline{A}_3\cup A_1\overline{A}_2A_3\cup\overline{A}_1A_2A_3$$

则可得系统可靠度为：

$$R_s(t)=R_1(t)R_2(t)R_3(t)+R_1(t)R_2(t)F_3(t)+R_1(t)F_2(t)R_3(t)+F_1(t)R_2(t)R_3(t)$$

当各单元可靠度相等即 $R_1(t)=R_2(t)=R_3(t)=R(t)$时，$R_s(t)=3R^2(t)-3R^3(t)$。

对于一般 $K/n(G)$ 系统，如果各单元寿命 T_i ($i=1,2,\cdots,n$)，独立同分布，且 $R_i(t)=R(t)$ ($i=1,2,\cdots,n$)，则系统可靠度为：

$$R_s(t)=\sum_{i=k}^{n}C_n^iR_i(t)[1-R(t)]^{n-i}$$

各单元寿命服从指数分布时，系统可靠度为：

$$R_s(t)=\sum_{i=k}^{n}C_n^i e^{-i\lambda t}(1-e^{-\lambda t})^{n-i}$$

系统平均寿命

$$\theta_s=\int_0^{\infty}R_s(t)\mathrm{d}t=\sum_{i=k}^{n}\frac{1}{i\lambda}$$

8. 软件可靠性

软件的可靠性是用以衡量一个软件（指计算机程序）和数据好坏很重要的一个评价指标。由于软、硬件故障机理的差异，软件的可靠性与硬件的可靠性有许多差别。软件可靠性在术语内涵、指标选择、设计分析手段及提高软件可靠性的方法与途径等方面具有其自身的特点。软件可靠性是一个新的研究领域，理论与实践都不尽成熟，还有许多研究与应用的工作有待完成。

1）基本概念

（1）软件故障术语。

① 缺陷（fault），是指软件的内在缺陷。

② 错误（error），是指缺陷在一定环境条件下暴露，导致系统运行中出现可感知的不正常、不正确和不按规范执行的状态。

③ 故障（Failure），是指由于对错误未作任何纠正而导致系统的输出不满足预定的要求。

它们存在下面的传递关系：缺陷—错误—故障。

（2）软件缺陷的特征。

① 固有性。软件一旦有缺陷，它将一直潜伏在软件中，直到它被发现和改正。反之，在一定的环境下，软件一旦运行是正确的，它将继续保持这种正确性，除非使用环境发生了变化。此外，随时间推移不会产生新的缺陷。

② 环境敏感性。在一定输入环境下工作出错的软件，退出该环境后，对于其他环境，此软件又可能正常工作。但当再次进入该环境时，软件又会出错。这说明缺陷对环境是十分敏感的。

③ 错误染性。对于一个软件来说，它的各部分（子程序）之间有着密切的联系。软件的运行过程实际上是各部分间的一个逻辑组合过程，任一软件缺陷不被纠正，就一直存在以至继续“传染”，直到引起软件故障。

2）软件可靠性

软件可靠性是指“软件在规定的条件下、规定的时间周期内执行所要求的功能的能力”。软件可靠性同样可用可靠度来衡量，而软件的可靠度是“软件在规定的条件下、规定的时间周期内不引起系统故障的概率”。该概率是系统输入与系统使用的函数，也是软件中存在的缺陷的函数。系统输入将确定是否会遇到已存在的缺陷（如果有缺陷存在的话）。

软件可靠性的定义中的各要素与硬件可靠性定义是不同的。环境条件是指软件的使用（运行）环境，它涉及软件运行所需要的一切支持系统及有关的因素。规定的时间 t 被定义为软件系统一旦投入运行后的计算机挂起（开机但空闲）和工作的累积时间。显然，在使用期间中还有计算机的停机时间，它不包括在运行时间 t 内。规定功能是指从软件要求上或规格说明书和设计说明书上规定的软件全部功能。

3）常用参数

软件的故障与硬件不同，软件一旦出现故障，查明原因解决后不再重复出现，是一个可靠性增长的问题。特定的故障出现是非重复性事件。在一个较长的时间区间内，故障率不是常值。通过软件开发（测试）过程的质量可靠性分析，可以建立起对软件质量可靠性的“信念”，用概率方法对其进行评估。

常用的软件可靠性参数包括以下方面。

（1）系统平均不工作间隔时间（MTBSD）。设 T_V 为软件正常工作总时间，d 为软件系统由于软件故障而停止工作的次数，则定义：

$$T_{BSD}=\frac{T_V}{d+1}$$

式中，T_{BSD}——系统平均不工作间隔时间（MTBSD）。

（2）系统不工作次数（一定时期内）。由于软件故障停止工作，必须由操作者介入再启动才能继续工作的次数。

（3）可用度（A）。设 T_V 为软件正常工作总时间，T_D 为由于软件故障使系统不工作的时间，则定义

$$A=\frac{T_V}{T_V+T_D}$$

亦可表达为：

$$A=\frac{T_{BD}}{T_{BD}+T_{DT}}$$

式中，T_{BD}——平均工作时间，h；

T_{DT}——平均不工作时间，h。

一般情况下，生产计算机系统要求 $A>99.8\%$；银行计算机系统要求 $A\geqslant 99.9\%$。

（4）初期故障率。一般以软件交付使用方后的 3 个月内为初期故障期。初期故障率以每 100 h 的故障数为单位，用它来评价交付使用的软件的质量并预测软件可靠性何时基本稳定。

（5）偶然故障率。一般以软件交付给使用方后的 4 个月后为偶然故障期。偶然故障率一般以每千小时的故障数为单位，它反映了软件处于稳定状态的质量。

（6）使用方误用率。使用方不按照软件规范及说明等文件来使用而造成的错误叫“使用方误用”。在总使用次数中，使用方误用次数占的百分率叫“使用方误用率”。造成使用方误用的原因之一是使用方对说明理解不深，操作不熟练，但也可能是说明没有讲得非常清楚引起误解等。

（7）用户提出补充要求数。由于软件开发过程中未能充分满足用户需要，或者用户对软件开发时所提要求不全面，软件开发使用后用户又提出补充要求，需要生产方对软件进行修改、完善。

（8）处理能力。处理能力有各种指标。例如，可用每小时平均多少个文件，每项工作的反映时间多少秒等表示，根据需要而定。评价软件及系统的经济效益时往往需要这项指标。

4）提高软件可靠性的途径

提高软件可靠性的根本途径是开展软件工程，减少软件缺陷，应当做到以下方面。

（1）严格的配置管理。软件的配置管理能标识和确定系统中的配置项，在系统整个寿命期内控制这些项目的投放与更新，记录并报告配置和更新要求，验证配置项的完备性和正确性。它能够完成软件的配置标识、配置控制、配置记录和配置审核 4 项任务。严格的配置管理是保证软件可靠性的重要措施之一。

（2）软件（模块）的标准化。对硬件产品来说，一般的说标准化程度越高，其质量与可靠性也越高；软件也一样。软件标准件应由国家至少是部门来组织生产。这样，软件的质量与可靠性将会有明显的提高。

（3）软件可靠性设计准则。实践证明，总结国内外，特别是本部门、单位的成功或失败的经验教训，制订并贯彻产品可靠性设计准则是提高产品可靠性的根本手段。

（4）软件的设计评审。建立严格的设计评审制度，审查软件是否严格按可靠性设计准则设计。

7.1.6 动车组可靠性指标

迄今世界范围内并没有统一的评价动车组（机车车辆）的指标。各个国家铁路都有自己的定义，甚至一个国家中的不同铁路公司（如美国）的定义也不完全统一。这一方面是在可靠性工程学科诞生以前，各个国家铁路或公司就已经应用不同的指标来评价机车车辆的运用、检修和效率状况；另一方面各国运输情况不一，技术水平也不相同，特别是随着可靠性工程学科的发展，一些国家铁路把有关可靠性方面的新概念及其特征量引入，以便更合理、更客观地评价机车车辆的可靠性。现将目前各国铁路动车组（机车车辆）常用的可靠性指标简述如下。

1. 平均故障率

平均故障率是指在统计的走行公里或时间内，一列或多列动车组发生故障的次数与累积走行公里或工作时间之比。由下式计算平均故障率：

$$\lambda = \frac{N_f}{\sum t}$$

式中，N_f——一列或多列动车组在所统计的走行公里或时间内发生的故障总数；

$\sum t$——动车组累积走行公里或时间。

由上式可见，平均故障率与故障的定义和规定的走行公里或时间数值密切相关。常采用机破率和临修率来表示。

1）机破率

机破率是指规定的走行公里或时间内，动车组发生的机破事故次数。机破事故在我国铁路《铁路行车事故处理规则》中有规定，系指机车车辆（动车组）破损故障造成列车在区间内非正常停车，或在车站内非正常停车时间超过 30 分钟以上，或由于车钩破损而造成列车分离。国外如前所述的故障大致相当于我国机破事故。机破率的定义如下。

（1）每 10 万 km 的机破次数。这是我国机务部门常用的平均故障率指标。

（2）每 100 万 km 的故障次数。这是英、德、法、日、俄等国普遍使用的平均故障率指标。我国车辆部门也使用百万公里的故障次数作为货车故障率指标。

（3）每百万英里的故障次数。这是美国铁路部门常用的平均故障率指标。

（4）每年的故障数。即统计一年（季、月）内发生的机破事故，并按事故大小（特别重大、重大、大、险性、一般）分类统计，这是我国所采用的故障统计指标之一。

2）临修率

临修率是指在规定的走行公里或时间内，动车组发生的临修次数。临修是指动车组在两次定检期间所发生的临时修理，乘务人员在不影响运行情况下所进行的自检自修一般不计入临修。

2. 平均故障间隔时间

平均故障间隔时间（MTBF）是指动车组相邻两次故障间的平均工作时间或走行公里

数。用在其使用寿命期内的累积工作时间或走行公里与故障次数之比表示，即：

$$\mathrm{MTBF}=\frac{\sum t}{N_{\mathrm{f}}}\quad 或\quad \mathrm{MTBF}=\frac{\sum L}{N_{\mathrm{f}}}=\frac{1}{\lambda}$$

可见平均故障间隔时间与平均故障率呈互为倒数的关系。

3. 大修间隔期

大修间隔期的定义：在规定条件下，动车组从制造大修完成后开始使用到大修（下一次大修）的工作时间或走行公里。目前我国大修间隔期以走行公里来计算。

4. 寿命

常用的寿命有使用寿命和总寿命。动车组的使用寿命，是指在规定使用条件下，动车组从开始使用到大修的时间或走行公里。动车组总寿命，是指从开始使用到报废的时间或走行公里。

5. 检修率

检修率又称不良率，它是以相对数字反映动车组运用状况的指标。

$$动车组检修率=\frac{检修动车组台数}{支配动车组台数}\times 100\%$$

为得到更详细的数据，还可根据不同修程单独计算各修程的检修率。

6. 平均修车时间（平均休车时间）

平均修车时间是指修竣动车组总修车时间与修竣台数之比。

$$平均修车时间=\frac{某级修程修竣动车组总修车时间}{该修程的动车组修竣台数}$$

平均修车时间既包括动车组修理过程的时间，也包括等待修理的时间，同时还包括检修或待修中所发生的中断时间（如待料、节假日等）。

7. 动车组的有效度（完好率、利用率）

动车组的有效度是表征动车组有效性（可用性）的一个重要指标，也称为动车组利用率，表示动车组被利用的程度，可用运用动车组台数与所支配动车组台数之比表示，即：

$$动车组完好率=\frac{运用动车组台数}{支配动车组台数}=1-检修率$$

7.1.7　动车组可靠性工作及研究特点

1. 可靠性工作

1）技术论证阶段

进行使用需求分析，分析新产品的预定任务、使用条件、保障条件和可靠性与维修性需求；调研国内外同类型装备的使用状况，评估出近代相应装备的可靠性、维修性水平及定量指标，作为新产品可靠性、维修性指标选择和比较的依据，预期所采用的装备可能达到的可靠性和维修性水平；确定装备寿命剖面和任务剖面以及使用保障条件。

2）方案论证及方案设计阶段

制订可靠性工作计划，作为实施可靠性大纲的基本文件；进行人、财、物的资源预算，协调可靠性工作与其他工作的关系和落实可靠性组织；按照规定的工作项目建立可靠性模型，进行可靠性分配和可靠性预计，故障模式、影响及危害度分析（FMECA），故障树分析（FTA）等。

3）工程研制阶段

对产品进行设计和试制，完成可靠性管理计划中的各种要求，完成可靠性增长试验、环境应力筛选和可靠性鉴定等一系列可靠性试验工作。

4）使用阶段

做好可靠性方面的售后服务工作，及时收集、整理产品的可靠性信息，形成可靠性信息的闭环，不断改进，提高产品的可靠性。

5）报废处理阶段

全面总结产品可靠性资料及数据，进行存档，并积累经验。

2. 动车组可靠性工作特点

进行动车组可靠性工作时，应考虑其如下特点。

(1) 动车组的可靠性与整个铁路系统密切相关。铁路运输是通过机车车辆（动车组）在钢轨上行驶来实现的，机车车辆（动车组）的故障将会造成线路阻塞，给整个运输带来巨大损失。因此铁路运输对安全性、可靠性非常重视，并制定了详细的规章制度。在进行可靠性工程研究时，应考虑和遵守相应的法规。

(2) 动车组系统复杂，涉及的专业范围广泛，给可靠性研究带来复杂性。

(3) 动车组故障模式类别繁多。由于其组成复杂，不同的零部件有不同的故障模式，机械、电气、电子、液压等产品与零部件均有自己特有的故障。

(4) 动车组不同零件的故障概率分布形式不相同，不像电子产品，其故障概率主要服从指数分布，可靠性计算分析比较简便，而动车组零部件中的故障概率有的服从指数分布，有的服从对数正态分布，有的服从威布尔分布等，这是由于不同零部件的故障是由疲劳、腐蚀、磨损、电故障等不同原因而造成的，因而给可靠性分析带来一定的难度。

(5) 动车组在外界环境中，工作条件复杂、严酷，除受温度、压力、振动、冲击、潮湿等因素影响外，还有诸如沙尘、高热、雨水、盐分及辐射等环境的影响。

(6) 动车组的可靠性试验周期长、抽样少、耗费大。有些产品体积大，要求试验场地大，很难在试验室或厂内进行，试验时又很难模拟环境条件，同时产品造价昂贵，无法大批抽样，因而给可靠性研究带来困难。

7.2 可靠性预计

可靠性预计是根据组成系统的元器件、部件和分系统的可靠性，在给定条件下评估系统的可靠性而进行的工作。它是一个由局部到整体、由小到大、由下到上的综合过程。

7.2.1 电子、电气设备的可靠性预计方法

1. 电子、电气设备可靠性预计的特点

(1) 电子、电气设备最大的特点是寿命服从指数分布，即故障率是常数。所以，对串联系统通常可采用公式 $\lambda_s = \sum_{i=1}^{n} \lambda_i$ 预计其可靠性。

(2) 电子、电气设备均是由电阻、电容、二极管、三极管、集成电路等标准化程度很高

的电子元器件组成，对于标准元器件现已积累了大量的试验、统计故障率数据，建立了有效的数据库，有成熟的预计标准和手册。对于国产电子元器件、设备，可按国家军用标准 GJB 299A—1991《电子设备可靠性预计手册》进行预计；对于进口电子元器件及设备，则可采用美国军标 MIL—HDBK—217E《电子设备可靠性预计》进行预计。

2. 元器件计数法

元器件计数法的步骤：先计算设备各种型号和各种类型的元器件数目，然后再乘以相应型号或相应类型元器件的基本故障率，最后把各乘积累加起来，即可得到部件、系统的故障率。这种方法的优点是只使用现有的工程信息，不需要详尽地了解每个元器件的应力及它们之间的逻辑关系就可以迅速地估算出该系统的故障率。其通用公式为：

$$\lambda_s = \sum_{i=1}^{n} N_i \lambda_{Gi} \pi_{Qi}$$

式中，λ_s——系统总的故障率；

N_i——第 i 种元器件的数量；

λ_{Gi}——第 i 种元器件的通用故障率；

π_{Qi}——第 i 种元器件的通用质量系数；

n——设备所有元器件的种类数目。

3. 元器件应力分析法

电子设备详细设计时已具备了详细的元器件清单、电应力比、环境温度等信息，考虑工作环境的影响，进行综合计算。这种方法比计数法的结果要准确些，预计方法已经规范化，但具体计算也较烦琐，不同的元器件有不同的计算故障率模型。如晶体管和二极管的失效率计算模型为：

$$\lambda_p = \lambda_b(\pi_E \pi_Q \pi_A \pi_R \pi_{S_2} \pi_C)$$

式中，λ_p——元器件工作故障率；

λ_b——元器件基本故障率；

π_E——环境系数；

π_Q——质量系数；

π_A——应用系数；

π_R——电流额定值系数；

π_{S_2}——电压应力系数；

π_C——配置系数。

π 系数按照影响元器件可靠性的应用环境类别及其参数对基本故障率进行修正，这些系数均可查阅 GJB/Z 299A—1991。把各种元器件的工作故障率计算出来后，就可求得系统的故障率 λ_s。

$$\lambda_s = \sum_{i=1}^{N} N_i \lambda_{pi}$$

式中，λ_{pi}——第 i 种元器件的故障率；

N_i——第 i 种元器件的数量；

N——系统中元器件种类数。

系统的 MTBF：$T_{BF} = \dfrac{1}{\lambda_s}$。

7.2.2 机械产品特殊的可靠性预计方法

1. 机械产品可靠性预计的特点

（1）许多机械零部件是为特定用途单独设计的，通用性不强，标准化程度不高；

（2）机械部件的故障率通常不是常值，其设备的故障机理多与应力有关（如耗损、疲劳等）；

（3）机械产品的可靠性对载荷、使用方式和利用率更加敏感。

2. 机械产品可靠性预计方法

目前预计机械产品可靠性尚没有相当于电子产品那样通用、可接受的方法。

1）修正系数法

修正系数法预计的基本思路是：机械产品难以建立产品级的可靠性预计模型，一般将它们分解到零件级进行分析。通常将机械产品分成密封、弹簧、电磁铁、阀门、轴承、齿轮和花键、动作器、泵、过滤器、制动器和离合器等10类。这样，对诸多零件进行故障模式及影响分析，找出其主要故障模式及影响这些模式的主要设计、使用参数，通过数据收集、处理及回归分析，可以建立各零部件的故障率模型或可靠性预计模型。

2）相似产品类比法

相似产品类比法基本思想是根据仿制或改型的类似产品已知的故障率，分析两者在组成结构、使用环境、原材料、元器件水平、制造工艺水平等方面的差异，通过专家评分给出各修正系数，综合权衡后得出一个故障率综合修正因子D，即：

$$D = K_1K_2K_3K_4$$

$$\lambda_{新} = D\lambda_{旧}$$

式中，K_1——表示新产品设计与类似产品差距的修正系数；

K_2——表示新产品（包括热处理、表面处理、铸造质量控制等方面）与类似产品差距的修正系数；

K_3——表示新产品工艺水平与类似产品差距的修正系数；

K_4——表示新产品设计、生产等方面的经验与类似产品差距的修正系数。

实际应用中可根据实际情况对修正系数进行增补删减。

7.3 故障的可靠性分析

可靠性分析的目的是找出提高可靠性的途径、措施，是技术装备可靠性工程的技术基础。可靠性分析的内容非常广泛，涉及多门学科。例如，断裂力学从裂纹萌生与发展来研究失效的原因；材料力学以材料强度为出发点来研究失效的可能性；金属物理化学则从材料金相组织及成分的观点来研究失效的生成和机理；工艺学又从加工工艺的角度去分析故障的产生、防止与修复等。这些学科主要是从微观机理方面来对产品的失效进行，可靠性工程则是从宏观的角度来分析故障的可能性、分布及对整个系统可靠性和质量带来的后果，从总体上以系统工程的观点来研究和分析故障，指导维修工作。

7.3.1 故障模式、故障机理

1. 故障模式

1）故障模式

依据 GB/T 2900.13—2008，故障模式是产品“故障的表现形式”。这种表现形式可以通过人的感官和感觉观察到，或用测量仪表测量出。

故障模式是进行故障可靠性分析的基础产品的故障模式，在工程实践中并不是固定不变的，它与产品的设计、制造、材料、使用、维修和存储等一系列因素密切相关，常因厂家、批次不同而异。在产品研制、生产、使用的各个阶段所出现的故障模式也有所变化。这种现象称为故障模式的不定性。在产品研制初期常见的故障大多是设计、工艺上的缺陷，而后装配工艺方面的故障逐渐增多；当制造工艺稳定后，使用维修方面的失误也会导致产品故障。

动车组及其零部件的故障模式十分复杂的，至今没有一个统一、完整的相应规范来正确和全面地对其进行描述和规定。传统机车车辆产品的部分故障模式见表 7-3。

表 7-3　传统机车车辆产品的部分故障模式

故障模式类别	序号	故障模式	序号	故障模式	序号	故障模式
工作状态不正常或作用不良	1	功能失效、不工作	2	工作不正常	3	误动作
	4	工作（动作）不灵活	5	转换不正常	6	指示（显示）不正常
	7	声音不正常	8	敲缸	9	喘振
	10	振动严重	11	工作不稳定	12	游车
	13	操纵（调节、控制）失灵	14	密封不良、不密贴、不严密	15	不开启
	16	特不闭合	17	不开始	18	不能起动
	19	不停止	20	不能停车	21	自行停车、自行卸载
	22	不动作、不行进、不运转	23	位置不对、偏移、不复位	24	摆动、抖动、跳动、波动、脉动
	25	制动不灵	26	不平衡	27	水锤
	28	罩油锤	29	飞车	30	冒烟
	31	燃烧、起火、火灾	32	爆炸、放炮	33	冷却不足
	34	功率不足	35	严重过载	36	卡滞、紧涩、别劲
	37	卡死				
指标超差	38	指标超差	39	介质（燃油、机油、水、空气等）消耗量过大	40	介质（燃油、机油、水、空气等）流量（供应量）不合要求
	41	介质（油、水）液面过低	42	介质（油、水）液面过高	43	转速过高
	44	转速过低	45	温度过低	46	温度过高
	47	压力过低	48	压力过高	49	电压过高
	50	电压过低	51	电流过小	52	电流过大

续表

故障模式类别	序 号	故障模式	序 号	故障模式	序 号	故障模式
磨损和表面损伤	53	磨损	54	段磨（楔形磨损）	55	磕伤、打坏
	56	剥离、剥落、碾片	57	外物嵌入	58	胶合、咬死
	59	划痕、划伤	60	抱缸、抱轴、热轴	61	拉伤、拉毛
	62	擦伤、咬伤	63	折痕	64	黏结、黏着
	65	压痕、凹痕、磨痕（变色）				
腐蚀	66	电化学腐蚀	67	纯化学腐蚀	68	点蚀
	69	侵蚀	70	穴蚀	71	锈蚀
热作用	72	过热	73	车轴轴承过热	74	熔接、熔化
	75	烧痕（变色）	76	热腐蚀	77	蠕变
	78	烧损、烧断、烧穿、烧蚀				
变形和尺寸超差	79	变形	80	扩大、张口	81	过盈量过大
	82	镦粗	83	拉长	84	跳动量过大
	85	弯曲、扭曲	86	符尺寸超差	87	间隙过大、开度过大
	88	松动、松脱	89	相碰、相磨	90	同隙过小、开度过小
	91	铆接松脱	92	螺栓连接松脱	93	轮毂松脱
	94	不圆	95	配合松脱、过盈量不足		
裂纹	96	裂纹	97	热裂纹	98	横向裂纹
	99	纵向裂纹	100	发纹	101	龟纹
	102	缝裂纹	103	圆角裂纹	104	隔板裂纹
	105	应力裂纹	106	冻裂、冻坏		
断裂和损坏	107	断裂、破裂、折断	108	掉块、碎裂、崩落	109	损坏、缺损
	110	疲劳断裂	111	焊缝断裂	112	齿断裂、掉牙
	113	螺纹断裂	114	螺纹脱扣、滑丝	115	轴承保持架断裂
	116	轴承内、外圈断裂	117	开胶		
材料及加工缺陷	118	颤振痕（加工时）	119	伸长、胀大	120	老化
	121	变硬、变粗糙、皲裂	122	变色、变黑	123	形成气泡
	124	铸造缺陷	125	部分锻造缺陷	126	光洁度不够
	127	塑性材料（塑料、橡胶）缺陷				
电损伤	128	电流烧坏、烧损	129	线圈烧损	130	熔断器烧坏
	131	断路、断线	132	线圈断路	133	短路、短接
	134	接地	135	脱（假）焊、虚接	136	火花大
	137	电机环火严重	138	跳火	139	电击穿
	140	电门跳回（开）	141	绝缘不良	142	接触不良

2）故障模式比率

某产品及其零部件出现某一种故障模式的次数称为故障模式频率，而该故障模式出现的次数占全部故障模式次数的百分比则称为故障模式比率。

了解每一种故障模式发生的频率及比率是故障分析定量化的基础，从中可以分析出哪些故障最重要，是经常出现的；它们是由于设计不当所造成的，还是其工作性质所决定的，从而可进一步分析故障原因，为采预防措施提供可靠的依据。

故障模式比率随产品用途、工作条件、制造厂家等的不同而不同，例如，应用在不同系统中的同一型号产品，其故障模式比率也往往不同。同一机车车辆随运用环境不同，在西北风沙地区和在东南沿海地区运行，则其故障模式比率也不相同。因此要想找出一个能适应各种情况的统一比率来是不可能的，只能给出在某些限定条件下，产品大致的故障模式比率。

3）动车组的故障分配

动车组的故障分配是指动车组的各个系统或大部件所发生的故障数与总故障数的比值。目前尚没有这方面的统计资料，下面以传统机车车辆的故障分配数据加以说明示例。

（1）内燃机车故障分配。英国铁路曾对 17 种 2 500 台内燃机车的故障分配进行了统计，见表 7-4。

表 7-4　英国内燃机车故障分配

故障分类	冷却系统和柴油机	控制和辅助装置	制动系统	传动装置	其　他
比率/%	38	32.7	16.4	8.2	4.7

（2）美国内燃机车故障分配见表 7-5。

表 7-5　美国内燃机车故障分配

故障分类	柴油机	电机电器	机械部分	制动系统	其　他
比率/%	23.2	60.0	5.2	7.1	4.5

（3）我国内燃机车机破故障分配见表 7-6。

表 7-6　英国内燃机车机破故障分配

故障分类	电　机	电　器	辅助装置	制动系统	走行部
比率/%	18.8	68.5	2.2	5.5	5

2. 故障机理

1）定义

依据 GB/T 2900.13—2008，故障机理就是“引起故障的物理、化学等内在原因”。为了提高产品的可靠性，必须研究故障机理，找出产生故障的内在原因，这样才能更好地采取措施，减少故障。

故障机理不但随产品的种类、型号不同而不同，还因产品的使用环境而异，可以说产品的故障机理与设计制造、安装、材料及应力、使用条件、维护水平等密切相关。影响故障机理的因素如下。

（1）载荷因素：指载荷性质、大小、方向、变化速度、冲击和振动等；

（2）材质因素：指材质成分、机械性质、物理性能、化学特性、热处理状况、冶金缺陷（分层、白点、夹杂、气孔、疏松）等；

（3）表面状况：指划痕、刀痕、碰伤、表面粗糙度等；

(4) 几何因素：指圆角、倒角、形状突变、公差尺寸等；

(5) 环境因素：指介质种类、温度高低、气压高低、湿度情况等。

2) 机车车辆（动车组）及其零部件常见的故障机理

机车车辆（动车组）及其零部件常见的故障机理见表 7–7。

表 7–7 机车车辆（动车组）及其零部件常见故障机理

序号	故障机理		诱发因素	表现因素
1	变形	弹性变形	各种受力形式和温度	弹性变形、弯曲、失稳
		塑性变形	各种受力形式和温度（高温）	塑性变形、弯曲、失稳
		过载压痕	接触应力、温度（高温）	塑性变形
2	断裂	塑性断裂	拉伸、剪切、冲击、温度（高温）	断裂、塑性变形
		脆性断裂	拉伸、剪切、冲击、温度（低温）、热冲击	断裂
3	疲劳	高周疲劳	交变应力	断裂
		低周疲劳	交变塑性应变	断裂
		热疲劳	交变温度	开裂
		表面疲劳	交变接触应力	表面剥离
		冲击疲劳	冲击应力	断裂
		腐蚀疲劳	交变应力 + 腐蚀应力	断裂及腐蚀
		微振疲劳	微小振动	表面开裂
4	腐蚀	纯化学腐蚀	腐蚀介质	化学变化
		电池腐蚀	电解质	化学变化
		缝隙腐蚀	电解质	化学变化
		点腐蚀	腐蚀介质	化学变化
		晶界腐蚀	腐蚀介质	化学变化
		浸出腐蚀	腐蚀介质	成分有变化
		冲蚀腐蚀	冲刷力、腐蚀介质	化学变化、表面剥离
		微振腐蚀	微小振动 + 腐蚀介质	表面开裂及腐蚀
		氢损伤	氢介质	断裂
		生物腐蚀	霉菌	化学变化
		应力腐蚀	拉应力 + 腐蚀介质	断裂及化学变化
5	磨损	黏着磨损	表面相对运动	表面损伤
		磨料磨损	硬质点研磨	表面损伤
		腐蚀磨损	相对运动、硬质点、腐蚀介质	表面损伤表面损伤、化学变化
		疲劳磨损	交变接触压应力	表面剥离
		变形磨损	过高的冲击载荷	表面塑性变形、裂纹、掉粒
		气蚀	瞬时冲击	表面剥离、物理变化
		微振磨损	微小振动	表面损伤

关于产品故障产生的条件、形成过程、特征及判断依据等是现代科学技术的一个专门领域，已经归纳出非常丰富和明确的规律和结论，并有不少专著，此处不再赘述。

3）故障机理比率

研究故障机理比率是为了确定在某一运用条件下，故障的主要致因。目前，对动车组或传统机车车辆的故障机理比率的统计还不够充分，对 72 套客车滚动轴承的故障机理分布进行统计，见表 7-8。

表 7-8　客车滚动轴承故障机理比率

故障机理	数　量	比率/%	故障机理	数　量	比率/%
麻点压痕	20	27.78	剥离擦伤	5	6.94
光洁度差	20	27.78	其他	1	1.39
锈蚀	17	23.61	合计	72	100
锈斑痕	9	12.50			

7.3.2　故障可靠性分析概述

应用先进检测诊断技术，便于快速确认故障，提高单次检修的效率；应用可靠性方法对故障进行统计分析则有着更高层次的意义。可靠性分析就是通过对故障的统计、分析，找出故障模式，分析其故障机理、估计故障的影响及其后果的严重程度，分析产品的失效规律，估计产品的可靠度或平均故障间隔时间，以便采取措施预防故障的发生，提高产品的可靠性；通过故障分析，确定各种故障的危害程度，从而合理地制订维修计划，采用适宜的维修方式，并在改进设计时考虑运用、维修和后勤的需求。

1. 故障分析程序

（1）掌握原始资料及数据。包括零部件发生故障的数量、环境、时间、地点；查看现场记录、故障照片及实物，了解故障发生时零部件的状态参数等。调查研究是故障分析中必不可少的基本内容和重要环节。

（2）故障模式鉴别。分析、整理收集到的资料，确定其故障模式。故障模式的鉴别非常重要，并且是相当困难的，常常辅以必要的检测手段。

（3）故障机理假设。根据所收集到的资料，以及对故障模式所作出的鉴别来分析故障机理，找出故障原因，以便采取相应的措施，这是故障分析工作最终的归宿。

（4）故障机理证实。对于假设的故障机理及原因，在条件许可和必要的情况下，应进行故障再现的验证性试验，证明上述故障机理的假设是否正确。

（5）提出预防性措施。确定故障机理和原因以后，应具有针对性地提出消除产生故障诸因素的措施与建议。建议内容包括设计、材料、工艺、使用、环境和质量控制等方面。

（6）注意产生故障的新因素。产品有其内在逻辑性，在对其进行改进，采取了预防措施以后，可能会带来产生故障的新因素，即新的故障模式和故障机理，则须进一步分析。

2. 常用故障分析方法

依据分析目的的不同，分析方法可分为主次分析和产品的寿命分布分析两种。主次分析是用统计的方法找出对所分析对象影响最大的因素，可从故障频数、故障原因、故障后果、责任、发现时机等几方面进行；寿命分布分析是根据所收集的产品故障数据情况，用数理统计的理论和方法得到产品的寿命分布。

常用故障分析方法如图 7-13 所示，分为故障原因分析法（图示法）、故障模式影响分析法和综合分析法。

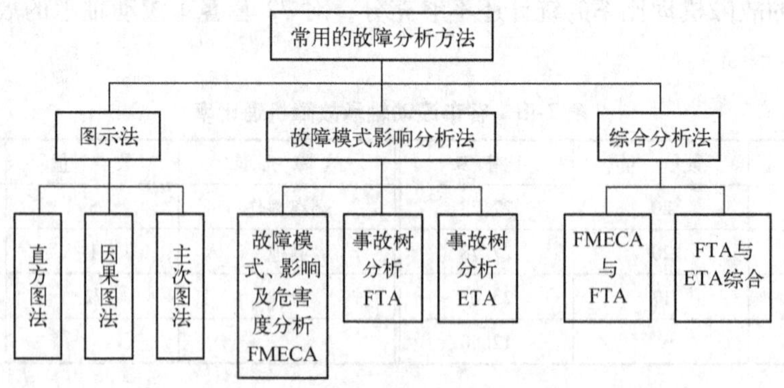

图 7-13 常用故障分析方法

7.3.3 图示法

图示法简单明了，常被用来作为详细数据分析之前的初步数据整理及分析。比较常用的是直方图法，可以求出一批数据的样本平均值及样本的标准差，做出产品故障频数、故障频率、累积故障率、平均故障率，并由图形的形状近似判断该批数据属于何种分布。

1. 直方图法

直方图法是故障分析和可靠性数据处理中最常用的方法。可以求得一批数据（一个样本）的样本平均值及样本标准差，估计产品（样本）数据的分布规律，根据选用数据参数的不同，可以表示产品的故障数量、故障频率或累积故障率与产品环境状态间的关系。

1）直方图的三种表示方法

（1）频数直方图：表示产品故障与欲统计量之间发生的概率。

（2）相对频数（频率）直方图：表示相对概率。

（3）累积频率直方图：概率随横坐标增长的一种累积曲线，表示总体累积故障分布的关系。

2）直方图的作图法和步骤

（1）在收集到的一批数据中找出最大值 L_a 和最小值 S_m，并求出极差 $R=L_a-S_m$；

（2）将数据分组，分组数为 k。当数据个数 $n=50\sim100$ 时，$k=5\sim10$；当 $n=100\sim250$ 时，$k=7\sim12$；当 $n\geqslant502$ 时，$k=10\sim20$。也可用下列经验公式确定分组数 k：

$$k=1+3.3\lg n$$

（3）计算组距 Δt，即组与组之间的间隔：

$$\Delta t=R/k$$

（4）确定各组组限值（简称进限），即各组的上下限值。为避免数据落在分点上，一般将组限取得比该批数据多 1 位小数，或将组限取成等于下限值和小于上限值，即按半闭区间

[ ] 分配数据。

(5) 计算各组的组中值

$$t_i=(组上限值+组下限值)/2$$

(6) 统计落入各组频数 Δr_i 和频率 ω_i：

$$\omega_i=\frac{\Delta r_i}{n}$$

(7) 计算样本平均值 $\bar{t}$：

$$\bar{t}=\frac{1}{n}\sum_{i=1}^{k}\Delta r_i\cdot t_i=\sum_{i=1}^{k}\omega_i t_i$$

(8) 计算样本标准差 s：

$$s=\sqrt{\frac{1}{n-1}\sum_{i=1}^{k}\Delta r_i\left(t_i-\bar{t}\right)^2}$$

(9) 制作直方图。可做三种直方图，三种图形的横坐标相同，纵坐标不同。横坐标可以是故障时间，故障数尺寸公差、循环次数或应力水平等。

① 频数直方图：将各组频率作为纵坐标，故障时间为横坐标，做成故障频率直方图，如图 7-14 所示。

② 频率分布图：将各组频率除以组距 Δt，取 $\omega_i/\Delta t$ 为纵坐标，做成故障频率分布图，如图 7-15 所示。各组组距相同时（实际处理中，组距可以不同），产品频数直方图和频率直方图的形状是相同的。

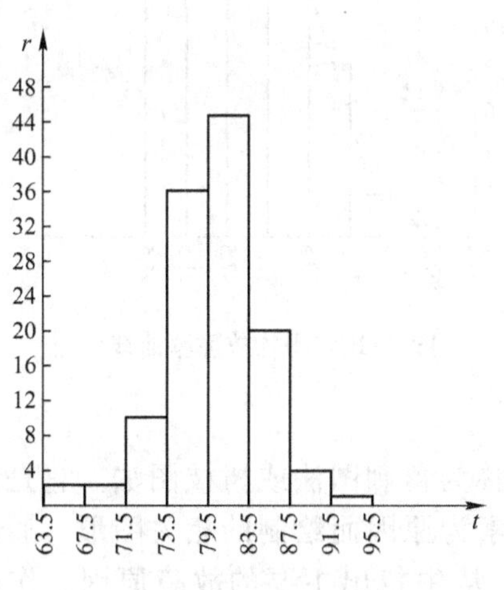

图 7-14　故障频数直方图

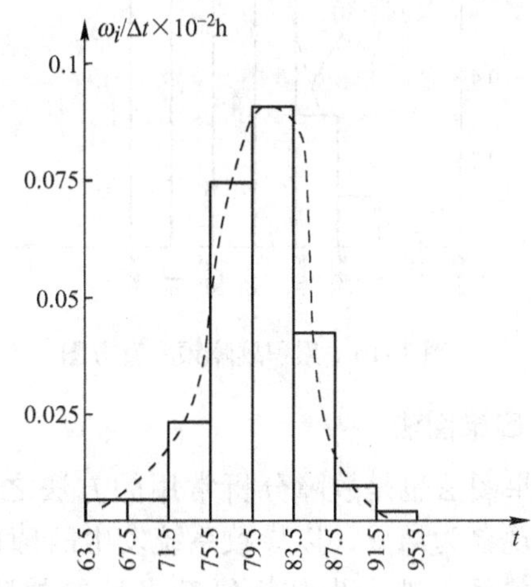

图 7-15　故障频率直方图

③ 累积频率分布图：第 i 组的累积频率计算公式为：

$$F_i=\sum_{j=1}^{i}\omega_j=\sum_{j=1}^{i}\frac{\Delta r_i}{n}=\frac{r_i}{n}$$

式中，r_i——至第 i 组结束时的累积频数。

将累积频数作为纵坐标做成的累积故障频率直方图如图 7-16 所示。由图可见，当样本容量增大、组距 Δt 缩小时，将各直方中值点连线，则它将是总体累积分布函数曲线的一种近似。

由上述各直方图的形状可以初步判定样本的总体属于何种分布。

(10) 做产品的平均故障率曲线。产品的平均故障率是产品故障分析和可靠性工程中的重要参数之一。平均故障率曲线是产品的平均故障率随时间（或故障数、尺寸公差等）的变化曲线。平均故障率 $\overline{\lambda}(\Delta t)$ 表示在时间区间 $\Delta t_i = t_i - t_{i-1}$ 内产品的平均故障率，即：

$$\overline{\lambda}(\Delta t_i) = \frac{\Delta r_i}{n_{s(i-1)} \cdot \Delta t_i}$$

式中，Δr_i——Δt_i 时间区间内的故障频数；

$n_{s(i-1)}$——进入第 i 个时间区间（第 i 组）时的受试样品数；

即至 $t_i - 1$ 时刻的继续受试样品数 $n_{s(i-1)} = n - r_i - 1$

$r_i - 1$——进入第 i 个时间区间时的累积故障数。

平均故障率曲线如图 7-17 所示。

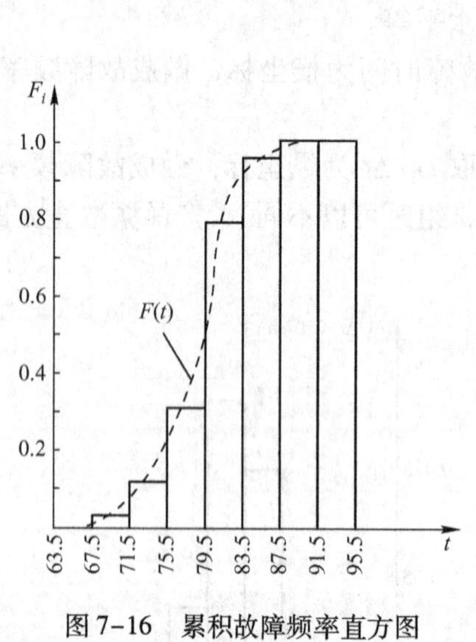

图 7-16 累积故障频率直方图

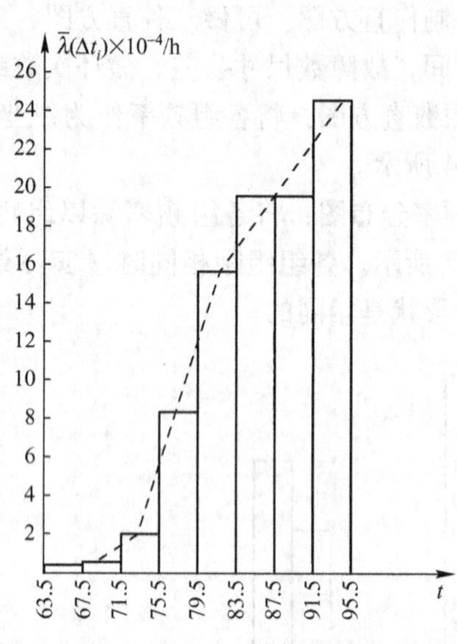

图 7-17 平均故障率曲线

2. 因果图法

因果图法也是故障分析常用的方法之一，又称为鱼刺图法或树枝图法。它是以产品的故障现象为结果，以导致系统发生故障的诸因素为原因而绘制的相关图形。通过图形的因果关系，进一步分析复杂多种的故障因素，从中找出主要的故障原因。作图步骤如下。

① 根据需要选择“故障结果”，放在因果图中的右边，相当于“鱼头”处。

② 有主干线，其端部箭头直通“故障结果”。

③ 在主干两侧有若干分支形成支节，每个支节表示形成故障的原因，注明在方框中，可用不同的方框表示更主要或关键的原因。

④ 对于复杂的故障现象，支节上还有若干小分支，表示次级原因。大分支表示大原因、直接原因或主导原因；小分支表示小原因、间接原因或次要原因。还可再细分为更小、更次要的原因。例如，增压器振动过大因果图如图 7-18 所示。

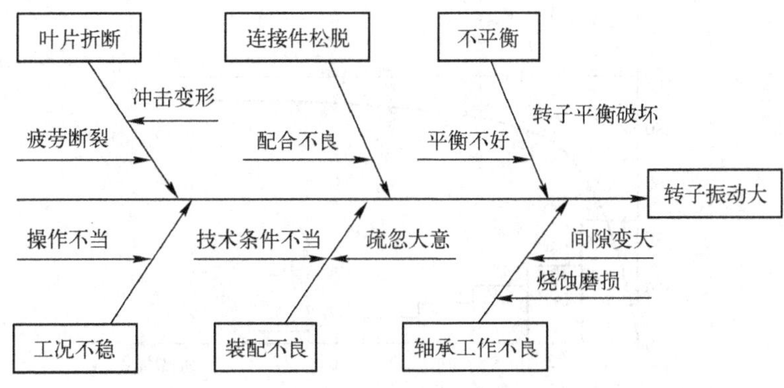

图 7-18　增压器振动过大因果图

因果图可以清楚而又简明地表示出结果和原因之间的关系，尤其对于寻找多种原因的情况比较方便和醒目。但因果图没有表示出因果间的定量关系，所以它只能定性分析方法。

3. 主次图法

主次图法又称为排列图或巴雷特图法，它是用来分析产品故障的主要原因或主要故障模式的一种有效方法。该法简单明了，应用广泛。作图步骤如下。

① 找出产品故障原因 A，B，…横坐标。

② 确定各种故障原因发生的频 f_i 为纵坐标。

③ 按故障频率大小依次排列，画出直方图。

④ 取累积图中点作一光滑曲线（巴雷特曲线）。

一种机车柴油机故障的数据信息见表 7-9，其主次图如图 7-19 所示。制图十分简单，横坐标表示产品的故障模式或故障原因，纵坐标表示故障模式或故障原因发生的频率 ω_i 或 f_i，按故障大小依次排列，取累积图中点做一光滑曲线，即为巴雷特曲线。在一般情况下，累积频率所占百分数为 0 ～80% 的原因称为关键因素或主导因素；80% ～90% 的原因称为主要因素；90% ～100% 的原因则称为次要因素。

表 7-9　一种机车柴油机故障的数据信息

序　号	故障原因	故障次数	故障频率	累计相对故障率
1	冷却系统	86	45.3	45.3
2	柴油机本体	42	22.1	67.4
3	燃油系统	26	13.7	81.1
4	润滑系统	14	7.3	88.4
5	启动系统	8	4.2	92.6
6	性能参数	8	4.2	96.8
7	调控系统	6	3.2	100
合计		190	100	

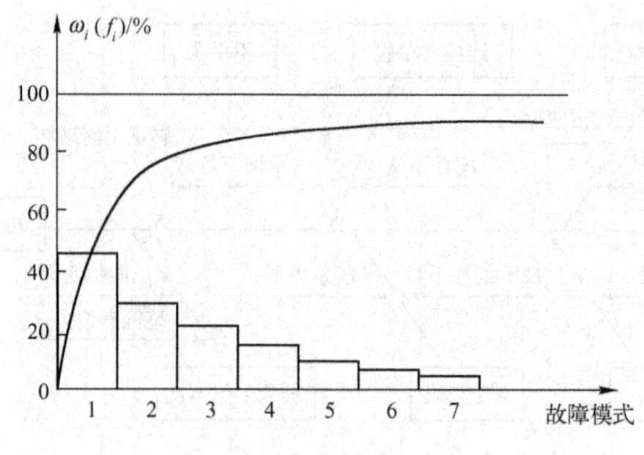

图 7-19 一种机车柴油机故障主次图

7.3.4 故障模式、影响及危害度分析

可靠性分析更重要的是找出提高其可靠性的途径、措施。因此，对系统及其组成单元的故障进行详细的分析成为可靠性分析的一项重要内容。所谓故障分析，主要是指对发生或可能发生故障的系统及其组成单元进行分析，鉴别其故障模式、故障原因及故障机理，估计该故障模式对系统可能发生何种影响，以便采取措施，提高系统的可靠性。最常用的故障分析方法是故障模式、影响及危害性分析和故障树分析。

1. 概述

故障模式、影响及危害度分析 FMECA（Failure Mode Effect Criticality Analysis）包括三方面内容：故障模式分析 FMA、故障影响分析 FEA 和危害度分析 CA。其中故障模式分析 FMA 和故障影响分析 FEA 综合为故障模式、影响分析 FMEA。

故障模式影响分析（FMEA），就是在产品设计过程中，通过对产品各组成单元潜在的各种故障模式及其对产品功能的影响进行分析，并把每一个故障按其严酷程度予以分类，提出可以采取的预防、改进措施，以提高产品可靠性的一种设计分析方法。而故障模式、影响及危害性分析（FMECA）是在 FMEA 的基础上再增加一层任务，即判断每种故障模式影响的危害程度有多大，使分析量化。因此，FMECA 可以看做是 FMEA 的一种扩展与深化。FMECA 是可靠性系统工程必不可少的重要技术基础之一，是非常有效的故障分析方法。已成为可靠性系统工程必不可少的重要技术基础之一。我国军方已形成相应的标准：GJB/Z 1391—2006《故障模式、影响及危害度分析指南》、GJB 768A—1998《故障树分析指南》。

FMEA 主要是一种定性分析方法，不需要什么高深的数学理论，易于掌握，很有实用价值，受到工程部门的普遍重视。它比依赖于基础数据的定量分析方法更接近于工程实际情况，是因为它无须为了量化处理的需要而将实际问题过分简化。FMEA 在许多重要的领域，被明确规定为设计人员必须掌握的技术，FMEA 有关资料被规定为不可缺少的设计文件。FMEA 是找出设计潜在缺陷的手段，是设计审查中必须重视的资料之一。实施 FMEA 是设计者和承制者必须完成的任务。

2. FMECA 的目的和作用

FMECA 的目的是“通过系统分析，确定元器件、零部件、设备、软件在设计和制造过程中所有可能的故障模式，以及每一故障模式的原因及影响，以便找出潜在的薄弱环节，并提出改进措施"，其实质就是要找出一种全面的、系统的分析故障的方法，并将这种方法程序化、标准化和格式化，从而为提高产品可靠性和维修性提供科学依据，并为维修计划分析，后勤保障分析、试验计划的验证及检查等提供信息。最终目的是提高系统的可靠性及维修性。

一般说来 FMECA 的主要作用包括以下几点。

（1）弄清产品的可靠性逻辑关系，了解各零件的功通用性及其相互联系和影响，逐项分析其可靠性特点，帮助设计决策者从各种方案中选择满足可靠性要求的最佳方案。

（2）分析保证所有元器件的各种故障模式及影响，找出对系统故障有重大影响的元器件和故障模式，并分析其影响程度；根据分析结果，提出相应的改进措施，其中包括冗余、替换、修改设计等，将潜在的、危害度大的零部件故障尽早消除。

（3）有助于在设计评审中对有关措施（如冗余措施）、检测设备等作出客观的评价。

（4）能为进一步定量分析提供基础。

（5）能为进一步更改产品设计提供资料。

（6）在进行维修性分析时，还应确定故障的检测方法，制定相应的维修方式和维修措施，为维修计划的制订提供依据。

值得提及的是，上述任务可根据需要来完成，如果只作 FMEA，而不作危害度分析（CA），则可略去其中的第（4）和（6）项。

3. FMECA 要点

FMECA 的核心就是抓住了这 14 个字，即模式、原因、影响、后果、检测措施、评定。也就抓住了 FMECA 的基本任务、要点、核心和精髓，如图 7-20 所示。

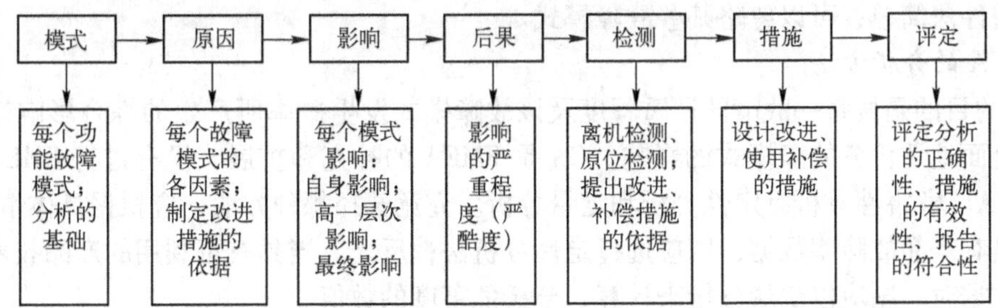

图 7-20　FMECA 的核心

4. 所需原始数据及资料

要进行 FMECA 必须掌握如下资料。

1）*产品结构方面的资料*

了解产品各个零部件的特征、性能、作用和功能及其相互之间的联系，以及该产品在整个装备中所处的地位和作用。对于所有分解级直至最高级，都要求有关于功能、特征及性能的数据。

2）*产品运用和维修方面的资料*

了解产品使用操作方法、持续工作时间、参数控制和检测方法及操作人员的情况。产品及其零部件工作条件及状况（应力水平、温度水平、速度、工作参数等）、维修情况（故障记录、维修方式及方法、维修时间、工时及成本等）。

3）产品所处环境方面的资料

环境包括两部分，即内部环境和外部环境。内部环境是指该产品在整个装置中所处的由其他产品所引起的环境。而外部环境是指外界环境（如大气压力、温度和湿度等）。同时还须明确定义该产品与其他产品间的相互关系及人机关系。

5. FMECA 分析方法

FMECA 是 FMEA 和 CA 的综合，下面分别介绍 FMEA 和 CA 方法。

1）FMEA 方法

FMEA 的基本方法有两种：硬件法和功能法。采用哪一种方法通常根据产品的复杂程度和可用信息的多少来决定。对于复杂产品也可考虑把硬件法和功能法结合起来使用。

（1）硬件法。它是根据产品的功能对每个故障模式进行评价，用表格列出各个产品，对其可能发生的故障模式及其影响进行分析。各产品的故障影响与分系统及系统功能有关。当产品可按设计图纸及其他工程设计资料明确确定时，一般采用硬件法。这种分析方法适用于从零件级开始分析再扩展到系统级，即自下而上进行分析。然而也可以从任一层次开始向上或向下进行分析。采用这种方法进行 FMEA 是较为严格的。

（2）功能法。它认为每个产品用于完成多种功能。而功能可以按输出分类。使用功能法时列出各个输出功能，并对它们的故障模式进行分析。功能法从分析系统的设备功能图开始，而不是从硬件产品开始。当硬件产品功能不能明确确定时，例如在产品研制初期，各个零部件设计尚未完成，得不出详细的零部件明细表、系统原理图及系统总装图或当系统复杂程度要求从产品高层次向下进行分析时，一般采用功能法。这种方法是从分析系统的设备功能图开始，适用于自上而下的分析，也可以从产品的任意层次开始向任一方向开展分析。功能法比硬件法简单，可以忽略某些故障模式。

2）CA 的分析方法

CA 的目的是按每一故障的严重程度及该故障模式发生概率所产生的综合影响来对其分类，以全面地评价各故障模式的影响。CA 是 FMEA 的补充和扩展，没有进行 FMEA，就不能进行 CA。危害性分析有定性分析和定量分析。究竟选择哪种方法，应根据具体情况决定。如果不具有产品故障率数据，则应选择定性分析法；反之，当具有可利用的产品技术数据及故障率数据时，则应以定量分析来计算、分析危害度的数值。

（1）定性分析法。在得不到产品技术状态数据或故障率数据的情况下，可以按故障模式发生的概率来评价 FMEA 中确定的故障模式。此时，将各故障模式的发生概率按一定的规定分成不同的等级。故障模式的发生概率等级按如下规定。

A 级（经常发生）：在产品工作期间内某一故障模式的发生概率大于产品在该期间内总的故障概率的 20%。

B 级（有时发生）：在产品工作期间内某一故障模式的发生概率大于产品在该期间内的总的故障概率的 10%，但小于 20%。

C 级（偶然发生）：在产品工作期间内某一故障模式的发生概率大于产品在该期间内总的故障概率的 1%，但小于 10%。

D 级（很少发生）：在产品工作期间内某一故障模式的发生概率大于产品在该期间内总的故障概率的 0.1%，但小于 1%。

E 级（极不可能发生）：在产品工作期间，该故障模式发生的概率几乎为零，即单一故障模式发生的概率小于产品该期间总故障概率的 0.1%。

(2) 定量分析法。用定量分析法进行 CA 时，所用的故障率数据应与进行产品可靠性和维修性分析时所用的数据完全相同。在具有产品故障率数据的情况下应采用定量分析法，以得到更有用的分析结果。定量分析是根据故障影响概率 β_j、故障模式比率 α_j，零部件故障率 λ_p、工作时间 t、故障模式 j 计算出产品的危害度 C_r。

① 产品故障率 λ_p。λ_p 可通过可靠性预计得到，或者根据可靠性预计手册（如 GJB 299 电子设备可靠性预计手册）查到，这些故障率数据是产品基本故障率 λ_b 数据，在使用时应根据具体情况以系数修正之。修正系数有应用系数 π_a、环境系数 π_e 和质量系数 π_q 等，因此有：

$$\lambda_p = \lambda_b \cdot \pi_a \cdot \pi_e \cdot \pi_q \cdots$$

② 故障模式比率 α_j。α_j 是指产品以第 j 种故障模式出现占所有故障模式的百分比。如果列出某产产品所有几个潜在的故障模式，则这些故障模式所对应的各 $\alpha_j(j=1,2,\cdots,n)$ 值总和等于 1。各故障模式比率可以从故障率数据或试验及现场运用数据推导出来。在没有可利用的数据情况下，可根据分析人员对产品功能分析所作的判断来确定。

③ 故障影响概率 β_j。β_j 是分析人员根据经验判断得到的，它是产品以第 j 种故障模式发生故障而导致产品任务丧失的条件概率。β_j 值通常按表 7-10 进行定量估计。

④ 工作时间 t。t 可以从产品的定义得出，通常以工作小时或循环次数表示，动车组也可用运行公里数表示之。

表 7-10　故障影响概率的等级

故障影响	β_j
产品肯定发生故障	$\beta_j = 1.0$
产品很可能发生故障	$0.1 < \beta_j < 1.0$
产品有可能发生故障	$0 < \beta_j \leqslant 0.1$
对产品无影响	$\beta_j = 0$

⑤ 故障模式危害度 C_{mj}。C_{mj} 是产品危害度数值的一部分，是产品在特定的故障严重级别下第 j 个故障模式所具有的危害度值。对于给定的故障严重等级和任务阶段而言，C_{mj} 由下式计算：

$$C_{mj} = \lambda_p \cdot \alpha_j \cdot \beta_j \cdot t$$

⑥ 产品危害度 C_r。C_r 是指产品的故障模式所造成的某一类型故障的危害度数值。在某一特定的故障严重级别和任务阶段，产品危害度就是该产品在此故障严重级别情况下的各种故障模式危害度 C_{mj} 的总和。

$$C_r = \sum_{j=1}^{n} C_{mj} = \sum_{j=1}^{n} (\lambda_p \cdot a_j \cdot \beta_j \cdot t)$$

式中，n——产品在相应的故障严重等级下的故障模式数。

由上述可见，在特定的故障严重等级和任务阶段，若系统中产品的 C 值最大，则表明该产品是系统中危害最大，应首先采取改进措施的产品。

(3) 危害度矩阵。危害度矩阵是为了把每一种故障模式的危害度与其他故障模式作比较，从而确定每一故障模式的危害程度。将危害程度按大小顺序排除列起来，以确定改进措施的先后。

① 危害度矩阵的表示方法。危害度矩阵表示法如图 7–21 和图 7–22 所示，横坐标用故障严重等级表示。在做定性分析时，纵坐标表示故障模式概率等级；在做定量分析时，纵坐标表示产品故障模式的危害度。

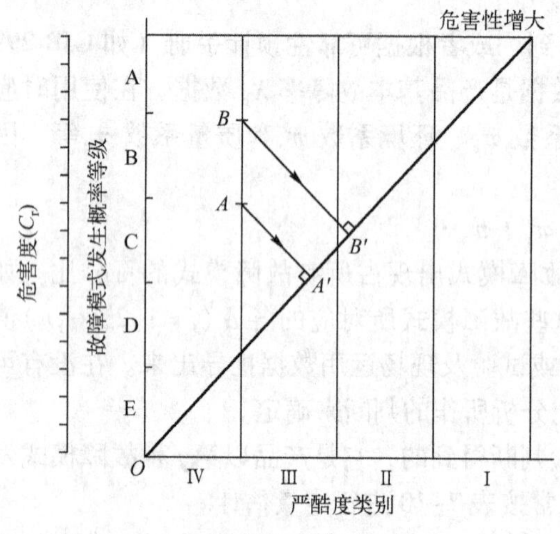

图 7–21 危害度矩阵（定性分析）

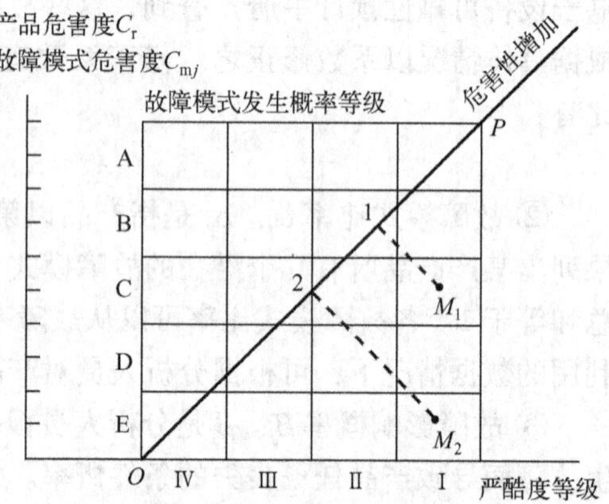

图 7–22 危害度矩阵（定量分析）

② 危害度矩阵的做法。将产品故障模式代码按其严重等级（横坐标）和故障模式概率等级（图 7–21 定性分析纵坐标）或产品危害度 C_r（图 7–22 定量分析纵坐标）标在矩阵相应位置上，从而得出故障模式分布点。从原点开始连接各分布点。连接线越长，即故障模式分布点沿对角线方向距离原点越远，则此故障模式危害性越大，表明越需要采取改进措施。

6. FMECA 分析过程与步骤

1）FMECA 的分析过程和基本步骤

① 定义系统功能和工作最低要求。

② 拟定功能和可靠性框图及其他图表或数学模型，并做文字说明。

③ 确定分析的基本原则和用于完成分析的相应文件。

④ 找出故障模式、原因和影响，以及它们之间相对的重要性和顺序。

⑤ 找出故障的检测、隔离措施和方法。

⑥ 找出设计和工作中的预防措施，以防止特别不希望发生的事件。

⑦ 确定事件的危害度。

⑧ 估计故障概率。

⑨ 对考虑的多重故障的特定组合进行调查。

⑩ 给出维修策略、维修性设计等建议。

2）FMEA 分析程序

FMECA 的分析程序分为定义系统及分析与填写表格两大步。

（1）定义系统。定义系统包括系统在每项任务、每一任务阶段及各种工作方式下的功能描述。对系统进行功能描述时，应包括对主要和次要任务项的说明，并针对每一任务阶段和工作方式。预期的任务持续时间和产品使用情况、每一产品的功能和输出及故障判据和环境条件等，对系统和部件加以说明。

① 任务功能和工作方式。包括按照功能对每项任务的说明，确定应完成的工作及其相应的功能模式；应说明被分析系统各约定层次的任务功能和工作方式；当完成某一特定功能不止一种方式时，应明确替换的工作方式。还应规定需要使用不同设备（或设备组合）的多种功能，并应以功能—输出清单（或说明）的形式列出每一约定层次产品的功能和输出。

② 环境剖面。应规定系统的环境剖面，用以描述每一任务和任务阶段所预期的环境条件。如果系统不仅在一种环境条件下工作，还应对每种不同的环境剖面加以规定。应采用不同的环境阶段来确定应力—时间关系及故障检测方法和补偿措施的可行性。

③ 任务时间。为了确定任务时间，应对系统的功能—时间要求作定量说明，并对在任务不同阶段中以不同工作方式工作的产品和只有在要求时才执行功能的产品明确功能—时间要求。

④ 框图。为了描述系统各功能单元的工作情况、相互影响及相互依赖关系，以便可以逐层分析故障模式产生的影响，需要建立框图。这些框图应标明产品的所有输入及输出，每一方框应有统一的标号，以反映系统功能分级顺序。框图包括功能框图及可靠性框图。绘制框图可以与定义系统同时进行，也可以在定义系统完成之后进行。对于替换的工作方式，一般需要一个以上的框图表示。

功能框图表示系统及系统各功能单元的工作情况、相互关系以及系统和每个约定层次的功能逻辑顺序。

可靠性框图把系统分割成具有独立功能的分系统之后，就可以利用可靠性框图来研究系统可靠性与各分系统可靠性之间的关系。

（2）分析与填写表格。FMEA 常采用填写表格进行，一种典型的 FMEA 表格见表 7-10。它给出了 FMEA 的基本内容，可根据分析的需要对其进行增补。

第 1 栏（代码）。为了使每一故障模式及其相应的方框图内标志的系统功能关系一目了然，在 FMEA 表的第 1 栏填写被分析产品的代码。

第 2 栏（产品或功能标志）。在分析表中记入被分析产品或系统功能的名称，原理图中的符号或设计图纸的编号可作为产品或功能的标志。

表 7-11 一种典型的 FMEA 表格

原始分析层次________任务________审核________第________页 共________页

约定层次________分析者________批准________填表日期________

0	1	2	3	4	5	6	7	8	9	10	11	12	13
序号	产品名称	代码	功能	故障模式	故障原因	任务阶段与工作模式	故障影响			故障检测方法	改正措施	严重程度级别	备注
							局部影响	对上一层影响	最终影响				

第 3 栏（功能）。简要填写产品所需完成的功能，包括零、部件的功能及其与接口设备的相互关系。

第 4 栏（故障模式）。根据系统定义中的功能描述及故障判断数据中规定的要求，确定出各产品功能的故障模式，并通过分析相应框图中给定的功能输出来确定潜在故障模式。典型的故障模式，如运行提前或自行运行；在规定的应工作时刻不工作；工作间断；在规定的不应工作时刻工作；工作中输出消失或故障；输出或工作能力下降；在系统特性及工作要求或限制条件方面的其他故障状态。

第5栏（故障检测方法）。填入操作人员或维修人员用以检测故障模式发生的方法。故障检测方法应指明是目视检查或音响报警装置、自动传感装置、传感器或其他独特的显示手段，还是无任何检测方法。

第6栏（补偿措施）。分析人员应指出并评价那些能够用来消除或减轻故障影响的补偿措施。它们可以是设计上的补偿措施，也可以是操作人员的应急补救措施。

计补偿措施包括：

- 在发生故障的情况下能继续安全工作的冗余设备；
- 安全或保险装置，如能有效工作或控制系统不致发生损坏的监控及报警装置；
- 可替换的工作方式，如备用或辅助设备。

为了说明消除或减轻故障影响而需操作人员采取的补救措施，有必要对接口设备进行分析，以确定应采取的最恰当的补救措施。此外，还要考虑操作人员按照异常指示采取的不正确动作而可能造成的后果，并记录其影响。

第7栏（严酷度类别）。根据故障影响确定每一故障模式及产品的严酷度类别。

第8栏（故障原因）。确定并说明分析的故障模式有关的各种原因，包括直接导致故障或引起使产品缺陷发展为故障的物理或化学过程、设计缺陷、零件使用不当等。还应考虑相邻约定层次的故障原因。一般地说，上层次分析的故障原因就是下层次分析的故障模式。

第9栏（任务阶段与工作方式）。简要说明发生故障的阶段与工作方式。当任务阶段可以进一步划分时，则应记录更详细的时间。

第10栏（故障影响）。故障影响是指所分析的故障模式对产品使用、功能或状态所导致的后果。除被分析的产品层次外，所分析的故障还可能影响到几个约定层次。因此，应该评价每一故障模式对局部的、高一层次和最终的影响。这些影响应从任务目标、维修要求、人员及装备安全来考虑。

① 局部影响是指所分析的故障模式对当前所分析约定层次产品的使用、功能或状态的影响。确定局部影响的目的在于为评价补偿措施及提出改进措施提供依据。局部影响有可能就是所分析的故障模式本身。

② 高一层次影响是指所分析的故障模式对当前所分析约定层次高一层次产品使用、功能或状态的影响。

③ 最终影响是指所假设的故障模式对最高约定层次产品的使用、功能或状态的总的影响。最终影响可能是双重故障导致的后果。例如，只有在一个安全装置及其所控制的主要功能都发生了故障的情况下，该安全装置的故障才会造成灾难性的最终影响。这些由双重故障造成的最终影响应该记入FMEA表格中。

第11栏（备注）。这一栏主要记录与其他栏有关的注释及说明，如对改进设计的建议，异常状态的说明及冗余设备的故障影响等。

为了给维修性设计与分析提供信息，FMEA中还应针对故障模式、原因提出相应的基本维修措施。

（3）严酷度类别划分。严酷度类别是产品故障模式造成的最坏潜在后果的量度表示。可以将每一故障模式和每一被分析的产品按损失程度进行分类。严酷度一般分为下述 4 类。

Ⅰ类（灾难的）——这是一种会引起人员伤亡或装备毁坏的故障。

Ⅱ类（严重的）——这种故障会引起人员的严重伤害、重大经济损失或导致任务失败的系统严重损坏。

Ⅲ类（一般的）——这种故障会引起人员的轻度伤害、一定的经济损失或导致任务延迟或降级的系统轻度损坏。

Ⅳ类（轻度的）——这是一种不足以导致人员伤害、一定的经济损失或装备损坏的故障，但它会导致非计划性维护或修理。

确定严酷类别的目的在于为安排改进措施提供依据。最优先考虑的是消除Ⅰ类和Ⅱ类故障模式。

3）CA 分析程序

危害性分析分为填写危害性分析表格和绘制危害性矩阵两大步骤。

（1）CA 表格。危害性分析见表 7-12，表中各栏应按如下规定填写。

表 7-12　危害性分析

原始分析层次________任务________审核________第________页 共________页
约定层次________分析者________批准________填表日期________

0	1	2	3	4	5	6	7	8	9	10	11	12	13	14	15
序号	产品名称	代码	功能	故障模式	故障原因	任务阶段与工作模式	故障严重等级	故障概率与故障数据源	产品故障率 λ_p	故障模式比率 α_j	故障影响概率 β_j	工作时间 t	故障模式危害度 C_{mj}	产品危害度 C_r	备注

第 1 栏~第 7 栏。内容与 FMEA 表格中对应栏的内容相同，可把 FMEA 表格中对应栏的内容直接填入危害性分析表中。

第 8 栏（故障概率或故障率数据源）。当进行定性分析时，即以故障模式发生概率来评价故障模式时，应列出故障模式发生概率的等级；如果使用故障率数据来计算危害度，则应列出计算时所使用的故障率数据的来源。当做定性分析时，则不考虑其余各栏内容，可直接绘制危害性矩阵。

第 9 栏，故障率 λ_p，如前所述。应列出计算 λ_p 时所用到的各修正系数。

第 10 栏，故障模式频数比 α_j。

第 11 栏，故障影响概率 β_j。

第 12 栏，工作时间 t。可以从系统定义导出，通常以产品每次任务的工作小时数或工作循环次数表示。

第 13 栏，故障模式危害度 C_{mj}。以上面所述计算方法而来。

第 14 栏，产品危害度 C_r。$C_r = \sum_{j=1}^{n} C_{mj} = \sum_{j=1}^{n} (\lambda_p \cdot \alpha_j \cdot \beta_j \cdot t)$

第 15 栏，备注。记入与各栏有关的补充和说明，有关改进产品质量和可靠性的建议等。

（2）绘制危害性矩阵。将产品或故障模式编码参照其严酷度类别及故障模式发生概率或产品的危害度标在矩阵的相应位置，这样绘制的矩阵图可以表明产品各故障模式危害性的分布情况。所记录的故障模式分布点在对角线上的投影点距离原点越远，其危害性越大。绘制好的危害性矩阵图应作为 FMECA 报告的一部分。

7. FMECA 分析报告

在完成 FMEA 工作后，需编写 FMEA 报告；在完成 CA 工作后，需编写 FMECA 报告。报告应明确指出分析层次，总结出分析的结果，写明分析所使用的数据源及方法，并应包括系统定义说明、所得到的分析数据及表格。FMECA 的中间报告应能用于设计评审中对设计方案的选择，并应使Ⅰ类和Ⅱ类故障、潜在的单点故障和建议的改进措施清晰可见。最终报告则应反映最终设计结果，并应明确指出那些无法通过设计排除的Ⅰ类和Ⅱ类故障模式和单点故障。必要时可列出不可检测的故障模式清单。

FMEA 报告应包括下列内容：

- 分析时的所有假设；
- 各项工作记录，包括功能框图、可靠性框图、FMEA 表；
- 明确Ⅰ、Ⅱ类故障、单点故障及这些故障的产品清单；
- 指出哪些故障在现有情况下不能从设计上排除，并说明原因；
- 必要时可列出不可检测的故障模式清单。

在完成 CA 工作后，编写 FMECA 报告应包括下列内容：

- FMEA 报告；
- CA 表格；
- 危害性矩阵；
- 关键产品及其故障模式清单。

7.3.5 故障树分析

1. 概述

故障树分析 FTA（Faut Tree Analysis）是一种图形演绎的故障分析方法，将系统故障形成的原因（包括硬件、软件、环境、人为因素等）进行分析，画出逻辑关系图（即故障树），从而确定系统故障的原因和发生的概率。

FTA 1961 年由美国贝尔实验室的华生（H. A. Watson）和汉塞尔（D. F. Hansl）首先提出并用于“民兵”导弹的发射系统控制。目前，FTA 是公认的对复杂系统进行安全性、可靠性分析的一种好方法，在航空、航天、核能、化工等领域得到了广泛的应用。

2. 目的、作用

通过 FTA 过程透彻了解系统故障与各部分故障之间逻辑关系，确定被分析系统的薄弱环节、关键部位；通过分析各种可能的潜在故障，揭示系统内部的联系，指导维修方案及维修政策的制定，确定检测装置的最佳配置，为故障诊断提供依据；另外，还为后勤保障、运用维修管理打下相应的基础。

（1）全面分析系统故障状态的原因。FTA 不局限于对系统可靠性作一般的分析，可以分析系统的各种故障状态。

（2）表达系统内在联系，并指出元器件、零部件故障与系统故障之间的逻辑关系，找出系统的薄弱环节。

（3）弄清各种潜在因素对故障发生影响的途径和程度，在分析的过程中发现和解决问题，从而提高系统的可靠性。

（4）通过故障树可以定量地计算复杂系统的故障概率及其他可靠性参数，为改善和评估系统可靠性提供定量数据。

（5）故障树建成后，可以清晰地反映系统故障与单元故障的关系，为检测、隔离及排除故障提供指导。对不曾参与系统设计的管理和维修人员来说，故障树相当于一个形象的管理、维修指南，因此对培训使用系统的人员更有意义。

3. 名词术语和符号

（1）故障树。它是一种特殊的倒立树状逻辑因果关系图，用规定的事件符号、逻辑门符号和转移符号描述系统中各种事件之间的因果关系。逻辑门的输入事件是输出事件的“因”，逻辑门的输出事件是输入事件的“果”。FTA 转移符号见表 7–13。

表 7–13　FTA 转移符号

类别		符号	名称	备注
转移符号	相同转移符号	A	相同转向	转向子树 A
		A	相同转此	具有 A 的转到此处
	相似转移符号	B A	相似转向	B 转向子树 A，A 和 B 结构相似
		A　B	相似转此	B 转到此处子树 A，A 和 B 相似

（2）底事件。它是故障树分析中仅导致其他事件的原因事件，位于故障树底端，总是某个逻辑门的输入事件，而不是输出事件。底事件分为基本事件与未探明事件。

（3）基本事件。它是在特定的故障树分析中无须探明其发生原因的事件。

（4）未探明事件。它是原则上应进一步探明其原因，但暂时不必或者暂时不能探明其原因的底事件。

（5）结果事件。它是故障树分析中由其他事件或事件组合所导致的事件。结果事件总位于逻辑门的输出端。结果事件分为顶事件与中间事件。

（6）顶事件。它是故障分析中所关心的结果事件，位于故障树的顶端，总是故障树中逻辑门的输出事件，而不是输入事件。

（7）中间事件。它是位于底事件和顶事件之间的结果事件。中间事件既是某个逻辑门的输出事件，同时又是别的逻辑门的输入事件。

（8）特殊事件。它是指故障树分析中须用特殊符号表明其特殊性或引起注意的事件。特殊事件分为开关事件和条件事件。

(9) 开关事件。它常用房形符号表示，故又称为房形事件。开关事件是在正常工作条件下必然发生或者必然不发生的特殊事件。

(10) 条件事件。它是描述逻辑门起作用的具体限制的特殊事件。

(11) 逻辑门。在故障树分析中，逻辑门只是描述事件间的逻辑因果关系。逻辑门包括“与门”、“或门”、“非门”和一些特殊门。

(12) 与门。它表示仅当所有输入事件发生时，输出事件才发生。

(13) 或门。它表示至少一门输入事件发生时，输出事件就发生。

(14) 非门。它表示输出事件是输入事件的对立事件。

(15) 顺序与门。它表示仅当输入事件按规定的顺序发生时输出事件才发生。

(16) 表决门。它表示仅当 n 个输入事件中有 r 个或 r 个以上的事件发生时输出事件才发生。

(17) 异或门。它表示仅当单个输入事件发生时，输出事件才发生。

(18) 禁门。它表示仅当条件事件发生时，输入事件的发生方导致输出事件的发生。

(19) 转移符号。它是为了避免画图时重复和使图形简明而设置的符号。

① 相同转移符号：用以指明子树位置的。

- 相同转向符号：表示下面转到以字母数字为代号的子树中去；
- 相同转此符号：表示由具有相同字母数字的转向符号处转到这里来。

② 相似转移符号：用以指出相似子树的位置。

- 相似转向符号：表示下面转到以字终数字代号，结构相似而事件标号不同的子树法。不同事件标号在三角形旁边注明；
- 相似转此符号：表示相似转向符号所指子树与此处子树相似，但事件标号不同。

4. 故障树的建立

故障树的建造步骤如下。

1）熟悉资料

熟悉设计说明书、原理图（流程图、结构图）、运用规程、维修规程和有关数据库及其他有关资料。资料不全时，必须补充收集某些资料或做必要的假设来弥补这些缺欠，随着资料的逐步完善，故障树也会修改得更加符合实际情况。

2）熟悉系统

① 透彻掌握系统的设计意图、结构、功能、边界（包括人机接口）和环境情况。

② 辨明人为因素和软件对系统的影响。

③ 辨识系统可能采取的各种状态模式及它们和各单元状态的对应关系，辨识这些模式之间的相互转换，必要时应绘制系统状态模式及转换图，以帮助弄清系统成功或故障与单元成功或故障之间的关系，利于正确建树。

④ 根据系统复杂程度和要求，必要时进行系统 FMEA 分析，以帮助辨识各种故障事件及人为失误和共同原因故障。

⑤ 根据系统复杂程度，必要时绘制系统可靠性框图，以帮助正确形成故障树的顶部结构和实现故障树的早期模块化，以缩小故障树的规模。

⑥ 除上述工作外，还应随时征求有经验的设计、运用和维修人员的意见，最好有这些

人员参加建树工作，以保证建树工作顺利开展和正确性。

3）确定分析目的

建树者应根据主管部门下达的任务和对系统的了解来确定分析的目的。同一个系统，因分析目的不同，系统模型化结果会大不相同，反映在故障树上也不大相同。

4）确定故障判据

根据系统成功判据来确定系统故障判据，只有故障判据确切，才能辨明什么是故障，从而正确确定导致故障的全部直接、必要、而又充分的原因。

5）确定顶事件

明显影响系统技术性能、经济性、可靠性和安全性的故障事件可能不止一个，在充分熟悉资料和系统的基础上，做到既不遗漏，又分清主次地将全部重大故障一一列举，必要时可应用 FMEA，然后根据分析目的和故障判据确定出本次分析的顶事件。

6）建造故障树

建造故障树（以下简称建树）的基本原则如下。

（1）明确建树边界条件，确定简化系统图。建树前根据分析目的，明确定义所分析的系统和其他系统（包括人和环境）的接口，给定一些必要的合理假设（如不考虑一些设备或接线故障，对一些设备做出偏安全、保守的假设，暂不考虑人为故障等），从而由真实系统图得到一个主要逻辑关系等效简化系统图。建树的出发点不是真实系统图，而是简化系统图。

（2）严格定义故障事件。严格定义各级故障事件，明确表达是什么故障，是在何种条件下发生的。

（3）由上向下逐级建树。从上到下逐级进行建树，在同一逻辑门的全部必要而又充分的直接输入未列出之前，不得进行下一逻辑门的任何输入。

（4）建树时不允许门—门直接相连。不允许不经过结果事件而将门—门直接相连。每一个门的输出事件都应清楚定义。

（5）用直接事件逐步取代间接事件。用等价的、比较具体的直接事件逐步取代比较抽象的间接事件。这样在建树时也可能形成不经任何逻辑门的事件——事件串。

（6）处理共同事件。共同的故障原因会引起不同的部件故障，甚至不同的系统故障。共同原因故障事件简称为共同事件。鉴于共同事件对系统故障发生概率影响很大，故建树时必须妥善处理共同事件。故障树不同分支中出现的共同事件必须使用同一事件标号。若该共同事件不是底事件，则必须使用相同转移符号简化表示。

建树方法如下。

将已确定的顶事件写在顶部矩形框中。将引起顶事件的全部必要而又充分的直接原因事件置于相应事件符号中，画出第二排，再根据实际系统中它们的逻辑关系，用适当的逻辑门连接顶事件和这些直接原因事件。如此，遵循建树规则逐级向下发展，直到所有最低一排原因事件都是底事件为止，就由演绎法建成了给定顶事件的故障树。

5. 故障树表示

1）故障树的规范化

规范化的故障树是仅含有基本事件、结果事件及“与”、“或”、“非”三种逻辑门的故障树。要将建好的故障树变为规范化的故障树，必须确定对特殊事件的处理规则和对特殊逻辑门进行逻辑等效的变换规则。

(1) 未探明事件的处理规则。未探明事件可根据其重要性（如发生概率的大小，后果严重程度等）和数据的完备性，或者当作基本事件或者删去。重要且数据完备的未探明事件当作基本事件对待；不重要且数据不完备的未探明事件则删去；其他情况由分析者酌情处理。

(2) 开关事件的处理规则。将开关事件当作基本事件对待。

(3) 顺序与门变换为与门的规则。

(4) 表决门变换为或门和与门组合的规则。一个 r/n 表决门有两种或门和与门的组合等效变换。

① 输出事件下接一个或门，或门之下有 Φ = 每个输入事件，每个输入事件之下再接一个与门，每个与门之下有 r 个原输入事件。

② 原输出事件下接一个与门，与门之下有 C_n^{n-r-1} 个输入事件，每个输入事件下再接一个或门，每个或门之下有 $n-r+1$ 个原输入事件。

(5) 异或门变换为或门、与门和非门组合的规则。原输出事件不变，异或门变为或门，或门下接两个与门，每个与门下分别接一个原输入事件和一个非门，非门之下接另一个原输入事件。

(6) 禁门变换为与门的规则。原输入事件不变，禁门变换为与门，与门之下有两个输入，一个为原输入事件，另一个为禁止条件事件。

2) 故障树的简化

布尔代数式和逻辑图形之间存在着一一对应关系。而故障树是一个逻辑图形，因而它与布尔代数间也存在着对应关系。每一故障树都能写出其对应的布尔代数式来。按照布尔代数的运算规则，可以得到简化的故障树。

3) 故障树的模块分解

(1) 定义。

① 模块。对于已经规范化和简化的故障树，模块至少有两个底事件，但不是所有底事件的集合。集合中的这些底事件向上可到达同一逻辑门，并且必须通过此门才能到达顶事件。故障树的所有其他底事件向上均不能到达该逻辑门。

② 最大模块。经规范化和简化的故障树的最大模块是该故障树的一个模块，且没有其他模块包含它。

③ 模块子树。故障树的模块连同向上可到达的同一逻辑门和全部中间逻辑门和事件构成一株较小的故障树，称为原故障树的一个模块子树。

(2) 故障树模块分解。

① 按照模块和最大模块定义，找出故障树中尽可能大的模块。如果有计算机软件可用，则应求出故障树的所有最大模块。

② 每个模块构成一个模块子树，可单独地进行定性和定量分析。

③ 对每个模块子树用一个等效的虚设底事件来代替，使原故障树的规模减小。

④ 在故障树定性和定量分析以后，可根据实际需要，将顶事件与各模块之间的关系，转换为顶事件与底事件之间的关系。

6. 故障树数学描述

故障树是一种逻辑因果关系图，为了对故障树进行定性和定量分析，必须给出其数学表达式，对给定的故障树进行数学描述。布尔代数是一种描述逻辑推理的数学方法，因此故障树可用布尔代数来描述。假定系统只有状态和故障状态，并假定各元部件的状态是相互独立的。

则故障树的结构函数定义为：

$$\Phi(x_1,x_2,\cdots,x_n)=\begin{cases}1,\text{若顶事件发生}\\0,\text{若顶事件不发生}\end{cases}$$

式中，n——故障树底事件数目；

x_1，x_2，…，x_n——描述底事件的状态变量（布尔变量），即

$$x_i=\begin{cases}1,\text{若第 } i \text{ 个底事件发生}\\0,\text{若第 } i \text{ 个底事件不发生}\end{cases}\quad i=1,2,\cdots,n \tag{7-13}$$

可见，结构函数 Φ 表示系统顶事件状态的一种布尔函数。系统顶事件的状态（发生为 1，不发生为 0）完全取决于故障树底事件状态 x_i 和故障树结构。

逻楫门的布尔表示与系统的结构函数如下。

1）与门的布尔表示

令 $x_1,x_2,\cdots,x_n$ 是逻辑与门的输入事件状态变量，则该逻辑与门输出事件的状态变量 $\Phi(x_1,x_2,\cdots,x_n)$ 可表示为 $x_1,x_2,\cdots,x_n$ 的布尔乘积，即：

$$\Phi(x_1,x_2,\cdots,x_n)=x_1\cdot x_2\cdot\cdots\cdot x_n=\prod_{i=1}^{n}x_i=0$$

只要有一个输入事件不发生（其值为 0），则输出事件就不会发生，此时：

$$\Phi(x_1,x_2\cdot\cdots\cdot x_n)=\prod_{i=1}^{n}x_i=0$$

2）或门的布尔表示

令 $x_1,x_2,\cdots,x_n$ 是逻辑或门的输入事件状态变量，则该逻辑或门输出事件的状态变量 Φ 可表示为 $x_1,x_2,\cdots,x_n$ 的布尔和，即：

$$\Phi(x_1,x_2,\cdots,x_n)=x_1+x_2+\cdots+x_n=1-\prod_{i=1}^{n}(1-x_i)$$

只要有一个输入事件发生（其值为 1），则输出事件就发生；所有输入事件都不发生，则输出事件不发生。此时：

$$\Phi(x_1,x_2,\cdots,x_n)=1$$

3）非门的布尔表示

令 $x_1,x_2,\cdots,x_n$ 是逻辑非门的输入事件状态变量，则该逻辑非门的输出事件状态变量由 Φ 可表示为：

$$\Phi(x_1,x_2,\cdots,x_n)=\begin{cases}1,\text{当 } x_i=0\\0,\text{当 } x_i=1\end{cases}$$

4）表决门的布尔表示

令 $x_1,x_2,\cdots,x_n$ 是逻辑表决门的输入事件状态变量，则 n 中取 r 的表决门的输出事件状态

变量 Φ 可表示为：

$$\Phi(x_1,x_2,\cdots,x_n)=\begin{cases}1,\text{当有 } i \text{ 个输入事件发生,且 } i\geqslant r\\0,\text{其他情况}\end{cases}$$

可见，输入事件中有等于或大于 r 个发生时，输出事件就发生。

7. 故障树的定性分析

在画出故障树以后一般就可以直接写出其结构函数。但是对于复杂系统来说，其结构参数是相当繁复冗长的，既不便于定性分析，也不易于定量计算。为此将引入最小割集的概念，将上述一般的结构函数改写为特殊的结构函数，以利于故障树的定性分析和定量计算。

1）割集与最小割集

（1）割集：是指故障树中一些底事件的集合，当这些底事件都发生时，顶事件必然发生，这些底事件的集合就称为故障树的一个割集。

（2）最小割集：若割集中任意去掉一个底事件，它就不再是割集，这种割集就是最小割集。

一个最小割集代表系统的一种故障模式，故障树定性分析的任务就是要寻找故障树的全部最小割集。对于给定的正规故障树，由所有最小割集组成的最小割集族是唯一确定的。

2）用最小割集表示结构函数

在求得全部最小割集 $K_1,K_2,\cdots,K_N$ 的基础上，可将故障树的结构函数用最小割集表示。有 i 个底事件 j 个最小割集可表示为：

$$K_j=\prod_{i\in K_j}x_i$$

则故障树的结构函数为：

$$\Phi(x_1,x_2,\cdots,x_n)=\sum_{j=1}^{N}K_j=\sum_{i=1}^{N}\prod_{i\in K_j}x_i$$

式中，$\sum$——布尔和；

$\prod$——布尔积；

x_i——底事件，$i=1,2,\cdots,n$；

n——底事件总数；

K_j——最小割集，$j=1,2,\cdots,N$；

N——最小割集数；

$i\in K_j$——底事件 x_i 为最小割集中的第 i 个底事件。

3）故障树定性分析

对故障树进行定性分析，需要根据每个“底事件最小割集”所含底事件数目（阶数）进行排序。在各个底事件发生概率较小、差别不大的条件下，阶数越小的最小割集越重要；在低价最小割集中出现的底事件比高价最小割集中的底事件重要；在考虑最小割集阶数的条件下，在不同最小割集中重复出现次数越多的底事件越重要。为了节省分析工作量，在工程上可以略去阶数大于指定值的所有最小割集来进行近似分析。

（1）下行法（Fussell-Vesely 法）。对于已经建造的故障树，首先进行规范化、简化和模块分解，然后从顶事件开始，逐级向下查寻，找出割集。因为只就上下相邻两级来看，与门只增加割级阶数，不增加割集个数；或门只增加割集个数，不增加割集阶数。所以规定在下行过程中，顺次将逻辑门的输出事件置换为输入事件。遇到与门就将其输入事件横向排在同一行（取输入事件的布尔积），遇到或门就将其输入事件竖向串成一列（取输入事件的布尔和），这样直到换成全部底事件为止。如此得到的割集再通过两两比较，划去那些非最小割集，剩下的即为故障树的全部最小割集。

（2）上行法（Semanderes 法）。上行法是从底事件开始的，自下而上逐步地进行事件的集合运算，将或门输出事件表示为输入事件的布尔和，将与门输出事件表示为输入事件的布尔积，然后用布尔代数的运算规则进行运算，以达到简化的目的。

8. 故障树定量分析

故障树定量计算的任务就是要计算或估计顶事件发生的概率。在故障树的定量计算时，可以通过底事件发生的概率直接求顶事件发生的概率；也可通过最小割集求顶事件发生的概率，又分为精确解法与近似解法。

1）通过底事件发生的概率直接求顶事件发生的概率

故障树分析中经常用布尔变量来表示底事件的状态，如底事件 i 的布尔变量为：

$$x_i(t)=\begin{cases}1 & \text{在 } t \text{ 时刻 } i \text{ 事件发生}\\ 0 & \text{在 } t \text{ 时刻 } i \text{ 事件不发生}\end{cases}$$

如果 i 事件发生表示第 i 个部件故障，那么 $x_i(t)=1$，表示第 i 个部件在 t 时刻故障。计算事件 i 发生的概率，也就是计算随机变量 $x_i(t)$ 的期望值：

$$E[x_i(t)]=\sum x_i(t)P_i[x_i(t)]=0\times P[x_i(t)=0]+1\times P[x_i(t)=1]=F_i(t)$$

$F_i(t)$ 的物理意义是：在 $[0,t]$ 时间内事件 i 发生的概率（即第 i 个部件的不可靠度）。

如果由 n 个底事件组成的故障树，其结构函数为：

$$\Phi(X)=\Phi(x_1,x_2,\cdots,x_n)$$

顶事件发生的概率，也就是系统的不可靠度 $F_s(t)$ 的数学表达式为：

$$P(\text{顶事件})=F_s(t)=E[\Phi(X)]=\Phi[F(t)]$$

式中，$F(t)=[F_1(t),F_2(t),\cdots,F_n(t)]$

各种结构的寿命分布函数为：

对于与门结构，$\Phi(X)=\prod_{i=1}^{n}x_i$

$$F_s(t)=E[\Phi(X)]=E[\prod_{i=1}^{n}x_i(t)]=\prod_{i=1}^{n}E[x_i(t)]=\prod_{i=1}^{n}F_i(t)$$

对于或门结构，$\Phi(X)=1-\prod_{i=1}^{n}(1-x_i)$

$$F_s(t)=E[\Phi(X)]=E\{1-\prod_{i=1}^{n}[1-x_i(t)]\}=1-\prod_{i=1}^{n}E[1-x_i(t)]=1-\prod_{i=1}^{n}[1-F_i(t)]$$

2）通过最小割集求顶事件发生的概率

（1）最小割集之间不相交的情况。

假定已求出了故障树的全部最小割集 $K_1,K_2,\cdots,K_{N_k}$，并且假定在一个很短的时间间隔内不考虑同时发生 2 个或 2 个以上最小割集的概率，且各最小割集中没有重复出现的底事件，也就是假定最小割集之间是不相交的。所以：

$$T=\Phi(X)=\bigcup_{j=1}^{N_k}K_j(t),P[K_j(t)]=\prod_{i\in K_j}F_i(t)$$

式中，$P[K_j(t)]$——在时刻 t 第 j 个最小割集存在的概率；

$F_i(t)$——在时刻 t 第 j 个最小割集中第 i 个部件故障的概率；

N_k——最小割集数。

则
$$P(T)=F_s(t)=P[\Phi(X)]=\sum_{j=1}^{N_k}[\prod_{i\in K_j}F_i(t)]$$

（2）最小割集之间相交的情况。

精确计算任意一故障树顶事件发生的概率时，要求假设在各最小割集中没有重复出现的底事件。但在大多数情况下，底事件可以在几个最小割集中重复出现，也就是说最小割集之间是相交的。这样精确计算顶事件发生的概率就必须用相容事件的概率公式：

$$P(T)=P(K_1\cup K_2\cup\cdots\cup K_{N_k})$$
$$=\sum_{i=1}^{N_k}P(K_i)-\sum_{i<j=2}^{N_k}P(K_iK_j)+\sum_{i<j<k=3}^{N_k}P(K_iK_jK_k)+\cdots+(-1)^{N_k-1}P(K_1K_2\cdots K_{N_k})$$

式中，K_i、K_j、K_k——第 i、j、k 个最小割集；

N_k——最小割集数。

此可看出它共有 $2^{N_k}-1$ 项。当最小割集数 N_k 足够大时，就会发生项数巨大而计算困难问题。如某故障树有 40 个最小割集，则计算 $P(T)$ 共有 $2^{40}-1\approx1.1\times10^{12}$ 项，每一项又是许多数的连乘积，即使大型计算机也难以胜任。解决的办法，就是化相交和为不交和，再求顶事件发生概率的精确解。

7.4 动车组的维修性

维修性是动车组的一种质量特性，即由设计赋予的使动车组维修简便、迅速、经济的固有属性。动车组的维修性工程是为了达到其维修性要求所进行的一系列技术与管理活动，目的是赋予动车组良好的易于维修的本质属性，工作重点是通过对动车组维修性需求的科学论证，确定合理的维修需求，并通过设计、分析、制造和验证等系统工程活动，赋予动车组良好的维修品质。此处仅简要阐述维修性定义、动车组对维修性的要求及维修性参数。

7.4.1 维修性定义

维修性的定义是："在规定的条件下，并按规定的程序和手段实施维修时，产品在规定的使用条件下保持或恢复能执行规定功能状态的能力"。维修性定义有如下要点。

（1）维修性是产品本身的一种特性，是通过设计而赋予产品的一种固有属性，不指具体的维修技术和维修活动。

（2）规定条件：是指维修的机构和场所，以及相应的人员与设备、设施、工具、备件、技术资料等资源，包括维修人员的熟练程度，维修设备、工具、备件是否保障，还包括技术数据是否齐全，操作是否方便，维修规范是否合理，后勤保障是否充分等。

（3）规定时间：是指维修时间。维修时间规定得越长，维修度越大。维修度具有快速性，正常产品的维修时间与其寿命相比是短暂的，只有这样才能及时诊断和排除产品故障，尽快投入使用。

(4) 规定的程序和手段：是指技术文件规定的维修工作类型（工作内容）、步骤、方法。按照规定的程序和手段进行维修不仅可以提高维修度，还可以降低维修费用，延长产品寿命，减少故障发生频率，否则维修之后反而会降低其可靠性。

(5) 维修性的度量是随机变量，只具有统计上的意义，称之维修度，用概率来表示。

动车组的维修性，就是动车组的可修性、易修性和可维护保养性。包括结构简单、零部件组合合理、故障部位容易发现、维修时拆装容易，零部件通用化、单元化、模块化、标准化高，互换性强；维修材料和备件供应来源充足等。

与可靠性相似，维修性也可分为固有维修性和使用维修性。固有维修性也称设计维修性，是在理想的保障条件下表现出来的维修性，它取决于设计与制造。使用维修性是在实际运用维修中表现出来的维修性。不但包括产品设计、生产质量的影响，而且包括安装和使用环境、维修策略等因素的综合影响。使用维修性不能直接用设计参数表示，而要用使用参数表示，如可用平均停机时间（MDT）、使用可用度等。

7.4.2　动车组维修性要求

1. 简化设计与维修

“简化”本来是产品设计的一般原则。装备构造复杂，带来使用、维修复杂，随之而来的是对人员技能、设备、技术资料、备件器材等要求的提高，以致造成人力、时间及其他各种维修资源消耗的增加，维修费用的增长，同时降低了装备的可用性。因此，简化装备设计、简化维修是最重要的维修性要求。为此，可从以下各方面着手。

1）简化功能

简化功能就是消除产品不必要乃至次要的功能。通过逐层分析每一产品功能，找出并消除某个或某些不必要或次要的功能，就可能省掉某个或某些零部件甚至装置、分系统，使构造简化。

2）合并功能

合并功能就是把相同或相似的功能结合在一起来执行。这可以简化功能的执行过程，从而简化构造与操作。为此，需要对各组成单元要执行各种功能和完成规定任务所需的产品类型进行分析，从简化操作或硬件来达到简化维修节省资源的目的。合并功能最明显的办法就是把执行相似功能的硬件适当地集中在一起。

3）减少元器件、零部件的品种与数量

减少元器件、零部件的品种与数量，不仅利于减少维修而且可使维修操作简单、方便，降低维修技能的要求，减少备件、工具和设备等保障资源。但是，从增加功能及其他工程学科的要求出发，常常又要增加元器件、零部件品种与数量。为此，必须进行综合权衡，分析某种零部件、元器件的增减对维修性及其质量特性，包括对系统效能与费用的影响，以决定其取舍。

4）改善产品检测、维修的可达性

可达性取决于产品的设计构型，是影响维修性的主要因素。

5）动车组与其维修工作协调设计

装备的设计应当与维修方案相适应。设计时要合理确定各个维修等级中的更换原件、模块，以便在相应的维修场所进行更换。根据装备的使用与构造特点，部分部件按“无维修设计”准则进行设计。

2. 具有良好的维修可达性

维修可达性，是指维修产品时，接近维修部位的难易程度。可达性好，能够迅速方便达到维修的部位并能操作自如。良好的可达性，能够提高维修的效率，减少差错，降低维修工时和费用。

实现产品的可达性主要措施有两个方面：一是合理设置各部分的位置，并要有适当的维修操作空间，包括工具的使用空间；二是要提供便于观察、检测、维护和修理的通道。为实现产品的良好可达性，应满足如下具体要求。

（1）产品各部分的配置应根据其故障率的高低、维修的难易、尺寸和质量大小及安装特点等统筹安排。

凡需要检查、维护、分解或修理的零部件，都应具有良好的可达性；对故障率高而又经常维修的部位，如电器设备中的保险管、电池及应急开关、通道口，应提供最佳的可达性。产品各系统的检查点、测试点、检查窗、润滑点及燃油、液压、气动等系统的维护点、添加点，都应布局在便于接近的位置上。

（2）为避免各部分维修时交叉作业（特别是机械、电气、液气系统维修中的互相交叉）与干扰，可用专舱、专柜或其他类似形式布局。

（3）尽量做到在检查或维修任一部分时，不拆卸、不移动或少拆卸、少移动其他部分。要求快速拆装的部件，应采用快速解脱紧固件连接。

（4）需要维修和拆装的机件，其周围要有足够的空间，以便使用测试接头或工具。

（5）合理地设置维修通道。

（6）维修时一般应能看见内部的操作。其通道除了能容纳维修人员的手或臂外，还应留有适当的间隙，可供观察。

3. 提高标准化程度和互换性

实现标准化有利于产品的设计与制造，有利于零部件的供应、储备和调剂，从而使产品的维修更为简便，特别是便于动车组的维修中采用换件修理。

标准化的主要形式是系列化、通用化、组合化。系列化是对同类的一组产品同时进行标准化的一种形式。即对同类产品通过分析、研究，将主要参数、式样、尺寸、基本结构等做出合理规划与安排，协调同类产品和配套产品之间的关系。通用化，是指同类型或不同类型的产品中，部分零部件相同，彼此可以通用。通用化的实质，就是零部件在不同产品上的互换。组合化又称模块化设计，是实现部件互换通用、快速更换修理的有效途径。

互换性，是指同种产品之间在实体上（几何形状、尺寸）、功能上能够彼此互相替换的性能。当两个产品在实体上、功能上相同，能用一个去代替另一个而不需改变产品或母体的性能时，则称该产品具有互换性；如果两个产品仅具有相同的功能，那就称之为具有功能互换性或替换性的产品。互换性使产品中的零部件能够互相替换，便于换件修理，并减少了零部件的品种规格，简化和节约了备品供应及采购费用。

有关标准化、互换性、通用化和模块化设计的要求如下。

(1) 优先选用标准件。

(2) 提高互换性和通用化程度。在不同产品中最大限度地采用通用的零部件，并尽量减少其品种。必须使故障率高、容易损坏、关键性的零部件具有良好的互换性。能互换安装的项目，必须能功能互换。

(3) 尽量采用模块化设计。产品应按照功能设计成若干个能够进行完全互换的模块，其数量应根据实际需要而定。需要现场更换的部件更应重视模块化，以提高维修效率。模块从产品上卸下来以后，应便于单独进行测试。成本低的器件可制成弃件式的模块，其内部各降的预期寿命应设计得大致相等，并加标志。应明确规定弃件式模块判明报废所用的测试方法、报废标准。

4. 具有完善的防差错措施及识别标记

在维修中，常常会发生漏装、错装或其他操作差错，轻则延误时间，影响使用；重则危及安全。因此，应采取措施防止维修差错。防止维修差错主要是从设计上采取措施，保证关键性的维修作业“错不了”，“不会错”，“不怕错”。

“错不了”，就是产品设计上使维修作业不可能发生差错，如零件装错了就装不进去，漏装、漏检或漏掉某个关键步骤就不能继续操作，发生差错立即能发现，从而从根本上消除这些人为的差错的可能。

“不会错”，就是产品设计应保证按照一般习惯操作不会出错，如螺纹或类似连接向右旋为紧，左旋为松。

“不怕错”，就是设计时采取种种容错技术，使某些安装差错、调整不当等不至于造成严重的事故。

除产品设计上采取措施防差错外，设置识别标志，也是防差错的辅助手段。就是在维修的零部件、备品、专用工具、测试器材等上面作出识别记号，以便于区别辨认，以防止混乱，避免因差错而发生事故，同时也可以提高工效。

5. 保证维修安全

维修安全性是指能避免维修人员伤亡或产品损坏的一种设计特性，是产品设计中必须考虑的一个重要问题。为了保证维修安全性，有以下一般要求。

(1) 设计产品时，要把维修安全作为系统安全性的内容。要根据类似产品的使用维修经验和产品的结构特点，采用事故树等手段进行分析，并在结构上采取相应措施，从根本上防止储存、运输和维修中的事故和对环境的危害。

(2) 设计产品时，应使产品在故障状态或分解状态进行维修时是安全的。

(3) 在可能发生危险的部位上，应提供醒目的标记、警告灯、声响警告等辅助预防手段。

(4) 严重危及安全的部分特别对高电压等危害应有自动防护措施。不要将损坏后容易发生严重后果的部分布局在易被损坏的位置。

(5) 凡与安装、操作、维修安全有关的地方，都应在技术文件资料中提出注意事项。

(6) 对于盛装高压气体、弹簧、带有高电压等储有很大能量且维修时需要拆卸的装置，应没有备用释放能量的结构和安全可靠的拆装设备、工具，保证拆装安全。

6. 测试准确、快速、简便

产品测试是否准确、快速、简便，对维修有重大影响，将在第 8 章进行详细讨论。

7. 重视大部件、关键部件的可修复性

可修复性（Repairability），是指当产品的零部件磨损、变形、耗损或其他的形式失效后，可以对原件进行修复，使之恢复原有功能的特性。

（1）装备的各部分应尽量设计成能够通过简便、可靠的调整装置，消除因磨损或漂移等原因引起的常见故障。

（2）对容易发生局部耗损的大部件，应设计成可拆卸的组合件，如将易损部位制成衬套、衬板，以便于局部修复或更换。

（3）需加工修复的零件应设计成能保持其工艺基准不受工作负荷的影响而磨损或损坏。必要时可设计专门的修复基准。

（4）采用热加工修理的零件应有足够的刚度，防止修复时变形。

（5）对需要原件修复的零件尽量选用易于修理并满足供应的材料。若采用新材料或新工艺时，应充分考虑零部件的可修复性。

8. 要符合维修中人机环工程的要求

人机环工程又称人因素工程（Human Factors Engineering），主要研究如何达到人与机器有效结合及对环境的适应和人对机器的有效利用。维修的人机环工程是研究在维修中人的各种因素，包括生理因素、心理因素和人体的几何尺寸与装备和环境的关系，以提高维修工作效率、质量和减轻人员疲劳等方面的问题。其基本要求如下。

（1）设计装备时应按照使用和维修时人员所处的位置、姿势与使用工具的状态，并根据对人体的测量，提供适当的操作空间，使维修人员有个比较合理的维修姿态，尽量避免以跪、卧、蹲、趴等容易疲劳或致伤的姿势进行操作。操作空间和通道要有足够尺寸、允许穿着冬装及防护服的人员进行操作或出人。

（2）辐射、噪声不允许超过规定标准，如难避免，对维修人员应有保护措施。

（3）对维修部位应提供适度的自然或人工的照明条件。

（4）应采取措施，减少装备振动，避免维修人员在超过国家规定标准的振动条件下工作。

（5）设计时应考虑维修操作中举起、推拉、提起及转动物体时人的体力限度；超过限度，应增设机械或自动装置。

（6）设计时应考虑使维修人员的工作负荷和难度适当，以保证维修人员的持续工作力、维修质量和效率。

7.4.3 维修性参数

1. 维修度

维修度，是指“在规定条件下使用的产品，在规定的时间内，按规定的程序和方法进行维修时，保持或恢复到能完成规定功能的概率”。

设规定的时间为 t，实际所用的维修时间为 τ，维修度 $M(t)$ 就是在 $\tau \leqslant t$ 的时间内。所能完成维修的概率（或百分比），即：

$$M(t)=P(\tau\leqslant t)$$

2. 维修度密度函数

$M(t)$是递增函数，随规定的维修时间 t 的增加而增大，其增大的速度可用维修度概率密度函数 $m(t)$来表示，即：

$$m(t)=\frac{\mathrm{d}M(t)}{\mathrm{d}(t)}\int_0^t m(t)\,\mathrm{d}t$$

当 $t=0$ 时，表示发生故障，尚未修理，则 $M(t)=0$，当 $t\to\infty$时，即规定的维修时间接近无限大时，$M(t)=1$，全部修复。若在一定的维修定额时间 t 内，维修度越大，说明维修的速度越快，实际耗费维修时间越少，也说明产品的维修性越好。

3. 修复率

修复率是指产品在 $t=0$ 时故障，经过$(0,t)$修理后，尚未修复的产品在 $t+\Delta t$ 单位时间内完成修复的条件概率，计为$\mu(t)$：

$$\mu(t)=\lim_{\Delta t\to 0}\frac{1}{\Delta t}P\{t<\tau\leqslant t+\Delta t\}=\lim_{\Delta t\to 0}\frac{1}{\Delta t}\cdot\frac{P\{t<\tau\leqslant t+\Delta t\}}{P\{\tau>t\}}=\frac{1}{\Delta t}\cdot\frac{m(t)\Delta t}{1-M(t)}$$

$$\mu(t)=\frac{m(t)\Delta t}{1-M(t)}$$

则

$$M(t)=1-\mathrm{e}^{-\int_0^t\mu(t)\mathrm{d}t}$$

4. 其他维修性参数

（1）平均修复时间（Mean Time To Repair，MTTR），是指在规定的条件下和规定的时间内，装备在任一规定的维修级别上，修复性维修总时间与该维修级别上被修复产品的故障总数之比。这是装备维修性的一种基本参数，记为 t_{MTTR}。若已知维修密度 $m(t)$，则：

$$t_{\mathrm{MTTR}}=\int_0^\infty tm(t)\,\mathrm{d}t$$

不同的维修级别（或不同的维修条件），同一装备也会有不同的平均修复时间。在使用此参数时，应说明其维修级别（或维修条件）。

（2）最大修复时间，是指装备达到规定维修度所需的修复时间。也即预期完成全部修复工作的某个规定百分数所需的时间，最大修复时间不计及供应和行政管理延误时间，规定的维修度一般取 0.95（或 0.9），相应的最大修复时间记为 $t_{0.95}$（或 $t_{0.9}$），可根据维修时间的不同分布得到其相应的计算公式。

与平均修复时间（MTTR）相同，在使用此参数时，应说明其维修级别（或维修条件）。

（3）中位修复时间，是指维修度 $M(t)$等于 0.5 时所对应的维修时间，记为 $t_{0.5}$。中位修复时间的计算可根据维修时间的不同分布而得到。

（4）维修工时率（Maintenance Ration，MR），是指在规定的条件下和规定的时间内，装备直接维修工时总数与该装备寿命单位总数之比，这是一种与维修人力有关的维修性参数。

$$M_{\mathrm{I}}=\frac{M_{\mathrm{MH}}}{T_{\mathrm{OH}}}$$

式中，M_{MH}——装备在规定的使用期间内的维修工时数；

T_{OH}——装备在规定的使用期间内的工作小时数。

（5）维修活动的平均直接维修工时（Direct Maintenance Man - hours per Maintenance Action，DMMH/MA），是指在规定的条件下和规定的时间内，装备的直接维修工时总数与该装备预防性维修和修复性维修活动总数之比，这是一种与维修人力有关的维修性参数。

（6）测试性参数，主要有故障检测率（Fault Detection Rate，FDR）、故障隔离率（Fault Isolation Rate，FIR）、虚警率（Fault Alarm Rate，FAR）等。

7.5 动车组寿命周期费用分析

费用是装备系统研制和采购决策的一个重要制约条件，是否购买某种装备不仅受其购置费用的影响，还取决于它们在使用期内用户必须承担的运用和维修费用。全费用观点在讨论装备费用时，不仅考虑装备的购置价格，而且还包括装备的运用维修费用等，这就是寿命周期费用 LCC 的概念。寿命周期费用分析是从全系统的角度，分析寿命周期内的各项费用，为装备的研制、制订运用维修方案等重要决策时提供科学的依据，以使其 LCC 最佳。

7.5.1 LCC 基本概念

1. 寿命周期

产品的寿命周期是从论证开始到报废为止所经历的全部时间。按照 GB 6992 的规定，寿命周期分为五个阶段，即定义与概念、设计与研制、制造与安装、使用与维修和处理阶段。

2. 寿命周期费用

寿命周期费用（Life Cycle Cost，LCC）是 20 世纪 60 年代出现的概念，根据国家军用标准 GJB/Z 91—1997 的规定，寿命周期费用的定义是：“在装备寿命周期内用于研制、生产、使用与保障及退役所消耗的一切费用之和”。也就是上述寿命周期各个阶段所发生的费用总和，即：

$$C_{LC} = C_1 + C_2 + C_3 + C_4 + C_5$$

式中，C_1——论证阶段费用；

C_2——研制阶段费用；

C_3——生产阶段费用；

C_4——使用阶段费用；

C_5——退役阶段费用。

上述寿命周期各个阶段所发生的费用可以分为两大部分，即购置费和运用维修费。购置费通常发生于装备未投入运用以前的阶段（论证、设计和开发、生产、安装），这是用户和制造商都非常关心的费用项目。运用维修费用是装备投入运用以后的阶段（运用和维修、报废）发生的费用，这是用户最关心的费用项目。近代，随着用户在购置合同中对 LCC 的要求和供应商在合同中对 LCC 的承诺，制造厂家对运用维修费也逐渐重视起来。产品寿命周期的各个阶段应用 LCC 分析应该包括以下重点内容，如图 7-23 所示。

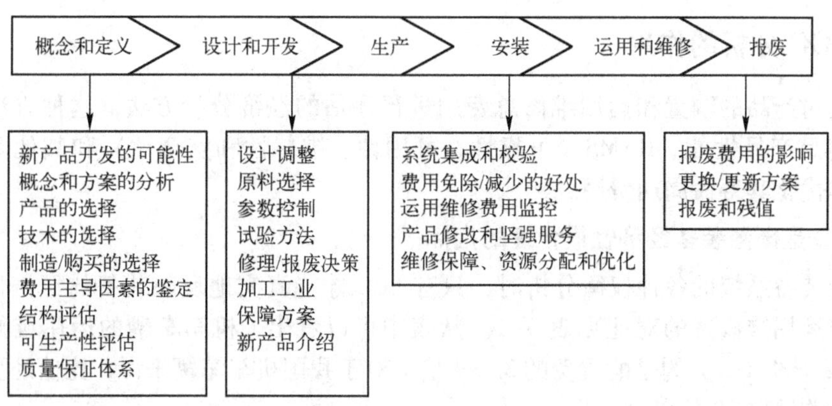

图 7-23　寿命周期各个阶段 LCC 分析的内容

3. 寿命周期各个阶段对 LCC 的影响

寿命周期的各个阶段对 LCC 的影响是不一样的，越是前面的阶段对 LCC 的影响越大。虽然使用维修费用占 LCC 很大的比例，但其大部分却是由前期论证、研制阶段中的各种决策所决定的，因此从装备整个 LCC 来看，越早应用 LCC 方法越好。

4. RAMS 与 LCC 的关系

产品的 RAMS（可靠性、可用性、维修性和安全性）对寿命周期费用 LCC 有着重要的影响。较高的购置费可以使产品具有较好的可靠性和维修性，可靠性与寿命周期费用的关系如图 7-24 所示。由图可见，在保持其他条件不变的前提下，提高可靠性会使采购费用增加，而运用维修费用将减少，作为两者之和的总寿命周期费用则会有一最佳值。也就是说，在产品的设计研制阶段，为了保证在今后的运用中具有较低的故障率和维修成本，而采用维修性和可靠性高的设计方案，虽然表面上看是提高了研制费用，使用户增加了购置费，但实质上是降低了 LCC。设计师应该将其作为优化产品可靠性的目标。对于动车组（机车车辆）用户来说，要求机车车辆在使用期内安全、可靠和易于维修。购买该型号动车组（机车车辆）应综合考虑其购置费用、用户必须承担的运用和维修费用。

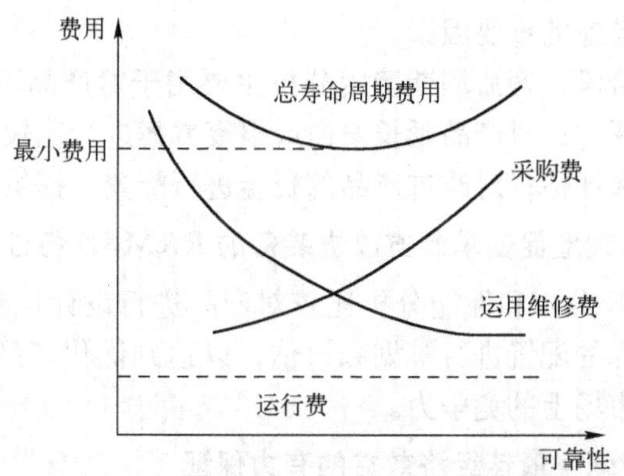

图 7-24　可靠性和寿命周期费用的关系

7.5.2 LCC 分析的作用

LCC 是对产品的购置和运用维修总费用进行评估的经济分析方法，这种方法的最基本目标是在满足产品性能、RAMS（可靠性、可用性、维修性和安全性）和其他要求的基础上，评价和优化其寿命周期费用。

1. LCC 是衡量装备经济性最合理的指标

在进行装备系统的各种权衡分析时，只有 LCC 才能真实地反映装备的经济性；部分装备购置费与运用维修费的对比见表 6-1。从表中可以看出，机车车辆的运用维修费占整个 LCC 的 66%～88%，大约是购置费的 3～9 倍，对于我国机车车辆来说，比值还要大，运用维修费超过购置费 10 倍以上。

在装备的整个寿命周期费用中，购置费只占较小的比重，运用维修费用则占较大的比例，两者间是彼此密切相关的，只有 LCC 最小时装备才是最经济的。这种关系的形象诠释（见图 6-2）。购置费只是冰山露出水面的一部分所占比例很小，而水面下的运用维修费却大得多。这就要求决策者在采购或研制时，不能只注重装备的性能和购置费，而应充分考虑比重更大的运用维修费用，不然，采购或研制出来的装备运用费用昂贵，完好率和效能却不高，整个项目就会撞到冰山上付出惨重的代价。

2. LCC 是产品寿命周期各个阶段进行决策的重要依据

LCC 分析在装备寿命周期不同阶段中所起的作用是不相同的。分析目的不同，由此带来的分析活动的内容也有所不同。

（1）在论证阶段，通过进行寿命周期费用分析，可为决策者确定装备战技指标提供决策依据。虽然分析的数据不那么准确，但这种早期分析结果对于指标的权衡和确定具有重要价值。

（2）在方案阶段，比较和评价不同的设计方案；若已有了样机，分析模型有了更多的数据。这时寿命周期费用分析能帮助决策者对拟用的诸方案作出评价和论证，对于最佳费用—效果方案的最后确定起着关键作用。

（3）在工程研制阶段，设计已详细地确定，可以对产品或项目的经济可行性评估；对费用起主导作用的因素进行鉴别，并对投资效应进行改进；这时寿命周期费用分析是决定详细设计及维修原则和维修措施的重要因素。

（4）在生产和使用阶段，寿命周期费用分析主要用于对产品不同的运用、维修、试验、检查等方法进行比较和评价；对产品延长寿命或报废方案进行比较和评价。运用过程中对产品的质量保证进行验证和评估；对改进产品的资金进行配置，提供决策依据。

3. LCC 分析能够有效地促使承制方改进装备的 R&M&S 特性，提高自身竞争力

承制方可以应用 LCC 分析和性能分析比较对产品进行设计优化，在设计阶段就可以对运用维修方案、保障资源的配置进行筹划和评估，以达到优化产品总寿命周期费用的目的，从而提高了自身产品在市场上的竞争力。

4. LCC 分析是用户取得最佳经济效益的有力保证

用户在购置装备时在购置合同中规定出 LCC 的具体指标，并在产品交付使用后进行验证。这样就保证了用户在使用维修中能够取得最佳的经济效益。同时，通过 LCC 分析，还可以对产品的运用维修方案进行比较评估，对产品运用维修阶段内的技术决策和资源配置进行优化。

7.5.3　LCC 分析的一般程序

LCC 分析的一般程序如图 7-25 所示。

(1) 确定费用分析任务。首先明确 LCC 分析的任务、目标、准则和约束条件，明确或确定要分析的系统的各种备选方案，确定 LCC 分析的计划。

(2) 费用模型分析。明确地描述系统的寿命周期，系统的运用剖面、维修规划和主要功能组成，确定 LCC 分析的评估准则，建立系统的费用分解结构图（Cost Breakdown Structure，CBS)，确定影响费用的主要因素和变量，明确数据需求和模型的输入、输出要求及系统比较基准。

(3) 建立与确认费用模型。通过上一步的分析，根据模型输入输出要求，选择费用模型。如果没有合适的费用模型，则应根据费用影响因素、变量和有关数据，建立新的费用模型并进行模型检验和确认。

(4) 收集数据。进行 LCC 分析所需数据范围很广，工作量很大，不仅要收集相似装备的 LCC 数据，而且要跟踪、收集新研装备的各种费用数据。通过费用数据分析和预计，确定出高费用项目和高费用区域，确定费用—效能关系，为决策分析提供支持。

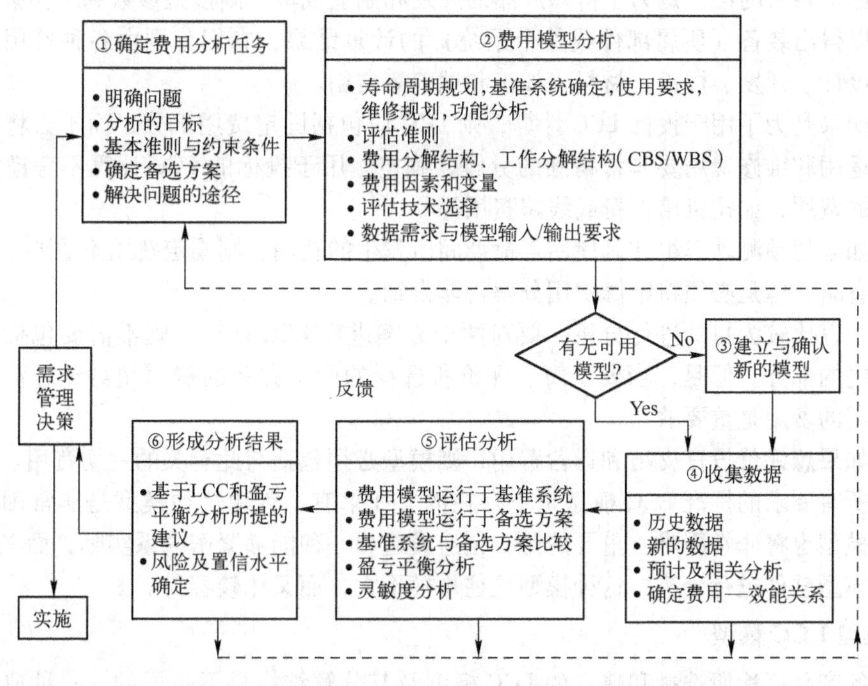

图 7-25　LCC 分析的一般程序

(5) 评估分析。运用费用模型对各种备选方案进行评估分析，并与基准系统相比较，通过进行盈亏平衡分析和灵敏度分析，对各种备选方案进行权衡分析。

(6) 形成分析结果。通过对比分析，提出方案选择或改进等方面的建议，提供费用风险及置信水平，确定出高费用项目和高风险区域，为进行管理和决策提供重要依据。

7.5.4 寿命周期费用模型

1. LCC 模型特点

LCC 模型应该能够真实、准确、精练地表达出产品的主要费用特性和状况，一般应具有如下特征。

（1）能够表示出产品的特性，包括其使用环境、维修方案、运用和维修保障系统及约束和限制条件。

（2）具有全面性，应该包括与 LCC 有关的所有因素。

（3）尽可能的简单、易懂，便于决策、升级和修改。

（4）能够对 LCC 的独立特定因素进行评价。

2. LCC 模型要求

对 LCC 模型的要求是多种多样的，取决于应用模型的目的和想要达到的精度。如今已开发出大量的 LCC 模型，不同的模型适合于不同的用途，每个模型都有其灵活性和适用范围，满足不了使用者针对具体产品设计或运用维修方面的具体要求，因此使用者必须对模型进行修改。仔细考虑该模型是否对寿命周期费用分析有效，通过计算结果与已知的费用因素和参数的对比，可以对模型的适用性进行评价。

（1）如果要求的信息是为了得知产品的开发和制造成本，则模型参数和结构必须做相应的规定，以得出装备（所属部件或整个系统）的计算结果，它们分别由各种费用组成，诸如论证、设计、开发、样机、材料、加工和试验等费用。

（2）如果是为了用于投标 LCC 计算，则 LCC 应包括固定费用部分，而不必将其进一步细分，但运用和维修费用要非常精细的分解、确定。用于投标的 LCC 计算不考虑那些与供应商无关的费用，如司机培训费或线路费用等。

（3）如果想预测动车组在其使用寿命期间所发生的费用，则固定费用不重要，可以将其从模型中省略，但是必须将维修费用分解得非常细。

（4）当以比较为目的进行分析，要对两个方案进行 LCC 计算，则不需要包括两个方案中费用相同的部分。但是，当要了解、评价所选择的两个方案的费用相对于总费用的差别时，则公用的费用是重要的。

（5）如果想评价投资支出和运营费用，则模型必须包括与此有关的一切费用。一个能够同时满足所有要求的标准 LCC 模型是不存在的。如果有，创建这种模型是非常困难，而且应用这种模型也将非常困难。重要的是，创造或选择一种能够紧密联系实际，而又能反映系统特征的模型软件进行分析，这种模型往往规模不大，而又比较容易。

3. 典型 LCC 模型

不同的产品用途所选择和建立的 LCC 模型及其分解结构是不一样的。一种典型装备的 LCC 模型如图 7-26 所示；一种铁路系统使用的 REMAIN LCC 模型如图 7-27 所示，这种 LCC 模型是北欧 SIWIEF 受欧盟委托执行项目 REMAIN 而提出的，专门为铁路设计的 LCC 模型。它将总 LCC 划分为四个主要范围，即投资费用、运用维修费用、待工费用（拖延生产费用）和风险费用。其中待工费用一般是指不可用性费用，即装备无法使用所发生的费用；风险费用是由于风险事件（可能是事故或其他意外事件）而发生的费用。则有：

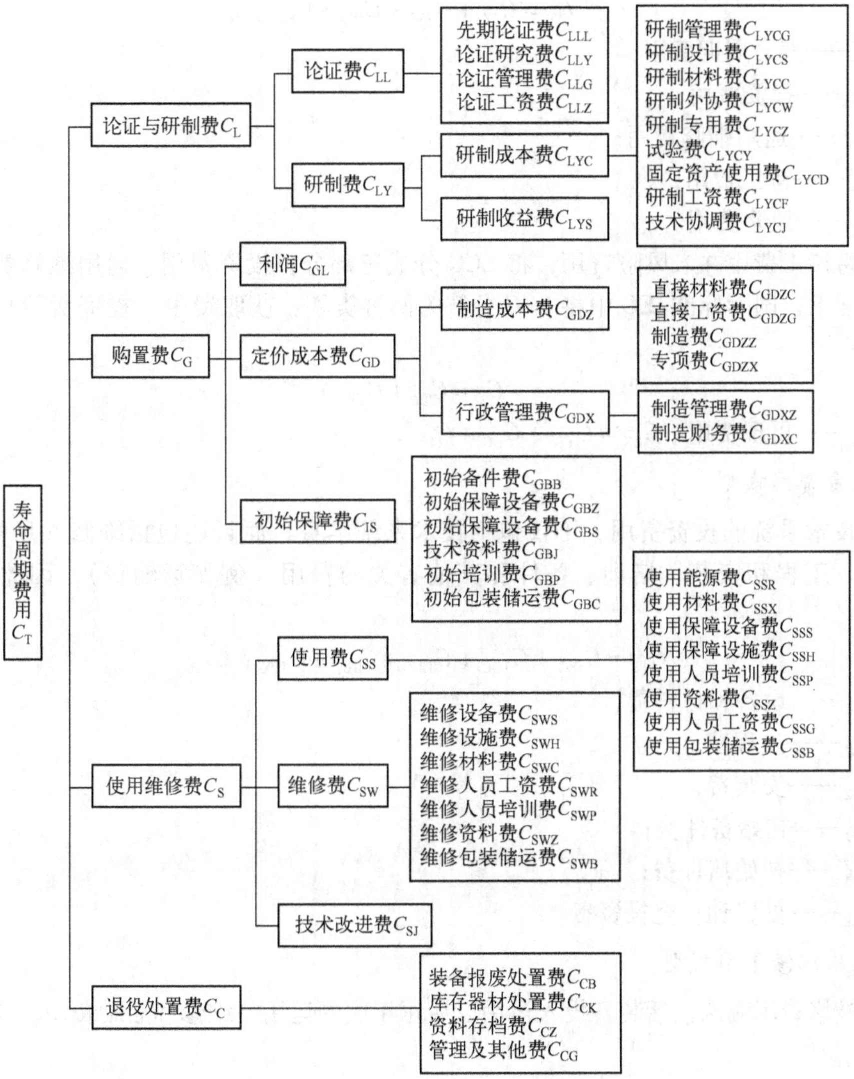

- 寿命周期费用 C_T
  - 论证与研制费 C_L
    - 论证费 C_{LL}
      - 先期论证费 C_{LLL}
      - 论证研究费 C_{LLY}
      - 论证管理费 C_{LLG}
      - 论证工资费 C_{LLZ}
    - 研制费 C_{LY}
      - 研制成本费 C_{LYC}
        - 研制管理费 C_{LYCG}
        - 研制设计费 C_{LYCS}
        - 研制材料费 C_{LYCC}
        - 研制外协费 C_{LYCW}
        - 研制专用费 C_{LYCZ}
        - 试验费 C_{LYCY}
        - 固定资产使用费 C_{LYCD}
        - 研制工资费 C_{LYCF}
        - 技术协调费 C_{LYCJ}
      - 研制收益费 C_{LYS}
  - 购置费 C_G
    - 利润 C_{GL}
    - 定价成本费 C_{GD}
      - 制造成本费 C_{GDZ}
        - 直接材料费 C_{GDZC}
        - 直接工资费 C_{GDZG}
        - 制造费 C_{GDZZ}
        - 专项费 C_{GDZX}
      - 行政管理费 C_{GDX}
        - 制造管理费 C_{GDXZ}
        - 制造财务费 C_{GDXC}
    - 初始保障费 C_{IS}
      - 初始备件费 C_{GBB}
      - 初始保障设备费 C_{GBZ}
      - 初始保障设备费 C_{GBS}
      - 技术资料费 C_{GBJ}
      - 初始培训费 C_{GBP}
      - 初始包装储运费 C_{GBC}
  - 使用维修费 C_S
    - 使用费 C_{SS}
      - 使用能源费 C_{SSR}
      - 使用材料费 C_{SSX}
      - 使用保障设备费 C_{SSS}
      - 使用保障设施费 C_{SSH}
      - 使用人员培训费 C_{SSP}
      - 使用资料费 C_{SSZ}
      - 使用人员工资费 C_{SSG}
      - 使用包装储运费 C_{SSB}
    - 维修费 C_{SW}
      - 维修设备费 C_{SWS}
      - 维修设施费 C_{SWH}
      - 维修材料费 C_{SWC}
      - 维修人员工资费 C_{SWR}
      - 维修人员培训费 C_{SWP}
      - 维修资料费 C_{SWZ}
      - 维修包装储运费 C_{SWB}
    - 技术改进费 C_{SJ}
  - 退役处置费 C_C
    - 装备报废处置费 C_{CB}
    - 库存器材处置费 C_{CK}
    - 资料存档费 C_{CZ}
    - 管理及其他费 C_{CG}

图 7-26　典型装备 LCC 模型

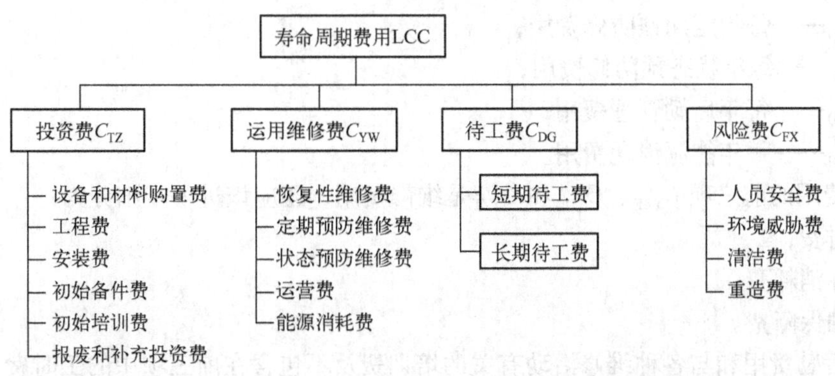

图 7-27　一种铁路系统使用的 REMAIN LCC 模型

$$C_T = C_{TZ} + C_{YW} + C_{DG} + C_{FX}$$

式中，C_T——寿命周期费用；

C_{TZ}——投资费用；

C_{YW}——运用维修费用；

C_{DG}——待工费用；

C_{FX}——风险费用。

也可将待工费用并入风险费用，将 LCC 分成三部分：投资费用、运用维修费用和风险费用。实际上，国际标准 IEC 中将 LCC 分解为两种类别：获取费用（投资费用）和再现费用。则有：

$$C_T = C_{TZ} + C_{ZX}$$

式中，C_{ZX}——再现费用，$C_{ZX} = C_{YW} + C_{DG} + C_{FX}$。

1）投资费用模型

一个技术系统的投资费用，不仅包括技术系统本身，而且还包括维修（所需的设备、技术资料、工程和安装、培训、备件和其他有关的费用（例如运输费），因此投资费用 C_{TZ} 为：

$$C_{TZ} = C_{TSC} + C_{TGC} + C_{TAZ} + C_{TBJ} + C_{TPX} + C_{TCB}$$

式中，C_{TSC}——设备和材料费；

C_{TGC}——工程费；

C_{TAZ}——安装费；

C_{TBJ}——初始备件费；

C_{TPX}——初始培训费；

C_{TCB}——处置和补充投资费。

2）运用维修费用模型

运用维修费用应该包括装备投入运用以后每年度的运用、维修和后勤费用。年度运用维修费用 C_{YYW} 为：

$$C_{YYW} = C_{YXF} + C_{YDQ} + C_{YZT} + C_{YHQ} + C_{CYNH}$$

式中，C_{YXF}——每年修复性维修费用；

C_{YDQ}——每年定期预防修费用；

C_{YZT}——每年状态预防修费用；

C_{YHQ}——每年后勤管理费用；

C_{YNH}——每年能源消耗费用。

上述费用的前三项 C_{YXF}、C_{YDQ} 和 C_{YZT} 是维修费用，还应该进一步细分为：

- 工时费；
- 备件消耗费；
- 后勤保障费。

所有后勤费用和与各种维修活动有关的培训费及不包含在前三项中的工时费，都应包含在后勤管理费用 C_{YHQ} 中。

（1）修复性维修费用。年度修复性维修费用分为修复性维修工作所消耗的工时费、备件消耗费用和后勤保障费用，计算公式为：

$$C_{YXF} = N_{YXF}(T_{XGS} \cdot C_{GS} + C_{XBJ}) + C_{YXH}$$

式中，N_{YXF}——每年需要修复性维修的次数；

T_{XGS}——每次修复性维修所需的平均工时总数，包括运输、故障查寻和试验等所花费的时间（h）。$T_{XGS} = \mathrm{MTTR} \cdot R$，式中 MTTR 为平均修复时间，h；R 为修复性维修平均所需的人员数目；

C_{GS}——每个维修工时的人工费，包括维修人员每个工时的所有费用，诸如工资、纳税、保险和设备使用费用等；

C_{XBJ}——每次修复性维修的备件费用；

C_{YXH}——每年修复性维修的后勤保障费用。

（2）定期预防修费用。年度定期预防修费用 C_{YDQ} 包括工时费、备件消耗费和后勤保障费，计算公式为：

$$C_{YDQ} = N_{YDQ}(T_{DGS} \cdot C_{GS} + C_{DBJ}) + C_{YDH}$$

式中，N_{YDQ}——每年需要定期预防修的次数；

T_{DGS}——每次定期预防修所需的工时总数；

C_{GS}——每个维修工时的人工费；

C_{DBJ}——每次定期预防修的备件费用；

C_{YDH}——每年定期预防修的后勤保障费用。

需要注意的是，定期预防性维修有不同的维修等级和维修活动，对应着不同的维修间隔和维修工时，因此要将各个维修等级和维修活动的年度维修费用加入到总的费用中。

（3）状态预防修费用。年度状态预防修费用 C_{YZT} 包括工时费、备件消耗费和后勤保障费，计算公式为：

$$C_{YZT} = T_{YZG} \cdot C_{GS} + C_{YZB} + C_{YZH}$$

式中，C_{YZG}——每年状态预防修的工时数；

C_{GS}——每个维修工时的人工费；

C_{YZB}——每年状态预防修的备件费；

C_{YZH}——每年状态预防修的后勤保障费，其中包括状态检测设备的运用维修费用。

（4）后勤管理费用。年度后勤管理费用 C_{YHG} 包括每年的后勤、运用和培训费用，计算公式为：

$$C_{YHG} = C_{YHQ} + C_{YYY} + C_{YPX} = T_{YQH} \cdot C_{HGS} + T_{YYY} \cdot C_{YGS} + T_{YPX} \cdot C_{PGS}$$

式中，C_{YHQ}、C_{YYY}、C_{YPX}——每年的后勤、运用、培训费用；

T_{YHQ}、T_{YYY}、T_{YPX}——每年的后勤、运用、培训工时数；

C_{HGS}、C_{YGS}、C_{PGS}——每个后勤、运用、培训工时的人工费。

需要注意的是，该费用包括维修中的后勤和培训费用。

（5）能耗费用。年度能耗费用 C_{YNH} 为每年的能源消耗、费用，如动车组的电费等。

（6）处置费用。在 REMAIN LCC 模型中不包括报废处置费和再投资费用。

3）待工费用模型

装备发生故障不能继续运用，需要计划外维修发生的费用即为待工费用。可分为两类：

（1）短期待工费用。在装备进行修复性维修时，造成短时间的待工（例如列车 30 min

内的停运）而发生的费用。这种费用主要是对铁路的信誉造成损失，影响未来旅客的多少。这种费用可以通过预测每年由于故障而需要进行修复性维修，而且延误时间大于5 min的列车数量求得。

（2）长期待工费用。在装备进行修复性维修时，造成长时间的待工而发生的费用，需要对铁路运输收益进行可靠的测算而求得，包括诸如列车停运所造成的收益损失，对旅客的经济赔偿，以及由于列车延误而让旅客选择其他运输方式所花费的费用。这种费用的发生是由于装备故障而引起的偶发事件所致。必须估计每年发生这种事件的频率和每起事件所预期的长期待工费用。

年度待工费用C_{YDG}的计算公式为：

$$C_{YDG}=N_{YDD}\cdot C_{DDG}+N_{YCD}\cdot C_{CDG}$$

式中，N_{YDD}和N_{YCD}——每年装备故障所引起的短期和长期待工次数；

C_{DDG}和C_{CDG}——每次的短期和长期待工费用。

应注意的是，这种年度待工费用应按其时间价值进行贴现。

4）风险费用模型

装备的故障或不可用性也可能是由于风险事件（事故或偶然事件）造成的，因此而发生风险费用。风险费用分为：

- 人员风险费用（如人员的伤亡）；
- 环境风险费用；
- 可能发生的维修重造费用。

风险费用是否包含在LCC中至今还有争论。有些人认为，对于那些关系到人类生命的安全方面的问题，应该另行计算（例如事故频率）。在进行决策时，应基于LCC和事故频率两方面的考虑。但也有另一种不同的看法，认为风险费用是LCC中重要的一部分，应该予以考虑。REMAIN LCC模型对风险费用做了简单的考虑，提出了一种比较粗糙的风险费用模型。估计出每年（或每千年）风险事件或事故的次数，然后乘以每个事件估计的费用。

因此，年度风险费用C_{YFX}的计算公式为：

$$C_{YFX}=N_{YFX}\cdot C_{FX}$$

式中，N_{YFX}——每年装备故障引起的风险事件或事故的次数；

C_{FX}——次风险事件或事故所发生的费用；

应注意的是，年度风险费用应按其时间价值进行贴现。

7.5.5 费用单元的估算方法

费用单元的估算方法基本上有四种：工程估算法、参数估算法、类比估算法和专家判断估算法。

1. 工程估算法

工程估算法是一种自下而上累加的方法。它将装备寿命周期各阶段所需的费用项目细分，直到最小的基本费用单元。估算时根据历史数据逐项估准每个基本单元所需的费用，然后累加求得装备寿命周期费用的估算值。不管费用分解结构图如何绘制，应注意做好以下方面：

- 必须完整的考虑系统的一切费用；
- 各项费用必须有严格的定义，以防费用的重复计算和漏算；
- 装备费用结构图应与该装备的结构方案相一致；
- 应明确哪些费用是非再现费用，哪些费用为再现费用。

显然，采用工程估算方法必须对装备全系统要有详尽的了解。费用估算人员不仅要根据装备的略图、工程图对尚未完全设计出来的装备作出系统的描述，而且还应详尽了解装备的生产过程、使用方法和条件、维修保障方案及历史资料数据等，才能将基本费用项目分得准，估算得精确。工程估算方法是很麻烦的工作，常常需要进行烦琐的计算。但是，这种方法既能得到较为详细而准确的费用概算，也能为我们指出哪些项目是最费钱的项目，可为节省费用提供主攻方向，因此，它仍是目前用得较多的方法。如果将各项目适当编码并规范化，通过计算机进行估算，那将更为方便和理想。

2. 参数估算法

参数估算法是把费用和影响费用的因素（一般是性能参数、质量、体积和零部件数量等）之间的关系，看成是某种函数关系，从而利用这种关系进行费用估算。为此，首先要确定影响费用的主要因素（参数），然后利用已有的同类装备的统计数据，运用回归分析方法建立费用估算模型，以此预测新研装备的费用。建立费用估算参数模型后，则可通过输入新装备的有关参数，得到新装备费用的预测值。

一般来说，费用（因变量）和参数（自变量）之间的关系，最简单的是线性关系：

$$f(C)=b_0+b_1f_1(x_{11},x_{21},\cdots,x_{r_11})+b_1f_2(x_{12},x_{22},\cdots,x_{r_22})+\cdots+b_nf_n(x_{1n},x_{2n},\cdots,x_{r_nn})$$

式中，x_{ij}——第 j 个子集中的第 i 个预测参数，共 r_j 个；

$f_1,f_2,\cdots,f_n$——x_{ij}的函数；

$b_0,b_1,\cdots,b_n$——回归系数。

对于某些非线性函数，如 $f(C)=ax_1^{b_1}e^{b_2x_2}$ 可变换成线性函数。对该式取对数可得：

$$\ln f(C)=\ln a+b_1\ln x_1+b_2x_2$$

参数估算法最适用于装备研制的初期，如论证时的估算。这种方法要求估算人员对系统的结构特征有深刻的了解，对影响费用的参数找得准，对二者之间的关系模型建立得正确，同时还要有可靠的经验数据，这样才能使费用估算得较为准确。

3. 类比估算法

类比估算法是一种利用相似产品已知费用数据和其他数据资料进行费用估算的方法。估计时要考虑彼此之间参数的异同和时间、条件上的差别，还要考虑涨价因素等，以便做出恰当的修正。类比估算法多在装备研制的早期使用，如在刚开始进行粗略的方案论证时，可迅速而经济地做出各方案的费用估算结果。这种方法的缺点是：不适用于全新的装备及使用条件不同的装备，它对使用保障费用的估算精度不高。

4. 专家判断估算法

专家判断估算法由专家根据经验判断估算，或由几个专家分别估算后加以综合确定，它要求估算者拥有关于系统和系统部件的综合知识。一般在数据不足或没有足够的统计样本及费用参数与费用关系难以确定的情况下使用这种方法。

综上所述，费用单元估算法中的每一种方法都有其自己的优缺点。因此可交叉使用，相互补充，相互核对。四种周期费用估算方法的比较见表7-14。

表7-14 四种周期费用估算方法的比较

估算方法	论证阶段	方案阶段	工程研制（含定型）阶段	生产阶段	试用阶段	退役阶段
工程估算法	×	×	√	√	√	○
参数估算法	√	○	○	×	×	×
类比估算法	○	√	○	○	√	
专家判断估算法	√	√	○	○	○	√

注：√为主要方法；○为次要方法；×为通常不用。

5. 费用估算中的时值问题

装备的寿命周期费用各个部分通常是在不同的时刻消耗的，时间不同，相同数目的资金其实际价值也不相同。银行规定的利息就反映了资金随着时间推移而产生利润这一情况。由于装备的寿命周期可达数十年，因此，在计算费用时，必须考虑费用的时间价值。只有将不同时刻投入的资金折算到同一个基准时刻，不同方案的费用才具有可比性。

设现时值为 P，期利率为 i，考虑每期末的利息也产生利息，则 n 期末的本利和为：

$$F=P(1+i)^{n}$$

由未来值求现值，即：

$$P=F\ (1+i)^{-n}$$

复习参考题

1. 维修理论包含哪些学科？其相互关系是什么？

2. 简述维修理论的新观念。

3. 什么是可靠性分配？常用方法有哪些？

4. 什么是可靠性预计？常用方法有哪些？

5. 什么是产品的故障模式、故障机理？试述故障模式、故障机理、故障后果之间的联系。

6. FMECA的含义是什么？对所熟悉的部件做FMECA（写出系统定义，画出系统功能性、可靠性框图，给出分析步骤）。

7. 什么是故障树、故障树分析？简述其方法。

8. 电机启动电路如题8图所示，不考虑线路故障，初始条件：S_1、S_2 开关闭合，电机转动。建立电机不转动为定事件的故障树。

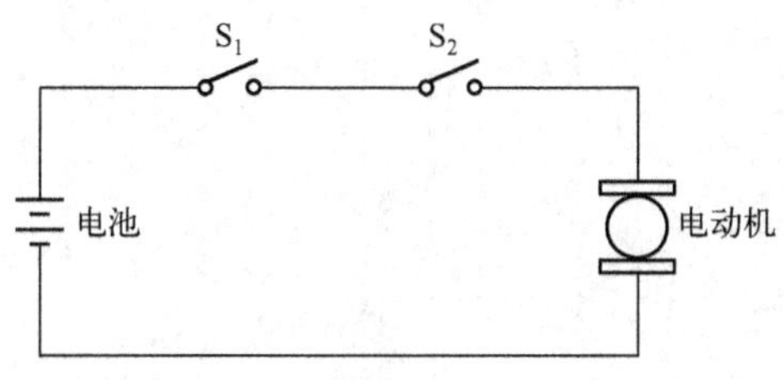

题8图

9. 什么是维修性？维修性与可靠性有何异同？

10. 维修性的常用参数有哪些？

11. 什么是维修度？$M(1\,000\,\text{km}) = 0.9$ 的含义是什么？

第8章

故障检测、诊断技术

【本章内容概要】

准确检测并诊断行车故障对于列车运行是非常重要的。介绍动车组故障诊断的内容及主要诊断技术。

【本章学习重点与难点】

学习重点：动车组故障诊断的内容；故障诊断方式与诊断技术。

学习难点：掌握动车组故障诊断方式的选择方法及准确掌握诊断技术。

随着铁路向高速、多元化的发展，列车运行控制、行车安全、运行状态实时监测与故障诊断、列车故障检修的快速高效性等问题变得越来越重要。保持机车车辆设备正常运行所耗费的维护费用在铁路运输经费中占了很大的比重。要发现故障初期的明显劣化征兆，实现检修的快速高效，先进的检测手段是必需的，故障的检测、诊断技术已经成为动车组运用和维修中的支撑技术。

列车故障的检测、诊断技术是一门新兴学科，还没有形成较为完整的科学体系，它涉及人工智能、传感技术、信号处理、自动控制、计算机技术等多门学科。对其研究目的、研究范畴的理解，往往因工程应用背景和工程技术人员的专长不同而有很大差异。

本章介绍测试性的概念，动车组维修中所运用的检测、诊断技术。

8.1 概　述

8.1.1 检测、诊断的定义

军标 GJB 3385—1998 中，诊断定义为：“检测故障和隔离故障的过程。”国标 GB/T 2900. 13—2008 中，故障诊断的定义为：“为故障识别、故障定位和确定故障原因所进行的工作。”故障诊断贯穿于产品研制、生产、使用（含储存）、维修乃至退役的整个寿命周期。诊断具有以下特点：

- 故障诊断和测试性是密切相关的，但是又有严格区别的；
- 故障诊断包括故障检测，然后对故障进行识别分析，确定故障发生的原因两个过程；
- 故障诊断还包括故障隔离，也即“把故障确定到实施修理所要求的产品层次的过程”；
- 铁路故障诊断的主要目标：通过故障识别、故障定位及采取的策略，达到减少停时的目的。

8.1.2 检测的分类

1. 根据检测的目的分类

（1）定期检测和连续检测。每隔一定的时间，对正在使用的系统或设备进行一次常规检查和测试，称为定期检测；连续检测则是采用特定的仪器仪表对某一个系统或设备进行连续的监视和测量。

（2）直接检测和间接检测。直接检测就是直接对被测设备的状态信息进行测量，以确定系统或设备的工作状态。间接检测则是通过加工系统或设备运行中的二次信息来间接达到对系统或设备工作状态的间接确定。

（3）功能检测和运行检测。功能检测是指专门为判断系统或设备的某项功能时而对其进行的检测。对于大修后出厂的设备，需要验证其各项功能是否符合技术标准时，一般采用这种方式。运行检测则是对正在运行的系统或设备进行状态监测，以便根据监测结果，对其可能发生的问题进行早期处理。

（4）在线检测和离线检测。在线检测是指对现场正在运行中的系统或设备进行的检测过程。离线检测是根据现场特定的某些记录设备将现场设备的状态信息记录下来，然后结合检测对象的历史数据进行测量对比、分析的一种过程。

（5）常规检测和特殊检测。常规检测就是指系统或设备在正常运行条件下进行的检测，一般所说的检测均属于这种类型；需要在特殊情况下模拟特殊的使用条件或工作环境来获取信号的检测过程称之为特殊检测。

2. 根据检测的信号分类

由于检测信号的不同，从而派生出来各种不同的检测方法，出现了利用振动声学、热学、力学、电学等理论的现代测试技术，主要包括声振检测、无损检测、温度检测、污染检测、交叉检测、压力强度检测和电气检测。

8.1.3 动车组故障诊断的主要内容

动车组（机车车辆）故障的检测和诊断包括故障的诊和断。故障诊断通常是指发现故障的过程。动车组维修所需要的故障诊断，是指根据故障出现前的一些征兆，判断是否将会出现故障或者确定故障的类型和可能产生的后果。根据系统出现的某些特征或参数的故障征兆来判断，得出的结论可能会产生多种可能的故障，这就是故障的诊；根据推理或者专家的经验，确定这许多种可能的故障中最有可能出现的是哪种，这就故障的断。如牵引电机过热，从电气方面，可能是负载电流过大，长时间过载造成的，或者谐波损耗太大导致的；从机械角度看，可能是转子与定子之间的摩擦、机械传动系统、轴承系统的故障所造成的。对牵引电机的故障诊断就要求诊断系统能够根据从各种途径所获得的信息：如负载电流的大小、谐波分量的多少、机械部件、轴承等的振动冲击等进行分析、判断，确定可能的故障原因，并提出对该故障的处理意见或相应的措施。

动车组故障诊断是一个十分庞大复杂的科学研究项目，动车组的故障诊断从总体上可以从机械、电气、液压与空气管路等几个方面来进行。

1. 机械部分的故障诊断

机械部分是列车能够正常运行的基础。主要包括车体、转向架、轮对等。

1）车体的故障检测

车体是动车组的主要机械部件之一，它以底架承载为基础，再由侧构、顶构等构成一个壳体结构。车体内安装了各种电气、机械设备，通过牵引杆装置和支承装置与转向架连接，通过车体传递垂直载荷和牵引力与制动力，同时车体也要承受各个方向的动态冲击载荷。

车体是一个十分复杂的受力体，应该具有足够的强度和刚度，以保证整列动车组运行的安全性和平稳性。车体的故障检测主要是针对车体受力，外形是否出现明显变形或裂纹等方面进行的。相对其他部件，车体的故障率是比较低的。

2）转向架的故障检测

转向架是列车的走行部分，它对动车组动力学性能、牵引性能和安全性能起着决定性的作用。转向架支承车体和车体内设备的质量，该质量通过二系弹簧支承、构架、一系弹簧支承均匀地分配到各个轴箱上，最后经轮对作用于钢轨。转向架的主要故障是受力结构上出现裂纹，目前主要是在停车状态依靠感官检测和超声波检测来进行诊断。

3）轮对的故障检测

轮对是机械部分中最重要的关键部件之一。动车组绝大部分垂直静载荷均通过它传递给钢轨，牵引电机所产生的转矩也是通过它传递到钢轨产生牵引力。另外，在列车运行时，它还要承受钢轨接头、道岔、通过曲线或在线路不平顺时的垂直和水平作用力。对于动车，轮对通常与牵引电动机组合在一起，形成所谓的轮对电机总成。轮对电机总成中除了轮对、牵引电机外，还包括齿轮箱、齿轮传动装置、轴箱组装、轴箱拉杆、电机悬挂装置等，上述每一部分又包含了许多具体的零部件。所以轮对、电机组装是故障多发的部位，在动车组的检修、维护中，轮对、电机部分的维护保养尤为重要。

轮对、电机组装故障多发部件包括传动齿轮、牵引电机及其轴承、轮对轴承、轮对踏面等运动部件及牵引杆、齿轮箱等。

2. 电气部分故障诊断

电气部件的故障诊断主要包括下面几个方面：受电弓（弓网关系）、主变压器、牵引变流器、牵引电机、辅助电机系统、电气控制系统、微机及电子控制系统、控制电源和辅助电源。电气部分的检测及故障的诊断是多学科综合性的，故障诊断系统的建立是一个十分巨大复杂的系统工程。

3. 空气管路部分故障诊断

空气管路系统是列车的重要组成部分之一。对于保障铁路运输安全、提高列车的运行速度和可靠性，都起着十分重要的作用。空气系统按其功能可划分为风源系统管路、控制系统管路、辅助系统管路、制动机系统管路。风源系统的主要任务是向全车气动器械、列车制动机提供所需高质量、洁净、干燥、稳定、足够的压缩空气。控制系统管路主要由辅助空气压缩机、辅助风缸、控制风缸、单向阀、联锁阀及其连接管路组成，用以提供全车气动电器的压缩空气及安全保护措施，是保证列车正常运行不可缺少的环节。辅助系统管路可以改善列车运行条件，确保行车安全；它由撒砂器、风喇叭、刮雨器、轮轨润滑喷脂器等润滑装置组成。

空气管路部分的故障诊断装置主要是针对上述部分的监测装置。

8.2　测　试　性

8.2.1　诊断与测试性

动车组的技术和结构非常复杂，掌握其技术状况的诊断工作也愈发困难。根据调查，复杂技术装备的故障检测和故障隔离所需要的时间大约占排除故障总时间的35%～60%。动车组的运用特点使得列车的运行状态监测、故障的预防和故障发生后的快速排除等问题摆在了越来越重要的地位。对于动车组，特别是高速动车组，故障诊断所占用的时间往往成为影响其运用效率、完好率（可用性）和完成运输任务的重要因素。可以说离开快速而有效的检测诊断，动车组就无法顺利、高效地完成所承担的运输任务。

如上所述，故障诊断问题已经成为动车组研制、生产和运用维修中的重要问题，必须把与故障诊断有关的要求纳入研制、生产的全过程来加以解决，而测试性正是这种产品特性。测试性是产品能够及时、准确地进行故障诊断的设计特性，它既包括了对主装备（完成任务的系统）自身的要求，又包含故障诊断设备的性能要求。

8.2.2　测试性定义

一般说来，在产品运用阶段的检测属于维修的范畴，包括预防性维修中的检测和修复性维修中的故障检测和隔离（故障诊断）及检验。至今在多数技术领域内仍然将测试性作为维修性的一部分来对待。随着技术装备不断的复杂化，电子和计算机技术的飞速发展，测试性的地位更加突出，鉴于其理论和技术的特殊性，对产品生产和维修的重要性，近代最初在电子技术，随后在其他领域内开始将测试性作为一种独立的系统特性来对待。

测试性的定义为：“产品能及时、准确地确定其状态（可工作、不可工作或性能下降）并隔离其内部故障的一种设计特性。”

测试性的特点如下。

(1) 测试性是一种设计特性。随着技术装备的现代化、复杂化，为了确定其状态而进行的检测工作变得越来越困难，并需要耗费大量的时间和资源，同时常常成为影响维修停时的主要因素。因此必须从产品设计上角度提出测试性的要求。

(2) 测试性有关的产品主要是指系统、子系统、设备或组件，产品的状态主要是指产品处于可以工作、不可以工作或性能下降的情况。

(3) 好的测试性能够及时、准确地确定产品的状态，这就要求其自检功能强，能自己检测工作状况；检测方便，便于使用，可自动记录存储故障信息：便于外部检测，有足够的检测点和检测通道，接口简单，兼容性好。

(4) 好的测试性能够及时、准确地隔离产品内部故障，也即是检测出具体的故障部位，将故障隔离到损坏的单元，当然最好是隔离到可更换单元RU（现场可更换单元LRU和车间可更换单元SRU)。

8.2.3　测试性定性要求

测试性定性要求应该是在消耗最少资源的情况下，使装备获得所需要的检测能力，实现检测诊断简便、迅速、准确。主要包括如下内容。

1. 划分可更换单元和模块

根据不同维修级别的要求，把系统划分为易于检测和可更换的单元，这样就能够提高隔离故障的能力。

2. 合理设置测试点

测试点是测试系统或设备状态信息或特征量的位置。合理地确定测试点，既可以减少故障隔离时间，又可以降低对检测设备的要求。根据不同维修级别的需要，在设备内外设置必要而充分的测试点是检测诊断的前提条件。

3. 选择适宜的检测方式和方法

根据装备的功能结构和运用维修的需要，综合权衡费用等因素，正确确定检测方案，合理选择自动、半自动、人工检测、内部和外部测试设备等，并使系统检测有最好的协调配合。

4. 良好的兼容性

检测项目与外部检测设备应具有良好的兼容性，这涉及性能和物理上的接口问题。在满足检测能力要求的前提下，尽可能采用标准化、通用化的检测设备，优先考虑机内测试诊断设备（BITE）。

8.2.4 测试性定量指标

1. 测试性指标

测试性以一系列的定量指标来表示，常用的测试性定量指标有故障检测率（γ_{FD}）、故障隔离率（γ_{FI}）和故障虚警率（γ_{FA}）。

1）故障检测率

故障检测率，是指被检测的项目在规定的时间内和规定的条件下，用规定的方法能够正确检测出的故障数与所发生的故障总数之比，常用百分数表示：

$$\gamma_{FD}=\frac{N_D}{N_T}\times 100\%$$

式中，N_T——在规定的时间内发生的全部故障数；

N_D——在规定的时间内和规定的条件下，用规定的方法检测出的故障数。

此处所指的“被检测项目”可以是系统、设备、模块、SRU 和 LRU 等。“规定时间”是指用于统计发生故障总数和检测出故障数的时间区间，此时间应足够长。“规定条件”是指进行检测的维修级别、人员水平及检测时机等。“规定方法”是指检测所使用的方法和手段等。

对于一些复杂装备，在进行测试性分析和预计时，可取故障率 λ 为常数，则：

$$\gamma_{FD}=\lambda_D\div\lambda=\left(\sum\lambda_{Di}\div\sum\lambda_i\right)\times 100\%$$

式中，λ_i——被测试项目中第 i 个部件或故障模式的故障率；

λ_{Di}——其中可检测的故障率。

2）故障隔离率

故障隔离率，是指被检测项目在规定的时间内被检测出的故障，在规定的条件下，用规定的方法能够正确隔离到规定个数（L）以内可更换单元的百分数。即：

$$\gamma_{FI} = \frac{N_L}{N_D} \times 100\%$$

式中，N_L——在规定条件下，用规定方法隔离到小于或等于 L 个可更换单元的故障数；L 表示隔离的分辨能力。当 $L=1$ 时为确定性隔离，要求直接将故障确定到需要更换，以排除故障的那一个单元；按当 $L>1$ 时为不确定性隔离，即检测设备只能将故障隔离到一个至 L 个单元，到底是哪个单元还需确定。

同样，对一些复杂装备，在进行测试性分析和预计时，可采用数学模型：

$$\gamma_{FI} = \frac{\lambda_L}{\lambda_D} = \frac{\sum \lambda_{Li}}{\sum \lambda_{Di}} \times 100\%$$

式中，λ_{Li}——可隔离到小于或等于 L 个可更换单元的第 i 个部件或故障模式的故障率。

3）故障虚警率

故障虚警率 γ_{FA} 也就是故障的误判率。虚警，是指检测设备指示出有故障，而实际上该项目元故障。虚警虽然不会造成人员伤亡或装备损伤，但会浪费资源，增加不必要的维修工作，降低装备的可用度，甚至延误任务的完成，因此提出故障虚警率的要求。故障虚警率，是指在规定的时间内发生的故障虚警数与故障指示总数之比。常用百分数表示：

$$\gamma_{FA} = \frac{N_{FA}}{N_F + N_{FA}} \times 100\%$$

式中，N_{FA}——故障虚警次数；

N_F——真实故障指示次数。

同样，故障虚警率可用下式表示：

$$\gamma_{FA} = \frac{\sum \zeta_i}{\sum \lambda_{Di} + \sum \zeta_i} \times 100\%$$

式中，ζ_i——第 i 个导致虚警事件的频率，包括检测设备的故障率和其他事件发生的频率等。

此外，测试性还可用如故障检测时间、故障隔离时间、不能复现率和重测合格率等指标来描述，这里不一一列举。

2. 测试性指标的选取范围

最常用的测试性指标是故障检测率、故障隔离率和故障虚警率。根据目前的要求和所能达到的水平，测试性定量指标的建议选取范围分别是：

- 故障检测率 $\gamma_{FD}=90\%\sim98\%$；
- 故障隔离率 $\gamma_{FI}=90\%\sim99\%$（隔离到单个 LRU）；
- 故障虚警率 $\gamma_{FA}=1\%\sim5\%$。

8.2.5　关于测试性的若干问题

研究产品的测试性，需要注意下列的一些管理和技术问题。

1. 测试性应与其他设计特性同时协调

测试性设计、验证应与整个系统的设计、验证相协调，应在设计阶段就要考虑；测试性与维修性的联系最紧密，常将其作为维修性的一部分来处理。所以测试性大纲、计划，以至研制过程的分析都应与维修性结合在一起进行。

2. 故障模式、影响及危害度分析（FMECA）是测试性设计的基础

检测诊断的目的在于发现故障，并确定其部位，因此测试性的基础是掌握产品的故障模式、故障机理、影响及危害，这就需要进行 FMECA 工作。在产品设计中，要与可靠性工作密切配合，进行相应的 FMECA 工作，发现易出现故障的薄弱环节，提出测试性方面的建议。

3. 针对各级维修统筹安排检测诊断工作

根据不同维修级别的需要，统筹安排各维修级别的故障检测诊断能力，综合利用各种检测手段，达到既满足测试诊断的要求，又消耗最少的资源和费用。要统筹考虑测点的布置，测量精度，采取何种测试方法等。

4. 测试性的"熟化"过程

由于测试性受多种因素影响，在设计中很难考虑周全，因此要不断地改进和提高，这就需要一个类似于可靠性的增长过程，即所谓的测试性"熟化"过程。该过程主要在工程研制阶段，对高速列车等装备，熟化过程要延伸到使用阶段，必须通过不断的试验分析，采取纠正措施（改进主装备和检测设备）加以实现。

测试性和故障诊断是密切相关的，但是它们之间又是有区别的。测试性是能够及时而又经济、有效地确定产品状态的一种设计特性，而故障诊断则是为故障识别、故障定位和确定故障原因所执行的功能和进行的工作。测试性好的产品利于故障诊断的进行，测试性差的产品检测和隔离故障则需要耗费过长的时间和过大的人力、物力，不利于故障诊断的进行。

8.3 故障诊断技术

8.3.1 概述

现代列车上的各种设备越来越复杂，单凭人的感官来检测设备是否存在故障是难以满足要求的，必须利用各种现代检测技术，如振动冲击检测、温度测量、电磁量测量、位置测量、超声检测等，再通过谱分析、小波分析、现代神经网络、智能诊断、专家系统等方法，确定设备是否正常。而任何故障诊断的理论研究和方法的探讨，最终都要落实到具体的故障诊断装置（仪器）或系统的研制上。一个诊断装置应包括如下几项要素。

（1）激励的产生和输入。产生必要的激励并将其施加到被测试单元上，以便得到要测量的响应信号。必要时还要模拟产品运行环境，把被测试单元置于真实工作条件下。

（2）测量、比较和判断。对被测试单元在激励输入作用下产生的响应信号进行观察和测量。与标准值比较，并按规定准则或判据判定单元的状态乃至确定故障部位。

（3）输出、显示和记录。将测试结果用仪表指示、显示器图文、音响和警告灯等显示方式输出，并可用各种存储器、磁带、打印机等记录。

（4）程序控制。对测试过程中每一操作步骤的实施和顺序进行控制。最简单的情况下，程序控制器是操作者或维修人员，复杂的程序控制器是计算机及其接口装置。

包含上述测试功能要素的测试系统的组成如图 8-1 所示。

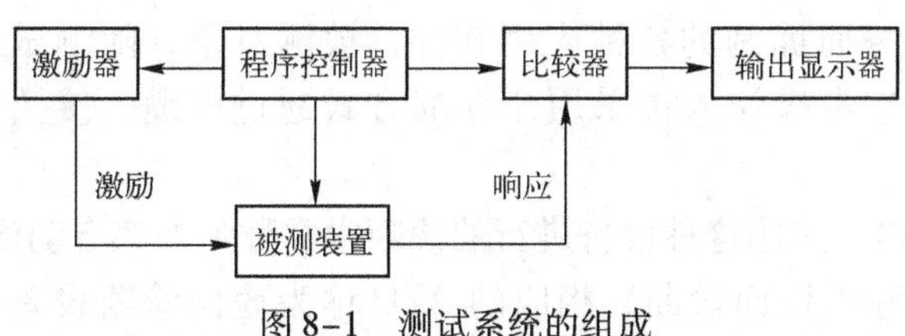

图 8-1　测试系统的组成

8.3.2　诊断方式

诊断方式大致可以分为四种类型：人工诊断、应用自动测试设备诊断、应用机内测试系统进行诊断及应用虚拟仪器技术进行诊断。

1. 人工诊断

利用专业人员对于某些产品的故障识别、定位及故障原因的查找所积累的经验，再根据人工检查、人工测试设备的检测来对故障进行诊断的方法。这是最经济、最直接的故障诊断方式，也是我国铁路系统最常用的一种方法。

根据动车组部件的外观和颜色的变化及气味的改变，来确定部件是否发生故障，如外形破损、变形、松动、腐蚀、变色、烧焦、冒烟、产生火花，漏油、漏气等。设备在运行中会产生各种声响和振动，如变压器中励磁电流引起硅钢片磁致伸缩而产生振动而发出的嗡嗡声，旋转的牵引电机和各种辅助电动机的轴承会产生机械振动、声响等，人们可以通过声音的变化和对振动的观测，判断主变压器、牵引电机是否正常运转。

2. 应用自动测试设备

自动测试设备（ATE）是可以自主完成对被测对象的整个测试工作的一种系统或设备。依据 GJB 3385—1998，自动测试设备 ATE 定义为："自动进行功能和/或参数测试、评价性能下降程度或隔离故障的设备"。这种设备不是被测装置的组成部分，通常由计算机控制和评定功能来完成诊断决策，尽量减少人为介入。

自动测试设备一般包括数据采集、数据分析处理及测试结果的显示输出等部分（图 8-2），具有连续监测、故障检测、故障定位和故障辨识的功能。

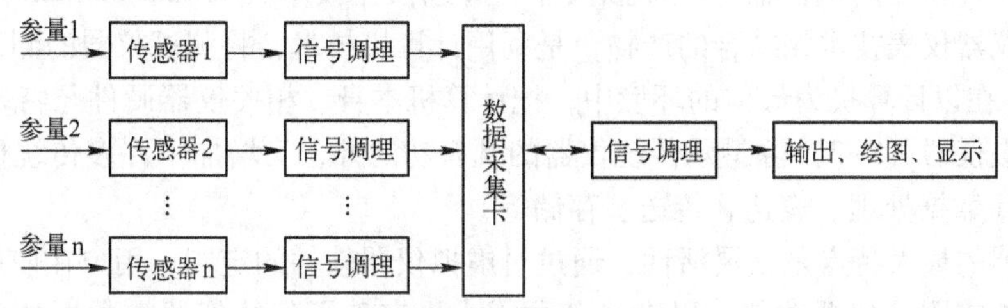

图 8-2　自动测试设备基本结构图

自动测试设备的组成包括几个部分：控制器，主要是计算机，如小型机、个人计算机、微处理机、单片机等，是系统的指挥控制中心；程控仪器、设备，包括各种程控仪器、激励源、程控开关、程控伺服系统、执行元件，以及显示、存储记录等器件，它们能完成具体的测试、控制任务；总线与接口，是连接控制器与各程控仪器、设备的通路，完成消息、命令、数据的传输与交换，包括机械接插件、插槽、电缆等；测试软件，是为了完成系统测试任务而编制的各种应用软件；被测对象，随测试任务不同，被测对象往往是千差万别的，它由操作人员采用非标准方式通过电缆、接插件、开关等与程控仪器、设备相连。

在机车车辆领域内，采用这种设备进行的诊断常常称为外部自动诊断。将机车车辆开到ATE处进行诊断，又称为地面诊断，相应的ATE称为地面诊断设备或固定诊断设备；将ATE带到被测装置处，即ATE携带上车进行检测诊断的，称为随车诊断，相应的ATE称为随车诊断设备。当前，铁路系统已经研制应用了大量的地面和随车诊断设备（如超声波诊断、轮对、踏面自动检测诊断设备等)。

3. 应用机内测试设备

机内测试设备（BITE）和自动测试设备从技术角度来说是非常相近的，根本的区别在于是否属于被测装置的一部分。依据GJB 3385—1998，机内测试设备BITE的定义是："完成机内测试功能的设备"；机内测试BITE的定义是："系统或设备内部提供的检测和隔离故障的自动测试能力"，它为故障的诊断或隔离提供了一种机载的、自动检测的能力，包括周期、连续地监控被测装置的运行状况，维修前的观测和诊断等。

BITE实现了装备测试的自动化，是改善动车组的测试性和诊断能力的重要途径，是动车组维修的重要手段。动车组的复杂性要求BITE具有常规检测设备和技术所不能做到的检测和隔离故障的能力，而且其本身应具有很高的可靠性和可信赖性。一个设计精良的BIT系统能够在列车运行中指出和隔离列车部件所发生的故障，通过信息传输系统提前通知维修段，做好维修计划，在列车库停时间内完成相应的维修作业，从而节省了为完成这些维修工作所需的计划停时。

需要注意的是，BITE不可能解决系统所有的故障诊断问题，而且各个测试单元必须成为主装置的一部分，从而增加了装置的尺寸、重量和复杂性，当其自身出现故障时，给维修工作增加了更多的负担，且不易排除。

4. 虚拟仪器技术

20世纪90年代以来，测试仪器依托计算机技术的迅猛发展，从传统仪器模式脱颖而出，出现了一种新的测试仪器——虚拟仪器。虚拟仪器技术（Virtual Instrument，VI）是计算机技术和仪器仪表技术相结合的产物，是利用计算机技术，将测试仪器的测试功能进行有效"集成"，在以计算机为母体的环境中，把计算机本身、相关仪器硬件与特定软件结合起来，使得虚拟仪器（8-3）除继承传统仪器的既有功能外，又增加了许多传统仪器所不能及的先进功能（数据处理、表达、传送、存储等)。

虚拟仪器的最大特点是其灵活性，通过对虚拟仪器软件的定制，用户在使用过程中可以根据需要添加或删除仪器功能，以满足各种需求；突破了传统仪器在数据处理、表达、传送、存储方面的限制。

1）*虚拟仪器的技术优势*

（1）性能高。虚拟仪器技术是在PC技术的基础上发展起来的，完全"继承"了以现成即用的PC技术为主导的最新商业技术的优点，包括功能超卓的处理器和文件I/O，在数据高速导入磁盘的同时就能实时地进行复杂的分析。此外，不断发展的因特网和越来越快的计算机网络使得虚拟仪器技术展现其更强大的优势。

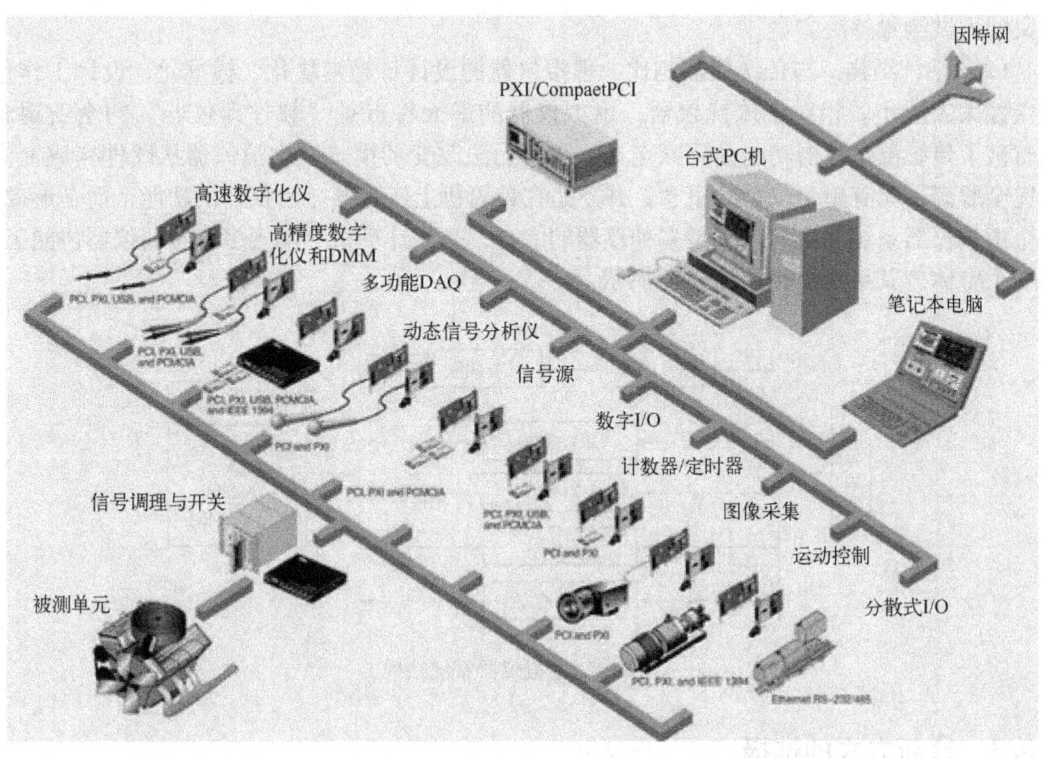

图 8-3 虚拟仪器示例

(2) 扩展性强。得益于软件的灵活性，只需更新计算机或测量硬件，就能以最少的硬件投资和极少的、甚至无需软件上的升级即可改进整个测量系统。

(3) 开发时间少。在驱动和应用两个层面上，高效的软件构架能与计算机、仪器仪表和通信方面的最新技术结合在一起。可以快速配置、创建、发布、维护和修改高性能、低成本的测量和控制解决方案。

(4) 无缝集成。虚拟仪器技术从本质上说是一个集成的软硬件概念。虚拟仪器软件平台为所有的 I/O 设备提供了标准的接口，可以轻松地将多个测量设备集成到单个系统，减少了任务的复杂性。

2) 虚拟仪器的系统结构

(1) 组成部分。

① 高效的软件。它是虚拟仪器技术中最重要的部分。使用正确的软件工具并通过设计或调用特定的程序模块，可以高效地创建自己的应用及友好的人机交互界面。软件系统能够提供强大的后续数据处理能力、及各种专用工具箱。

② 模块化的 I/O 硬件。目前，虚拟仪器模块包含数据采集、信号条理、声音和振动测量、视觉、运动、仪器控制、分布式 I/O、CAN 接口等工业通信等种类，并且有各种总线形式（PC、PXI、PCMCIA、USB 或 1394 等）。

③ 用于集成的软硬件平台。PXI 作为一种专为工业数据采集与自动化应用度身定制的模块化仪器平台，已经成为当今测试、测量和自动化应用的标准平台。内建有高端的定时和触发总线，再配以各类模块化的 I/O 硬件和相应的测试测量开发软件 ，就可以建立完全自

定义的测试测量解决方案。

（2）系统结构。与传统仪器相比，虚拟仪器的设计日趋模块化、标准化，设计工作量、复杂性大大减小。相对于传统仪器，虚拟仪器的最大特点是“软件即仪器”的全新观念，它打破了传统测试仪器功能由厂家定义、用户无法改变的模式。虚拟仪器从硬件构成上讲，已完全脱离了原有单个仪器的概念，并不是在计算机上实现某一台仪器的功能，而是形成了一个虚拟仪器系统的概念。它是多种仪器的综合，是在计算机上实现多种不同仪器协同工作的一个整体，其系统结构如图 8-4 所示。

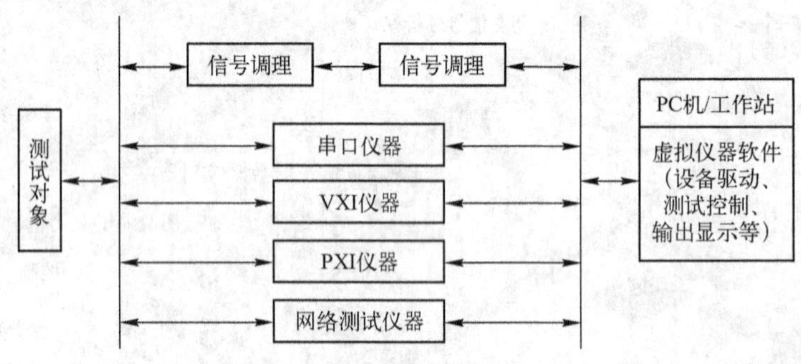

图 8-4 虚拟仪器系统结构

8.3.3 诊断方式的选择

在运用维修中采用什么样的诊断方式是十分重要的，它直接影响到装备的可用性和寿命周期费用。因此，诊断方式的选择应该慎重周全，各方权衡。在满足维修限定时间的情况下，决策时应综合考虑如下因素：诊断能力和技术；使用效率和工作可靠性；对检测中的工作系统的影响，是否可以在线测试，未被测试的系统是否必须等待等；对寿命周期费用的影响。

1. 人工诊断的选择

在维修中，如果人工诊断方法能够满足维修计划中限定的时间和其他条件，则应优先考虑采用人工诊断方法。充分利用专业人员的经验，结合外观检查、动作试验、常规仪表及尺寸测量等行之有效的检测手段，逐步摸索出一套自己的诊断模式。

2. 机内测试设备 BITE 和自动测试设备 ATE 的选择

BITE 设置在被测系统的内部，与其成为一体。而 ATE 则与被测系统分开，要在 BIIE 和 ATE 之间进行选择，必须考虑如下因素。

1）测试设备的应用频度

需要频繁测试，尤其是需要连续监控检测的，BITE 是最佳的选择。而 ATE 不能立即使用，需要搬动和连接装置。

2）被测装备的重量和尺寸要求

要使被测装备的重量和尺寸达到最小，可能必须使用 ATE，尤其对于机载装备更是如此。但是，如果通往被测装备的通道受到限制，则须采用 BITE。

3）测试设备的可靠性和维修性

BITE 可能使已经相当复杂的系统又额外增加了一部分，从而降低了系统的可靠性，也加大了维修的负担。系统需要停机进行 BITE 的维修，从而降低了系统的可用性。但是从另一方面看，一些专用的 BITE 比多用途的 ATE 简单、可靠，所以需要综合权衡。

4）费用比较

采用 BITE 和 ATE 时所发生费用的比较，包括它们的购置费和对被测系统寿命周期费用的影响，是选择决策权衡中的一个重要因素。一般说来，专用诊断宜采用 BTIE，而通用诊断采用 ATE。

5）维修的后勤管理

大量用于专门目的和功能的 BITE 将增加整个系统所需维修的零部件数量和复杂程度，使维修后勤管理变得更加困难。而将许多测试功能综合起来的集中式 ATE 则减少了后勤负担。

6）人员的技术水平

一般说来，BITE 对操作人员素质要求不高；而使用 ATE 的人员要求具有较高的技术水平，操作人员必须学会使用 ATE，学会选择使用相关的激励，掌握操作过程中的调整方法。

动车组中都设置了完善的故障诊断系统，动车组主要零部件工作状况的连续监测和故障诊断，基本上都由其内部的微机控制诊断系统来完成。这样，作为用户不再需要研制或购买各种各样的故障诊断设备，而可以集中力量消除内部 BITE 诊断出的故障。

8.3.4　诊断技术

装备故障诊断技术的应用范围非常广泛，诊断技术本身的领域也非常宽广，已经发展成为一门独立的应用科学，此处仅就高速列车常用的故障诊断技术做简单的介绍。

1. 振动诊断技术

振动诊断是对正在运行的机械装备或静止状态的系统以人工激励，测量其振动响应，应用振动分析技术分析所得到的各种数据，从而判断出是否存在故障。

振动诊断技术应该包括振动信号的采集技术、振动信号的分析处理技术、故障的识别技术及故障预报等。在振动诊断系统中，振动信号的分析处理技术是其关键，分析方法主要有以下几种。

（1）幅值分析法。它是分析振动信号的特征参数：均值、均方根值、最大值、最小值和绝对平均值及量纲为 1 的幅域参数：波形、峰值、脉冲、裕度和峭度系数等。

（2）频域分析法。它的基础是频谱分析，即分析动态信号的幅值、相位、功率和能量随频率的变化关系。频谱分析主要包括功率谱密度函数分析、细化谱分析、冲击响应谱分析、最大频谱分析和全息谱分析等。

（3）相关分析法。它主要是应用相关系数和相关函数来进行分析，即利用相关函数来研究两个信号之间的相关性和依赖性。相关函数分为自相关函数和互相关函数。自相关函数不包含信号的相位信息，只存在着单一的量值关系。自相关函数是随机振动分析中的一个重要参量。互相关函数则包含着相位信息，它的大小直接反映所研究的两个信号之间的相关性，应用广泛。

（4）时序分析法。它是对按照时间顺序排列的观测数据进行统计学处理与分析，是数据统计处理和系统分析相结合的一种数学方法。可以对系统进行动态分析，还可以对系统的未来状况和趋势进行预报和控制。

（5）特征分析法。它包括功率谱分析、阶比谱分析、跟踪谱分析、坎贝尔图谱分析、转速谱阵分析、时间谱阵分析等。特征分析的目的在于把众多的特征分量（频率）从复杂的信息中识别出来，研究和分析它们的变化特征，从而判别装备运行状态是否正常。

在列车转向架、轮对、电机等关键部件的故障诊断分析中，采用了振动测试技术及振动测试技术和其他技术相融合的技术。

2. 声和噪声诊断法

声诊断技术是利用声学的原理进行故障诊断的技术。从物理意义上讲，噪声是紊乱、断续或统计上随机的声振荡。声和噪声诊断是根据装备在运行中发出的声和噪声来判断其是否发生故障的技术。对装备运行中发出的声音进行信号处理，或记录、存储后再进行处理，可以对信号进行频谱和倒频谱、频率和倒频率分析，从而判断装备是否发生故障。声和噪声诊断的方法主要有主观评估法、近场测量法、表面振速测量法、频谱分析法和声强法等。

3. 声发射诊断

1）原理

声发射是物体在外界条件作用下，缺陷或异常部位因应力集中而产生变形或断裂，并以弹性波形式释放出应变能的一种现象，也称为应力波发射。声发射要具备两个条件：第一，材料要受外载作用；第二，材料内部结构或缺陷要发生变化。声发射诊断是采用声发射探头将声发射源发射的弹性波转变为电信号，然后进行放大和处理，得到一些声发射的特征参数，根据这些参数推测材料内部声发射源的特征和状态，确定声发射源，即缺陷的具体部位。其原理图如图 8-5 所示。

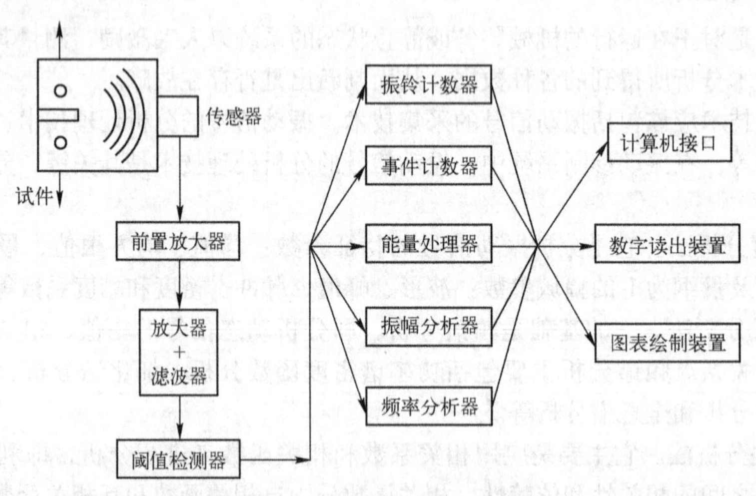

图 8-5 声发射测试装置原理图

2）声发射检测技术的特点

（1）优点。

① 几乎不受材料限制。除极少数材料外，无论是金属还是非金属材料，在一定条件下都有声发射发生，因此，声发射监测几乎不受材料限制。

② 声发射检测是一种动态无损检测技术。声发射检测是利用物体内部缺陷在外力或残余应力作用下，本身能动地发射出的声波来对发射地点的部位和状态进行判断。既可以了解

缺陷的目前状态，也能了解缺陷的形成过程和发展趋势，这是其他无损检测方法很难做到的。

③ 灵敏度高。结构或部件的缺陷在萌生之初就有声发射现象，因此，只要及时对声发射信号进行检测，就可以判断缺陷的严重程度，即使很微小的缺陷也能检测出来，检测灵敏度非常高。

④ 可检测活动裂纹。声发射检测可以显示裂纹增量（零点几毫米数量级），因此可以检测发展中的活动裂纹。

⑤ 可以实现在线监测。对压力容器等人员难以接近的场合和设备，可实现在线监测，不需要停产，可以减少停产损失。

（2）局限性。结构必须承载才能进行检测；检测受材料的影响很大；测量受电噪声和机械噪声的影响较大；定位精度不高；对裂纹类型只能给出有限的信息；测量结果的解释比较困难。

3）应用

声发射诊断方法载工业现场主要用于机械制造过程中的在线监控、压力容器的安全评价、复合材料特性研究、泄漏检测、焊接构件疲劳损伤的检测等方面。铁路行业主要用于焊接构件（如转向架）的疲劳损伤的检测，诊断零部件因塑性变形、疲劳、应力和磨损而产生的裂纹及其发展。我国已经对高速列车转向架的模拟梁焊接结构进行了声发射监测试验。采用声发射多参数分析技术监测焊接梁疲劳试验的全过程，得到构件疲劳损伤各阶段与声发射特征之间的关系，准确监测到焊接梁中焊缝和应力集中处的裂纹萌生及扩展过程。所用方法可用来进一步确定构件的损伤程度。

4. 超声波诊断

超声波是频率高于 20 kHz 的声波，是超声频率的机械振动在弹性介质中的一种传播过程。描述超声波的基本物理量有声速、频率、波长、角频率、周期等。根据介质质点的振动方向与波的传播方向之间的关系，可将超声波分为纵波、横波、板波和表面波。

超声波检测技术是一门以物理、电子、机械及材料学为基础的通用无损检测技术，超声检测是使超声波与被检工件相互作用，根据超声波的反射、透射和散射的行为，对被检工件进行缺陷检测、几何特性测量、组织结构和力学性能变化的检测和表征，并进而对其应用性进行评价的一种无损检测技术。广泛用于工业（探伤、厚度和距离测量、流量和密度测量、清洗、超声焊接）、医疗器械及海洋探测等领域。

1）超声波检测的优点

① 无论是金属、非金属，还是复合材料都可应用超声波进行无损检测。

② 施加给工件的超声强度低，最大作用应力远低于弹性极限，不会对工件使用造成任何影响。

③ 对确定内部缺陷的大小、位置、取向、埋深、性质等参量较之其他无损检测方法有综合优势。

④ 仅需从一侧接近被检工件，便于复杂形状工件的检测。

⑤ 对人体及环境无害。

⑥ 设备轻便，可作现场检测。

⑦ 所用参数设置及有关波形均可进行存储，供以后分析调用。

2）超声波检测的局限性

① 对缺陷进行精确的定性、定量表征仍须作深入研究。

② 为使超声波以常用的压电换能器为声源进入试件，一般需用耦合剂。

③ 对形状复杂的工件的检测有一定限制。

3）检测诊断方法

超声波检测方法很多，各种方法的操作也不尽相同，此处仅从检测原理角度做简略介绍。

(1) 脉冲反射法。超声波探头发射脉冲波到被检测工件内，根据反射波的情况来检测工件缺陷的方法。脉冲反射法又包括缺陷回波法、底波高度法和多次底波法。

① 缺陷回波法。它是根据仪器示波屏上显示的缺陷波形进行判断的检测方法，是反射法的基本方法。

缺陷回波检测法的基本原理如图 8-6 所示。

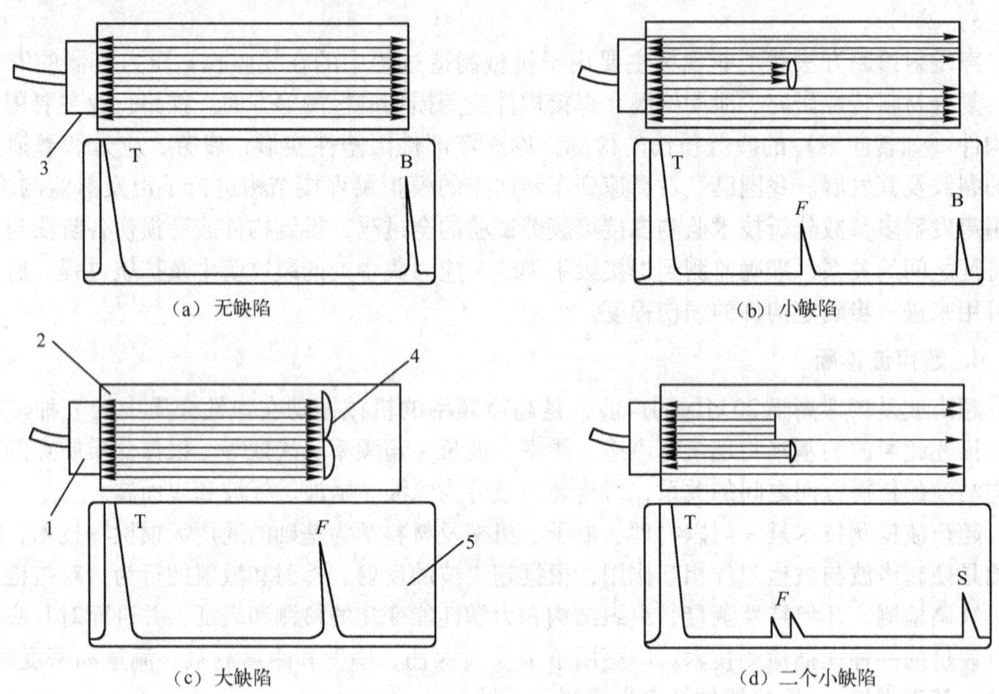

1—探头 2—试件 3—超声波 4—内部缺陷 5—显示屏

图 8-6 缺陷回波检测法的基本原理

当工件完好时，超声波可顺利传播到达底面，检测图形中只有发射脉冲 T 及底面回波 B 两个信号，如图 8-6（a）所示；若工件中存在缺陷，在检测图形中，底面回波前有表示缺陷的回波 F，如图 8-6（b）所示；若工件内缺陷较大，检测图形中，只有缺陷波，而接收不到回波 B，如图 8-6（c）所示；工件内部有多个缺陷，则会在回波前形成多个小的缺陷波，如图 8-6（d）所示。

② 底波高度法。当工件的材质和厚度不变时，底面回波高度应是基本不变的；但如果工件内存在缺陷，则底面回波高度会下降甚至消失。

依据底面回波高度的变化就可判断工件内的缺陷情况，这种检测方法称为底波高度法，其原理图如图 8-7 所示。底波高度法的优点是同样投影大小的缺陷可以得到同样的指示，而且不出现盲区。但是实施该方法时要求被检测工件的探测面要与底面平行，耦合条件一致。由于该方法检出缺陷的定位、定量不便，灵敏度也较低，因此，很少作为一种独立的检测方法，而经常作为一种辅助手段，配合缺陷回波法发现某些倾斜或小而密集的缺陷。

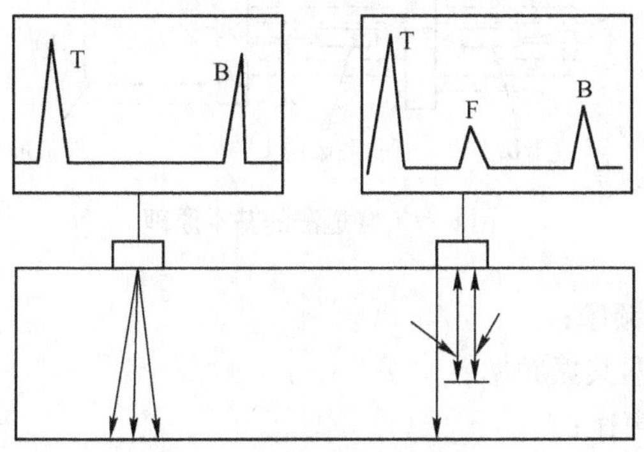

图 8-7 底波高度法的原理图

③ 多次底波法。当透入工件的超声波能量较大，而工件厚度较小时，超声波可在探测面与底面之间往复传播多次，示波屏上则出现多次底波 B1、B2、B3……如图 8-8（a）所示。如果工件存在缺陷，则由于缺陷反射及散射而增加了声能的损耗，底面回波次数会减少，同时也打乱了各次底面回波高度依次衰减的规律，并显示出缺陷回波，如图 8-8（b）、（c）所示。根据底面回波次数，就可以判断工件有无缺陷，这种检测方法就是多次底波法，其基本原理如图 8-8 所示。

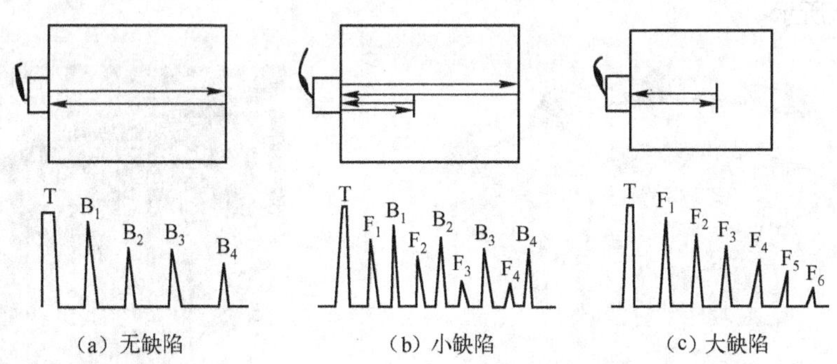

（a）无缺陷　（b）小缺陷　（c）大缺陷

图 8-8 多次底波的基本原理

多次底波法主要用于厚度不大、形状简单、探测面与底面平行的工件的检测，缺陷检出的灵敏度低于缺陷回波法。

（2）穿透法。穿透法是依据脉冲波或连续波穿透工件之后的能量变化来判断缺陷情况的一种方法，常采用两个探头，一个用于发射，一个用于接收，分置在工件两侧进行探测，无缺陷时的波形如图 8-9（a）所示，有缺陷时的波形如图 8-9（b）所示。

（3）共振法。若声波（频率可调的连续波）在被检工件内传播，当工件的厚度为超声波的半波长的整数倍时，将引起共振，仪器显示出共振频率，用相邻的两个共振频率之差，可计算出工件的厚度：

$$\delta=\frac{\lambda}{2}=\frac{c}{2f_0}=\frac{c}{2\ (f_m-f_{m-1})}$$

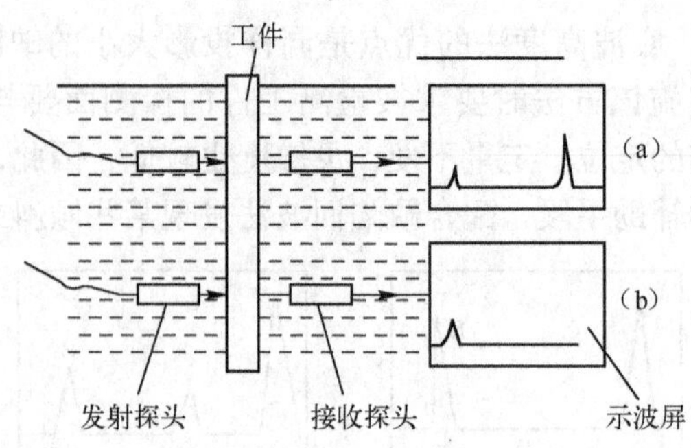

图 8-9 穿透法的基本原理

式中，f_0——工件的固有频率；

$f_m - f_{m-1}$——相邻两共振频率；

c——被检工件的声速；

λ——波长；

δ——工件厚度。

当工件内存在缺陷或工件厚度发生变化时，工件的共振频率将改变。依据工件的共振性，来判断缺陷情况和工件厚度变化情况的方法称为共振法。共振法常用于工件测厚。

（4）多探头法。为了提高检测的检测速度和发现各种取向的缺陷，常使用两个以上的探头成对组合在一起进行检测，这种方法称为多探头法。辅以多通道仪器和自动扫描装置，复杂的接收、判断方法和算法，以探测部件内部缺陷。应用多探头法进行轮对踏面缺陷探测的原理图如图 8-10 所示。

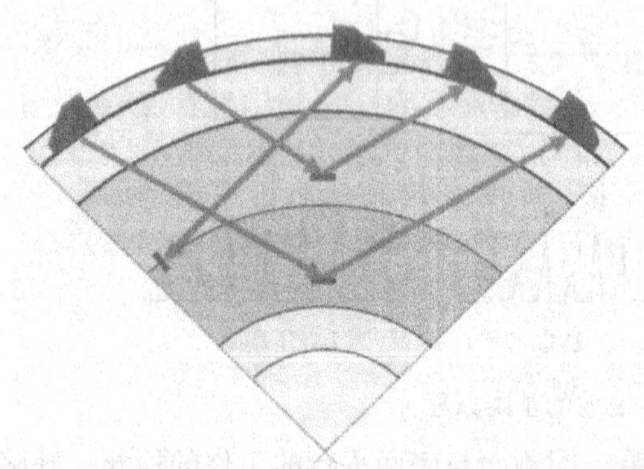

图 8-10 应用多探头法进行轮对踏面缺陷探测的原理图

基于上述原理研制出的德铁 ICE 轮对踏面超声波探测仪如图 8-11 所示。

超声波诊断在铁路系统应用广泛。主要用于零件的探伤和测厚，如车轴探伤、轮缘及踏面磨耗的测量等。随着微电子技术的发展和计算机的普遍应用，超声检测仪器和检测方法得到了迅速发展，使超声检测的应用更为普及。许多超声检测仪器都把微处理器作为一个部件组装在一起，微机完成数据采集、信息处理、过程控制和记录存储等多种功能，可在屏幕上同时显示回波曲线和检测数据，存储仪器调整状态、缺陷波形和各种操作功能。

图 8-11　德铁 ICE 轮对踏面超声波探测仪

5. 红外线诊断技术

红外线是太阳光谱中红光外的不可见光，其波长范围为 0.75 ～1 000 μm。红外线诊断技术在铁路上的应用主要是红外线测温技术。装备发生故障绝大部分都直接或间接与温度的变化有关，因此红外线测温技术可以被用来进行故障诊断。根据用途将红外线诊断技术分为红外线测温技术和红外线成像技术。

1）红外线测温技术

当被测物体表面的辐射系数为常数时，它的辐射功率与其绝对温度的 4 次方成正比。因此物体表面温度的检测就变成对其辐射能量的检测，通过红外线辐射能量的测量，再经过黑体标定，就能够确定被测物体的温度。这种技术具有非接触测温、测温速度快、测温范围宽、灵敏度高，对被测温度场无干扰的特点，可实现动态测温和远距离测温。铁路系统曾开发出一整套的红外轴温测试装置，用于货车轴箱温升的监测。

2）红外线成像技术

红外线成像技术是将被测物体的红外线辐射转换为可见图像，从而使人们的视觉范围扩展到红外线谱段。红外线成像技术分为光机扫描热成像技术（红外线热像仪）和热释电摄像管热成像技术（红外线热电视）两类。

6. 润滑油分析技术

润滑油分析技术一方面对润滑油本身理化性能（如黏度、酸度和水分等）进行化验和评定，更重要的是对润滑油内所含的机械磨屑和其他微粒进行定性和定量测量与分析，从而得到摩擦副的磨损状况及系统污染程度等方面的重要信息。润滑油分析技术除常规化验外，主要有润滑油光谱分析和铁谱分析。

1）光谱分析技术

润滑油光谱分析技术是利用各种元素的原子发射或吸收特定光谱的原理，对被测装备的润滑油进行光谱分析，得知各磨损元素的种类和浓度，从而判定相应零件的磨损状况和润滑系统的相关故障。润滑油光谱分析技术主要有发射光谱分析和吸收光谱分析两种。

① 发射光谱分析。它是利用物质受高压电（1.5 kV）激发后，发出特定光谱的性质来判定某种元素是否存在，然后根据这些元素发射出的光谱强度进行定量分析，得出元素的浓度值。这种方法操作简便、分析速度快、测量精度高、灵敏度好。缺点是设备价格昂贵，所得结果不能给出磨屑的外形、尺寸等信息，不能反映磨屑产生的原因。而且这种方法只适用于悬浮在油液中小于 10 μm 的磨屑。

② 吸收光谱分析。它是将分析油样送入燃烧器雾化，使各种磨屑微粒原子化而处于吸收状态；同时采用一种能发出不同元素波长的光源（空心阴极灯），当它发出的射线穿过燃烧器的火焰时，就被相应磨屑微粒元素的原子吸收，其吸收量正比于该元素的浓度。通过标定就能够准确地测出其浓度值。这种方法的测量精度较高，而且消除了周围环境的干扰。

润滑油光谱分析技术由于操作简便、分析速度快、测量精度高等优点得到了广泛的应用，成为列车故障诊断技术的重要手段。

2）铁谱分析技术

铁谱诊断技术的基本原理和方法就是用磁性方法（采用铁谱仪）把混于润滑油中的铁质磨粒分离出来，并按其尺寸大小依次、不重叠地沉淀到一块透明的基片上（即制作谱片），在显微镜下或用肉眼直接观察，以进行定性分析（指对磨粒的形态特征、尺寸大小及其差异等表面形貌和成分进行检测分析）。利用加装在铁谱显微镜上的光密度计，还可以对谱片上大小磨粒的相对含量进行定量分析。摩擦学的研究表明，磨粒的类别和数量的多少及增加的速度与摩擦面材料的磨损程度及磨损速度有直接的关系；而磨粒的形态、颜色及尺寸等则与磨损类型、磨损进程有密切关系。因此铁谱分析法在判断磨损故障的部位、严重程度、发展趋势及产生的原因等方面能发挥全面的作用。根据对磨屑分析和处理方法的不同，铁谱分析仪分为分析式、直读式、气动式、在线式等。其分析流程如图 8-12 所示。

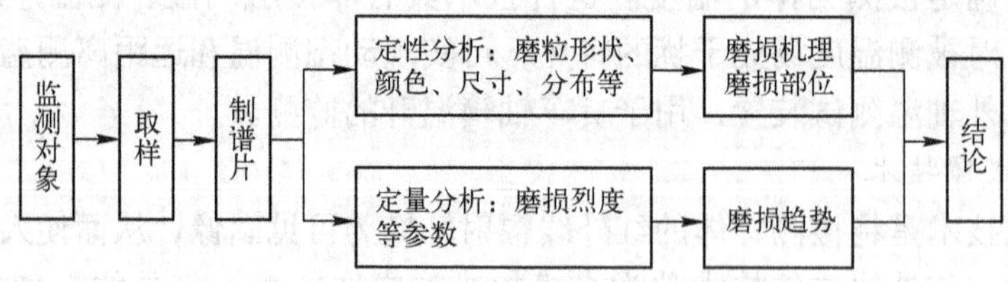

图 8-12　铁谱分析流程

磨损现象非常复杂，磨粒的复杂性主要表现在两个方面：单个磨粒形态（形状、颜色、表面）千差万别，其特征规律难以用各种常规和单一模型来直接描述；谱片上磨粒时常相互邻接或叠落，难以自动分割。这种复杂性使得铁谱分析技术对领域专家的依赖性非常大。目前，依靠领域专家经验的定性分析和常规定量分析相结合的方法在日常工况监测诊断中仍占主导地位。

7. 性能趋向诊断

性能趋向诊断是通过对性能参数（长度、质量、时间、电流、温度、光强等），以及由这些参数推导出的参数（力、压力、功、能量、功率、电荷、电位差、电阻、电容、电感和导热率等）劣化趋势的监测，而对装备进行故障诊断的方法。这是一种传统的故障诊断方法，已经应用了几十年。

8. 渗透检测诊断技术

渗透检测技术以毛细作用原理为基础的检测技术，主要用于检测非疏孔性的金属或非金属部件表面的开口缺陷。其基本原理是毛细现象的应用。如图 8-13（a）所示，把内径小于 1 mm 的玻璃管（毛细管）插入盛有水的容器中，如果由于水能润湿玻璃，水在管内形成凹液面，对内部液体产生拉应力，故水会沿着管内壁自动上升，使玻璃管内的液面高出容器的液面。管子的内径越小，里面上升的水面也越高，如图 8-13（b）所示，把细玻璃管插入装有水银的容器里，所发生的现象正好相反。由于水银不能润湿玻璃，管内的水银面形成凸液面，对内部液体产生压应力，使玻璃管内的水银液面低于容器里的液面。管子的内径越小，里面的水银面就越低。润湿的液体在毛细管中呈凹面并且上升，不润湿的液体在毛细管中呈凸面并且下降的现象，称为毛细现象。渗透检测正是利用了这个现象。

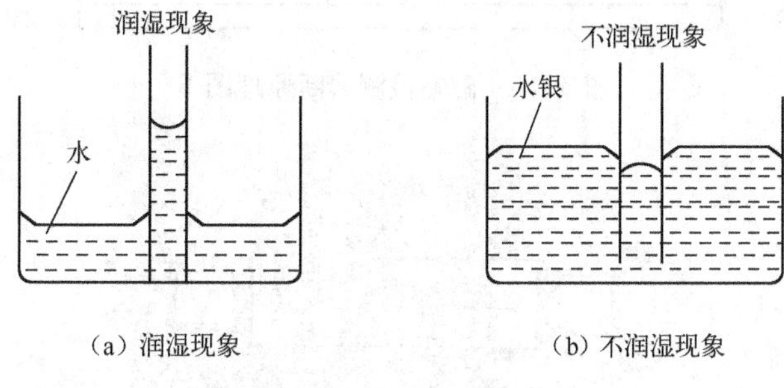

（a）润湿现象　　（b）不润湿现象

图 8-13　毛细现象

渗透检测诊断方法是：用荧光颜料或着色染料渗透液到零部件表面，由于毛细作用，渗透液渗入到细小的表面开口缺陷中，清楚附着在工件表面的多余渗透液，干燥后再施加显像剂，缺陷中的渗透液在毛细作用下被重新吸附到零件表面，形成放大了的缺陷显示，即可检测出缺陷的形状和分布。如图 8-14（a）所示，金属表面有一裂纹缺陷，图（b）为表面施以荧光颜料或着色染料渗透液，干燥后清除的情形，图（c）为施加显像剂，由于毛细原理，荧光颜料或着色染料在表面张力作用下产生毛细现象中的湿润现象，在缺陷表面产生醒目的颜色，从而判断缺陷位置。

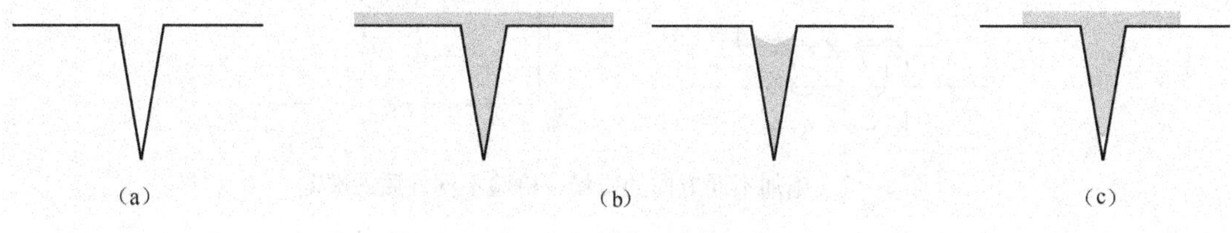

图 8-14　渗透检测原理图

渗透检测诊断技术的优缺点是直观、易判断、操作简便；不适合多孔或疏孔材料；不适合表面粗糙的工件；只能检测表面缺陷，不能确定缺陷深度。

9. 磁粉检测诊断技术

利用铁磁材料或工件磁化后，如果在表面或近表面存在材料的不连续性（即有缺陷），则不连续处磁场会发生变化，形成漏磁，通过材料表面磁粉的分布情况或利用传感器检测漏磁，就能检查出缺陷的大小和位置。

零件表面及近表面各有一处缺陷，其磁化后的磁力线分布反应了如图 8-15 所示，在缺陷处磁场发生变化，形成漏磁。在表面施加铁粉，则会形成磁粉聚集现象，如图 8-16 所示。

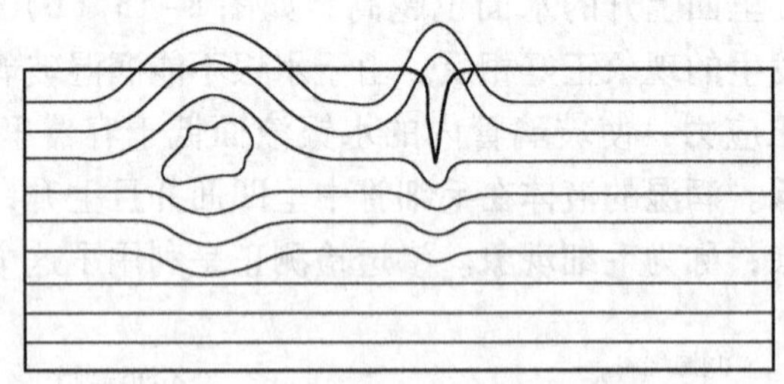

图 8-15 磁粉检测诊断原理图 1

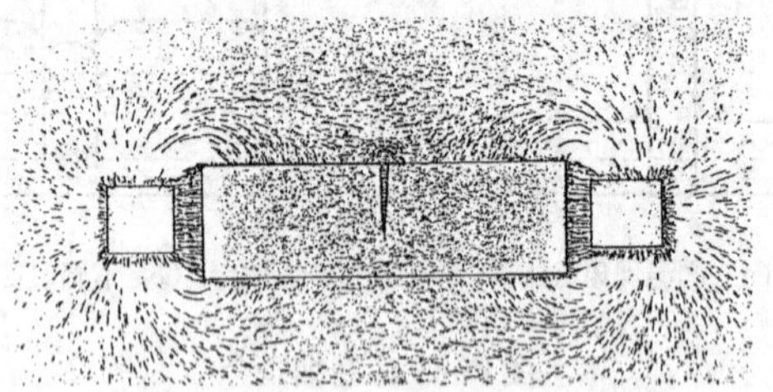

图 8-16 磁粉检测诊断原理图 2

磁粉检测诊断技术优缺点是：灵敏度高、操作简单，结果可靠，重复性好；只适于铁磁材料的表面近表面缺陷。

在实际操作中，往往对被测件施加不同方向的磁场，以检验不同性质的缺陷，如图 8-17 所示。

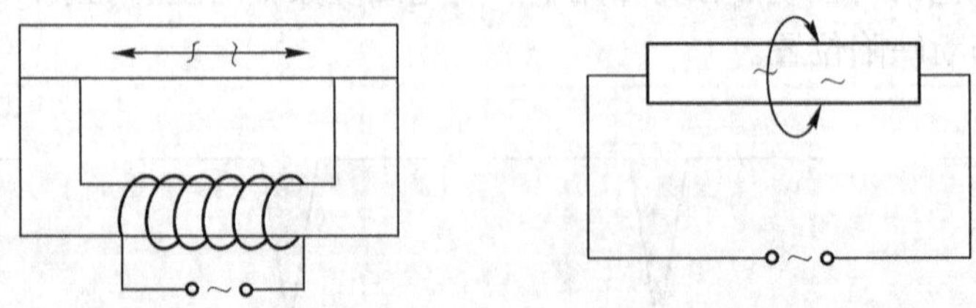

图 8-17 施加不同方向的磁场，检验不同性质的缺陷

磁粉检测设备一般有固定式、移动式、便携式等几种，大都由磁化电源、螺管线圈、磁粉或磁悬液喷洒装置、退磁装置、照明装置等几部分组成。其典型检测工艺流程包括预处理、磁化工件（选择磁化方法、磁化规范）、施加磁粉、磁痕分析评定、退磁、后处理等。

10. 涡流检测技术

1）原理

通过测定被检零件内感生涡流的变化来评定导电材料及其工件的某些性能或发现缺陷的检测方法。其原理图如图 8-18 所示。

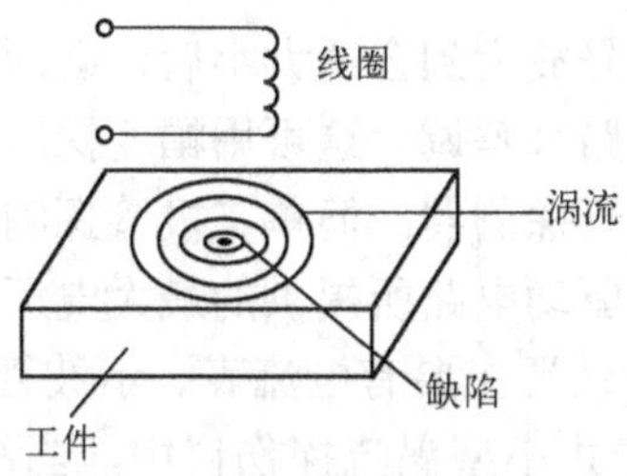

图 8-18　涡流检测原理图

在距离导电被测材料一定距离的位置处放置检测线圈，检测线圈中通以交流电，在线圈周围会产生交变磁场；当此交变磁场作运动时，导体中会感生出涡状流动的电流，即涡流；感生涡流的幅值、相位、流动形式及其伴生磁场受导体的物理特性影响，感应磁场与原磁场叠加，使检测线圈的复阻抗发生变化，通过测量检测线圈的阻抗变化即可评价导体的物理和工艺性能。在高速列车的维修中，涡流检测技术主要应用于轮对踏面损伤的检测。

2）检测设备

涡流检测的电子电路主要分为基本电路和信号处理电路两大部分。基本电路包括振荡器、信号检出电路、放大器、信号处理器、显示器和电源，这些几乎是所有涡流检测仪都具有的；信号处理电路是鉴别影响因素和抑制干扰的电路，随检测目的不同而不同，如图 8-19 所示。

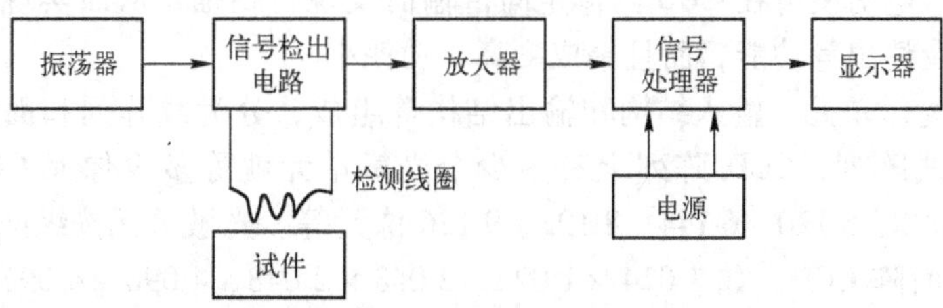

图 8-19　检测系统组成

（1）振荡器。振荡器的作用是给电桥电路提供电源，当作为电桥桥臂的检测线圈移动到有缺陷的部位时，电桥输出信号，信号经放大后输入检波器进行相位分析，再经滤波和幅度分析后，送到显示和记录装置。

根据振荡器的输出频率可分为高频与低频。高频振荡频率为 2 ～6 MHz，适合于检测表面裂纹；低频振荡频率为 50 ～100 Hz，穿透深度较大，适合于检测表面下缺陷和多层结构中第二层材质中的缺陷。

（2）放大器。正常情况下涡流检测线圈产生的信号（载波信号）在出现有关参量变化时其幅度及绒相位可作相应的改变（调制），但这种调制量一般很小，信号必须经相当大的放大，于是就必须有放大器。

对放大器的要求是：输入级有低的噪声、宽的动态范围及低的畸变。放大器常是分立元件和集成电路的组合，集成电路具有高而稳定的增益、尺寸小、直流漂移小等优点，但缺点是较之分立元件噪声比较高。

（3）抑制电路。为抑制无关信号可采用很多方法，如信号插入法可将三个不同信号相加，使所得的净信号为零。

（4）信号检出电路。线圈信号放大到合适大小后，必须予以处理，以提取出由有关参量所施加的调制，即需要用检出电路来解调。这可用幅度探测器、相敏探测器来实现。

最普通的幅度探测器是二极管探测器。简单二极管探测器的动态范围在低端受限于非理想的限幅响应，在高端则受限于驱动电路所提供的最大电压。

（5）显示器。涡流信号显示装置主要有电流表、示波管和计算机的显示器三类。

① 电流表显示一般用于便携式小型涡流探伤仪中。当缺陷出现、电桥失去平衡时，电流表指针偏转。电表读数与缺陷大小和缺陷深度有关。对于表面缺陷，电表读数与缺陷的大小呈线性关系。

② 示波管显示一般多用于较大的涡流检测仪器中。它可以把探头检测到的阻抗在阻抗平面上的二维分量以图形显示出来。

③ 计算机数据处理可将几个通道来的数据进行处理，并在显示器上显示结果。

11. 光电图像检测技术

光电图像检测技术是以现代光学为基础，随着电荷耦合器件（Charge Couple Device, CCD）及其应用技术的迅速发展而出现的融光电子学、计算机图形/图像学、信息处理、计算机视觉等科学技术为一体的现代测量技术。

CCD 是一种以电荷为信号载体的微型图像传感器，是 20 世纪 70 年代初发展起来的一种新型的半导体集成光电器件，能够存储由光产生的信号电荷。当对它施加特定时序的脉冲时，其存储的信号电荷便可在 CCD 内作定向传输而实现自扫描，从而实现光电转换、信号电荷存储、转移及读出等功能，而且集成度高、功耗小。

CCD 主要由光敏单元、输入结构和输出结构等组成，分为线阵列和面阵列，光敏单元只有一行的称为线阵列，CCD 阵列上有多少个光敏单元就称多少像元 CCD，例如：512、1 024、2 048、4 096、5 120、6 144、8 192、9 126 像元等。光敏单元按纵向、横向排列组成一个平面的称为面阵 CCD，如 1 024 × 1 024、2 048 × 2 048、4 096 × 4 096、5 120 × 5 120、6 144 ×6 144、8 192 ×8 192、9 126 ×9 126 像元等。面阵 CCD 主要用于图像的记录、存储等方面，线阵 CCD 主要用于产品外部尺寸的非接触检测、分类、表面质量评定、智能化测控及机器人视觉中的精确定位等。

CCD 检测系统一般由 CCD 传感器、光学成像系统、数据采集和处理系统构成。典型的一维尺寸测量系统原理图、二维位置测量系统装置图如图 8-20、图 8-21 所示。

在高速列车的维修中，各种轴类部件、轮对外廓括尺寸的测量、车体 3D 测量仪、构架数字 3D 检测仪都应用了此项技术。

对动车组的检测已经由单项检测发展到多项检测、由静态检测发展到动态检测、由接触式检测发展到非接触式检测，由低速运行状态检测发展到高速运行状态检测；检测诊断设备往往是几种或多种检测诊断技术相融合的产物。随着科学技术的发展，新的检测诊断技术不断涌现，并应用于高速动车组的维修中。

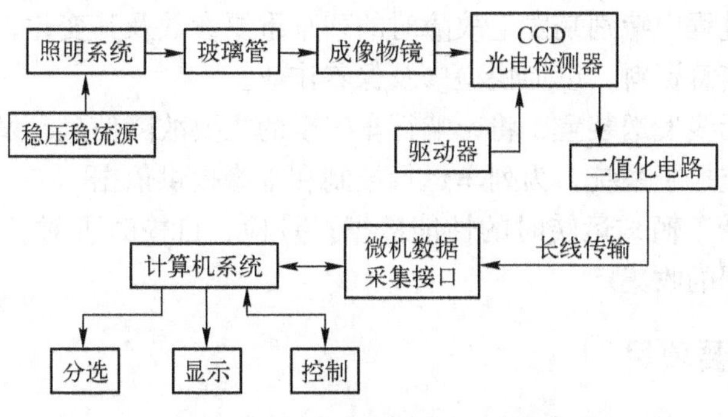

图 8-20　一维尺寸测量系统原理图

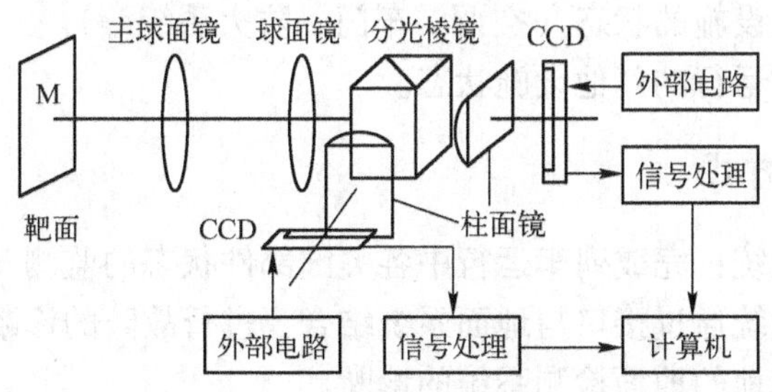

图 8-21　二维位置测量系统装置图

8.4 列车运行状态监测、诊断系统

在高速列车（动车组）中，都设置了完善的、微机控制的故障诊断系统，这种诊断装置属于 BITE 的范畴。动车组运行状态监测、故障诊断系统是关系到高速列车安全行驶的一个重要环节。它连续地监控动车组上的各种主要设备和控制系统，检测和隔离列车部件所发生的故障，指出故障的所在，提示排除故障的方法及采取应急措施的建议，是保证动车组安全运行的关键技术措施。

故障诊断系统通过列车总线把分布在列车基本单元中的各计算机装置（主控单元）联网，与列车的控制系统一起构成了车载分布式计算机网络系统，共享输入和输出数据，诊断系统主要起故障监测、故障数据的保存、故障性质的评估及故障数据的编码传输等方面的作用。但诊断系统不附属于控制系统，不是控制系统的一部分，是相对独立的。

8.4.1　系统功能

（1）为列车控制提供各相关部件的状态。

（2）识别磨耗和运行中的偶发性故障。

（3）将故障限制在发生故障的单元或部件范围内。

（4）在故障情况下指示运行方式，包括提出保持功能措施的建议。

（5）指示迅速排除故障的维修方式。

（6）存储运行过程中特别是发生故障时的列车重要参数及其变化，供地面系统做进一步分析，为检修提供信息资料，以加快检修及保养作业。

（7）通过列车无线发送装置，将影响行车安全的主要故障信息，发送到地面和与综合调度中心联动的安全监控子系统，为列车运行控制和维修提供依据。

（8）收集和记录车辆试运转时的性能数据；月检、自检时可对各相关设备设定试验条件，并进行试验数据的收集。

8.4.2 诊断的主要项目

（1）列车牵引及制动控制系统的可靠性。

（2）列车走行部的安全性。

（3）旅客安全相关设施的状态（空调、车门、防火系统等）。

（4）影响列车正常运行的其他设施状态。

8.4.3 诊断采用的方式

（1）列车自诊断系统：完成列车运行中各关键部件状态的监测及处理。

（2）列车自诊断系统通过接口与地面系统结合，进行故障的诊断及处理。

（3）列车在维修基地的地面检测系统的诊断。

8.4.4 车载诊断系统的结构

车载诊断系统分为以下三个层次，如图 8-22 所示。

（1）部件诊断。由微机控制的各部件对其本身进行自诊断及对被控对象进行监测诊断，并按事先规定好的一组数据通过编码进一步传输到车辆诊断计算机中。

（2）单车辆诊断。包括组成列车的所有车辆。各车辆中的诊断计算机通过总线或输入输出接口获取、分类、评估本车辆中由计算机控制的各部件的诊断数据并以断电保存的方式存储数据，检测及处理环境参数及时间标准，将事先规定的单车诊断参数编码，传输到列车诊断装置中。

（3）列车诊断。列车的主诊断装置（诊断中心）获取、分类、评价、存储列车诊断结果并显示；同时将列车诊断数据编码，通过列车无线电台自动通知维修部门。

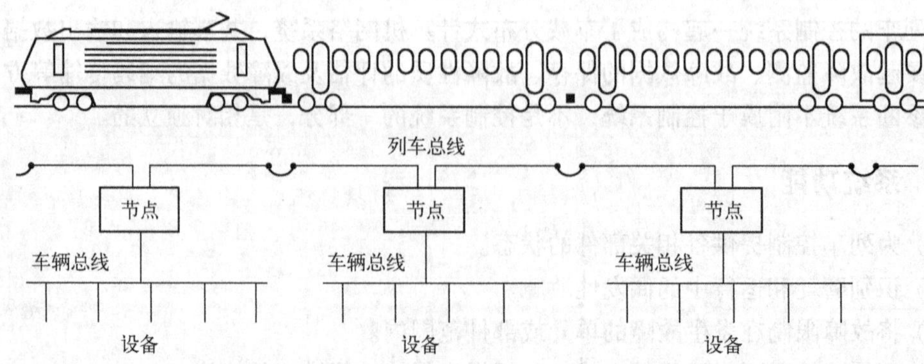

图 8-22 车载诊断系统的三层次结构

复习参考题

1. 简述动车组检测、诊断的基本内容。

2. 简要说明故障诊断与系统测试性的关系。

3. 为监测牵引电机的运行状况，请利用虚拟仪器设备搭建一测试系统，测试参数包括：扭矩、电压、电流、转速。

4. 简述超声波诊断的几种方法。

5. 简述列车自诊断系统的功能。

第9章 动车组寿命及其管理

【本章内容概要】

把握动车组及各部件的寿命是制定动车组检修制度的基础，延长动车组及其零部件寿命是改进检修制度、节约全寿命周期费用的前提。在介绍寿命定义、确定方法的基础上，阐述动车组及其零部件的延寿措施。

【本章学习重点与难点】

学习重点：寿命定义与确定方法；影响动车组及其零部件寿命的因素；动车组及其零部件的延寿措施。

学习难点：在掌握寿命确定方法的基础上分析动车组零部件的延寿措施。

动车组及其主要零部件的寿命是动车组设计制造、运用维修，特别是运用维修中的一个重要问题。有了动车组及其主要零部件的寿命值，在运用维修中才能制定合理完善的维修策略，保持和改进动车组及其主要零部件的可靠性和延长它们的寿命。

9.1 寿命的定义及分类

产品寿命的类别是多种多样的，各个行业由于装备的用途和使用习惯不同，而有自己的产品寿命定义。即使同一行业，世界各国所采用的寿命参数也有不同，对各类产品所选用的寿命参数也不一样，但其基本概念和理论基础则是相同的。各种寿命类别类型及定义见表9-1。

表9-1 各种寿命类别类型及定义

序号	寿命类型	定义
1	使用寿命	产品从制造完成到出现不可修复的故障或不能接受的故障率时的寿命单位
2	储存寿命	产品在规定的条件下存储时，仍能满足规定质量要求的时间长度
3	经济寿命	产品从使用开始到因经济效益原因而被淘汰的寿命单位
4	总寿命（物质寿命）	产品从开始使用到规定报废的寿命单位
5	安全寿命	采用大分散系数所获得的具有极低疲劳开裂概率的使用寿命，即结构的无裂纹寿命
6	百分比寿命（可靠寿命）	产品未达到其极限状态的概率为γ百分比的总寿命单位，即给定可靠度所对应的寿命单位
7	大修间隔期	产品两次相继大修间的寿命单位
8	技术寿命	产品从开始使用到因技术落后而被淘汰所经历的寿命单位
9	疲劳寿命	承受疲劳负载的产品从使用到出现大裂纹的总寿命单位
10	全寿命周期	产品从构思论证到被淘汰的全部过程时间
11	首次大修间隔	产品从使用开始到首次大修的间隔寿命单位
12	不拆卸寿命（相当于MTBF）	产品在不拆卸情况下使用的寿命单位

产品寿命类型种类繁多，在选择寿命参数时要考虑产品的类型和特点、产品的维修方式、产品是否可修复、产品发生故障时对系统安全的影响程度、产品的工作状态是单一的工作状态还是多种状态，以及产品运输及存储年态。对于动车组来说，常用的寿命类型有使用寿命、总寿命（物质寿命、自然寿命）、经济寿命、大修间隔期及技术寿命。

9.1.1　使用寿命

使用寿命的定义是：产品从开始使用到出现不可修复的故障或不能接受的故障率时的寿命单位。此处的寿命单位使用时间来度量，它可以是工作小时、日、月、年，可以是运行公里，也可以是循环次数等。使用寿命主要根据产品的故障情况，即可靠性来决定，

常用故障率 $\lambda(t)$ 曲线来表示。对于有耗损期的产品，影响其寿命的主要因素是摩擦副的有形磨损，可以根据耗损期的故障率曲线的上升来确定其使用寿命。但是对于复杂设备来说，若没有占支配地的耗损型故障模式，则没有明显的耗损故障期，因此寿命就不能凭故障率来确定。一般常用安全寿命、经济寿命或技术寿命来展示复杂设备的寿命如图 9-1 所示故障率曲线。

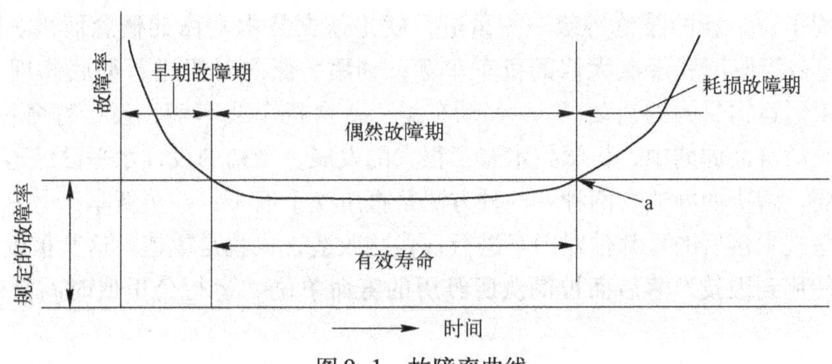

图 9-1　故障率曲线

9.1.2　大修间隔期

大修间隔期表示产品两次相继大修之间的寿命单位。这是机车车辆最常用的寿命称谓。

9.1.3　总寿命（物质寿命或自然寿命）

总寿命也称为物质寿命、自然寿命或物理寿命，是指产品从开始使用到规定报废的寿命单位。对于有耗损期的产品来说，它可以包括一个或多个大修间隔期。如果开始阶段产品处于库存状态，则该寿命还应包括产品的储存寿命，产品的总寿命和产品的全寿命周期是不同的，总寿命只是全寿命周期的后半生，即产品的使用维修直至报废的阶段；而全寿命周期还要包括产品的前半生，即研制和生产阶段。

9.1.4　经济寿命

经济寿命，是指产品从投入使用直至由于经济效益原因再继续使用已不经济，而被淘汰所经历的寿命单位。在产品的寿命周期费用中，按年度折算的购置费随服役时间的增长而逐年减少，使用维修费用则由于磨损、疲劳、老化等原因而逐年增加，作为二者之和的年度总费用则是使用时间的函数，其最小值则为产品的经济寿命，如图 9-2 所示。

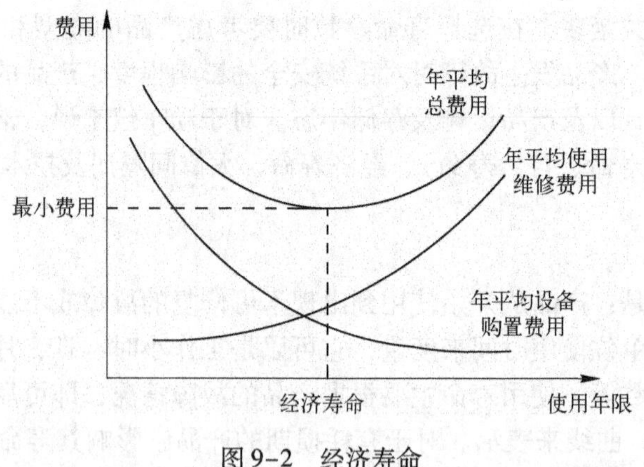

图 9-2 经济寿命

9.1.5 技术寿命

技术寿命是指产品从开始使用到因技术落后而被淘汰所经历的寿命单位。在动车组的维修制度中出现了一个新的维修等级——重造，就是依据技术寿命的概念而来。重造的定义是："对经过多年使用和多次大修的机车车辆，利用大修的时机进行彻底修理和现代化改造，以满足不同运输目的的需要。"一列动车组、一台机车或车辆，设计寿命往往 20 ～30 年，在其漫长的寿命周期中，科学技术有了很大的发展，当初的设计水平已经落后，不能满足市场的需要。解决的办法有两种：一种方法是报废整个旧车，购买新车；另一种方法是报废其中的某些技术落后的零部件对旧车进行现代化改造，也就是重造。这些报废的旧车或零部件从开始使用到因技术落后而被淘汰所经历的寿命单位（运行公里或时间）就是它们的技术寿命。

9.2 寿命的确定方法

9.2.1 确定寿命值的意义

（1）在产品设计中，零部件寿命的估计往往是很重要的，设计者应力求使零部件的寿命达到同步。特别是近代并行工程中的设计，对寿命的要求更加迫切、广泛和准确。

（2）在产品运用维修中，实施寿命管理和换件修时需要预先得知产品的寿命。

（3）在配件的生产、管理和规划及在维修中配件的管理与库存，都需要得知配件的寿命值。

（4）在确定系统寿命周期费用（LCC）时，寿命也是必要的先决条件。

（5）在进行环境评估和产业生态学研究时，作为新的环境管理工具的寿命周期评价（LCA）方法，也需要将产品的寿命作为前提。

产品的定寿工作直接关系到许多任务的完成，关系到产品的使用维修和经济性，特别是对于动车组这样的复杂产品，科学合理地确定它们及其主要零部件的寿命，对于提高铁路运能和经济效益都有着十分重大的意义。

9.2.2　使用寿命的确定方法

对于故障规律遵从故障率曲线的产品来说，使用寿命大致和大修间隔期相同；产品的总寿命可以包括一个或多个大修间隔期。因此使用寿命的确定方法，同样也适用于总寿命和大修间隔期的确定。目前，确定使用寿命的主要方法如下。

1. 经验法

制造厂商由于多年来的生产经验和大量数据的积累，以及用户的反馈信息，已经对自己产品的寿命值有了正确的判别。对于新研制的产品，也能够根据同型老产品的经验，对寿命值做出正确的估计。因此从制造商获得产品的寿命值是一种可行的方法。

如果生产厂家无法或无力提供产品的寿命值，则可应用所谓的“专家评估法”，即聘请专业知识丰富、有实践经验的专家，根据现场经验来确定寿命。如美国兰德公司的 Delphi 预测法。这种方法是由组织者把装备及其主要零部件寿命预测的目的要求及有关的背景材料分别寄给各位专家，要求他们在规定的时间根据他们的经验对寿命进行估议，再由组织者把各位专家的预测结果进行归纳整理，并将归纳结果再次寄给各位专家，要求在规定时间内进行第二次评估，再由组织综合归纳。如此经若干次后，各位专家意见趋于一致，预测精度也随之提高。最后采用统计方法对专家意见进行处理，得出最终预测结果。这种方法预测精度虽不可能很高，但却是来自实践的一种方法。在没有寿命值的情况下，不失为一种确定寿命值的简单、实用的好方法。

2. 计算法

随着近代计算技术和力学，特别是断裂力学的发展，涌现出越来越多的计算预测装备及其零部件寿命值的方法。特别是对于那些结构比较简单、受力状况不太复杂的零部件。但是对于技术装备结构复杂、故障模式多样和受力状况不稳定的零部件，若要准确地计算出其寿命值，还是非常困难的，目前只是一种确定寿命值的辅助手段。相信随着科学技术的发展，寿命的计算法会得到越来越多的应用。

3. 试验法

为了得到零部件在真实受力状况下的寿命值，常常采用真实零件在试验台上进行试验确定其寿命值的方法。这种方法比较真实可靠，但试验周期很长，耗费巨大，尤其对于那些疲劳或磨损破坏的零部件；真实模拟负载及工况比较困难。

4. 数理统计法

随着可靠性工程学科的发展，通过对试验室或现场故障数据的处理，判断其分布函数的类型，利用可靠性工程的理论，计算出包括寿命在内的可靠性特征参数值。这种方法确定出的寿命值符合实际情况，具有较好的精度。这种方法需要一个完善的数据信息系统和严格的制度，保证信息数据的真实可靠性。因此建立我国铁道技术装备相应的可靠性维修信息系统，对技术装备及其零部件进行质量跟踪已经成为当务之急。

9.2.3　经济寿命的确定方法

对于大型复杂产品，如机车车辆、动车组等寿命的确定方法，通常是照其经济寿命来计算的。产品经济寿命一般根据使用时的总收益来确定。现介绍一种常用的计算产品经济寿命的方法。

若设备的购置费为 A，设备使用到 t 年，则设备的年购置费为：

$$C_A = A/t$$

在运用维修费中，一部分为与年限无关的固定支出费用 a；另一部分则为运用维修增长费用 b；因此年运用维修费用为：

$a+b$——设备第一年的运用维修费；

$a+2b$——设备第二年的运用维修费；

$a+tb$——设备第 t 年的运用维修费；

因此，设备到 t 年的总运用维修费可用等差级数求和的方法得知，即：

$$\frac{(a+b)+(a+tb)}{2} = a + \frac{b}{2}(t+1)$$

设备的年平均总费用为设备的折旧费加运用维修费之和：

$$C(t) = \frac{A}{t} + a + \frac{b}{2}(t+1)$$

式中，A——设备购置费（假设无元利息）；

t——设备使用年限；

a——固定支出；

b——设备运用维修费的增长值。

设备年平均总费用最低值则为经济寿命点，令 $\frac{\mathrm{d}C(t)}{\mathrm{d}t}=0$，则有：

$$\frac{\mathrm{d}C(t)}{\mathrm{d}t} = \frac{\mathrm{d}}{\mathrm{d}t}\left[\frac{A}{t} + a + \frac{b}{2}(t+1)\right] = 0$$

得

$$t = \sqrt{\frac{2A}{b}}$$

可见，根据此公式来确定产品的经济寿命。

此外，也有根据一次性大修费用所占设备现行价格的百分数来规定经济寿命的，如美国陆军规定，设备大修费用超过设备现行价格的 35% 则予以报废。我国铁路《机车报废管理办法》（铁运［1999］8 号）规定，一次修理费用超过该型新车现价的 60%，则办理报废申请手续。

9.3 寿命管理

9.3.1 概述

近代寿命管理的概念是指设备在整个寿命周期内与寿命有关活动的管理与决策。动车组及其零部件的寿命管理，一般是指运用维修中对动车组及其零部件按照寿命所进行的活动，如跟踪、检测和更换等。寿命管理从广义上来说是三维动态的，如图 9-3 所示。图中时间坐标 $T(t)$ 表示寿命周期，表示设备状态随时间的变化过程；效能坐标 $F(t)$ 表示效能，即设备的技术状况随时间的变化；费用坐标 $V(t)$ 表示费用，即设备的价值状况随时间的变化。

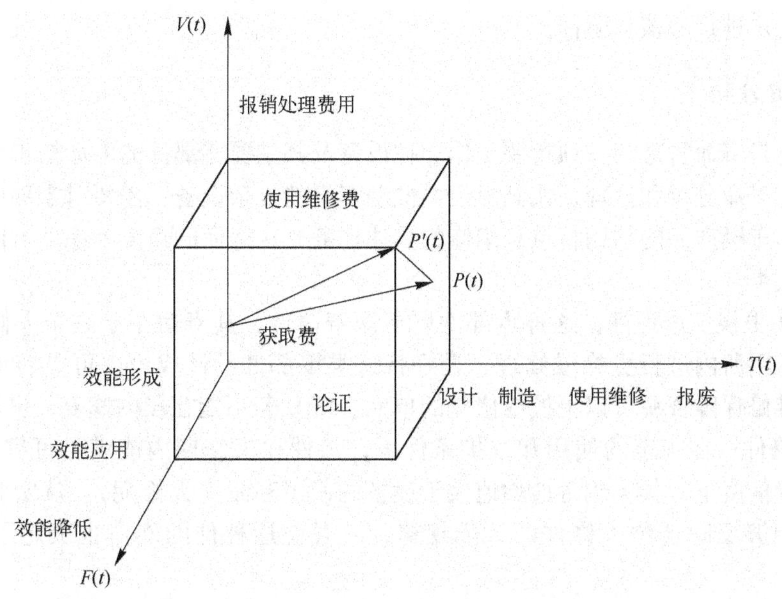

图 9-3　寿命周期状况的三维空间图

设备的时间坐标轴 $T(t)$ 通常分为技术论证、设计与研制、制造与安装、运用与维修和报废处理五个阶段。

设备的效能坐标轴 $F(t)$ 通常分为效能形成、效能应用和效能降低，直至报废，效能丧失三个阶段。

设备的费用坐标轴 $V(t)$ 通常分为购置（采办）费用、运用维修费用和报废处理费用三个阶段。

在设备寿命状态空间图中，当状态由 $P(t)$ 变化到 $P'(t)$ 时，则在空间形成一条曲线 PP'。曲线 PP' 在 $F(t)-T(t)$ 坐标面上的投影则反映出设备效能随时间的变化关系，也就是对设备进行动态效能分析；曲线 PP'在 $V(t)-T(t)$ 坐标面上的投影则反映设备费用随时间的变化关系，也就是对设备进行寿命周期费用分析；曲线 PP'在 $V(t)-F(t)$ 坐标面上的投影则反映出设备的效能与费用间的关系，也就是对设备进行效能费用分析。

由上述可见，寿命管理及其分析是一项非常复杂的系统工程，应该根据设备寿命状态空间图上各维及各维间的关系，即从可靠性、经济性和技术性三方面对设备进行寿命管理与分析。

9.3.2　定寿工作

科学合理地确定设备的寿命对于提高设备效能和减少耗费具有重大的意义。在实践中究竟采用什么方法来确定设备的寿命要根据设备的类型、用途及具体的运用情况来决定。一般说来，产品的制造者应该最了解自己产品的性能、可靠性和寿命，尤其是对那些成熟的、大批量生产的产品，已经在设计计算或在试验研究方面进行了大量长期的工作，积累了丰富的寿命数据和分析结果，又有着大量的运用经验，应该能给用户以比较准确的寿命值，所以产品的寿命值应该由制造厂家给出；对于新产品，制造者根据多年的经验也应该能够给出产品及其主要零部件寿命的病估计值。在设备的购置合同中应该有明确的寿命指标和承诺，投入运用以后由用户进行考核和验证。

9.3.3 寿命分析

寿命分析是寿命管理的一项重要工作。在设备及其主要零部件的寿命初步确定以后，需要对它们进行寿命分析和管理，尤其对于类似动车组的复杂设备，需要对零部件进行分类管理。根据机车车辆产品的结构特点和维修的具体任务，从寿命的角度考虑，可以把动车组零部件分为三大类。

(1) 现场更换、修理件：这种零部件属于短寿命件，其寿命小于一个大修期。此类零部件必须在运用所内进行更换或修理。最好将这类零部件设计成段内可更换单元（LRU），即利用段内维修保障资源可以更换或修复的单元。LRU 若不能在段内修复，也可委外修理。

(2) 大修件：在规定的使用和维护条件下，该件在大修期内能满足可靠性指标要求，即在一定的置信度下，其单侧寿命均值大于设备的使用寿命（大修期）。从宏观上讲，设备的使用寿命能够反映这种大修件的故障规律，或者说这种件的寿命也决定了设备的使用寿命。

(3) 全寿件：在规定的使用和维修条件下，该件在总寿命期内能够满足可靠性指标的要求，也就是说在一定的置信度下，其单侧寿命均值大于设备的总寿命。

因此在进行维修保障设计时，应该明确和解决如下问题。

(1) 应首先确定设备及其零部件的使用寿命、总寿命、大修间隔期和大修次数。

(2) 应明确哪些零部件是一次性失效（不修复）或可修复的；哪些零部件是段修件，大修件或全寿件？其中哪些又是段内可更换单元（LRU）。

(3) 对于不同类型的零部件应有不同的设计要求。对于段修件，提高其可靠性和寿命，使其逐渐变成大修件；另一方面要将其设计成 LRU 件，至少是利于更换的（维修性好）。对于大修件，其寿命应满足设备使用寿命周期内可靠度和可用度的要求；结构设计要满足大修时进行修理的要求。当然，对于接近全寿件的大修件也应尽量提高其耐久性，使其转变为全寿件。对于全寿件基本上是不准备翻修的，因而其寿命和耐久性要有充分的保障。

(4) 制订维修计划的框架。通过上述的寿命分析为制订设备的维修计划打下了坚实的基础，尤其是对于那些需要定期维修（定期更换、定期报废）的零部件，通过这样的分析就明确了维修数量、维修等级、维修场所和配件库存等一系列规划。

9.3.4 寿命追踪

1. 定义及作用

对设备及其零部件寿命历程中的所有活动信息进行实时的收集和记录的活动称为寿命追踪。严格说来，它应该属于设备维修信息系统中的一个重要环节。其作用：一方面是根据所收集的信息数据为寿命的确定打下基础，通过反复循环校正得出设备及其重要零部件的准确寿命；另一方面根据设备寿命追踪的履历信息为维修决策提供依据。

2. 追踪信息

寿命追踪所得信息可分为以下几种。

(1) 基本信息：是指反映设备基本情况的一些信息，如设备名称、型号、类型、生产厂家、生产日期、批次、序号等。

(2) 使用信息：是指反映设备使用情况的信息，如使用单位、使用时间（寿命单位）、使用强度、役龄、使用环境等。

(3) 储存信息：是指设备储存情况的信息，如储存条件、时间、质量变化等。

(4) 故障信息：是指反映设备在使用、储存等过程中的故障信息；如故障时间、故障部位、故障模式、故障原因和故障影响等。

(5) 维修信息：是指反映设备故障修复或预防维修的有关信息如维修时间、维修级别、维修地点维修类型和维修资源等。

(6) 备件信息：是指反映备件的品种、需求、储存和消耗数量等。

(7) 费用信息：是指反映设备使用维件中的费用预算和实际收支情况的信息，如维修费、使用费等。

借助于计算机技术、信息技术的发展，依托动车组检修管理信息系统，是能够实现动车组及其零部件寿命信息的详尽、正确地收集、存储、处理和分析决策的。

9.3.5 寿命监视

在机车车辆（动车组）运用检修中进行寿命监视，主要目的是为了充分利用机车车辆（动车组）及其主要零部件的固有寿命，以保证其运行安全和节约运营成本。

实现方法：记录动车组及其主要零部件的运行公里或时间，再根据它们寿命的预定值来监视其寿命消耗和剩余寿命。主要零部件可以根据其寿命分为三类：限制寿命的关键件（其故障可能危及运行安全）；限制寿命的重要件（其故障会严重影响性能、可靠性或使用费用）；不限制寿命件（其故障的影响较小，可事后修理或更新）。这些零部件不可能无限制地使用，人们依据寿命监视系统的指示，严格进行寿命管理，在达到寿命极限前将其退役更换或维修处理。

实践表明，实施使用寿命监视可以使机车车辆（动车组）的主要零部件的寿命得到充分利用，缩短维修时间，提高机车车辆（动车组）的安全性。因此，应该重视、加强这方面工作，进行机车车辆及其主要零部件的寿命研究。

9.4 动车组及其零部件延寿措施

9.4.1 影响寿命和可靠性的因素

影响机车车辆（动车组）寿命和可靠性的主要因素有设计、工艺、材料、环境、使用和维修等。

1. 设计的影响

设计和研制过程对于动车组及其零部的寿命和可靠性起决定性的作用，有些影响是在设计过程中造成的，而采取的补救措施也只能靠修改设计来实施。

2. 材料的影响

不同的材料对于动车组及其零部件的寿命也具有决定性的影响，特别是对于承受车辆主要载荷及运用载荷的结构件，材料的力学性能特点决定了结构的寿命。

3. 加工工艺的影响

动车组及其零部件的寿命和可靠性不仅取决于其材料本身，而且还取决于它们表面的完整性，这里的表面完整性是指用机械加工和其他一些表面处理方法得出的表面状态。其中一方面是指表面的构形，即表面粗糙度；另一方面是指表面的冶金变化同加工表面层内机械物理性质的变化。此处特别要强调的是表面完整性对零部件疲劳强度的影响，以及所引起的残余应力及其对畸变和应力腐蚀的影响。

4. 使用环境的影响

（1）环境温度和压力的影响。环境温度和压力主要是对受热零部件的热应力起很大的作用；另外过低的环境温度还使金属发生低温脆化现象，使零件发生裂纹和断裂，从而影响寿命。

（2）环境湿度的影响。对我国西南地区和沿海一带运用的机车车辆，由于长期处于潮湿的环境中，能够加速某些零件的破坏过程，例如，零部件的锈蚀，电机绝缘的破坏，还有湿度往往使增压器压气机的铝合金叶片表面韧性降低，改变间隙特性，并使金属间颗粒与基体之间的界面变脆，扩大裂纹增长率。

（3）磨蚀的影响。由于风沙的作用而使某些零部件受到磨蚀的影响，从而使磨损加剧。

（4）腐蚀的影响。在潮湿和沿海地区使用的机车车辆普遍存在着腐蚀问题，如机车车辆车体的锈蚀、柴油机燃烧室零件和增压器叶片的热腐蚀和硫化腐蚀等。

5. 使用和维修的影响

（1）运用中的人为因素。如司机的操作失误、紧急情况下的处理不当、机务人员的维护措施不适当等。

（2）维修中的人为因素。如维修中不按规程和规范操作、维修和排除故障等。

（3）故障检测和诊断技术不完善，对故障误诊。

9.4.2 动车组及其零部件的延寿措施

1. 采用新的设计思想和研发方法

1）设计思想的转变——性能、可靠性和维修性的综合考虑

过去，在机车车辆设计时主要考虑其性能指标，如牵引力的大小及其性能，运行速度的高低及其结构形式、较高的强度及较轻的重量，对可靠性、维修性和可用性（完好率）不做特殊的考虑。近代机车车辆的设计则将性能和可靠性、维修性综合考虑。近代法国 TGV 高速列车的设计流程如图 9-4 所示，在设计中除考虑其性能以外，还重点考虑可靠性和维修性，将它们作为一个整体的过程，使其得到综合平衡，这种设计不但保证了性能，而且使其可靠性和寿命得以提高。

2）系统化的研发方法——并行工程

并行工程是一种综合、并行地开发新产品的系统化方法。它改变了传统的按“需求—设计—制造—运用”的串行工作模式，而是在产品研发时，将产品整个寿命周期中的各个过程综合起来加以考虑，包括市场需求、投资分析、产品设计、加工工艺、装配检验、质量

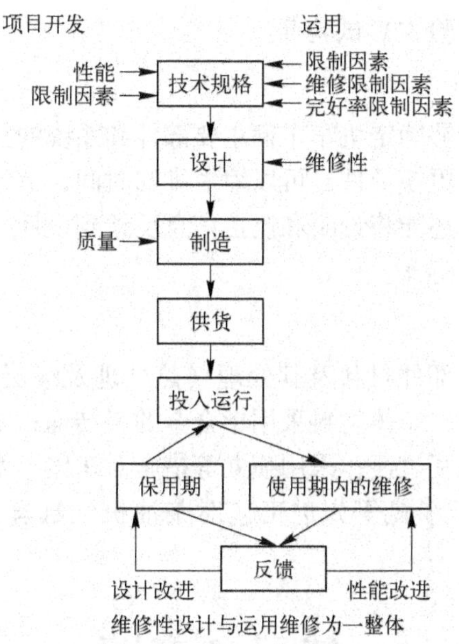

图 9-4　近代法国 TGV 高速列车的设计流程

保证和销售服务等。在产品开发的各个阶段，由设计师、工艺师、质量管理师、经济师、技术工人和各类支持人员共同组成小组进行工作，从而可以利用各种专门知识和信息进行充分交流和有效合作。并行工程除可大大缩短产品开发周期外，还能明显提高产品质量和降低成本。

2. 采用先进的结构措施和分析技术

1）先进的结构措施及技术进展

近代，机车车辆在技术上取得了很大的进展，不但使机车车辆的性能得到了很大的提高，也使可靠性和寿命得到了极大的改善，如采用交流电传动技术、微机控制技术、自诊断系统等。

2）采用先进的分析技术

① 可靠性分析技术，如 FMEA（故障模式及影响分析）及其风险分析。

② 三维有限元分析方法。

③ 疲劳裂纹的萌生、增长机理分析和疲劳寿命估计与预测。

④ 建模分析，包括各种任务模型、三维非线性结构分析、组合软件体系和自适应解算策略等。

3. 进行长期的试验研究

对机车车辆及其主要零部件进行性能、结构强度及可靠性试验，通过长期的试验暴露问题、解决问题，实现可靠性及寿命的增长。主要的可靠性试验有：

- 可靠性增长试验；
- 寿命试验；
- 环境应力筛选试验；
- 环境试验；

- 可靠性验证（鉴定和验收）试验等。

4. 状态监控和故障诊断

采用监控和诊断技术能够确定机车车辆主要部件和系统的技术状况，可以通过趋势分析预估它们的寿命，根据需要更换部件，可以缩短维修时间，节省维修费用，促进维修方式由定期维修向视情维修发展，还能将诊断和监控信息反馈到设计、生产中去，以提高机车车辆的质量和可靠性，延长使用寿命。

5. 材料及其处理

近代，机车车辆主要零部件材料及其处理（热处理及镀层）的改善已经成为延长机车车辆寿命的关键措施。诸如：车体材料采用铝合金的轻结构；闸瓦材料逐渐由普通铸铁向高磷铸铁、合成材料或塑料闸瓦过渡；采用喷丸等措施对车体、增压器涡轮叶片等进行强化处理；采用激光洋火、等离于渗氮等先进工艺对柴油机气缸套、轴类、车轮等进行表面热处理。

复习参考题

1. 与动车组相关的寿命单位有哪些？
2. 什么是使用寿命？如何确定产品的使用寿命？
3. 运用维修阶段如何延长零部件的使用寿命？

第10章

维修制度

【本章内容概要】

介绍维修思想和车辆维修制度的基本概念，讲述维修间隔期的确定方法和维修级别的分析方法。在“以可靠性为中心”的维修基础上，讲述了高速列车的维修制度。

【本章学习重点与难点】

学习重点：维修间隔期的确定方法；“以可靠性为中心”的维修制度；我国动车组维修制度。

学习难点：“以可靠性为中心”的维修制度分析、实施方法，如何优化我国动车组维修制度。

10.1 基本概念

10.1.1 维修思想与维修制度

维修实践需要一种思想作为指导，称为维修思想。在一定的维修思想指导下，制定出的一套规定与制度（维修计划、维修类别、维修方式、维修等级、维修组织和维修指标等）称为维修制度。

维修思想和维修制度大致可分为三个体系，即“事后维修”的维修思想、“以预防为主”的维修思想及其计划预防修的维修体系和“以可靠性为中心”的维修思想及其维修制度体系。

1.“事后维修”的维修思想

“事后维修”的维修思想是在装备发生故障以后才进行维修保养。

2.“以预防为主”的维修思想和计划预防修的维修制度

“以预防为主”的维修思想以磨损理论为基础，以浴盆曲线（故障率曲线）（图10-1）为维修指导。在设备及其零部件即将磨损到限或损坏之前，即进入耗损故障期（图中a点）之前进行更换、修理等维修工作。其具体实施可概括为“定期检查、按时保养、计划修理”。计划预防维修制度的关键是确定装备及其主要零部件的修理周期，即图中a点的位置，合理划分维修等级和维修周期结构，制定维修规则与规范。

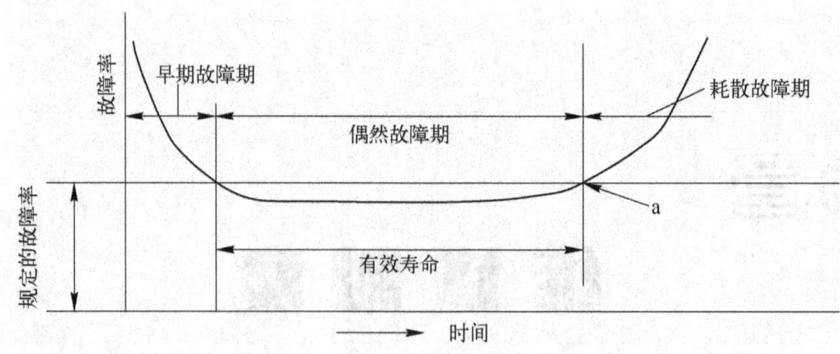

图 10-1 浴盆曲线

3. “以可靠性为中心”的维修思想及维修制度

“以可靠性为中心”的维修思想及维修制度是在“以预防为主”维修思想及计划预防维修制度的基础上发展起来的。认为装备的可靠性由设计制造所确定，其可靠性与时间无关，维修归根结底是为了保持和恢复装备的固有可靠性。在这种思想指导下，所制定的维修制度就是根据装备及其零部件的可靠性状况，以最少的维修资源消耗，运用逻辑决断分析方法来确定所需的维修方式、维修类型、维修间隔期和维修等级，制定出维修大纲，从而达到优化维修的目的。

10.1.2 维修方式

维修方式是指对装备维修时机的控制与掌握。目前的维修方式有定时维修、视情维修和事后维修。

1. 定时维修

定时维修以动车组及其零部件使用时间或走行公里作为维修期限，是一种强制性的预防性维修方式，其关键是如何确定维修周期。定时维修方式的优点是容易掌握维修时机，便于安排维修计划，维修组织管理工作简单、明确。缺点是其只适用于已知寿命分布规律、且有耗损故障期的装备。另外，定期维修中的大拆大卸方法也不利于发挥机件的固有可靠性。

2. 视情维修

视情维修又称状态修，是根据动车组及其零部件的实际技术状况来决定维修时机和项目。不规定装备的维修期限，不固定拆卸分解范围，而是在检查、检测、监控其技术状态的基础上确定装备的最佳维修时机。其优点是针对性强，可以充分发挥装备的工作寿命，提高维修的有效性，减少维修工作量和人为差错。缺点是维修费用高，需要适当的检测、诊断条件和较高的人员素质，适用于贵重的关键装备和危及安全的关键机件。

3. 事后维修

事后维修又称修复性维修或故障修，是指装备发生故障后，使其恢复到规定状态所进行的维修活动。装备发生故障后的修理（修复性维修）按照是否修理及时可分为及时修理和延迟修理。对于不影响安全和生产任务的故障可继续使用，严加监控，延迟修理。

随着信息技术的发展，监控手段的提高，事后维修逐渐形成了状态监控维修，即从总体上对装备进行连续监控，通过确定装备的可靠性水平来决定维修时机。状态监控维修不规定装备的维修时间，因此能最充分地利用装备的寿命，使维修工作量最少，是一种最经济的维修工作。

在维修实践中，如何选择维修方式是十分重要的。选择维修方式应该从故障后果，即装备发生故障后安全和经济性的影响来考虑。由上述三种维修方式的特点可以看出，定时维修和视情维修属于预防性维修，而事后维修（修复性维修）则是非预防性维修。三种维修方式各有特点，各有其适用范围。它们并没有先进落后之分，问题的关键是应该根据维修的具体情况，正确地选择维修方式，如图 10-2 所示。在复杂装备的维修中，往往这三种维修方式并存，相互配合使用，以充分利用各个零部件的固有可靠性。

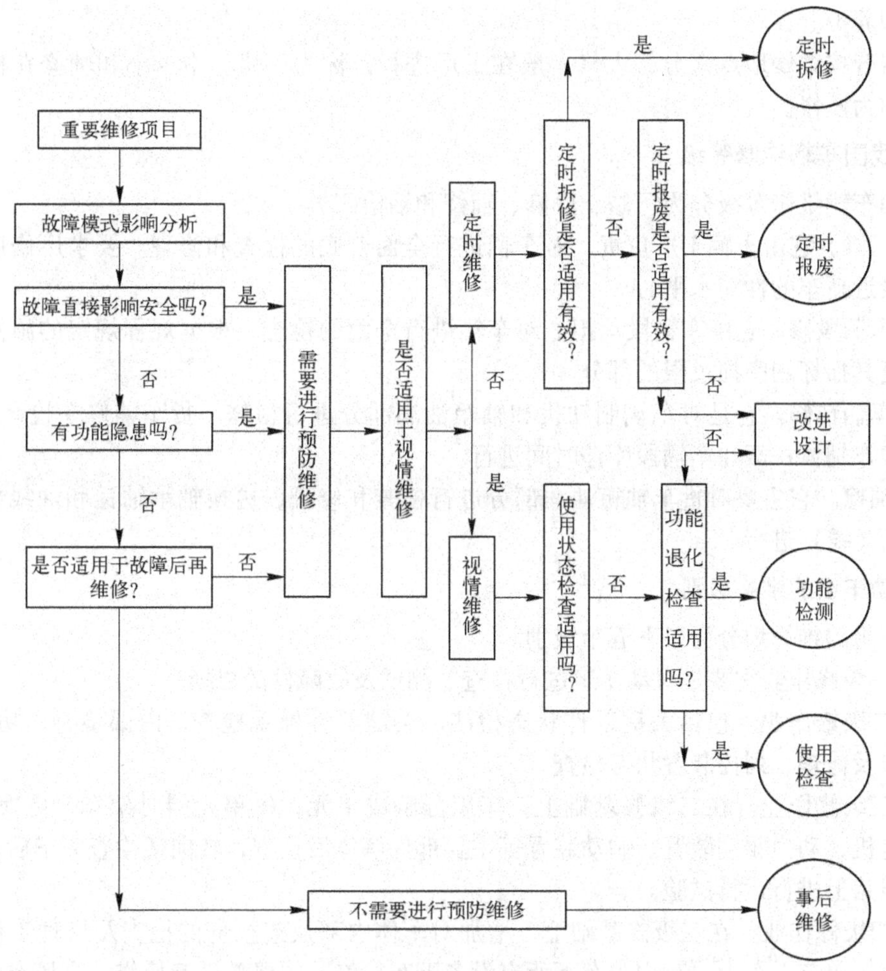

图 10-2 维修方式逻辑决断原理图

10.1.3 维修等级

动车组的维修等级是指按维修性质、维修范围和维修深度而划分的级别。维修等级的划分是制订动车组维修方案必须明确的首要问题，其划分的目的是合理配置维修资源，提高其使用效率；合理设置维修机构，形成维修能力的梯次结构，提高维修管理水平。

1. 我国机车维修等级分为大修、中修、小修和辅修四类

① 大修。它是对机车进行全面检查修理，恢复机车基本性能。大修的性质属于机车全面恢复性修理，即全面解体、更换或修复所有不符合技术标准和要求的零部件，使机车达到或接近新机车标准或达到规定的技术性能指标。

② 中修。它是对机车主要部件检查修理，恢复机车主要性能。中修的性质属于机车的平衡性修理，即修复机车某些部分，使其与其他未修理部分能配套继续使用。

③ 小修。它是对机车关键部件检查修理，有针对性地恢复机车运行可靠性。有诊断技术条件的，可按其状态进行修理。小修的性质属于机车运行性修理。

④ 辅修。它是对机车全面检查，做故障诊断、状态修理。辅修的性质属于机车的临时性维修和养护。

维修若按维修地点来分，大修一般在工厂进行，称为厂修。中、小和辅修在机务段进行，则称为段修。

2. 我国车辆维修等级

我国车辆维修等级分为厂修、段修、辅修和轴检四类。

① 厂修。它由车辆工厂负责，对车辆进行全面彻底的检查和修理。要求厂修后的车辆达到或接近新车的性能水平。

② 车辆段修。它由车辆段承担，对车辆进行全面的检查，根据规程规定的施修范围更换或修复其损坏和磨损过限的部分。

③ 车辆辅修。它是对车辆制动机和轴箱油润部分进行检修。货车辅修在检修所（线）进行，客车辅修一般在车辆段库停时间进行。

④ 轴检。它主要对货车轴箱油润部分进行检查和修理，更换轴承轴瓦和油线卷。轴检在检修所（线）进行。

3. 动车组的维修级别

动车组的维修划分为以下五个级别。

① 一级修作业主要是对动车组进行检查、测试及故障件的更换。

② 二级修作业。包括关键部件状态检测、关键部件外观检查、内部检查、功能检查、解体检查及修理、列控装置状态检查。

③ 三级修作业。在二级修基础上，车组分解成单元，每单元同时架车，更换转向架，对牵引电机、动力驱动装置、制动装置等主要部件解体后检查，转向架检查完毕后，在基地的试验线路上进行运行试验。

④ 四级修作业。在三级修基础上，增加对车体内部及连接部的检查及修理工作。车组分解成每一单节，车上、车内、车下所有设备下车检修，主要部件互换修。高压布线在车上做耐压试验、车体气密检查等。进行整列车的性能试验、基地内运行试验，最后上线试验。

⑤ 五级修作业。对车体进行全部解体检修、更换重要部件、车体气密检查和整车性能试验及运行试验等。

另外，还有临修和整备两种维修方式，贯穿于各个级别之间。临修作业：主要是处理动车组临时故障，对动车组主要零部件进行扣车修理及动车组不落轮旋旋轮和各级修程以外的主要设备、零部件的更换，包括转向架、轮对、受电弓、空调设施、主变流器、主变压器等。整备主要为运用技术整备及客运整备。其作业内容也含上水排水、润滑油脂补充、车厢内部清洁、密闭式厕所系统地面接收及处理系统，车体外皮清洗、车内垃圾收集及转运等。根据需要可进行上砂作业和餐饮供给。

10.1.4 维修间隔期及维修周期结构

维修间隔期又称为维修周期，是指在规定的条件下，产品两次相继同等维修等级间的工作时间、运行里程或循环次数等，如大修间隔期。维修周期结构则是指产品所有维修等级的排列顺序和结构安排，如目前我国铁路机车的维修周期结构为：新造—中修—中修—大修—中修—中修—大修—中修—中修—大修—中修—中修—大修—中修—中修—报废；维修间隔期和维修周期结构都是计划预防维修制度的重要组成部分。

高速列车的维修间隔期与第 9 章所述列车各类零部件和分系统的寿命有密切的关系，维修间隔期是以各种寿命单位来度量的。由于各类零部件和分系统的寿命不可能同步，加之故障的随机性，因而具有不同的维修间隔期。

10.2 维修间隔期的确定

维修间隔期的确定应建立在产品可靠性的基础上，即保证在维修间隔期内列车有规定的可靠性。制订维修间隔期不但要考虑动车组运用与维修的要求，而且还要权衡维修人力和费用。也就是说，在制定维修周期时不但要考虑技术因素，而且还要考虑经济和管理因素，使寿命周期费用最小。

间隔期的长短主要取决于维修工作的有效性。新装备在投入使用前，由于信息不足，难以恰当地确定其维修间隔期。因此，一般开始都定得保守一些，在装备投入使用后，随着运用经验的增加、维修信息的积累再修正延长。

动车组及其主要零部件的维修间隔期与其寿命相一致，维修间隔期的确定实质上是确定各零部件的寿命。确定使用寿命相当于确定大修间隔期，确定技术寿命相当于确定重造期，确定经济寿命相当于确定列车的总寿命，即报废期。

保养工作的间隔期一般是根据设计要求确定的。例如，根据所用润滑油的寿命，确定润滑间隔期；另外，对于一般的清洗、擦拭等保养工作，因费用低，所需时间短，可安排在日常的保养计划中，无须单独确定其工作间隔期。操作人员的监控工作是由操作人员在使用装备时进行的，也无需确定工作间隔期。综合工作的间隔期是由各有关工作类型的间隔期决定的。因此，预防性维修工作间隔期主要指下列两类工作：检查工作即使用检查和功能检测；定时报废和定时拆修。

10.2.1 使用检查间隔期的确定

对于有安全性影响和任务性影响的零部件，可通过其平均可用度来确定使用检查间隔期。假设部件的瞬时可用度为 $A(t)$，检查间隔期为 T，则平均可用度为：

$$\overline{A} = \frac{1}{T}\int_0^T A(t)\,\mathrm{d}t$$

在检查间隔期内不进行修理，部件瞬时可用度即为可靠度 $R(t)$，则上式变为：

$$\overline{A} = \frac{1}{T}\int_0^T R(t)\,\mathrm{d}t$$

如果故障时间服从指数分布，故障率为 λ，可得：

$$\overline{A} = \frac{1}{\lambda T}(1 - \mathrm{e}^{-\lambda T})$$

由上式可知，要使 $\overline{A}$ 越大，则 T 应越短，若对某项使用检查工作使 $\overline{A}$ 达到规定的可用性水平时的检查间隔期短得不可行，则认为该工作是无效的，反之则有效。

【例 10-1】 动车组某一部件的故障时间服从指数分布，其平均间隔时间为 2 000 小时，要求该部件可用度为 89%，试计算该部件检查工作的间隔期。

解：已知 $\overline{A} = 0.89$，$\lambda = \dfrac{1}{2000} = 0.0005$

由
$$\overline{A} = \frac{1}{\lambda T}(1 - \mathrm{e}^{-\lambda T})$$

得
$$T = 500\ (\mathrm{h})$$

10.2.2 功能检测间隔期的确定

对某些零部件，可通过检查次数 n 与潜在故障发展到功能故障（P—F 过程）的时间 T_{C} 的关系确定其间隔期。假设规定的安全性或任务性影响的故障发生概率的可接受值为 F，在 T_{C} 期间要检查的次数为 n。则有：

$$F = (1 - P)^n$$

$$n = \frac{\lg F}{\lg(1 - P)}$$

式中，P——一次检查的故障检出概率。

检查间隔期 T 等于 T_{C} 除以 n，若 T_{C} 很短，则该工作就是无效的。

【例 10-2】 某增压器的叶片需要定期检查裂纹情况，以防裂纹发展扩大，叶片折断打坏增压器，假设叶片从出现裂纹到折断需要 300 h，检查仪的精度为 0.9，如果把叶片在 300 h 内折断的概率控制在 0.001，求需要多长时间检查一次？

解：已知 $F = 0.001$，$P = 0.90$，$T_{\mathrm{C}} = 300\,\mathrm{h}$，则：

$$n = \frac{\lg F}{\lg(1 - P)} = \frac{\lg 0.001}{\lg 0.1} = 3$$

$$T = \frac{T_{\mathrm{C}}}{n} = \frac{300}{3} = 100\quad(\mathrm{h})$$

10.2.3 “参数漂移”情况的检测间隔期

动车组上车载的电子设备由于受温度、湿度、电压、电流等各种应力的冲击，存在着参数逐渐漂移的现象。当参数的变化超过规定的范围时，会引起设备的功能故障。因此确定电子设备的功能检测间隔期是非常重要的。其基本思路是首先找出参数漂移的变化规律，然后根据设备可靠度要求确定其检测间隔期。

1. 参数漂移的分布

实际统计表明，不少电参数的变化量 $X(T)$ 服从均值为 CT，方差为 DT 的正态分布，即：

$$X(T) \sim \mathrm{N}(CT, DT)$$

式中，T——检测间隔期；

C——参数的漂移系数；

D——参数的扩散系数。

实践表明：检测间隔期越长，参数变化量的均值 CT 也越大，且参数值的离散程度（方差）DT 也越大。

设参数的额定值为 Y_0，那么 T 时刻后参数值 $Y(T) = Y_0 + X(T) \sim \mathrm{N}(Y_0 + CT, DT)$。

2. C、D 的估计值

若在检测间隔期 T 内，经多次检测，得到 $Y(T)$ 的一个容量为 n 的样本 $Y_1(T), Y_2(T), \cdots, Y_n(T)$。则可求得参数均值的无偏估计：

$$Y_0 + \hat{C}T = \frac{1}{n}\sum_{i=1}^{n} Y_i(T) = \overline{Y}(T)$$

$$\hat{C} = \frac{\overline{Y}(T) - Y_0}{T}$$

方差的无偏估计：

$$\hat{D}T = \frac{1}{n-1}\sum_{i=1}^{n} [Y_i(T) - \overline{Y}(T)]^2$$

$$\hat{D} = \frac{\sum_{i=1}^{n} [Y_i(T) - \overline{Y}(T)]^2}{T(n-1)}$$

3. 产品可靠度与参数漂移量

设参数的允许值范围为（Y_L，Y_H）。若不考虑其他故障模式，在经过一个检测间隔时间 T 后，参数值 $Y(T)$ 仍然落在（Y_L，Y_H）内，就认为该产品是可靠的。$Y(T)$ 落在（Y_L，Y_H）内的概率，就是该产品在间隔时间 T 内的可靠度，记为 $R(T)$。

$$R(T) = \Phi\left(\frac{Y_H - Y_0 - \hat{C}T}{\sqrt{\hat{D}T}}\right) - \Phi\left(\frac{Y_L - Y_0 - \hat{C}T}{\sqrt{\hat{D}T}}\right)$$

式中，$\Phi(x)$——标准正态分布的分布函数，可由正态分布函数表查出。

如果给定可接受的可靠度 R，则可由上式确定该参数的检测间隔期。但求解方程比较困难，一般可通过逐次试算的办法来确定 T 的近似值。

【例 10-3】 动车组上某电源额定输出电压 Y_0 允许范围为 25V ±2.5V，原定每周检测一次，检测后调整输出到规定电压。记录检测参数，得到 183 次输出值，见表 10-1。如果要保证该电源的可靠度 $R(T)$ 为 0.995，求检测间隔期。

表 10-1 输出电压测量值

电压/V	23	23.5	23.7	24	24.2	24.5	24.6	24.7	24.8	24.9
次数	1	4	1	8	3	22	2	2	7	9
电压/V	25	25.1	25.2	25.3	25.5	25.7	26	26.3	26.5	27
次数	70	10	5	1	17	1	12	1	4	3

解：已知 $Y_L=22.5$，$Y_H=27.5$，$T=7$ 天，由数据可得：

$$\overline{Y}(7)=\frac{1}{183}\sum_{i=1}^{183}Y_i(7)=25.0131$$

$$\hat{C}=\frac{\overline{Y}(T)-Y_0}{T}=\frac{25.0131-25}{7}=0.00187$$

$$\hat{D}=\frac{\sum_{i=1}^{n}[Y_i(T)-\overline{Y}(T)]^2}{T(n-1)}=0.0555$$

$$\begin{aligned}R(7)&=\Phi\left(\frac{Y_H-Y_0-\hat{C}T}{\sqrt{\hat{D}T}}\right)-\Phi\left(\frac{Y_L-Y_0-\hat{C}T}{\sqrt{\hat{D}T}}\right)\\&=\Phi\left(\frac{27.5-25-0.00187\times 7}{\sqrt{0.0555\times 7}}\right)-\Phi\left(\frac{22.5-25-0.00187\times 7}{\sqrt{0.0555\times 7}}\right)\\&=\Phi(3.988)-\Phi(-4.03)=0.99997-0.00003=0.99994\end{aligned}$$

如果两周 14 天检查一次，则：

$$\begin{aligned}R(14)&=\Phi\left(\frac{Y_H-Y_0-\hat{C}T}{\sqrt{\hat{D}T}}\right)-\Phi\left(\frac{Y_L-Y_0-\hat{C}T}{\sqrt{\hat{D}T}}\right)\\&=\Phi\left(\frac{27.5-25-0.00187\times 14}{\sqrt{0.0555\times 14}}\right)-\Phi\left(\frac{22.5-25-0.00187\times 14}{\sqrt{0.0555\times 14}}\right)\\&=\Phi(2.805)-\Phi(-2.865)=0.99752-0.00205=0.99547\end{aligned}$$

可见，要保证该电源的可靠度 $R(T)$ 为 0.995，检测周期可由一周延长至两周。

10.2.4 定时拆修（报废）间隔期的确定

定时维修有定时拆修和定时报废两种类型，只适用于有耗损期的部件。确定定时拆修（报废）的间隔期，应掌握部件的故障规律，特别是图 10-1 中 a 点的位置。这两类预防性维修工作间隔期的确定方法是相同的，在此以定时报废为例进行说明。

1. 两种定时报废的更换策略

零部件定时（期）报废是指部件使用到一定时间后予以报废并进行更换。按更换策略的不同，可分为工龄定时更换和全部定时更换。

工龄定时更换（Age Replacement），又叫个别定时更换，是指按每个部件的实际使用时间（工龄）进行定时更换。动车组中的单个零部件，在使用过程中即使无故障发生，到了规定的更换时间（工龄）也要进行更换；如未到规定工龄发生了故障，则更换新品。无论是预防更换还是故障更换，都要重新记录该产品的工作时间，下次的预防更换时间，应从这一时刻算起。典型的零部件如油压减震器，以 18 个月时间为其更换标准。

全部定时更换又叫成批更换（Block Replacement），是指在零部件使用过程中，每隔预定的更换间隔时间，就将正在使用的全部同类产品进行更换，即使个别产品在此间隔内发生故障更换过，到达更换时刻时也一起更换。

2. 工龄定时更换的间隔期

（1）确定受安全性影响和任务性影响的维修工作的间隔期。其有效性准则为：工作的间

隔期 T 应短于产品的平均耗损期$\overline{T}_W$。对任何部件，耗损期 T_W 是一个随机变量，如果知道 T_W 的分布，并确定在工作间隔期 T 发生故障的概率 F 的可接受水平，则可确定间隔期 T。

(2) 按任务可靠度要求确定工作间隔期。按根据任务可靠度的定义，有：$R(t+\Delta t\mid t)=\dfrac{R(t+\Delta T)}{R(t)}=e^{-\int_t^{t+\Delta t}\lambda(t)\,dt}$

对于指数分布，有 $R(t+\Delta t|t)=e^{-\lambda\Delta t}$，即如果故障特性服从指数分布，则其任务可靠度与任务开始以前所积累的工作时间无关，所以不宜做定时维修；对于威布尔分布，$r=0,m>1$ 时，有：

$$R(t+\Delta t|t)=\frac{e^{-\frac{(t+\Delta t)m}{\eta^m}}}{e^{-\frac{t^m}{\eta^m}}}=e^{-\frac{(t+\Delta t)m}{\eta^m}}$$

(3) 以平均可用度最大为目标确定间隔期。根据工龄更换策略的时序图(图 10-3)，在每一更换周期 T 内，平均不能工作时间为：

$$\overline{T}_d=R(T)\overline{M}_{pt}+[1-R(T)]\overline{M}_{ct}$$

式中，$\overline{M}_{pt}$——定时更换的平均停机时间；

$\overline{M}_{ct}$——故障更换的平均停机时间；

$R(T)$——T 时刻系统可靠度，即 T 时间内系统不发生故障的概率。

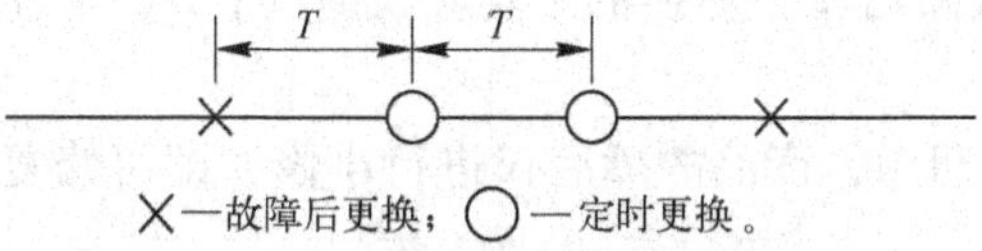

图 10-3 工龄更换策略时序图

在一个更换间隔期 T 内，平均能工作时间为 $\overline{T}_u=\int_0^T R(t)\,dt$，则稳态可用度 A 为：

$$A=\frac{\overline{T}_u}{\overline{T}_u+T_d}=\frac{\int_0^T R(t)\,dt}{\int_0^T R(t)\,dt+R(T)\,\overline{M}_{pt}+[1-R(T)]\,\overline{M}_{ct}}$$

为求得最大可用度的最优更换间隔期 T^*，将上式对 T 求导数，令其为零，得：

$$R(T)\{R(T)\,\overline{M}_{pt}+[1-R(T)]\,\overline{M}_{ct}+\int_0^T R(t)\,dt\}-\int_0^T R(t)\,dt\{R(T)-f(T)\,\overline{M}_{pt}+f(T)\,\overline{M}_{ct}\}=0$$

化简，得 $$R(T)(\overline{M}_{pt}-\overline{M}_{ct})+\overline{M}_{ct}=\lambda(T)(\overline{M}_{pt}-\overline{M}_{ct})\int_0^T R(t)\,dt$$

因为定时更换是计划好的，预先明确更换的产品；而故障后更换是随机的，要临时进行故障诊断，还要考虑故障后引起的其他修复问题。所以故障后更换的平均停机时间一般要大于定时更换的停机时间，即$\overline{M}_{ct}>\overline{M}_{pt}$。上式可进一步写为：

$$\frac{\overline{M}_{pt}}{\overline{M}_{ct}-\overline{M}_{pt}}=\lambda(T)\int_0^T R(t)\,dt-[1-R(T)]$$

利用此式难以直接解出最佳更换间隔期 T。当寿命服从指数分布时，$\lambda(t)=\lambda$ 为常数，代入上式右边得：

$$\lambda \int_0^T e^{-\lambda t} dt - [1 - e^{-\lambda t}] = 0$$

此时无法解出 T 来，且 $\overline{M}_{pt}=0$。这说明指数分布时，如果希望获得最大可用度，应不进行定时更换。只有当故障率 $\lambda(t)$ 是时间的增函数时，才需进行定时更换。最佳预防更换间隔期常用实测统计数据作图的方法求出。

3. 全部定时更换的间隔期

采用全部定时更换策略时，因时序图和时间的计算方法与工龄更换策略不同，所以最佳间隔期 T 的求法也不相同。全部更换策略的时序图如图 10-4 所示。

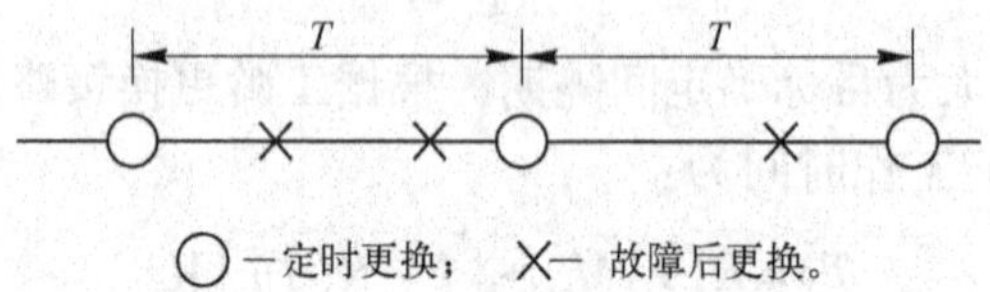

图 10-4　全部更换策略的时序图

每一更换间隔期内，平均不能工作时间 $\overline{T}_d=\overline{M}_{pt}+\overline{M}_{ct}\cdot H(T)$。式中 $\overline{M}_{pt}$ 为全部定时更换的平均停机时间；$\overline{M}_{ct}$ 为故障后单个更换的平均停机时间；$H(T)$ 为更换间隔期内故障发生的平均次数。

假设在一个更换间隔期内，产品故障后仅进行小修，即可修复，则有：

$$\overline{T}_d = \overline{M}_{pt} + \overline{M}_{ct}\int_0^T \lambda(t)\,dt$$

系统的可用度为：

$$A = \frac{\overline{T}_u}{\overline{T}_u + \overline{T}_d} = \frac{T - \overline{T}_d}{T} = \frac{T - (\overline{M}_{pt} + \overline{M}_{ct}\int_0^T \lambda(t)\,dt)}{T}$$

将上式对 T 求导，并令其为零得：

$$T\lambda(T) - \int_0^T \lambda(t)\,dt = \frac{\overline{M}_{pt}}{\overline{M}_{ct}}$$

如果产品的寿命服从威布尔分布，即 $\lambda(t)=\dfrac{m\,(t-r)^{m-1}}{\eta^m}$，带入上式得：

$$T = \eta\left[\frac{\overline{M}_{pt}}{\overline{M}_{ct}(m-1)}\right]^{\frac{1}{m}}$$

可见：$m<1$（早期故障）时 $T<0$，早期故障期全部定时更换不合理；

$m=1$（偶然故障，指数分布）时 $T=\infty$，随机故障期更换间隔期无限长，即不必进行全部定时更换工作；

$m>1$（耗损故障）时可确定 T，即耗损故障期可进行全部定时更换。

10.3 维修级别的分析

10.3.1 概述

维修级别分析是在装备的研制、生产和使用阶段，对预计有故障的产品，进行非经济性和经济性的分析，确定可行的修理或报废的维修级别的过程。维修级别分析应根据装备工作要求、装备技术特性及维修保障的经济性、各种保障资源的利用程度等，确定装备故障时是报废或是修理，若修理，应在哪一级维修机构完成。

维修级别分析的目的是确定各项维修工作是否进行，以及在哪一级维修机构执行。合理配置维修资源，提高其使用效率；合理设置维修机构，形成维修能力的梯次结构，提高维修管理水平。

分析工作应在装备研制的早期开始，并随研制工作的进展反复进行，不断细化。

维修等级的划分及设置因动车组的型号不同而不同，可以有不同的维修等级和设置。划分原则有以下几点。

1. 维修等级的划分应与列车任务及其复杂程度相适应

动车组的任务及其复杂程度直接制约维修等级的划分，维修等级的划分又直接影响高速列车执行运输任务的效果。分析列车的运用需求、任务复杂程度和所需的维修工作，合理地确定维修等级，明确各级维修工作的职责和范围，规划装备维修工作所需的各级保障资源。

2. 维修等级的划分应与维修机构相协调

维修等级的划分与维修机构密切相关，而维修机构受铁路编制及调度系统、后勤保障体系的直接制约。维修机构的人员及设施的规模，要适应铁路调度系统的指挥与管理，利于组织各种列车的各项维修工作。

3. 维修等级的划分应与维修保障系统相配合

维修保障系统直接制约动车组维修等级的划分。维修保障系统中的各种资源数量、规模和配置对维修等级的划分有直接影响。

4. 维修等级的划分应综合权衡各种影响因素

5. 确定维修级别应按照非经济性分析和经济性分析两类准则进行

经济性准则为总费用最低；非经济性准则是要求考虑其安全性、可靠性、维修性、任务成功性及其他战术技术因素。

影响维修等级的因素很多，除上述基本要素外，还有装备的修理方法、装备的各种特性和要求等也对维修等级的划分有影响，各种要求可能会产生多种方案，应对各种影响因素进行综合权衡，选择最合理的方案，以确保维修工作良好地进行。

10.3.2 维修级别确定的一般步骤

维修级别分析就是对装备实施修理级别分析的过程。维修级别的确定方法就是修理级别分析。它是装备保障性分析的重要组成部分，是确定维修级别的重要工具。维修级别分析的基本流程如图 10-5 所示。

1. 划分产品层次并确定待分析产品

根据装备的结构及复杂程度对所分析的装备划分产品层次，进而确定出待分析项目。按装备设计构造及其故障情况对单元件、组件和部件确定维修约定层次。如动车组按机构可分为走行部、车体、牵引系统、辅助供电系统、控制系统等部分，每一部分又可细分为更细，直至零件级。

动车组修理级别分析是以换件修理为主的分析。通常，维修约定层次的划分基本上与维修级别的划分相一致。动车组的维修层次一般划分为三个维修约定层次：运用所级、动车段级和工厂级。运用所级指在运用所这类基层级维修机构，只需简单的工具就可分离更换的单元件、组件或部件；动车段级是对在运用所级更换下来的单元、零部件进一步分离，进行维修；工厂级是对组件、零件进行彻底拆卸、维修的过程。对专用设备的特定分级，由建议要求和合同规定。如动车组网络控制系统、ATP 设备等。

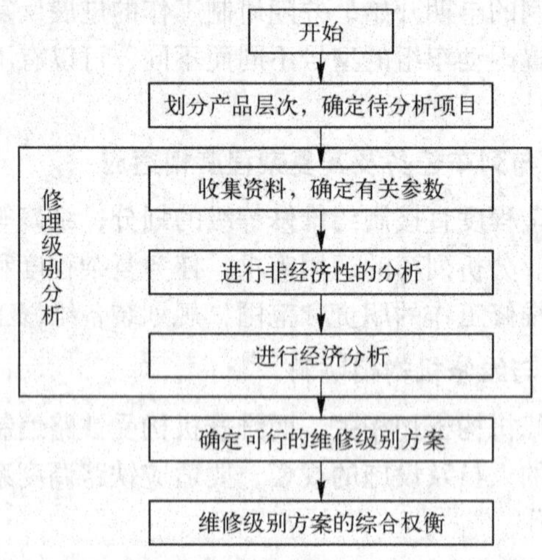

图 10-5 维修级别分析的基本流程

2. 收集资料确定有关参数

按照所选的分析模型收集数据、确定参数。

3. 进行修理级别分析

维修级别分析的核心是实施、分析和记录维修分析中的两种分析方法，即非经济性分析和经济性分析，它们是既独立又紧密联系的两个部分。在实际维修级别分析工作中，非经济性分析所占比重较大，约占整个维修级别分析工作的 85%，经济性分析约占 15%。

4. 确定可行的维修级别方案

根据分析结果，确定出可行的维修级别方案。

5. 确定满意的维修级别方案

根据上述所确定的可行方案进行评价。若评价结论与初始维修方案有出入，将影响到系统设计和保障规划，这时需要进行综合权衡，在作出维修决策之前，充分评价维修方案变化所引起的后果，选择满足要求的备选方案。

10.3.3 维修级别分析模型

维修级别分析模型与装备的复杂程度、类型、费用要素的划分、分析的时机等多种因素有关。采用的各类分析模型有其特定的应用范围。

1. 维修级别分析决策树

维修级别分析决策树是一种定性分析方法。整个分析过程有四个决策点，如图 10-6 所示。

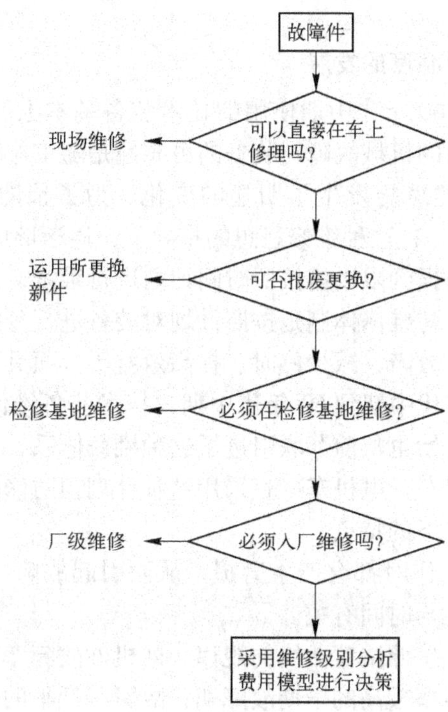

图 10-6 维修级别分析决策树

(1) 不拆卸故障部件，在车上进行维修。这类工作比较简单，如保养、调校、检查和排除较小的故障等。其工作范围和深度取决于装备的维修性设计。

(2) 能否更换。当在装备上不能进行维修时，应考虑回运用所进行换件修，拆卸下的故障件是报废还是原件修复，应根据报废更新与修理的效费比作出决策。

(3) 当故障件复杂程度较高，或需要较高的维修技术和专用工具、设备时必须在检修基地进行维修。

(4) 列车大部件破损（如车体）或已达到大修寿命时，应进行厂级维修。

如果很难辨识出哪级维修级别优先时，则可采用经济性分析模型作出决策。

2. 经济性分析模型

维修级别经济性分析模型实质是一个经济决策过程。根据不同装备及其维修要求，有很多经济性分析模型。分析各种与维修有关的费用，建立各级修理费用分解结构，并制定评价准则。费用计算比较复杂，需要大量资料，作详细的分析研究，才能获得正确的决策。

10.4 以可靠性为中心的维修制度

10.4.1 维修制度的发展

维修制度的发展是在维修思想和理论的带动与指导下发展起来的，是随着维修实践的发展和需要而发展的。

1. "计划预防修" 维修制度的发展

20世纪40年代中期到60年代中期使用的技术装备基本上属于机械装备，因此装备出现的故障大多数是磨损类型的机械故障，装备的可靠性是随工作时间的增加而下降的。随着生产力的发展，事后维修的思想发生了明显的变化。为了预防故障的发生，逐渐形成了"以预防为主"的维修思想，在这种维修思想的指导下，逐渐形成了"计划预防修"的维修制度。也就是在装备机件磨损到限以前按照时间计划进行维修，到20世纪50年代计划预防修制度才逐渐成熟。计划预防维修体制是按照计划对装备进行分解检查、更换翻修。这种维修与事后维修相比，在防止故障、减少停时、提高效益等方面具有较大的优越性，相继被各国采用，成为20世纪40年代中期到60年代中期，技术装备维修中占统治地位的手段。我国工业从第一个五年计划开始也从前苏联引进了这种维修体系，机车车辆也不例外，从蒸汽机车开始直至今天的内燃机车、电机车一直采用这种计划预防修的维修体制。这种传统的计划由防修的维修制度具有如下的特点。

(1) 装备的每个机件工作时都会产生磨损，从而引起故障。由于磨损随工作时间而加剧，因此每个机件的可靠性与时间有关。

(2) 装备的故障率变化按照浴盆曲线的规律，即机件故障率作为时间的函数分为三个阶段：产品刚刚投入使用故障率较高的毕期故障期；故障率低平的偶然故障期；磨损到限故障率激增的耗损故障期。

(3) 由于把机件磨损或蛛障作为时间的函数，因此定时维修、拆卸分解就成为这种维修的主要方法，具体实施可以概括为："定期检查、按时保养、计划修理"。

(4) 计划预防修的关锢是确定装备及其主要零部件的检修周期，合理划分维修等级及维修周期结构，制订维修规程与规范。装备维修时间是以故障率曲线（浴盆曲线）中耗损故障期始点来确定的。

2. "以可靠性为中心" 维修制度的形成与发展

传统的计划预防修的维修制度是基于复杂设备的每一个机件都有一个正确的使用期（使用寿命），到了这个寿命必须进行拆卸维修，以保证其安全性和可靠性。并且认为，维修得越勤，拆卸得越彻底，分解得越细，防止故障的可能性就越大；定时维修工作做得越多，设备的可靠性就越高。但在维修实践中发现，缩短维修间隔期，加大维修范围，加深维修深度，并不能减少故障的发生，甚至还导致故障率增长。频繁的维修，不仅限制了设备的使用，降低了设备的利用率，而且还消耗了大量的人力和物力，增加了维修费用。

1960年由美国联邦航空局和美国联合航空公司双方的代表共同组成了一个工作组，来调查和分析计划预防性维修的能力问题，并对维修间隔期和可靠性之间的关系进行研究。通过详细而全面的调查研究，根据多年实践积累下来的维修方面的丰富经验和大量数据，于1961 年 11 月 7 日颁布了《美国联邦航空局/航空工业可靠性大纲》，1978 年，美国联合航空公司诺兰等受国防部的委托发表了《以可靠性为中心的维修》专著，该专著对故障的形成、故障的后果和预防性维修工作的作用进行了开拓性的分析，首次采用自上（系统）而下（部件）的方法分析故障的影响，严格区别安全性与经济性的界限，提出多重故障的概念，用四种工作类型（定时拆修、定时报废、视情维修、隐患检测）替代三种维修方式（定时、视情、状态监控），重新建立逻辑决断图，使以可靠性为中心的维修理论又向前迈进了一大步，此书正式推出“以可靠性为中心的维修（RCM）”方法，确立了近代维修理论基。自此，RCM 理论在世界范围内得到推广，并不断发展；从此人们把制定预防性维修大纲的逻辑决断分析方法统称为 RCM（Reliability Centered Maintenance）。20 世纪 80 年代开始，我国空军等军兵种相继引进、消化和应用这项技术，取得了较好的成效；20 世纪 90 年代以后，RCM 应用于世界上的各个技术部门和领域，其理论不断创新与发展。1991 年英国的莫布雷（J. Moubray）撰写了《以可靠性为中心的维修》（简称 RCM2）。

以可靠性为中心的维修制度 RCM（Reliability Centered Maintenance）建立在对设备设计特点、运用功能、失效模式和失效后果的分析基础上，应用得到的安全性和可靠性数据，判别零部件状态，以最大限度地提高设备的使用可靠性为目的对维修要求进行评估，确定维修工作的适用性和有效性，最终制定出实用合理的维修计划。结合了预防维修、预测维修和主动维修三种方式，是维修制度的发展趋势。

10.4.2 RCM 基本观念

产品的可靠性是由设计和制造所决定的。产品的可靠性是设计、制造所赋予的固有特性，有效的维修只能保持这种固有特性，而不能提高它。

复杂设备的故障率曲线绝大多数不是浴盆曲线。磨损型的机械产品故障率曲线一般是浴盆曲线，对于复杂设备来说，其故障率曲线一般没有耗损故障期，除非它有薄弱环节，具有占主导地位的惯性故障；应该根据产品的故障规律采用不同的维修方式，控制维修时机。

故障后果严重的产品才需要做预防性维修。产品故障的后果和影响是不相同的，不应该采用单一的处理方法，而要采取不同的对策。

根据产品的故障特点选择合适的维修工作类型。产品的故障特点是指故障的严重级别、故障模式的影响、故障是否有功能隐患等。不同维修工作类型所消耗的维修资源、维修费用和维修难度、深度是不一样的，应该根据不同产品的需要，在保证可靠性的前提下，本着节省资源和费用的原则，按顺序选择适用而有效的维修工作类型。

10.4.3 RCM 主要内容

1. 辨证地对待定时维修，保留其合理有效的部分

2. 提出潜在故障概念，开展视情维修

产品的功能故障是指产品不能完成规定功能的事件或状态。指示即将发生功能故障的可鉴别状态称为潜在故障。潜在故障包含两层意义，一是指功能故障临发生前的状态；二是指这种状态经观察或检测是可以鉴别的。

产品的磨损、疲劳、腐蚀、老化和失调等故障模式大都存在着由潜在故障发展到功能故障的过程。因此利用检查和检测的方法及时发现和消除潜在故障，就可以防止功能故障的发生。

3. 提出隐蔽功能故障与多重故障概念，控制故障风险

隐蔽功能故障是指其发生后操作人员不能发现的功能故障。隐蔽功能包括两种情况：一是在正常使用情况下产品是工作的，其功能故障对操作人员来说是不明显的；二是在正常使用情况下产品是不工作的，而是处于备用状态，其功能故障在需要使用这种功能前，操作人员是不能发现的。多重故障是指连续发生的两个或更多的独立故障所组成的故障事件。它能造成其中任何单个故障所不能产生的后果。多重故障与隐蔽故障有密切的联系。如果隐蔽功能故障没有被及时发现和排除，就会造成多重故障，可能产生重大后果。

4. 区分不同故障后果，采取不同对策

故障后果可以分为安全性故障后果、任务性故障后果、经济性故障后果和可容忍的故障后果4类。

1）安全性故障后果

安全性故障后果，是指功能故障或由该故障所引起的二次损伤对装备使用的安全性会造成有害影响，即会导致人员伤亡或者装备严重损坏的故障后果。故障后果的评定应基于故障影响的可能性，并总是处于最保守的水平上。

2）任务性故障后果

任务性故障后果是指功能故障妨碍装备完成任务的故障后果。主要包括：在故障发生以后，需要中断任务的执行；为进行非计划维修而延误或取消其他的任务；或是在进行维修之前需要做任务上的限制。对隐蔽功能故障来说，任务性故障后果则是指一个隐蔽功能故障和另一个或几个功能故障的结合所产生的多重故障对任务能力的有害影响。

3）经济性故障后果

经济性故障后果是指功能故障对装备所造成的严重经济性后果。这里所说的“严重经济性后果”是指故障所造成的设备和财产损失及其较高的修理费用。费用标准要根据具体的装备来确定。

对于动车组的维修来说，功能故障不能完成规定功能到何种程度，须按故障后果的严重程度来衡量，因此而划分故障等级。故障等级的划分原则是：按故障造成人员伤亡的情况；按故障造成设备和环境的损失情况；按故障造成的直接和间接经济损失情况进行划分。

5. 科学评价预防性维修的作用

有效的预防性维修工作能够以最小的资源消耗使装备达到固有可靠性水平，或者防止固有可靠性水平的降低。

6. 确定预防性维修工作的基本方法和思路

按照预防性维修工作内容及其时机控制原则，将预防性维修工作分为七种工作类型。按照所需资源和技术要求由低到高将其顺序排列如下。

（1）保养。

（2）操作人员监控。操作人员对装备及其零部件进行监控，其目的是发现它们的潜在故障。这类监控包括使用前检查、对仪表的监控、通过感官发现故障征兆或潜在故障。

（3）使用检查。由基层的检修人员按照计划进行定性检查，如通过观察、演示、操作等方法检查，以确定产品能否完成其规定的功能。目的是及时发现隐蔽功能故障，确保隐蔽功能的可用性，尽量减少多重故障发生的可能性。

（4）功能检测。是指按计划进行定量检查，以确定产品的功能参数是否在规定的限度以内，其目的是发现潜在故障，预防功能故障的发生。

（5）定时拆修。是指产品使用到规定的时间予以拆卸修理，使其恢复到规定的状态。拆修的工作范围可以从拆卸分解一直到翻修。

（6）定时报废。是指产品使用到规定的时间予以报废。

（7）综合工作。是指实施上述两种或多种类型的预防性维修工作。

按故障的不同后果并按维修工作既要技术可行又要值得做的基本思路，以逻辑决断的方式来确定预防维修的工作类型。

10.4.4 RCM 的实施

1. 确定重要功能产品

对装备中的系统和设备作粗略的划分，将其故障影响安全性、任务性或严重影响经济性的产品定为重要功能产品（FSI），对其进行详细的维修分析；对其他不会带来严重和不利影响，或者说故障后果可以容忍的产品，可以不做预防性维修工作，待其发生故障后再做处理。

2. 故障模式及影响分析

对每个重要功能产品进行故障模式及影响分析（FMEA），确定其所有的功能故障、故障模式和故障原因，为下一步选择维修工作类型提供所需的信息。

3. 预防性维修工作类型的选择

应用逻辑决断图（图 10–7 ），按所确定的每个功能故障模式和故障原因，对功能故障进行决断分析，选择适用而又有效的预防性维修工作。

4. 确定维修工作间隔期

往往由于信息不足，在一开始很难准确地确定维修工作间隔期。一般根据类似产品的经验和制造方的建议，结合有经验的维修人员的判断来确定。开始定得保守些，在装备投入使用后，通过维修工作间隔期的探索再进行调整。

5. 提出维修级别的建议

根据任务和使用要求、各级维修的技术条件（人员技能、设施、设备、备件储备等）和维修的经济性等，提出各项维修工作的维修级别的建议。一般应将维修工作确定在耗费最低的维修级别上。

6. 进行维修间隔期的探索

维修间隔期探索，是指通过分析运用和维修数据、试验与技术资料提供的信息，确定产品的可靠性与使用时间（寿命单位）的关系，即故障率曲线。必要时调整其预防性维修工作类型和/或维修间隔期。

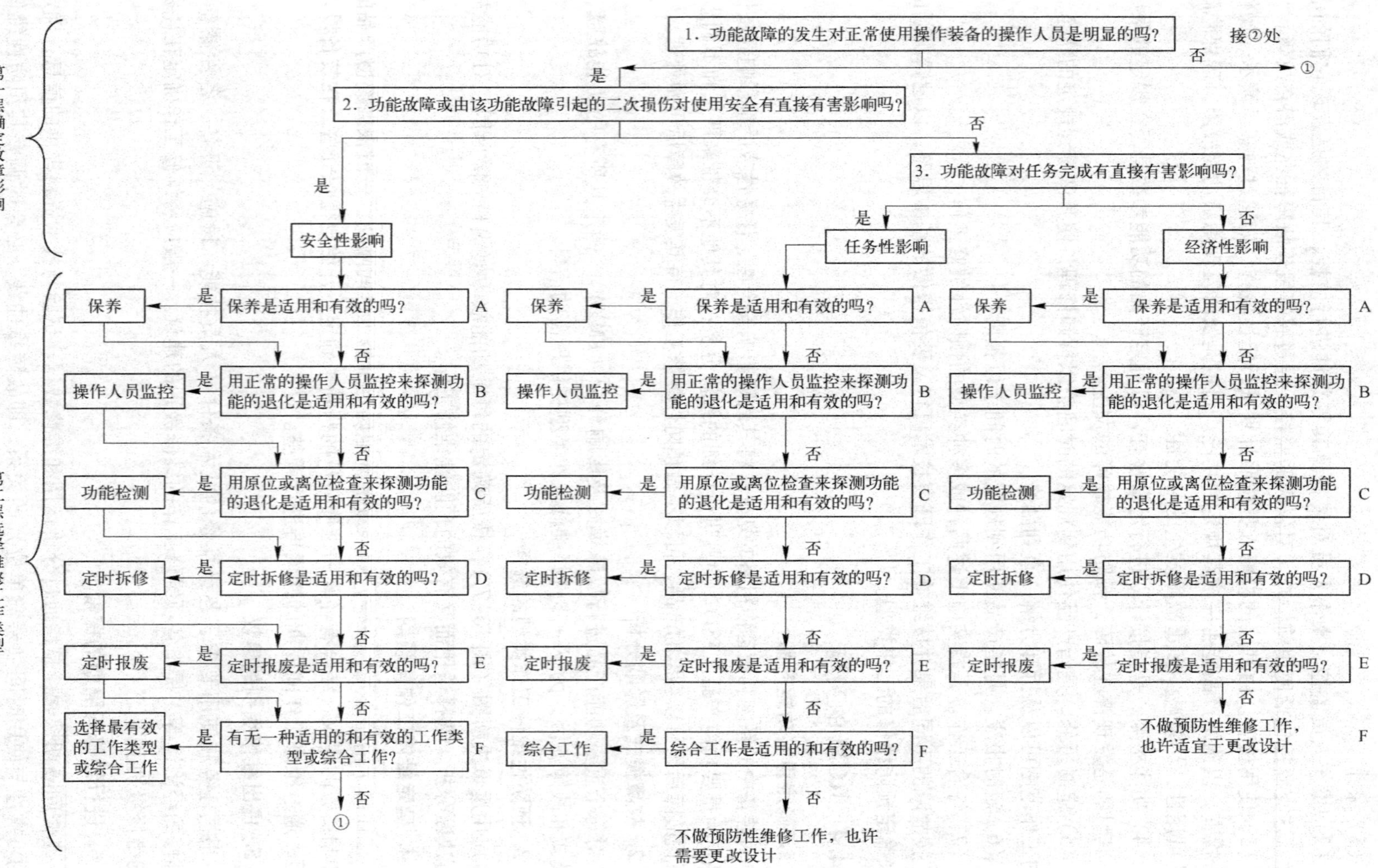
第一层确定故障影响
1. 功能故障的发生对正常使用操作装备的操作人员是明显的吗？
接②处
否
①
是
2. 功能故障或由该功能故障引起的二次损伤对使用安全有直接有害影响吗？
否
3. 功能故障对任务完成有直接有害影响吗？
是
安全性影响
是
任务性影响
否
经济性影响
第二层选择维修工作类型
保养
是
保养是适用和有效的吗？
A
否
操作人员监控
是
用正常的操作人员监控来探测功能的退化是适用和有效的吗？
B
否
功能检测
是
用原位或离位检查来探测功能的退化是适用和有效的吗？
C
否
定时拆修
是
定时拆修是适用和有效的吗？
D
否
定时报废
是
定时报废是适用和有效的吗？
E
否
选择最有效的工作类型或综合工作
是
有无一种适用的和有效的工作类型或综合工作？
F
否
①
综合工作
是
综合工作是适用的和有效的吗？
F
否
不做预防性维修工作，也许需要更改设计
不做预防性维修工作，也许适宜于更改设计
F

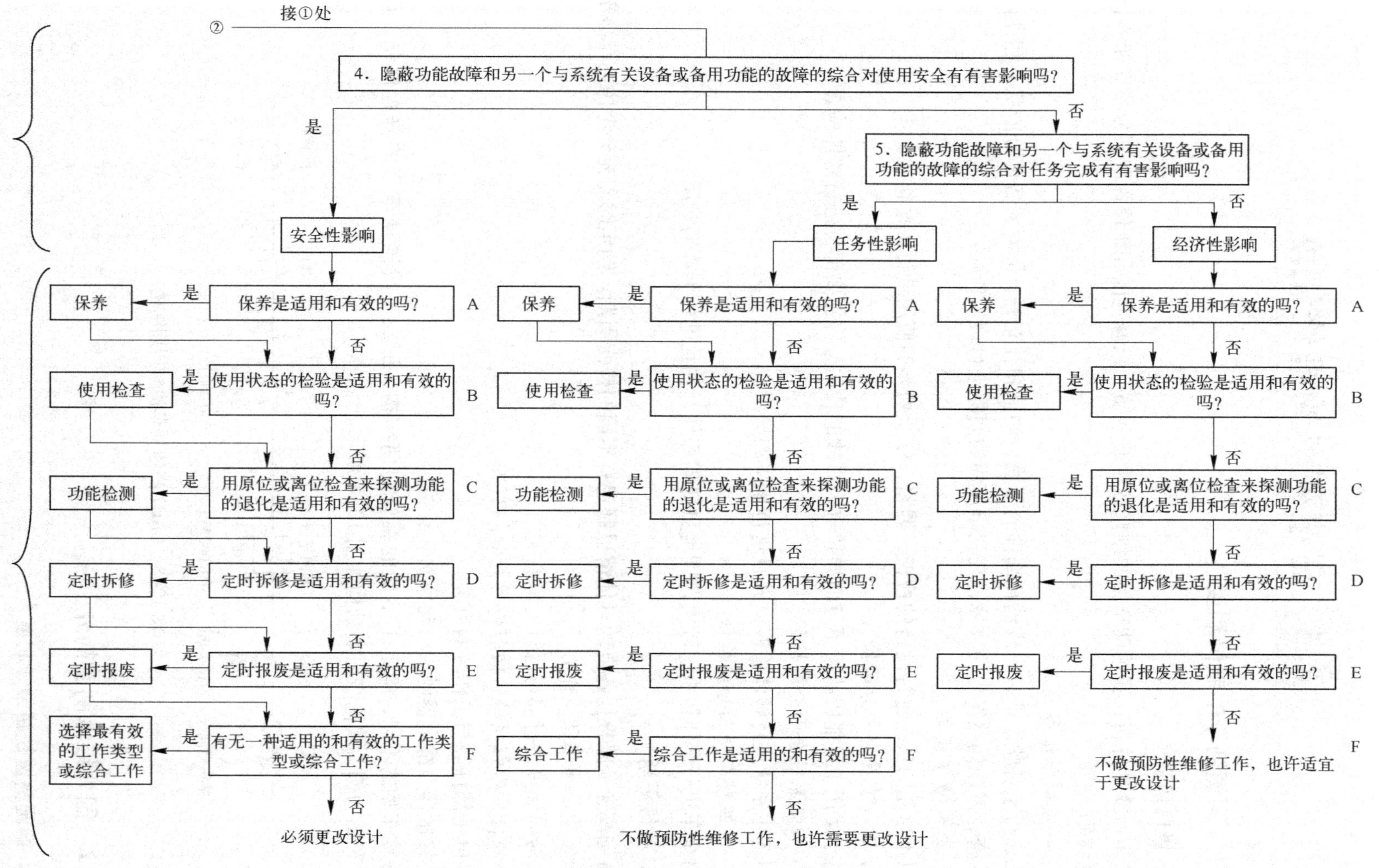

图 10-7 RCM的逻辑决断图

10.5 高速列车的维修制度

10.5.1 高速列车的维修制度

1. 维修级别

基于可靠性分析，我国动车组的维修按维修性质、维修范围和维修深度划分了5个不同的维修级别。

1）一级例行检查

在运行整备状态下，完成消耗部件的更换、调整和补充等，同时对各部分的状态和性能进行检查，发现偶然发生的故障，在列车使用的间隙进行维修作业。

2）二级重点检查

以不落轮的状态进行设备的检查、调整，停止列车的使用进行维修作业。

3）三级重要部件分解检修

对于运用中可能因状态不良而导致重大事故的转向架等主要部件进行解体检查。

4）四级系统全面分解检修

对各主系统进行解体检修，并且进行车体的涂漆。

5）五级整车全面分解检修

对全车进行解体检查，较大范围地更新零部件，并且进行车体的涂漆。

2. 检修周期

各国高速铁路根据各自的具体情况制定有本国的检修周期。制定时需充分考虑列车各部件故障发生的概率和工作方式。

- 转向架等走行部与运行公里有关；
- 车体、空气系统、橡胶件等与时间有关；
- 电子部件等与工作时间有关；
- 接触器、继电器触头与动作次数有关。

根据车型的不同，确定了不同的维修周期结构，形成了我国动车组的修程修制，以CRH2车型为例，其检修周期结构如图10-8所示。

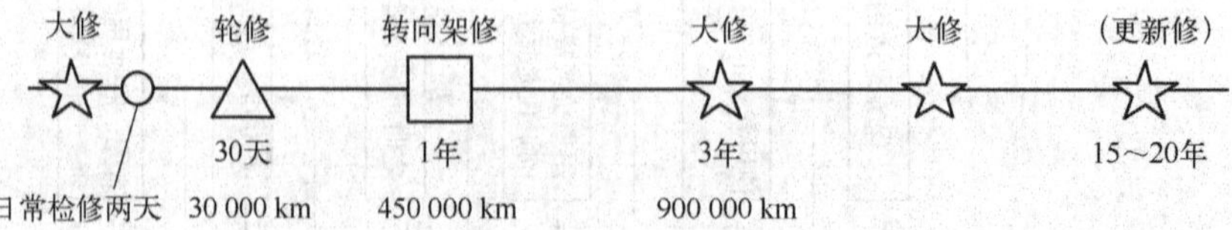

图10-8 CRH2高速列车检修周期结构

10.5.2 国外维修制度简介

1. 德国高速铁路维修制度

ICE高速列车确定的维修保养理论是以可靠性、舒适性为中心实行计划定期检查和整备与监控状态修理相结合；寿命管理、单元部件换件修和主要元、部件高度专业化集中修理相结合。

德国 ICE 高速列车的检修模式是与其设计制造同时考虑的，1991 年 6 月 ICE 高速列车开始运营之前，汉堡功车段就已全部交付使用。检修制度是建立在德国工 IC 城际快速列车运用经验的基础上，结合 ICE1 高速列车在汉诺威—维尔茨堡和曼海姆—斯图加特高速铁路实际运营，制定出的运用检修体制，从而保证了每列 ICE 高速列车每年超过 50 万千米的当时世界年最高运行里程数。

为 ICE 列车制定的修程、检修周期和停时，在列车投入使用初始颁布实施。修程分为走行部检查（L）、制动系统检查（N）、段修 1（F1）、段修 2（F2）和大修（REV）五级。检修周期，L：0.2 万千米；N：1 .2 万千米；F1：6 万千米；F2：24 万千米；REV：120 万千米。即：REV－F2－F2－F2－F2－REV，F2－Fl－Fl－Fl－F2，Fl－N－N－N－N－Fl，N－L－L－L－L－L－N。L 和 N 的检修停时为 1 h、Fl 和 F2 检修停时为 8 h，REV 的检修停时为 13 天。

1995 年又推出了一套新的维修保养体系，将修程、检修内容、检修周期和停时调整如下：修程分为走行部检查、制动系统检查、段修 1、段修 2、段修 3、段修 4、厂修 REV。ICE1、ICE2、ICE3 动车组检修修程及周期见表 10－2、10－3，ICE2 相当于 ICE1 半列车的编组形式，其维修模式比照 ICE1 进行。

表 10－2　ICEl、ICE2 动车组检修修程及周期

检修等级	检修周期	停时	内容	备注
L（日常检查）	3 500 km＋10%	1 h	走行部检查、受电弓检查、制动系统检查、列车排污及客运整备、列车外部清洗及内部清洗	每 3～4 天后做轮对诊断
N（周检）	21 万 km＋10%	2 h	L 级全部内容、制动系统试验、动力驱动单元维护保养	
F1	60 万 km＋20%	18 h	N 级全部内容；空调系统维护保养；车门及旅客信息系统功能检查、整车功能试验	
F2	120 万 km＋20%	22 h	同 F1 作业内容；检查配电柜、油冷却器、通风机、空调、过滤器等列车内部清洁（四级）	
F3	240 万 km＋20%	26 h	同 F2 作业内容；车钩及通过台检查；轮对车轴超声波探伤；更换动力转向架	F3 是在一个半列车组上进行，F4 是在另一个半列车组上进行
F4	480 万 km＋20%	26 h	同 F3 作业内容	
Rev1	1200 万 km＋20%	4 d	F4 级检修全部工作，转向架检查、分解和更换，制动机检查，压力保护设备功能检查	
Rev2	2400 万 km＋20%	13 d（一班制）	整列车分解、检查、修复、全面清洗、车体重新油漆，更换缓冲车钩，更换损坏的高压电缆，车体测量及矫正	

表 10－3　ICE3 动车组检修修程及周期

类别	检修等级	项目	检修周期/km	停时
A	L	运行检查	4000＋10%	1 h
	N	补充检查（特殊部件）	2 万＋20%	1.5 h

续表

类　别	检修等级	项　目	检修周期/km	停　时
B	F1	第一级修	10 万 +20%	8 h
	F2	第二级修	40 万 +20%	16 h
	F3	第三级修	80 万 +20%	16 h
	F4	第四级修	160 万 +20%	2 d
C	Rev	大修	240 万 +20%	9 d（一班）

从 ICE 修程修制可以看出，动车组修程的制订是不断积累经验、不断发展而走向成熟的。如 ICE1 发展到 1998 年，其日检由 3 000 km 增加到 3 500 km，大修也由 120 万 km 增加到 240 万 km，检修停时也有所减少。ICE3 动车组日检已达 4 000 km，大修也定为 240 万 km 。

2. 法国高速铁路检修制度

法国 TGV 高速列车的检修周期和修程为：运行 1 500 或 2 500 km 进行行车检查（ES）；运行 9 日进行舒适度检查（ECF）；运行 2 周进行运转部件检查（VOR）；运行 3 个月进行限制性检查（VL）；运行 6 个月进行一般性检查（VG）；运行 18 个月进行一般性大检查（GVG）；运行 8 年以后进行厂修。即：厂修 – GVG – GVG – GVG – GVG – GVG – 厂修；GVG – VG – VG – GVG，VG – VL – VG，VL – VOR – VOR – VOR – VOR – VOR – VL，VOR – ECF – VOR，ECF……ES……ECF。法国 TGV 高速列车的检修等级、检修周期和检修内容见表 10–4。值得注意的是，这种列车采用大部件换修方式，在维修中心卸下大部件，更换后送往工厂进行大部件大修。

表 10–4　法国 TGV 高速列车的检修等级、检修周期和检修内容

检修等级		检修周期	检修内容
日常检查	车内检查 EJ	1 天	车内设施检查，以发现妨碍使用的问题
	制动检查 EJM	1 天	检查制动状况
	车端检查 NSN	1 天	检查车两端情况
	基本检查 ES	≤3 000 km	全面检查列车，以发现安全部件、运动件和受流件的故障
	卫生间除污 WC	3 天	厕所排污，补充卫生纸、水、肥皂
	标准清洗 NND	5 天	利用清洗设施的基本作业．较彻底地清扫、清洗
检修	舒适性检查 ECF	9 天	检修车内设施，食品供应、厕所和照明设施等
	走行部检修 VOR	18 天	ES + 齿轮及其他运动部件检修，闸瓦磨耗，轮缘润滑情况的检查
	其他系统检修 ATS	36 天或 3. 5 万 km	VOR + 牵引电动机、车钩检修，过滤器更换，隔次进行蓄电池、车轴、灭火器检查更换
	小型检修 AL	4、5 月	各种功能的试验和检查，磨耗件和系统的修理或根据试验结果进行维修
	较大型检修 VG	9 月（24 万 km）	内容同 AL，但更详细
	彻底清洗 SIV	12 月	列车内部彻底清洗
	大型检修 GVG	18 月	内容同 VG，更换牵引电动机和转向架
	镟轮 RPEL	35 万 km	对轮对进行镟修

续表

检修等级		检修周期	检修内容
大修	更新 OE	约8年	列车内外部重新油漆，内装修及地板、窗帘及装饰更新
	大修 RG	约8年（280万 km）视情况而定	采用大部件换修方式，在维修中心卸下大部件，更换后送往工厂进行大部件大修

3. 日本新干线列车检修制度

日本新干线列车检修采用的是定期预防修制度，即按一定的周期进行规定内容的检查、维修。由于新干线列车采用了先进的故障诊断系统及检测设备，所以各修程规定的内容都以检查为主。检查周期的确定，应充分考虑车辆各部件发生故障的概率，并与其工作方式有密切关系。转向架与运行公里有关，车体、空气弹簧橡胶件等与时间有关，电子部件等与工作时间有关，接触器、继电器触头与动作次数有关。

新干线列车运行时间是每天6：00—24：00，夜间0：00—6：00进行线路和供电设备等的检查、维护，所以其车辆检修基地既要考虑整列编组的检修，也要考虑列车的到、发及夜间的停放。

新干线车辆的检修主要分为以下4个等级的修程。

日常检查（日检）：周期48 h，补充易损、易耗件，补充润滑油；

周期检查（月检）：周期30 d或3万km，各部件功能检查，外观检查；

转向架检查（年检）：周期12个月或45万km（新造车辆为24个月），转向架解体；

全面检查（大修）：周期36个月或90万km，全面解体。

新干线车辆的检修周期示意图如图10-9所示。

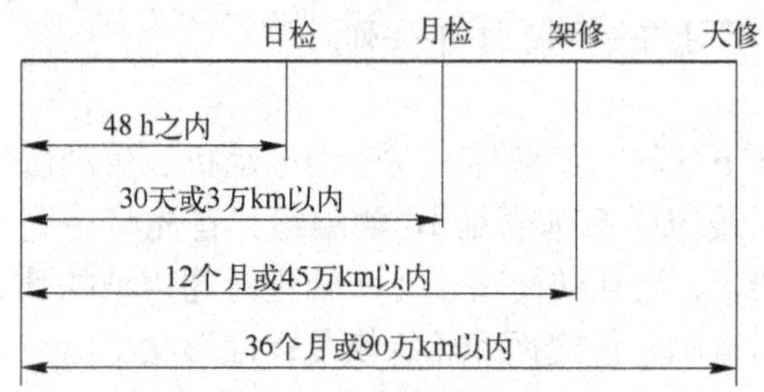

图10-9 新干线车辆的检修周期示意图

检修周期的时间或公里，哪个先到取哪个，并且周期只取负偏差，不能取正偏差。新干线车辆除了上述4种定期检查以外，还有两种非定期检查形式，以及对直接影响到行车安全的ATC装置的检查，具体检查内容如下。

运行检查（添乘）：根据需要乘车进行车辆动态检查和部件功能检查；

临时检查（临修）：在已经发生故障或可能发生故障时，安排车辆检查；

ATC装置的检查。

ATC装置的检查包括：

运行检查。根据需要，乘车检查ATC装置的综合作用和功能。

动作检查。根据ATC袋置的使用状况，对装置的状态及功能进行检查。

特性检查。根据ATC袋置的使用状况，以90天为周期，对装置中的各个部件的状态及特性进行检查。

临时检查。在发生故障或有可能发生故障的情况下，根据需要进行临时检查。

新干线车辆各个修程的检查内容根据该修程所要达到的目的不同来确定，通过定期预防性维修来保证车辆在进入一个修程之前运用状态良好。新干线车辆检修的内容如下。

1）日常检查

全列编组不分解，根据车辆的运用状态，对到限的磨耗件进行更换，如受电弓滑板、制动闸片，如果是直流电机，还要更换碳刷；对润滑部位进行补油，如轴承按规定补充润滑脂，传动齿轮箱的油位保证在规定刻线位置，受电弓、转向架、车钩、车门等处的活动、滑动部件也需检查润滑状态；同时对受电弓、转向架、制动装置等部分进行外观检查，保证其作用良好。日常检查一般是待车辆夜间回库时进行，全列检查完成停时 1. 5 h。

2）周期检查

全列编组不分解，根据车辆的运用状态，对受电弓、走行部、车下电器装置、司机控制器、制动装置、车体等状态和功能进行检查和试验，对列车 ATC 装置进行试验检查，保证功能正常，对电气部分进行绝缘电阻测量。

ATC 装置不适宜车辆检查规则，建立了单独的检查体系，制定了动作检查和特性检查内容。

① 动作检查。在日常检查中，由试验设备发送与列车正常行驶时地面发送的相同信号，确认各设备的状态及制动设备动作状况。

② 特性检查。在上述检查的基础上，测定各套设备、整个系统的特性值（频率特性、阻抗值），每 90 天测试一次，判断设备各特性是否良好。

周期检查与日常检查的项目差不多，所不同的是日常检查主要是外观检查，而周期检查更细一些，并要进行功能试验。全列编组的周期检查停时 4 h，一般车辆基地在一个台位上完成两个编组周期检查，即上午一列、下午一列。

3）转向架检查

更换车辆转向架，换下的转向架解体，对牵引电动机、传动齿轮、走行部、制动装置等主要部件进行检查。新干线 300 系车辆是 16 辆编组，首先将一列车分解成 4 辆一个单元，每个单元（4 辆）同时架车，更换转向架；对车轴进行超声波探伤，300 系车辆的空心轴是从轴心孔内部探伤；轮对链削，使踏面和轮缘恢复标准形状。

新干线 0 系、100 系、200 系、400 系车辆采用的是直流电动机，要进行电机解体检查，而 300 系、El 系是交流电动机，只做外部清扫，不解体。

转向架检查完毕，要在车辆基地的试验线路上进行运行试验。转向架检查停时 ld。

4）全面检查

将全列车编组分解成单节，按工序流水作业，车上、车内、车下所有的设备下车检修，主要部件实行互换修；高压布线在车上进行耐压试验，并测量绝缘电阻，不良者进行更换；客室内装饰地面换新，墙面、顶棚只做清洁处理，车体外墙进行重新喷漆，大修后车体要做气密检查。转向架的检修内容与转向架检查修程内容相同。

将检查组装的单节车辆连接成一列编组，然后进行全列车的性能试验，在场内进行运行试验，最后进行正线试验。各检修基地全面检查的停时不完全一样。

正线试运主要检查的内容有（以 300 系为例）：

- 起动加速，0 ～ 160 km/h（100 s 内）；

- 最高速度，270 km/h；
- ATC 动作，275 km/h；
- 振动每次连续测，5 km；
- 气密性人工检查（必要时用仪器测量）。

10.5.3 高速列车维修制度的发展

多年的实践和经验积累已经使得动车组的计划预防维修制度日臻成熟，并开始向更高的阶段发展。

1. 计划预防修制度已日臻成熟

2. 分层次大修（厂修）

动车组的大修不再是单一的大修等级，而是根据车型的结构特点，经过不同的运行里程或运行时间进行不同层次的大修，即轻大修、重大修和重造。

3. 在修时间大幅度缩短

随着维修装备的现代化，运筹学方法（例如对策论、排队论和搜索论等）和数学规划理论（网络规划、线性规划和动态规划等）的应用，维修工艺流程的改进，以及换件修，特别是大部件换修的采用，使得动车组的在修时间大幅度缩短。

4. 维修质量不断改善

质量管理理论的发展，先进维修装备的采用，维修工艺的改进，使动车组的维修质量得以不断改善。

5. 维修间隔期不断延长，维修周期结构更加合理

随着车辆可靠性的提高，维修间隔期不断延长，维修周期及其结构不再单一地取决于运行里程或时间，而且还考虑动车组的运行状况和条件（负荷率、工作时间和环境条件等），使之更加合理。

6. 采用均衡维修，增加维修的灵活性

将计划维修措施分解为许多小组成部分，即“最小工作包”，完成这些工作包花费较短的时间。不同的维修等级由不同的工作包组合，彼此相互衔接，从而增加了维修的灵活性。

7. 采用诊断维修，扩大状态维修的比重

8. 实行修制改革，向更高的维修制度阶段发展

结合实际情况，尝试先进的维修模式，以可靠性和费用为目标来安排动车组的维修，从而达到最佳效益。

10.5.4 我国高速列车的维修制度

1. 原型车修程修制分析

1）CRH2 原型车 E2－1000 修程修制

该型动车组的检修周期分两个系列，5 个等级，如图 10-10 所示。其中一个系列以走行公里为周期，另一个以时间为周期。一般在运行图中使用率高的按走行公里周期安排检修计划，使用效率低的按时间周期安排检修计划。

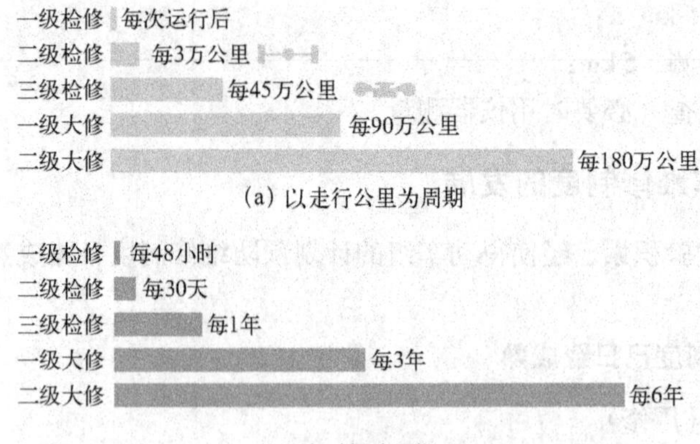

图 10-10　CRH2 原型车 F2－1000 修程修制

2）CRH5 原型车 A250 修程修制

该型动车组的检修周期以走行公里为主，以时间为辅，其检修周期分为 5 个等级，如图 10-11 所示。

图 10-11　CRH5 原型车 A250 修程修制

3）CRH1 原型车 BSP Regina 动车组的修程修制

该型动车组检修周期分为两个部分，其中转向架及其各部件以走行公里为周期，其他车辆设备，包括牵引系统、车钩缓冲装置、车门等以时间为周期。检修周期分为 5 个等级，如图 10-12 所示。

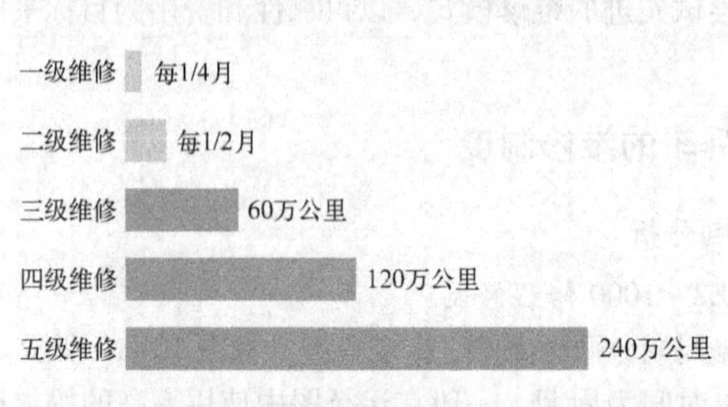

图 10-12　CRH1 原型车 BSP Regina 动车组修程修制

以下是三种动车组检修方案的比较分析。

- 四方动车组采用时间周期和走行公里周期并行的方式；
- 长客动车组采用走行公里周期为主，时间周期为辅的方式；
- BSP 动车组采用时间周期和走行公里周期交错的方式。

三种动车组检修范围在对应修程下实施的主要项目相近，在三级及以上修程时，需要解编并进行分解检修，主要区别表现在检修周期的差异上。

在检修方式上，这几种动车组大范围采用模块化结构，通过换件修、委外修等作业方式，检修时间短，周转快，大幅度地提高检修效率。

2. 国产动车组修程修制设计的基本思路

以先进的检修和检测装备为基础，以高度信息化的管理系统为支撑，以全面有效的检修人员培训为前提，引进国外动车组先进的检修理念、检修标准和检修方式，确保实现动车组安全运行，高效率使用的目标。

3. 国产动车组修程修制的基本框架

通过以上分析，几种动车组其检修体制设计原则基本一致，即实行定期的计划性预防修。修制框架基本相同，分为预防性检修和事后检修或更正性检修，其基本框架如图 10-13 所示。

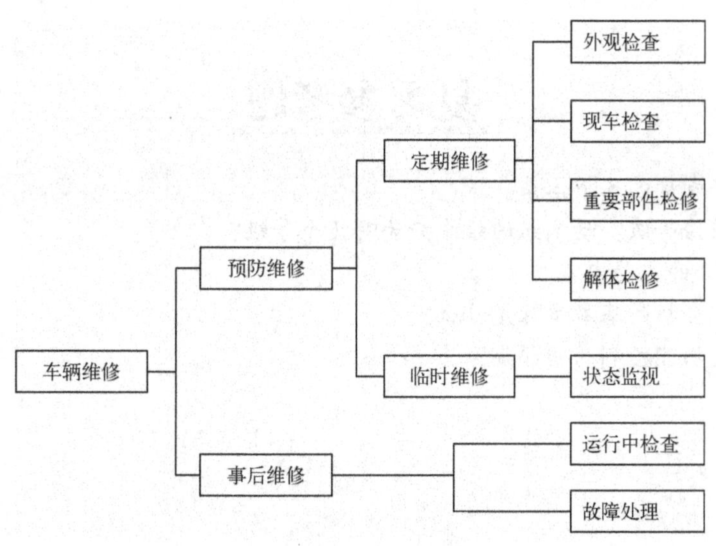

图 10-13 动车组修程修制基本框架

4. 检修周期

国产动车组的修程分为一级维修至五级维修共 5 个等级，见表 10-5。

表 10-5 国产动车组检修周期

检修等级	检修周期		
	CHR5	CHR2	CRH1
一级维修：例行检查	每次运行结束	每次运行结束或 48 小时	1/4 月
二级维修：重点检查	6 万公里	3 万公里或 30 天	1/2 月

续表

检修等级	检修周期		
	CHR5	CHR2	CRH1
三级维修：重点分解检修	120 万公里	45 万公里或 1 年	60 万公里
四级维修：系统分解检修	240 万公里	90 万公里或 3 年	120 万公里
五级维修：整车分解检修	480 万公里	180 万公里或 6 年	240 万公里

5. 检修范围

5 个检修级别下的检修范围如下。

一级维修：例行检查。更换、调整和补充消耗部件，检查各部分的状态和性能，特别是车下悬吊件的安装情况。

二级维修：重点检查。按照规定要求进行动车组性能试验和安全性检测，重点检查轮对踏面和车轴。

三级维修：重要部件分解检修。对转向架及其主要零部件进行分解检修。

四级维修：系统全面分解检修。对各主系统进行分解检修，必要时进行车体的涂漆。

五级维修：整车全面分解检修。对全车进行分解检修，较大范围地更新零部件，并进行车体的涂漆。

复习参考题

1. 简述维修制度的 3 个体系。
2. 什么是维修等级？动车组的维修分为哪几个等级？
3. 简述 RCM 的主要内容。
4. 维修级别分析的基本步骤是什么？
5. 如何确定功能检测的间隔期？

第11章 动车组维修的组织与管理

【本章内容概要】

讲述我国动车组维修的框架、维修机构及其功能，部分检修设备，列出了动车组各级检修内容和流程，结合检修管理和人员培训；讲述动车组检修的体系结构。

【本章学习重点与难点】

学习重点：我国动车组检修机构及其功能；我国动车组各级检修内容和流程；信息化的检修管理制度。

学习难点：准确掌握各级检修的内容和流程，了解信息化管理体制，分析动车组检修计划的制定和实施过程。

11.1 高速动车组维修概述

作为在高速铁路中的运营车辆，高速动车组是系统集成、车体、转向架、交流传动与列车网络控制、制动系统和辅助系统等现代高新技术的大集成。高速列车的维修已经不再是为维持列车运行而被动进行的一种辅助性生产活动，而是高速铁路系统综合保障工程中的重要组成部分，是高速列车运用的前提和安全的保障，是提高高速列车效能的重要途径，是提高车辆效率、可用性、降低寿命周期成本的主要保证，也是提高铁路运输企业竞争力的一个重要手段。它已经从一种技艺发展成为一门综合利用系统工程、可靠性工程、现代维修理论、管理科学、后勤保障学等学科的综合学科。

11.1.1 维修的特点

1. 计划预防修的总体框架

总体看来，动车组的维修制度仍然是计划预防修制度，即按照计划定期检修。例如，德国 ICE 高速列车检修规程规定，按不同走行公里进行 L 级日检，N 级周检，F1、F2、F3 级检修，随修程增加修理内容增多，直至 120 万千米入厂大修。

2. 高科技支撑的状态修维修方式

虽然动车组维修属计划预防修，但是在具体维修中却有着灵活多变的维修体系，状态修占有越来越大的比重。而实施状态修的基础和可靠保证是完备的计算机维修管理信息系统、先进的通信手段和精密可靠的检测诊断设备。

3. 广泛实施换件修和集中修

在动车组维修过程中广泛实施换件修，即把发现故障或缺陷的部件、模块或零件换以功能完好的相应件（新的或经修复的），而不做现场维修，这样可大大节省在修时间，提高列车利用率。同时这种换修方法也应用于厂修中相应机组的检修，称为大部件换修。对于可修复的主要零部件实行专业化集中修，即将它们送往专业化工厂、车间或工段，实行集中统一修理，则可提高维修质量，节约维修成本。

4. 严格寿命管理

对于一些已掌握寿命规律或对安全性和舒适性起关键作用的零部件严格执行寿命管理，如关键的橡胶件、弹簧和制动系统等，严格执行到期报废或更换的规定，以确保运输安全和舒适。

另外，根据部件特点，细分维修层次，使维修设施的负荷尽量平衡，降低维修成本。

11.1.2 维修理念

高速列车实行三线（三级）维修的理念，如图 11-1 所示。

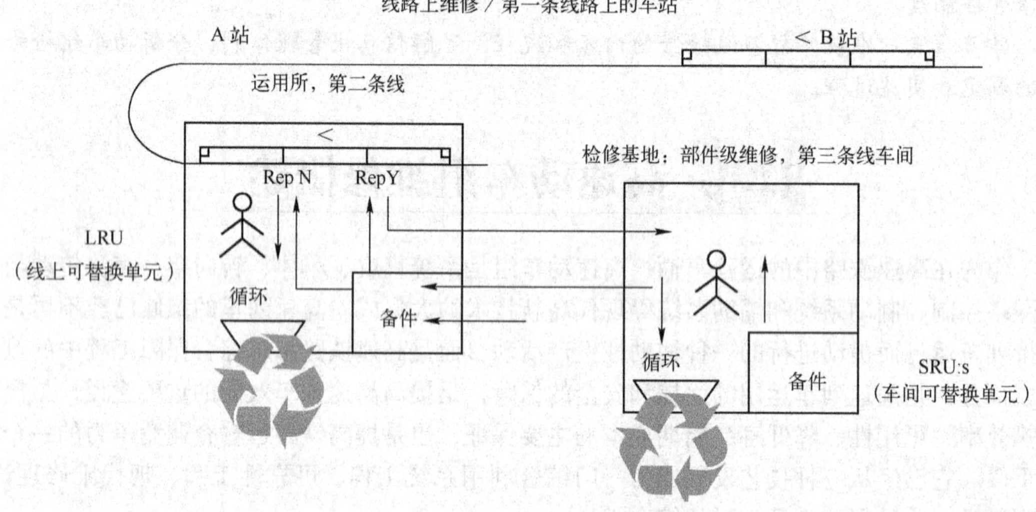

图 11-1 高速列车的三线维修理念

1. 一线（一级）维修

一线（一级）维修是指列车上的维护。列车途中发生故障时，技术人员依靠车载诊断系统所提供的功能，可以得知故障的类型及此类故障影响列车的情况，在系统所提供的维修指导书帮助下进行故障的隔离或简单修复，修复的目标是使列车维持运行，可以继续跑完全程，尽量减少乘客的不方便。

2. 二线（二级）维修

二线（二级）维修包括在运用所或检修基地实施的预防性和校正性维护，利用列车的运行间隙在不拆除的情况下检查重要部件，更换磨损部件或单元（如闸瓦、摩擦片等）。维护的目标是减少停顿时间，提高列车使用效率。

3. 三线（三级）维修

三线（三级）维修包括在检修基地所进行的零部件、单元级的维修。二级维修只是更换，并不对零部件进行维修，三级维修对部件进行解体，拆卸分解，对特殊的零部件，需要委托零件供应商或其他专业机构进行委外修 。维修的目标是通过高质量的维修，保持零部件的可靠性，从而保证列车的可靠性。

11.1.3　检修方式

高速列车（动车组）检修作业方式在“检修基地”主要表现为检查、拆装、检测、试验，除转向架以外，其他大部件的检修采用换件的方式，委托该部件的制造工厂承担维修的方式。

1. 换件修

无论在低级修程中发现部件故障，还是在中、高级修程中需要检修或更换部件，都采用换件修的方式，拆下的部件均送制造工厂或其设立的派出机构进行检查、修理、检测、试验。修竣并经过检验后才能继续装车使用。

2. 集中修

动车组的检修都集中安排在“检修基地”，“运用所”仅承担日常的例行检查和部分临修作业；部件检修集中在相应的制造工厂或其设立的派出机构。

3. 状态修

服务性设施一般采取状态修，即随检随修，始终保持技术状态良好；同时部分设备或部件按照使用寿命的界定，在不能适应使用要求、即将发生故障前进行更换，采用监视型的状态修。

4. 均衡修

为减少停车时分，提高列车的使用效率，将预防性维修工作分为若干个小块进行，一般来说，将每个小块耗时控制在 4 小时之内，如图 11-2 所示。这样，对列车、对检修人员来说，每次的检修工作量都是相对均衡的。维修工作主要安排在日间交通不繁忙的时段或夜间进行，这样可避免预防性维修工作的堆积，形成耗时超过 4 小时的工作，提高检修效率。

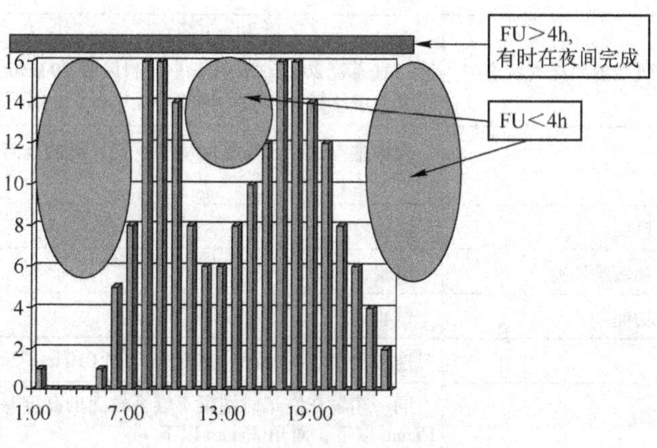

图 11-2　均衡维修示意图

11.1.4 主要检查、保养方法

动车组检修主要检查方法见表11-1。

表11-1 动车组检修主要检查方法

检查方法	内容
涂料渗透检查	将有色试剂喷涂在检查部位，根据其染色变化进行判断
超声波探伤	对检查部位加以超声波，根据反射回波判断有无裂纹
X射线检查	汽罐、压力容器的焊接部分等用X射线照射检查有无裂纹、空隙等缺陷
水压试验	汽罐、压力容器等，加最高使用压力以上的水压，持续一定时间以上的试验
旋转试验	检查旋转体的不均衡性，有静态和动态的均衡试验
振动解析试验	分析振动次数及频率，判断劣化、磨耗状态
测量应变	用应变仪测量材料上所加应力，判断强度

11.1.5 试验及检修标准

动车组及其部件检修、组装完毕以后要进行一系列的试验、检验工作，以确保其工作状态良好。

（1）动车组主要试验部件及检测项目见表11-2。

表11-2 动车组主要试验部件及检测项目

自动门开关	绝缘电阻试验
	连接装置
密贴车钩及缓冲器	拉力试验及漏气试验
电线连接装置	绝缘电阻试验及绝缘耐压试验
	综合检查
电气回路绝缘特性	绝缘电阻试验及绝缘耐压试验
受流装置操作特性	试验
空压机及其附属装置功能	空气压缩机达到规定压力所需时间在10分钟内，调整器及安全阀的调整值误差为±20 kPa
空气制动装置及一般空气装置的漏气状态	漏气试验检查如下。直通管及控制风管在关断风压时的空气漏泄限度为：直通管20 kPa/分以下，控制风管20 kPa/分以下；油压系统的漏油限度：增压缸行程表示棒的动程3 mm/分以下
制动装置的控制功能	动作感应试验：操纵制动阀手柄，阀的升降动作感度限度为SAP压力40 kPa以下
控制设备的控制及保护机能	试验
自动门装置及自动门安全装置功能	试验
信号、通话及广播设备功能	试验
连接器高度	连接器中心距轨面的高度985～1 010 mm
车体倾斜	同一车辆在空车时端梁下端至轨面的高度差：前后25 mm以下，左右15 mm以下，对角25 mm以下
转向架排障器橡胶高度	自轨面算10±2.5 mm

（2）绝缘测试标准见表 11-3。

表 11-3　绝缘测试标准

绝缘电阻试验值在常温下的要求：超高压电路使用 1 000 V MΩ 表，低压电路采用 500 V MΩ 表，将晶闸管、硒整流器、晶体管短路，或是将其电路隔离

测定场所		电阻值/MΩ	备　注
	超高压回路—大地	25	
	高压回路—大地	0.2	
	低压回路—大地	0.1	
	高压回路—低压回路	0.2	
	低压回路相互间	0.1	
	超高压导电部—大地	25	
	高压导电部—大地	0.5	
	低压导电部—大地	0.3	
	牵引电机—大地	10	
	辅助电机—大地	1	
	高压导电部—低压导电部	0.5	
	低压导电部相互间	0.3	
	双重绝缘非导电金属部—大地	0.3	
	双重绝缘导电部—非导电绝缘部	0.3	高压回路
	真空断路器开路时两导电部	20	高压回路

（3）耐压试验标准见表 11-4。

表 11-4　耐压试验标准

绝缘耐压试验是施加一定频率的交流电压（1 min），观其耐压状态。在施加电压栏中，也有另行规定的加压时间

加压位置		施加电压/V	备　注
回路	超高压回路—大地	42 000　7 min	将主变压器电路断开
	主回路—大地	3 500	将整流器、主硅控制装置、主电机短路，包括再生制动电路
	主回路—低压回路	3 500	将整流器、主硅控制装置、主电机短路，晶闸管、硒整流器、晶体管电路及电压表等短路或切段
	低压回路—大地	1 000	将晶闸管、硅整流器、晶体管电路短路或切断
	低压回路相互间	1 000	
机器	超高压导电部—大地	50 000	
	超高压导电部—低压导电部	50 000	
	主变压器一次线圈—大地	42 000　1 min	采用感应法
	主变压器二次线圈—大地	7 000	
	主变压器一次线圈接地侧—大地	2 800	
	主变压器三次线圈—大地	2 800	

续表

<table>
<tr><td colspan="5">绝缘耐压试验是施加一定频率的交流电压（1 min），观其耐压状态。在施加电压栏中，也有另行规定的加压时间</td></tr>
<tr><td colspan="3">加压位置</td><td>施加电压/V</td><td>备　注</td></tr>
<tr><td rowspan="17">机器</td><td rowspan="5">双重绝缘机器</td><td>高压导电部—大地</td><td>6 000</td><td>主电阻器 4 000 V</td></tr>
<tr><td>高压导电部—低压导电部</td><td>6 000</td><td></td></tr>
<tr><td>高压导电部—非导电金属部</td><td>4 000</td><td></td></tr>
<tr><td>低压导电部—非导电金属部</td><td>4 000</td><td></td></tr>
<tr><td>非导电金属部—大地</td><td>4 000</td><td></td></tr>
<tr><td colspan="2">牵引电机导电部—大地</td><td>3 500</td><td></td></tr>
<tr><td colspan="2">辅助电机导电部—大地</td><td>1 000</td><td></td></tr>
<tr><td colspan="2">高压导电部—大地</td><td>5 000</td><td>备用励磁装置为 4 000 V，主控制器及平波电抗器为 4 500 V</td></tr>
<tr><td colspan="2">高压导电部—低压导电部</td><td>5 000</td><td></td></tr>
<tr><td colspan="2">低压导电部—大地</td><td>1 000</td><td></td></tr>
<tr><td colspan="2">真空断路器开路时两导电部间</td><td>5 000</td><td></td></tr>
<tr><td colspan="2">断路器开路时两导电部间</td><td>3 500</td><td></td></tr>
<tr><td colspan="2">抽头切换器 T 开关极间</td><td>1 500</td><td></td></tr>
<tr><td colspan="2">抽头切换器 K、S 开关极间</td><td>2 500</td><td></td></tr>
<tr><td colspan="2">ECB 线圈—大地</td><td>1 900</td><td></td></tr>
<tr><td colspan="2">主控制器与主触头间</td><td>3 500</td><td></td></tr>
</table>

（4）试运行检查项目见表 11-5。

表 11-5　试运行检查项目

<table>
<tr><td>检 查 项 目</td><td>测量方法或确认方法</td></tr>
<tr><td>起动、加速及减速能力</td><td>测量起动及达到规定速度时的主回路电流</td></tr>
<tr><td>制动装置的主要功能</td><td>在规定速度下，施加一定制动力时的制动距离和制动时间，并确认紧急制动时的制动距离</td></tr>
<tr><td>异常声音及摇晃</td><td>牵引电机、动力传动装置、走行装置及车体有否异常声音和摇晃</td></tr>
<tr><td>仪表指示状态</td><td>司机室的速度表及其他仪表动作是否正常</td></tr>
<tr><td rowspan="3">试运行后的状态</td><td>牵引电机轴承是否过热</td></tr>
<tr><td>主回路机器是否过热及变色</td></tr>
<tr><td>轴承是否发生异常的过热及漏油</td></tr>
</table>

11.2 维修机构

11.2.1 维修机构及功能

在动车组的维修机构设置上，遵循“集中检修、分散存放”、“优势设备相对集中”的基本原则，避免交叉作业和重复投资，设置了检修基地和运用所两种不同功能的维修机构，检修基地设置在主要的交通枢纽，根据运输组织需要以检修基地为中心设立若干运用所，形成维修能力的梯次结构；区分维修任务，进行科学组织，检修基地承担 D1 ～ D5 级的所有修程，动车组的检修原则上集中在检修基地进行，运用所仅承担 D1 ～ D2 级修程。

维修结构的设置地点要充分考虑高速铁路客流特点、高速车站的分布情况、铁路周围环境条件及与其相关的既有铁路检修情况而确定。主要考虑如下因素：

- 始发、终到输送量、断面输送量；
- 列车空车回送、动车组的利用率；
- 提高主要客运站的始发能力，离车站的距离比较近的地方；
- 维修基地所需人员比较容易得到保证；
- 与既有检修设施的关系。

1. 检修基地

1）功能划分

配属一定数量动车组，主要功能是动车组的定期维修、故障处理、车辆停留及整备清洗。承担所有维修级别的修程。负责本基地和外基地动车组的夜间停留和备用车组的长期停放及旅客餐饮、车内清洁等整备作业。检修基地既要考虑整列编组的检修，也要考虑列车的到发及夜间作业。需要具备大修的设备条件。

动车检修基地功能区包括基础线路、运用板块、检修板块、综合服务板块。基础线路包括出入段走行线和存车线。运用板块完成动车组一、二级检修和动车组临修工作。检修板块是实施动车组三、四、五级检修的区域。综合服务板块是办公区域和生活服务区域的总称。

2）开通条件

动车检修基地的开通需要完成下列准备工作。

（1）设备配置和试验。为了实现动车组的高级检修任务，动车检修基地配备了大量设备。在布置设备时尽量按照工艺流程布置，以使得检修作业顺畅。

按照类型主要设备可以分为基础设备、检修设备、支撑移动设备、检测试验设备、表面清洁喷涂设备、工装器具。如侧移式刚性接触网、制动盘检修设备、移动式架车机、转向架静载试验台、转向架清洗机、升降平台 。在开通前上述设备应该进行试验，如接触网滑行试验、架车机试验等，达到生产要求。

（2）确定生产组织结构。动车检修基地根据生产特点设置相应的职能部门和生产车间。职能部门按照安全、技术、调度、物流等方面设置，生产车间一般有检修车间、转向架车间、调试车间、物流车间、设备车间、后勤车间等。在此基础上，针对不同部门、不同车间开展上岗资质培训、岗位职责和岗位技能培训，培训合格后方可上岗。

（3）规章制度齐备。动车检修基地规章制度齐全，能结合动车组高级检修生产流程执行。特别是安全卡控措施完善，作业中安全关键控制点得到有效控制。如架落车作业、调试调车作业等安全关键环节安全控制措施能落实到位。

（4）备品备件储备。按照实施的修程，并结合检修作业工作量储存各类比换件和偶换件，以提高检修效率。

（5）分层评估。在检修基地开通之前，应由检修基地、铁路局、铁道部分别进行自我评估、预评估和最终评估。评估的内容包括基础设施、设备工装、劳动组织、规章制度等方面，形成最终评估意见认为具备条件后方可投产。

2. 运用所

与检修基地相配套，在主要客运站设置若干动车组运用所。主要考虑因素有四点：

- 有利于实现集中检修，分散存放；
- 可以大幅度减少因动车组日常检修需要造成的车体空送，提高动车组的运营能力和使用效率；
- 可以提高主要客运站的始发能力，有利于安排开行方案；
- 充分借鉴了国外动车组检修布局设置模式。

1）影响运用所能力的因素

动车运用所的主要设施包括检查库、临修库、洗车库、踏面诊断棚和存车线。在建设动车运用所时要充分考虑其总体能力，主要从如下三个方面介绍。

第一是库线能力，以日均完成一级检修组数衡量。限制库线能力的因素有检查库的股道数量和检查库布置形式。

要根据动车组开行规划进行测算，参照远近结合、一次规划、分步实施的原则规划，设置足够数量的检查库线。

动车运用所检查库布置形式是决定动车组能否快速进出检查库的关键因素。检查库平面布置可分为尽头式和贯通式两种。尽头式布置由一个方向出入所，其优点是占地面积及工程量较小；贯通式布置有两个出入所方向，其优点是出入灵活性好。显然，在条件允许时采用贯通式布置能提高动车运用所的检修能力。

在库线能力确定后应配备足够数量的关键设备、作业人员以保证库线能力的实现。

第二是存车能力。在规划存车线时需要综合考虑检修作业量和停留量，预留足够数量的存车库线，同时还要便于调车。通过配置足够数量的、便于进出的存车线路，释放检查库的检修能力。

第三是出入能力。在设置动车运用所的主要设施时，需要以不干扰动车组出入所调车为原则。在动车组出入检查库的主轴通道上，尽量不设置对调车有影响的设备设施。如踏面诊断设备对调车没有干扰，可以设置在主轴通道上；而洗车机对线路的占用时间较长，所以一般设置与出入所线路平行的洗车线，而不布置在主轴通道上。

2）动车运用所开通的准备工作

（1）设备配置和试验。为了实现动车组检查及检修、整备、存放的功能。动车运用所要配备必要的基础设施和工装设备，如不落轮镟床、踏面诊断设备、空心轴探伤设备等。各项设备需经过实际验证，达到使用条件。

（2）人员准备。确定劳动组织结构，动车运用所主要生产人员包括地面检修人员（检修作业人员和质量检查人员）、乘务人员、调度人员、设备操作人员及辅助人员。要结合生产特点进行班组设置。

明确岗位职责。在劳动组织结构确定后，要编制、下发各岗位职责。关键是明确各环节职责分界，以保证检修生产流程中各工序顺利衔接。

完成岗位技能培训。各工种人员在上岗前需经过培训并取得相应的上岗资质。还应完成从事岗位的基本技能的培训。例如，地勤机械师经过一级检修作业能力实做培训，能独立完成检查和常见磨耗部件的更换；随车机械师经过车上实习，能独立完成值乘工作。

（3）备品备件储备。按照常用备件最低库存建议数量，并结合检修作业工作量储存常用备品备件和大型互换配件。

（4）生产作业流程验证。经过一级检修试修，验证动车运用所一级检修流程实施并测算时间节点。

（5）规章制度齐备。动车运用所基本规章制度齐全，能结合本所生产流程执行，安全卡控措施完善，作业中安全关键控制能点得到有效控制。

（6）建立一体化作业制度。除车辆部门外，动车运用所内作业单位还包括机务、电务、工厂售后部门、保洁公司和安保单位。在开通前建立一体化作业制度，明确各单位人员要在动车运用所协调指挥下开展一体化作业。

（7）分层评估。动车运用所开通之前，车辆段（动车检修基地）、铁路局应该按照铁道部对动车运用所评定的相关要求从安全管理、基础管理、检修装备等方面进行评估。认为具备条件后，方可开通。

11.2.2　维修机构的布局

1. 我国动车组检修基地、运用所的布局

我国动车组检修机构布局如图 11–3 所示。为合理地配置检修资源，在北京、上海、武汉、广州建立了现代化的动车组检修基地，由铁道部统一管理。在主要客运站设置若干运用所。在各主要干线上，运用所设置安排如下。

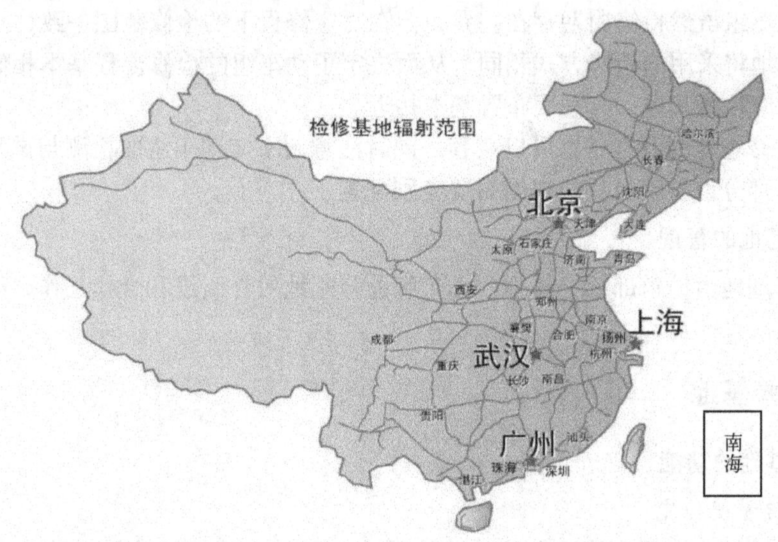

图 11–3　我国动车组维修机构布局

① 京哈线以北京检修基地为中心，以此为依托在沈阳、大连和哈尔滨设置运用所。

② 京广线以武汉检修基地为中心，北京、广州基地为补充；同时依托北京基地设置石家庄运用所，依托武汉基地设置郑州运用所，依托广州基地，设置长沙运用所。

③ 京沪线以北京、上海检修基地为中心；同时依托北京基地设置天津、济南（青岛）运用所，依托上海基地设置南京、杭州运用所。

④ 杭州—宁波—深圳沿海通道以上海、广州检修基地为中心，同时依托上海基地设置温州运用所，依托广州或上海基地设置福州运用所。

⑤ 浙赣线以上海、广州检修基地为中心，同时依托上海基地设置南昌运用所。

⑥ 在西南地区依托武汉基地设置成都、重庆运用所。

⑦ 在陇海线上依托武汉基地设置西安、兰州运用所。

依据路网布局与发展规划，结合动车组的配属和使用方案，四大检修基地的辐射范围如下。

① 北京基地重点辐射东北、华北及京津环渤海地区，如天津、沈阳、长春、哈尔滨、大连、石家庄、太原、济南、青岛，覆盖京广、京津、京哈（大）、石太、京沪、胶济客运专线。

② 武汉基地重点辐射华中（中原）、西南地区及华北部分地区，如长沙、郑州、西安、宜昌、成都、贵阳、重庆、襄樊，覆盖京广、沪汉蓉、浙赣、郑西客运专线。

③ 上海基地重点辐射华东及长三角地区，如杭州、南京、合肥、扬州、南昌，覆盖京沪、沪汉蓉、浙赣客运专线和杭州—宁波—深圳间的沿海客运专线。

④ 广州基地重点辐射华南及珠江三角地区，如广州、深圳、珠海、汕头、湛江，覆盖京广、广深、广珠客运专线和杭州—宁波—深圳间的沿海客运专线。

2. 检修基地的兼容性

CRH 系列动车组从检修角度看是基本接近的。其一致性主要表现在以下四个方面：

- 动车组的构造原理基本一致，车顶、车端、车内和车下布置相近；
- 不同动车组虽然检修周期存在差异，但在对应修程下的检修范围一致；
- 检修基地将采用的检修方式相同，从而决定了动车组的检修流程基本相似；
- 国外对应检修基地，其平面布置基本相近。

据此，检修基地的设施基本可以兼容。同时注意到不同动车组的检测与试验存在方法和参数的差异，部分设备和机具应根据需要分别配置。

3. 检修基地的管理

车组检修基地由铁道部统一管理，动车组检修基地对外引进和合作工作，统一由铁道部负责实施。

11.2.3 检修基地

1. 检修基地的功能

1）动车组管理功能

动车组检修基地应具有管理基地、连接周边、辐射全路的整体管理功能，对动车组使用、技术整备、检修试验及运行安全进行全面管理。通过信息中心的连接作用对动车组调度、整备、运用、维修、配件及设备管理进行有效管理。

2）检查整备功能

动车组检查整备功能包括整备与一、二级修和临修作业。

整备主要为运用技术整备及客运整备。其作业内容包含上水排水、润滑油脂补充、车厢内部清洁、密闭式厕所系统地面接收及处理系统、车体外皮清洗、车内垃圾收集及转运等。

根据需要可进行上砂作业和餐饮或餐料供给。

一级修作业主要是对动车组进行检查、测试及故障件的更换。

二级修作业包括关键部件状态检测、关键部件外观检查、内部检查、功能检查、解体检查及修理、列控装置状态检查。

临修作业：主要是处理动车组临修故障，对动车组主要零部件进行扣车修理及动车组不落轮旋旋轮和各级修程以外的主要设备、零部件的更换，包括转向架、轮对、受电弓、空调设施、主变流器、主变压器等。

3）检修功能

检修功能包括三级、四级、五级检修。

三级修作业：在二级修基础上，车组分解成单元，每单元同时架车，更换转向架，对牵引电机、动力驱动装置、制动装置等主要部件解体后检查，转向架检查完毕后，在基地的试验线路上进行运行试验。

四级修作业：在三级修基础上，增加对车体内部及连接部的检查及修理工作。车组分解成每一单节，车上、车内、车下所有设备下车检修，主要部件互换修。高压布线在车上做耐压试验，车体气密检查等。进行全列车的性能试验，基地内运行试验，最后上线试验。

五级修作业：对车体进行全部解体检修，更换重要部件，车体气密检查；整车性能试验和运行试验等。

4）零配件储备及配送功能

基地设立大型动车组零、配件及备品贮存设施，包括材料库、材料棚、备品库等。零配件及材料备品储备采用立体存储方式，其信息管理纳入动车组信息化系统，并能根据维修信息自动进行配送管理。

5）信息化管理功能

信息支持系统包括生产调度指挥系统、动车组运行管理系统、现场作业监控系统、车辆配件寿命管理系统、车辆配件配送支持系统、入段检测管理信息系统和车载信息地面接收处理系统。各设备由广域网连接，实现统一管理和信息共享。

6）排污处理功能

检修基地设密闭式厕所系统地面接受及处理设施。

真空密闭式厕所系统的地面接收处理设施采用固定式；集便接收作业线应与日检作业线合并设置于库内。排污的主要设施置于检查库工作平台下，通过管道及快速接头可与车上排污口连接，并设移动式排污车。

2. 检修基地建设的基本要求

建设高标准、高效率、高可靠性、现代化的动车组检修基地。

- 高标准：建设理念和建设标准与国际接轨；高效率检修设施和设备有利于实现先进的作业方式，提高作业效率。
- 高可靠性：以高度的信息化管理为支撑，大量采用先进的检测和试验手段，确保动车组的检修质量，保证安全高效运行。
- 现代化：动车组检修基地的整体工作与现代化管理模式相匹配，有利于资源整合和减员增效，实现一体化管理，与国外动车组检修基地运行模式接轨。

在动车组检修基地整体建设上，结合动车组速度等级的发展和配属数量的变化，在检修范围上立足时速 200 km，涵盖时速 300 km 动车组。

在动车组检修基地设施配套上，彻底改变既有的、传统的专业分割模式，使客运整备、动车检修、配餐服务、集中调度指挥实现一体化管理，真正成为高效精干的动车组检修基地。

3. 布局和形态

检修基地结合站型、地形地貌、运输发展、城镇规划等因素，合理布置段内线群、建筑物、道路、各种管线、环保等设施，高速列车检修基地内的设施主要由 3 部分组成：

- 动车组夜间停留存车场（库或棚）；
- 主检修库及修配间（统称综合检修库）；
- 动车组外皮清洗、轮对踏面诊断、不落轮镟、列车排污等设备。

基地内设施的布置力求紧凑、整齐、作业顺畅、技术经济指标先进，以体现高速动车组全密封不摘钩整列进段日检、维护保养和定期检修的特点。基地内设施之间不同的型式构成了总体布局的不同方式。

1）直列式

基地内存车场与检修库成纵向排列布置，如图 11-4 所示。列车到发停留线及检修线分别在基地的前面和后面，可基本实现流水作业程序在地形狭长、两端均有进出作业的情况下多采用此方案。

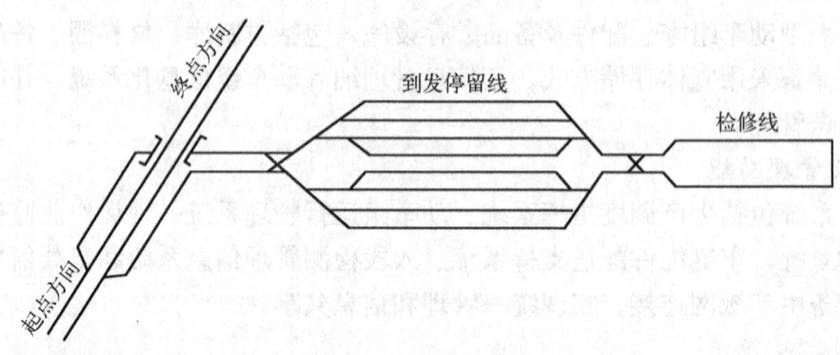

图 11-4　直列式布局

2）并列式

基地受用地面积制约，列车到发停留线与检修线平行设置，适合于 10 列以下小规模的车辆检修基地，如图 11-5 所示。

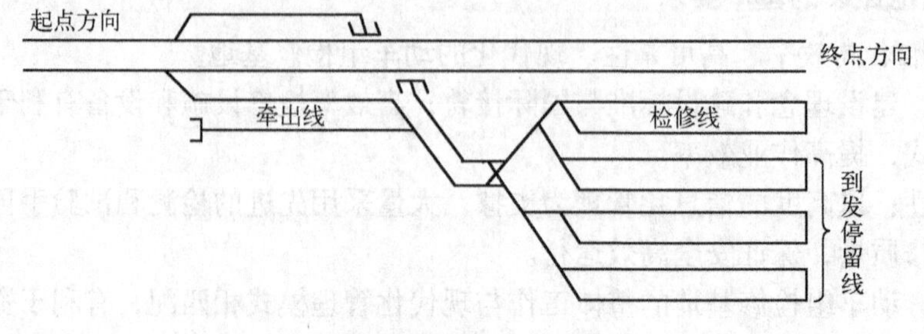

图 11-5　并列式布局

在这种布局下，动车组入段作业需多次折角方可进行，动车组段内走行距离长，段内需设专用牵出线，作业效率较低，一般在受场地限制的情况下不得已采用。

该方案优点是适应地形条件能力强，占地面积小。

3）错列式

存车场与检修库部分成横列式布置。部分成纵列式布置或其他受场地控制而形成的总平面布置方案，如图 11-6 所示。

以上三种方案中，由于纵列式布置方案中动车组入段作业流畅，段内折角走行次数少，走行距离短，条件许可推荐尽量采用该布置方式。

总平面布置基本类型方案确定后。其他线路和设备的位置根据作业要求和场地条件的不同来确定，一般情况下，原则上到发停留线群和主检修线群及动车组排污、外皮洗刷、不落轮镟轮、轮对踏面诊断等专用线建成纵列式布置，检修库两端最好分别设两个停车场。

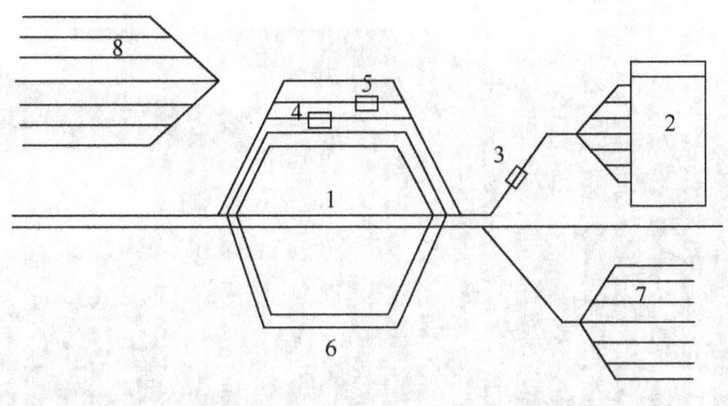

1—存车场　2—检修库　3—轮对诊断库　4—不落轮镟轮库
5—外皮清洗库　6—排污线　7—存车场　8—存车场

图 11-6　错列式布局

4. 检修库

检修库沿长度方向，每 100 m 设联系库外道路的通道。检修库内可全部或部分股道架设接触网，接触线高度可与库外一致。车顶作业处，接触网必须装设分段绝缘器及带接地的隔离开关以及与隔离开关联锁的标志灯和作业平台安全锁，以保障作业人员的安全。库内设低压电源和独立风源、水源。

1）库线

检修基地内根据不同的维修任务（整备、日常检修、更换转向架等），设置不同接入级别的维修库，不同的检修工作在不同的库线进行。

德铁在如图 11-7 所示的库线上，进行 I1 转向架检查，I2 检查和 M1 ～ M3 级维修的工作。在如图 11-8 所示的库线上应用特殊的设备进行某些部件的更换，如落轮。在大修而特殊设计的轨道上，可更换大部件，如图 11-9 所示。

图 11-7 德铁 I1、I2 维修库

图 11-8 用于部件更换的库线

(a)

(b)

(c)

图 11-9 大修库线

2）设计要求

（1）两条检修线的线间距宜为 10 m。库内外侧股道距离检查库侧墙轴线不宜小于 5 m。库内应设置动车组上水排水及排污设备。检查库净高应考虑作业人员车顶作业的高度要求。底层作业面至库内地坪的纵向运输，应设置坡度不大于 10% 的缓坡。修车库净高应根据修车工艺、动车组车辆限界、车顶作业需要、起重机结构尺寸等因素确定。库内起重机走行轨顶高程应不小于 +8.8 m，如图 11-10所示。

库内应设有更换转向架、轮对、车顶、车下主要部件的设备。转向架和轮对更换，优选采用活动轨道桥及气垫技术进行。

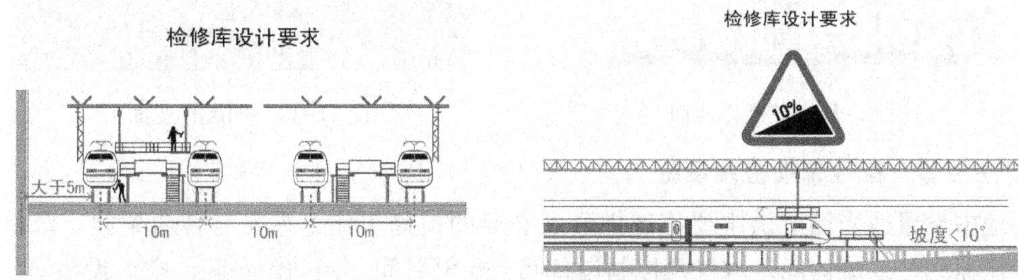

图 11-10　库线设计要求

（2）大修库设计要求。大修库设三层作业面立体大修线，库线间距为 12 m，库内外侧股道距离修车库侧墙轴线应不小于 6.5 m，如图 11-11 所示。大修作业采用整列架车方式，实行部件换件修。设贯通式天车起重设备，库内股道上方接触网可设置活动式刚性接触网侧移及控制设备。应设安全保护措施以确保作业人员的安全。

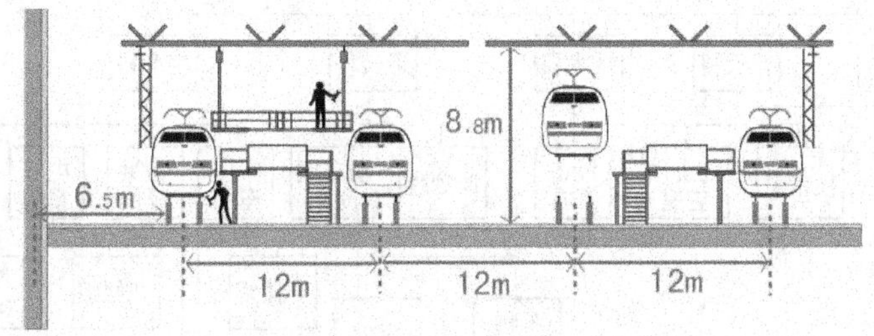

图 11-11　大修库设计要求

5. 作业面

为了进行并行作业，提高检修的效率，检修基地设置设置三层（图 11-12）或四层（图 11-13）作业面进行高速列车的维修。三层或四层作业面的第一层设在轨面以下 0.95 m 标高处，为基本作业平台，用于走行部及下部设施检查、维修和材料运输；第二层设在轨面以上 1.25 m 标高处，为车内及侧墙作业平台；第三层设在轨面以上 3.8 m 标高处，为车顶作业平台。无车顶作业平台一侧一般设置防止车顶作业人员跌落的防护设施。

四层作业面的第四层设在轨面以下 -4.6 m 标高处，主要用于运输（如更换转向架作业），并安装所有的管线。

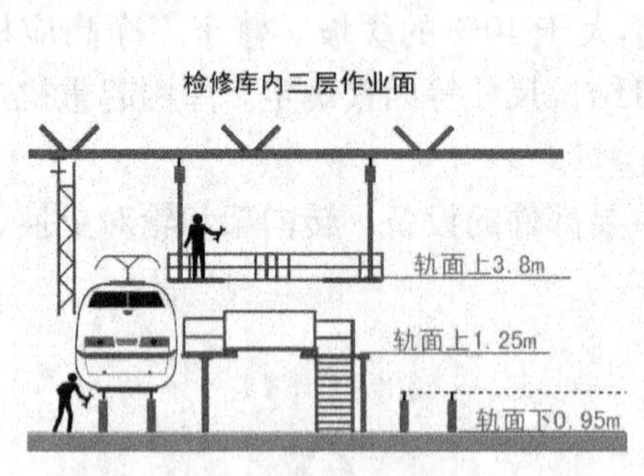

图 11-12 三层作业面

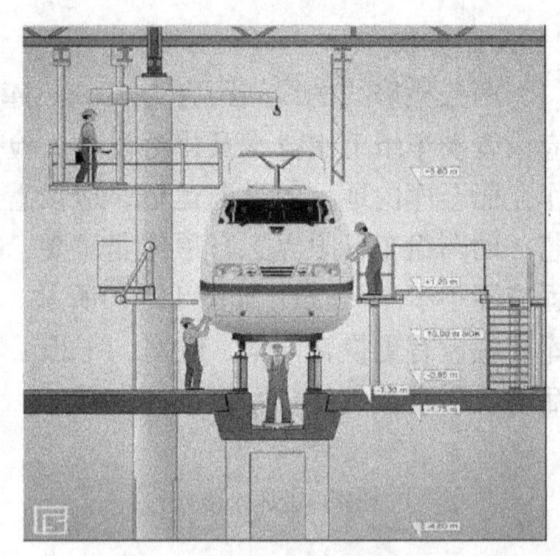

图 11-13 四层作业面

6. 主要零、配件辅助检修设施

基地中设置适当场所供主要零部件开展必要的检修工作，主要有转向架间、牵引电机间、变压器间、变流器间、电气及控制设备间、受电弓间、制动设备间、空调设备间、车内设备间。设施能力满足生产需要，布局符合工艺流程要求。

检修基地配件的辅助车间主要有蓄电池间、计量仪表间、材料库等，以检修库为主体进行设置。

7. 组织机构

每个检修基地都设置了若干行政机构，机构间共同协调工作，完成检修任务，其组织机构示例如图 11-14 所示。

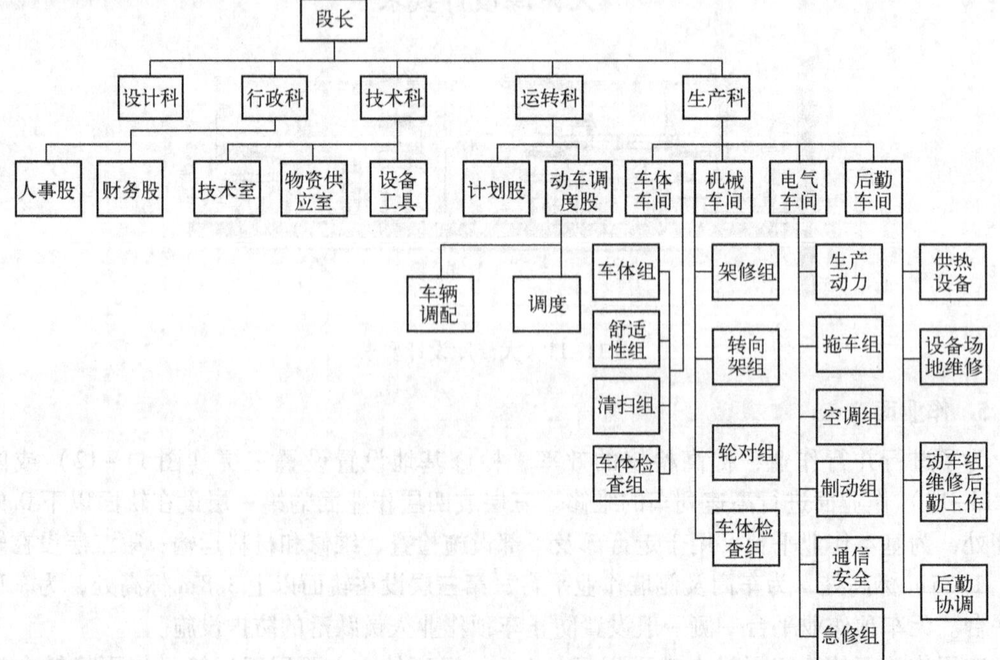

图 11-14 检修基地组织机构示例

11.3 主要检修设备

11.3.1 检修基地和运用所主要检修设施配备

检修基地和运用所因为所承担检修任务的不同，在检修设施的配置上有所差异。

（1）检修基地主要维修设施：

- 车体自动清洗设备；
- 地面吸污设备；
- 不落轮镟装置；
- 轮对踏面检测设备；
- 列车监控系统地面接收及信息处理设备；
- 足够的存放线路；
- 车体检修库、油漆库；
- 转向架检修库（间）及试验设施；
- 轮对、轴承检修库（间）及检测试验设备；
- 制动系统检修库（间）及检测试验设备；
- 牵引系统检修库（间）及检测试验设备；
- 辅助供电系统检修库（间）及检测试验设备；
- 车钩及缓冲装置检修库（间）和检修检测设备；
- 车体气密性试验设备其他部件检修场所及检修、检测、试验设备；
- 单车试验设施；
- ATC 试验设施；
- 试运行线路。

（2）运用所主要检修设施：

- 车体自动清洗设备；
- 地面吸污设施，必要时还要配置移动设备；
- 不落轮镟装置；
- 轮对踏面检测设备；
- 列车监控系统地面接收及信息处理设备；
- 足够的存放线路；
- 检修库与临修库；
- 必要的系统检测设备和机械动力设备。

11.3.2 主要检修设备

1. 地面吸污设备

地面吸污设备用于车辆整备。有两种工作方式。检修基地设置污物处理车间，吸污后直接进行化学处理，这种方式需建设复杂的地下处理设施；另外一种是利用吸污设备吸入移动的污物车内，一次操作若干动车组，由污物车再转运至污物处理中心集中处理，如图 11-15 所示。

图 11-15　地面吸污设备

2. 车体自动清洗设备

车体自动清洗设备是检修基地和运用所必不可少的整备设备，用于列车回库、进段时的外皮自动清洗，需用专门的清洗剂。为了满足环保、节能的要求，必须同时建立水循环处理设施。洗车机设备组成示意图如图 11-16（a）所示；实际图及洗车的场景如图 11-16（b）、（c）所示。

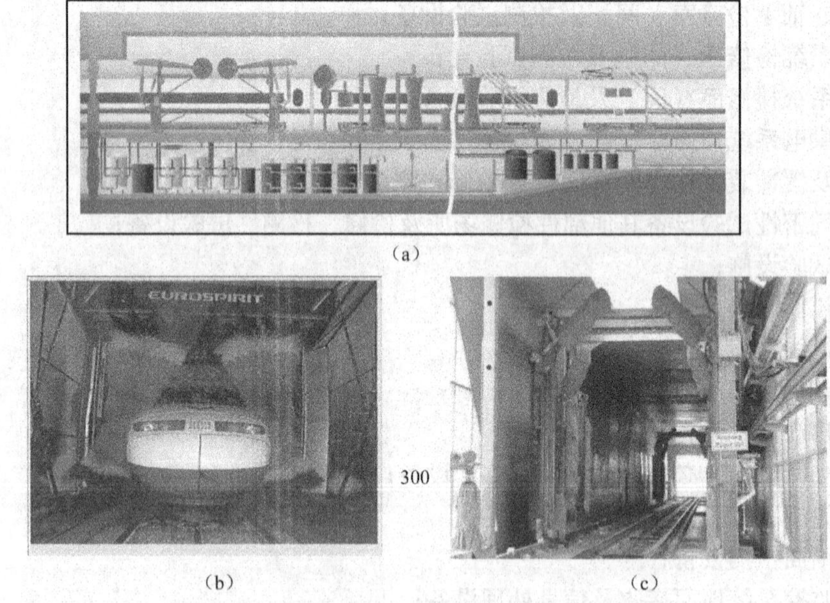

（a）

（b）　（c）

图 11-16　车体自动清洗设备

3. 轮对踏面诊断装置

轮对踏面形状直接影响列车的舒适度和行车安全，高速列车尤为如此。轮对踏面诊断装置是检修基地、运用所最重要的检修诊断设备，具有检测踏面裂纹和擦伤、测量踏面形状和几何尺寸、测量踏面擦伤和同心度等功能。该装置同时具备数据的采集和处理功能，并与段内通信计算机联网，完成数据响存储、显示、打印、传递等功能。该检测装置的准确度直接影响着整列车的检修效率。在线路上安装（轮对踏面诊断装置）的示例如图 11-17 所示。

图 11-17　在线路正安装轮对踏面诊断装置的示例

4. 不落轮镟装置

不落轮镟装置是检修基地、运用所的另一个重要设备。当踏面诊断装置诊断出轮对有缺陷（擦伤等）或轮对踏面、轮缘磨耗到限时，应及时进行磨削和检修，以恢复动车组运行的舒适度并确保行车安全。不落轮镟装置实例及工作场景如图 11-18 所示。

图 11-18　不落轮镟装置实例及工作场景

为作镟轮，若要保证动车的精确定位，就需要相应的调车设备，如图 11-19 所示。

图 11-19　不落轮镟调车装置

5. 轮对及转向架更换设备

当高速列车的动车及拖车轮对和转向架出现故障时应进行更换。转向架更换设备是检修基地、运用所必不可少的重要设备，是提高检修效率、提高动车组周转效率的有力保证。从更换方式上来说，可分为两种方式：活动轨道桥转向架更换方式及同步架车转向架更换方式：活动轨道桥转向架更换方式如图 11-20 所示。图（a）为更换场地图；图（b)为列车在该设备上，准备更换转向架；图（c）为更换下的转向架下降到下层工作面的转运轨道，准备转运；图（d）为转向架转出过程；图（e)、图（f）为转出后的转向架利用天车吊放在转运车上，转运到转向架车间进行拆卸修理。这种方式设备规模小、操作人员效率较高。

图 11-20　活动轨道桥转向架更换方式

同步架车转向架更换方式如图 11-21 所示。操作时，每个单元一般应用 4 个架车机，断开转向架与车体的联结，架车机同时提升，架起车体，推出转向架。由于整列车通过密接式车钩连接，车钩配合间隙很小，所以，对架车机的同步性提出了较高的要求。这种方式设备规模大，一般以 4 ～ 8 辆为单位一同起重升起，需要多个操作人员同时工作，容易产生作业损耗。

6. 落轮设备

对于拖车转向架，轮对发生故障时，可以单独更换轮对，而不需要整体更换转向架。单独更换轮对的落轮设备如图 11-22 所示。

图 11-21　同步架车转向架更换方式

图 11-22　落轮设备

7. 场内遥控调车设备

场内遥控调车设备如图 11-23 所示。主要用于牵引动车组在检修基地、运用所不同场地（检修库、整备库、到发线等）、不同进路之间进行转换、调车作业。

图 11-23　场内遥控调车设备

8. 磁粉探伤设备

磁粉探伤设备原理如第8章所述，该设备检测车轴如图11-24所示。车轴两侧加磁极使车轴磁化，以一定装置喷洒磁粉，辅以一定的光照设备，则可以进行缺陷的检测。

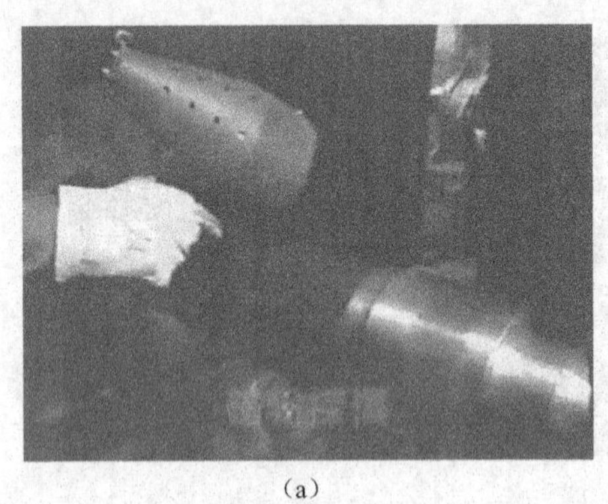

(a)

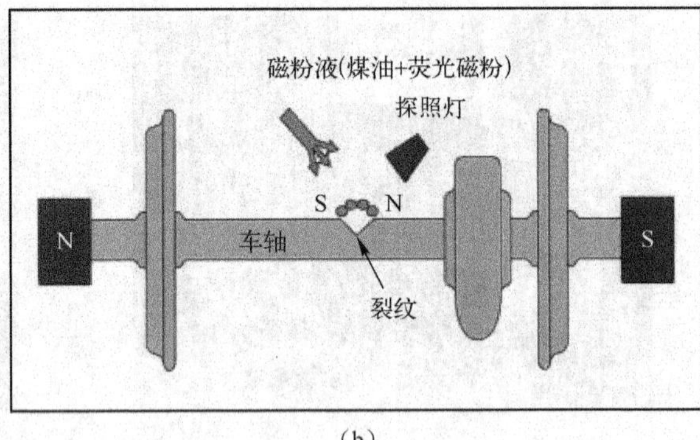

(b)

图11-24　磁粉探伤设备检测车轴

9. 超声波探伤设备

几种超声波探伤设备如图11-25所示。图（a）为超声探伤台位上检测车轴示例；图（b)示意出了其作用方式：超声探头从空心轴一侧进入，以一定速度缓缓深入，同时轮对低速回转，用于检测车轴内部缺陷。图（c）、（d）为这种检测方式的两种不同设备；图（e)、图（f)为踏面超声检测设备，如第8章所述。

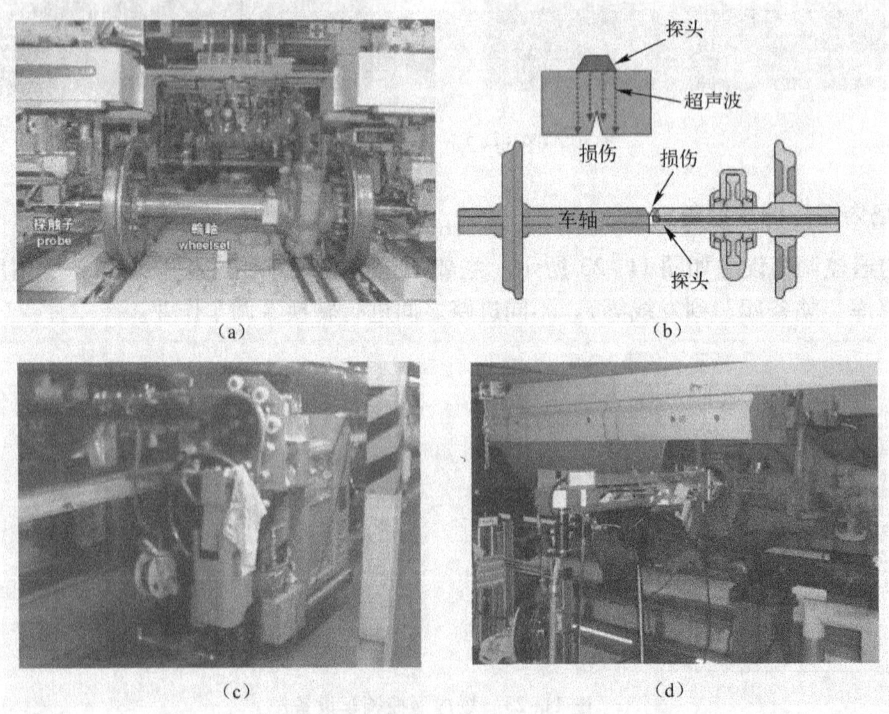

(a)　(b)

(c)　(d)

图11-25　超声波探伤设备

（e）

（f）

图 11-25　超声波探伤设备（续）

10. 空调检验设备

空调检验设备用以进行整车或单元的空调性能检验，如图 11-26 所示。

图 11-26　空调检验设备

11. 牵引电机大修后测试

牵引电机大修后测试用于牵引电机大修后的加载磨合试验，如图 11-27所示，所发出的电回馈电网或直接用于车间内其他检修设备。

图 11-27　牵引电机大修后测试

12. 车轮压入设备

车轮压入设备用于车轮和车轴的组装或拆卸，其工作台位及简单原理如图 11-28 所示。车轮和车轴采用过盈配合，装配时，车轮固定，一定位置上接入高压油，使车轮内径涨大，同时从另一侧推入车轴，完成装配。此种设备也用于牵引齿轮与车轴的装配。

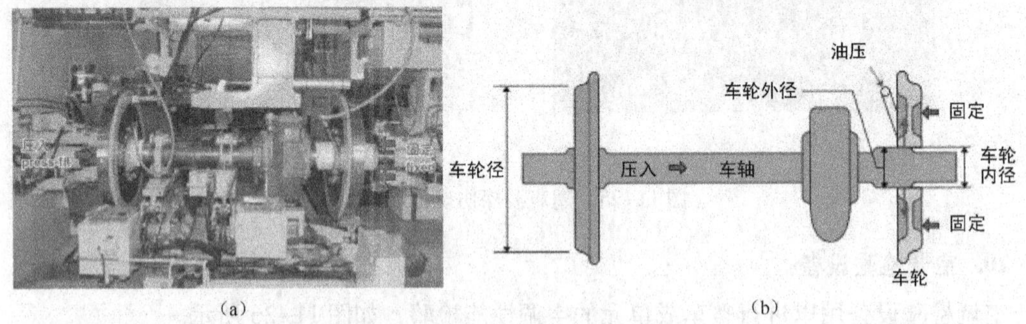

(a) (b)

图 11-28 车轮压入设备

13. 驱动设备轴承间隙调整设备

驱动设备轴承间隙调整设备是一台比较特殊的设备，用于调节大小齿轮轴承之间的间隙，从而调节两个齿轮的啮合度，如图 11-29 所示。

(a) (b)

图 11-29 设备轴承间隙调整设备

14. 车轮检压设备

车轮检压设备用于确认车轮安装在车轴上的状态，如图 11-30 所示。在车轮与车轴上加载力（约 70 t）判断偏移量。用于检测两个车轮的轮对内测距、垂直度等参数。

15. 转向架测试设备

转向架测试设备又称转向架滚动试验台，用于转向架组装完毕之后的测试工作，检测各部分组装情况，测试轴承温升、转向架振动、电机电压电流等指标。分为空载和模拟加载两种，空载以牵引拉杆固定转向架；模拟加载除牵引拉杆固定外，在转向架空气弹簧位置采用液压方式模拟车体重量加载。试验时，回转速度较高，如新干线转向架试验，以 240km/h 的速度回转，如图 11-31 所示。

(a)

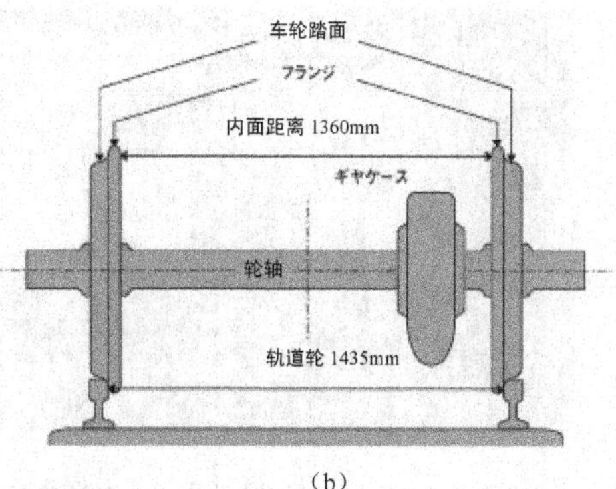

(b)

图 11-30　车轮检压设备

(a)

(b)

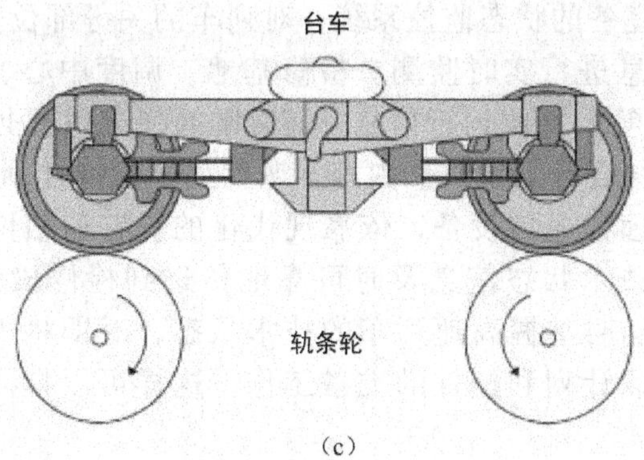

(c)

图 11-31　转向架测试设备

16. 车体气密性试验设备

用以验证车体气密性是否符合相关标准，一般为单节试验。试验方法：堵住车体两端，向车内加压，检查时间、压力变化，确认气密性能。为保证人体的舒适性，UIC、各个国家对气密性都有自己的标准，如日本要求车厢内气体压力从 4 kPa 下降到 1 kPa，下降时间应大于 40 s。日本新干线车辆试验车体气密性试验场景如图 11-32 所示。

17. ATC 试验设备

ATC 试验设备用于 ATC、ATP 设备的整机测试及单元测试，如图 11-33 所示。

图 11-32 日本新干线车辆试验车体气密性试验场景

(a)

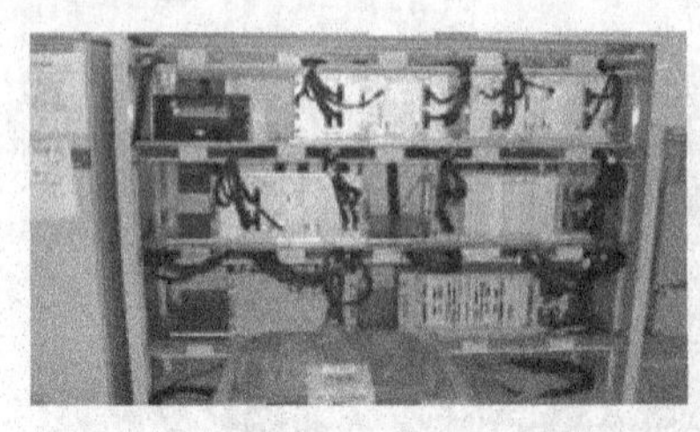

(b)

图 11-33 ATC 试验设备

18. 远程通信设备

高速动车组装备有完备的状态监控系统，对列车的关键部位及容易出现故障的零部件在运行中采集数据信息进行实时监测。检修基地、调度中心、运用所通过远程通信设备（GSM－R、GPRS 等）接收运行信息，随时掌握列车列车上主要部件的技术状态，并判断列车整体状态，结合计划预防修内容，调整列车检修计划，预先安排检修作业、准备检修材料，并通过远程通信设备，依靠现代化的铁路通信网和计算机相结合的方式，把列车上零部件的技术状态信息及时可靠地传送到检修段的技术管理子系统内，检修段的管理人员可以随时掌握高速列车的技术状态，对即将入段的高速列车作出准确快捷的检修、检查作业计划和配件的准备工作。这样可以提高检修效率，缩短列车在检修线上停留的时间。

要完成列车的维修工作，需要各种各样的工装设备，此处仅列出了几种典型的设备。

11.4 检修流程

11.4.1 检修模式

高速列车的检修模式如图 11-34 所示。调度中心接收列车运行状态信息，结合预防维修计划内容，制订某一列动车组的具体检修计划，下达给维修机构（检修基地或运用所），维修机构根据检修计划编制具体维修工作单，负责维修的实施，维修技术，把维修履历（换件情况、某些参数的测量值等）反馈给调度中心。

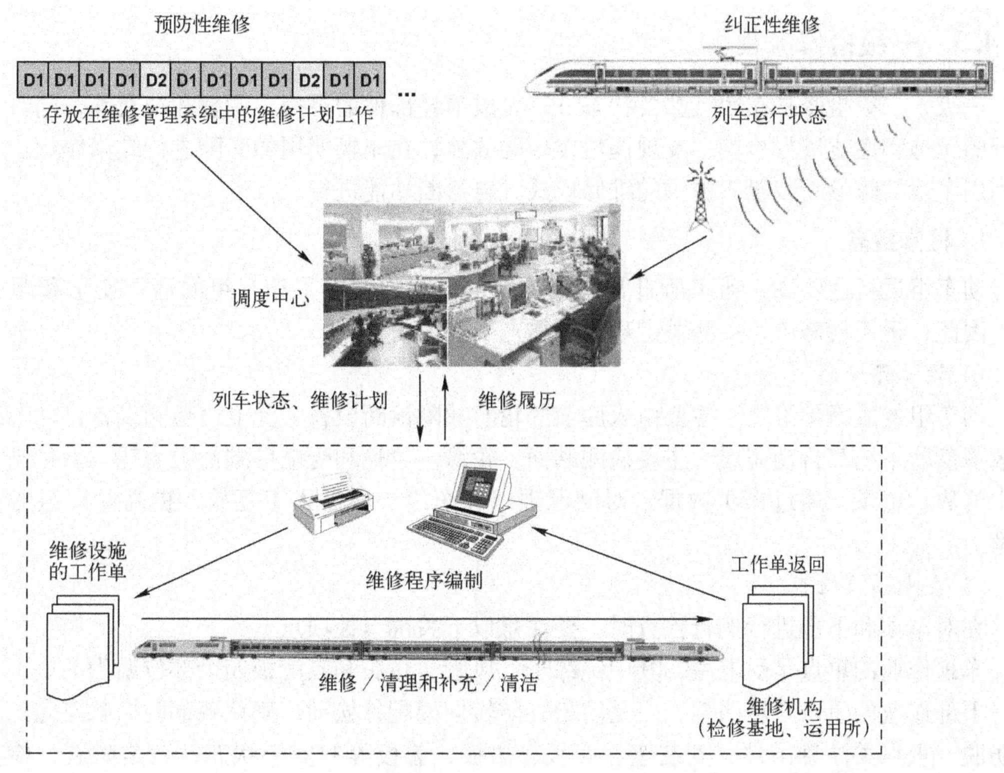

图 11-34　高速列车的检修模式

11.4.2　基本维修流程

高速列车在基地、运用所内的作业过程，即动车组基本检修流程如图 11-35 所示。包括入所、基地内不同进路的转线、外部清洗、集便处理、轮对诊断、定期检查、换件修、不落轮镟等。检修基地根据调度中心所安排的维修计划，动车组回到运用所，首先进行车体的清洗工作，然后利用轮对踏面自动诊断装置进行走行部的检测，根据检测结果安排不同的检修作业。如果轮对的技术参数符合要求，则按规定的检修内容、检修范围进行维修工作（整备、一级修、二级修等），检修完毕，将动车组转线到到发线，准备担当下次运输任务。如果检修过程中，发现临时故障（如走行部检测发现擦伤、裂纹等），则根据需要调整维修内容（璇轮、落轮等）。

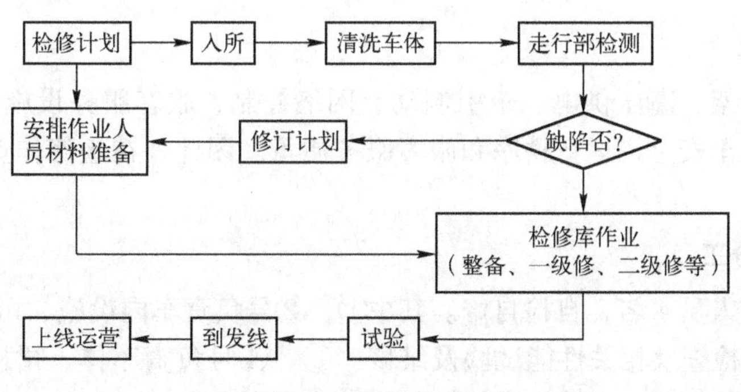

图 11-35　动车组基本检修流程

11.4.3 一级检修流程

一级、二级检修是在运行整备状态下，完成消耗部件的更换、调整和补充等，同时对各部分的状态和性能进行检查，发现偶然发生的故障，在车辆使用的间隙进行维修作业。主要是利用车载故障诊断装置所提供的维修模式、自诊断功能进行。

1. 检修重点

动车组运行速度高，动车所日常运用检修的质量，决定了动车组的运行安全和服务品质。因此，运用检修中，一些关键环节要重点卡控。

1）故障预诊断

动车组的故障预诊断，主要由入库前的轮对故障诊断设备、受电弓检测设备，动车组车载故障诊断系统等自动完成。主要检测踏面、轮缘、轮辋和受电弓碳滑板磨耗，下载当日运营中的故障记录。通过核实数据，对问题项点在车组进库后人工复检，提高动车组的检修效率。

2）重点项目检查

在对车顶和下部进行例行检查时，要注意以下关键卡控项点。

车顶作业的重点是受电弓，其中绝缘子、风管、弓头和碳滑板四个部位最为关键。

下部作业的重点是转向架，一是防松，防转向架配件松动，确认各部防松状态完好；二是防脱，重点关注悬吊件、安装座、底板、裙板、盖板等的安装状态；三是防裂，检查车轮、车轴、受力杆件等是否有裂纹。在实行记名式检修的基础上，可以采取涂打粉笔标记等方式，加强对这些重点部位的检查。

3）润滑检查

润滑检查的重点是齿轮箱油位，观察油的颜色是否正常；检查联轴节、塞拉门等部位润滑情况。

4）更换作业

在闸片、碳滑板、变压器干燥剂、冷却液等更换作业后，要确保部件安装到位，螺栓螺母按标准扭矩紧固，涂打防松标记。作业完成后须经质检员确认。

5）出库联检

出库联检是指由动车所组织，机务、电务、客运部门联合进行的动车组出库检查。重点是“三电”设备、牵引制动试验、空调状态、旅客服务设施、裙板及底板、行车防护用品等。

6）零故障出库

动车组的转向架、高压供电、牵引制动、网络控制、旅客服务设施等设备一旦出现故障，将严重影响行车安全、运行秩序和旅客服务质量。因此，在检修作业中必须严格把关，确保零故障出库。

2. 检修作业分工

检修作业小组人员4名，自检自修。其中①、②号负责车内设施、司机室设备、车载信息系统、车顶设备检查及相关性能试验及维修。③、④号负责车体、裙板、底板、转向架、钩缓连接、制动等下部检查、维修及外门试验的动作确认。

3. 作业步骤（在保证作业内容不缺项的前提下具体作业步骤可根据作业场地情况进行调整）

1）接触网供电前检修

步骤 1：①②③④号共同到值班室接受作业计划、掌握运行故障及维修重点，检查检修工具后列队出发，在检查库等待动车组到达。

步骤 2：①②号与乘务员进行动态交接，③④号共同插设安全号志。

步骤 3：①号进入司机室降下受电弓，②号在车下确认受电弓降下。

步骤 4：①②号共同办理接触网断电。

步骤 5：①②号进行车顶设备检修，后转入司机室进行静态检查，③④号进行地沟及车体两侧检修作业。

2）接触网供电后检修

步骤 6：①②号办理接触网供电，升起受电弓（升弓前用对讲机知会③④号）。

步骤 7：①②号进行司机室设备通电检查试验和车内设备检修；③④号继续进行地沟及车体两侧检修作业。

步骤 8：①②号在两司机室分别进行外门开关试验时，通知③④号确认外门动作显示。

步骤 9：①②号在司机室降下受电弓将动车组转入停放模式；③④号撤除安全号志。

步骤 10：①②③④号会合后共同到值班室，报告作业情况，等待下次作业。

一级检修流程如图 11-36 所示。

11.4.4　二级检修流程

1. 检修要点

1）更换作业

更换作业在二级修中较为频繁，易产生次生故障，因此要加强重点盯控，严格落实“三检”制度。

2）牵引传动系统

在牵引传动系统中，重点是牵引电机轴承、联轴节、万向轴、齿轮箱润滑作业的周期和注油量。

3）空心车轴探伤

在空心车轴探伤中重点：一是探伤设备日常校验和定期校验；二是轴端部件拆装，过程中注意紧固件按规定更换、紧固、涂打防松标记。

4）镟轮

在镟轮中重点：一是调车作业，防止设备或异物侵线；二是防溜设置与撤除；三是尺寸控制，同转向架、同辆、同车组的轮径差不超限。

5）预防超期

在预防超期中重点是科学合理的安排动车组检修计划，二级修不能超期，特别是空心车轴探伤、踏面修形、齿轮箱换油、轴承润滑等关键项目。超期动车组不能上线运行。

2. 检修作业分工

检修作业小组人员 4 名，自检自修。其中①、②号负责车内设施、司机室设备、车载信息系统、车顶设备检查及相关性能试验及维修。③、④号负责车体、裙板、底板、转向架、钩缓连接、制动等下部检查、维修及外门试验的动作确认。

3. 作业步骤

1）供电前检查

步骤1：①、②、③、④号共同到值班室接受作业计划、掌握运行故障及维修重点，检查检修工具后列队出发，在检查库等待动车组到达。

步骤2：①、②号与乘务员进行动态交接，③、④号共同插设安全号志。

步骤3：①号进入司机室降下受电弓，②号在车下确认受电弓降下。

步骤4：①、②号共同办理接触网断电。

步骤5：①、②号进行车顶设备检修，后转入司机室进行静态检查，③、④号进行地沟及车体两侧检修作业。

2）接触网供电检查

步骤6：①、②号办理接触网供电，升起受电弓（升弓前用对讲机知会③、④号）。

步骤7：①、②号进行司机室设备通电检查试验和车内设备检修；③、④号继续进行地沟及车体两侧检修作业。

步骤8：①、②号在两司机室分别进行外门开关试验时，通知③、④号确认外门动作显示。

步骤9：①、②号在司机室降下受电弓将动车组转入停放模式；③、④号撤除安全号志。

步骤10：①、②、③、④号会合后共同到值班室，报告作业情况，等待下次作业。

二级检修流程如图11-37所示。

11.4.5　三级检修流程

三级检修在进行大修之前，对于中途可能因不良而导致重大事故的转向架等主要零部件进行解体检修。主要检修内容包括：

- 转向架、驱动装置的状态；
- 主电机、控制装置的状态；
- 基础制动装置的安装状态；
- 综合检查动车组组装后各设备的安装状态；
- 试运行，检查动车组在起动、加速、减速等各种工况下的状态。

下面以CRH2型动车组为例说明三级检修流程。

三级检修时动力转向架的检修流程如图11-38所示。更换下的转向架进入转向架检修车间，首先取下空气弹簧，在这个级别的检修中，空气弹簧只作外观检查；取下空气弹簧的转向架经过清洗后，依次拆卸牵引电机、减振器、轮对，牵引电机、轮对只作外观检查，然后进行基础制动部分的动作试验，确保状态完好；再将检修好的轮对、牵引电机、减振器、空气弹簧轮等组装回转向架，最后进行落成检查、回转试验。

轮对是三级检修的主要检修对象，其检修流程如图11-39所示。根据对轮对的检测、探伤结果，又进行不同的检修流程。根据运营检验，大约70%的轮对没有明显缺陷，在进行如图11-40所示的检修流程后是可以继续使用的。

检测后有缺陷的轮对需要将车轮和车轴分解以便分别进行检修。三级检修中缺陷轮对的车轮检修流程如图11-41所示，从图中可以看出，动车、拖车车轮检修流程是不同的，检修过程中发现车轮有重大缺陷或尺寸超限，则用新轮对替换。

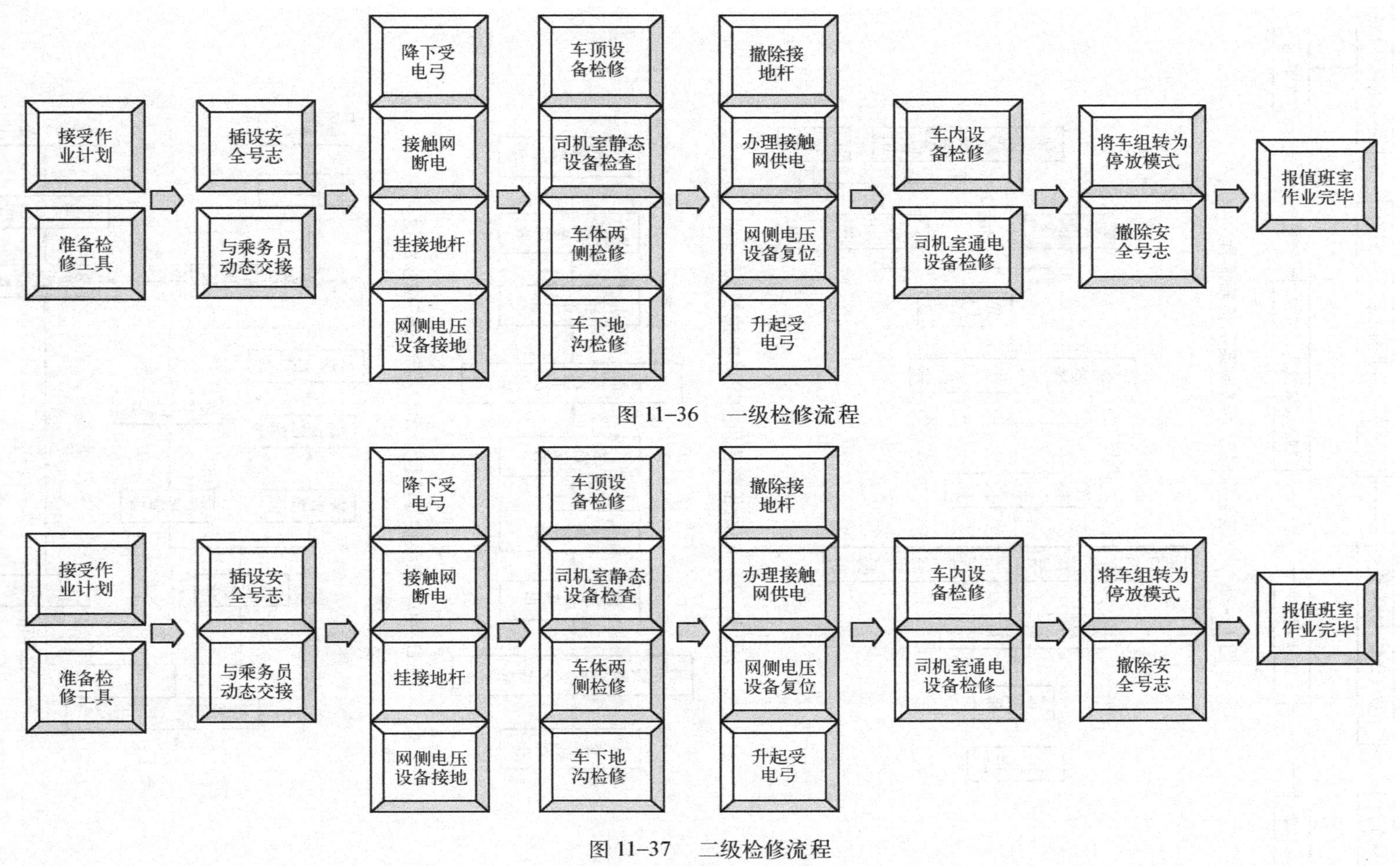

图 11-36　一级检修流程

图 11-37　二级检修流程

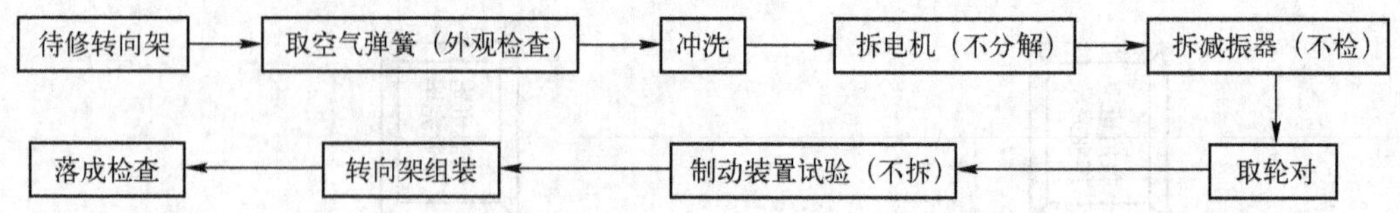

图 11-38 三级检修时动力转向架的检修流程

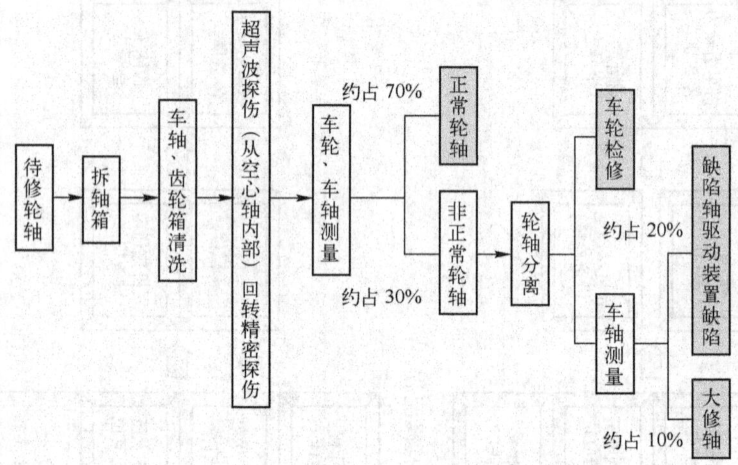

图 11-39 三级检修流程中轮对的检修流程

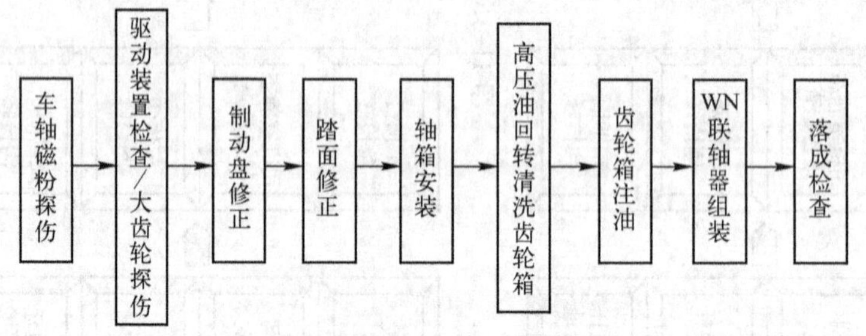

图 11-40 三级检修流程中无缺陷轮对的检修流程

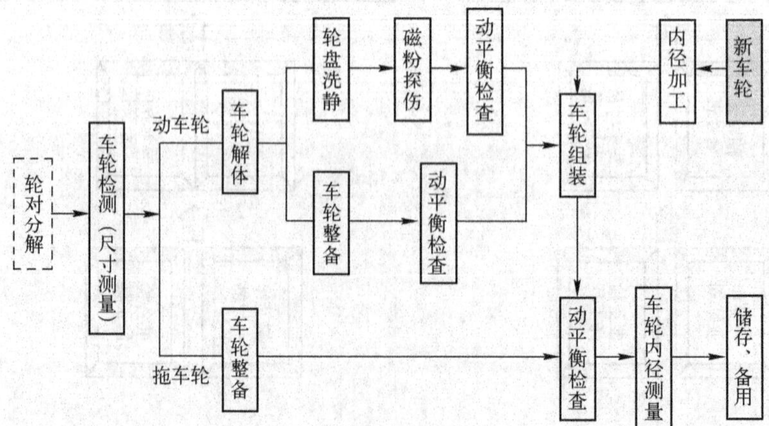

图 11-41 三级检修流中缺陷轮对的车轮检修流程

轮轴分离后的车轴根据车轴缺陷严重程度需要进行不同层次的检修。缺陷不太严重而经修复后尚可使用的车轴检修流程，如图 11-42 所示。如果车轴经检测损毁严重，不能再使用，则只能报废，更换新的车轴，如图 11-43 所示。

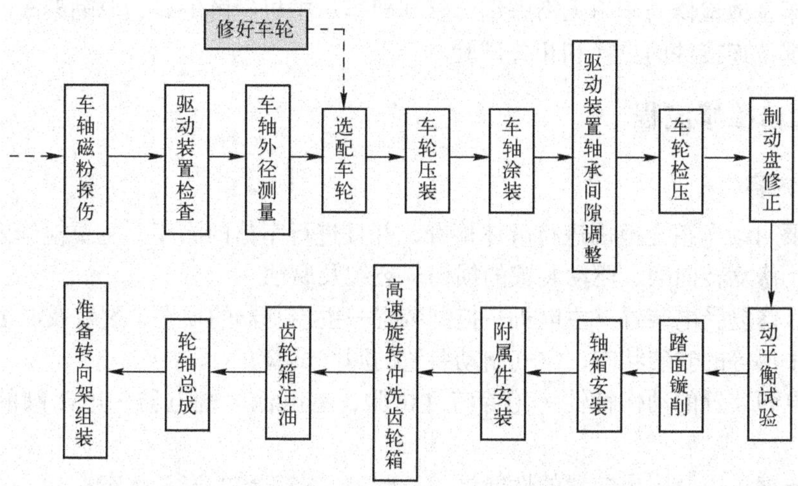

图 11-42　三级检修流程中缺陷轮对的可修复车轴检修流程

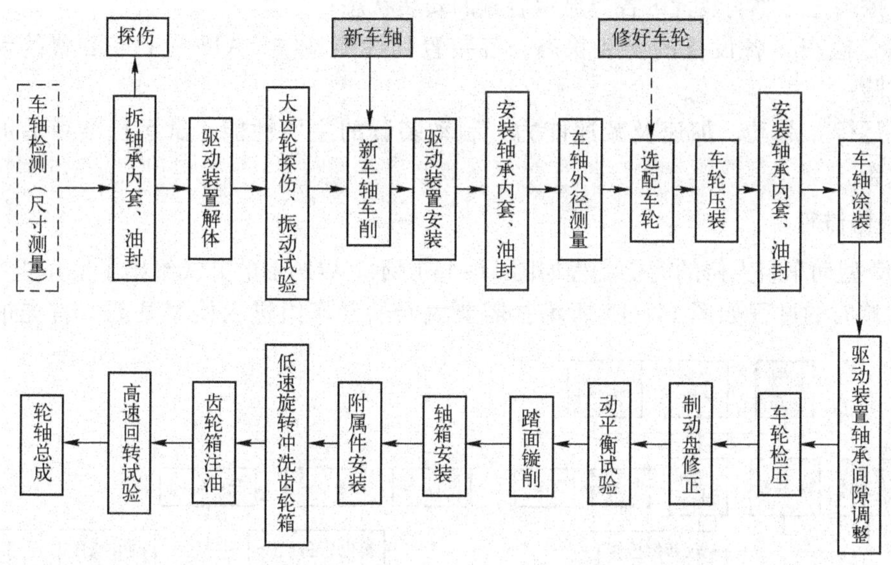

图 11-43　三级检修流程中缺陷轮对的车轴报废、更换流程

三级检修注意事项如下。

（1）踏面修形可以在检修之前由动车运用所实施，也可以在转向架分解后由检修基地进行镟修。注意车轮直径符合配台要求。

（2）车轴超声波探伤后及时安装轴端密封堵并更换 O 形密封圈，防止空心轴内孔锈蚀。

（3）齿轮箱清洗时注意检查排油栓和磁栓表面铁粉的黏附情况。排油栓和磁栓表面如存在无光泽的大块铁粉或大量黑色鳞状的薄铁皮，可能是轴承损坏，此时需对齿轮箱进一步检查。

（4）CRH2 型动车组组装空气弹簧前检查轮径记录，确定是否需在空气弹簧下面加装调整垫和调整垫的厚度。

(5) 动车基地采取整列动态称重方式，主机厂采取单辆静态或整列步进式单辆静态称重方式，两种方式执行的轮重差标准不同。

(6) 动车基地检修动车组无需解编，整列架车；主机厂解编后，单辆架车。解编检修增加车体连接部位连接件的更换和相关试验。

11.4.6　大修检修流程

1. 检修内容

大修时要对动车组全范围进行解体检查，并且进行车体的涂漆，主要检修内容包括：

- 检查、修复转向架、驱动装置的损伤、裂纹及腐蚀；
- 检查、修复受电装置—主电机—控制装置—主控制器的损伤、裂纹及腐蚀；
- 制动手柄等的安装状态、空气制动装置的漏气试验；
- 辅助电源装置的动作特性·绝缘特性试验，蓄电池·继电器·电磁阀的损伤及安装状态；
- 空气压缩机以及附属装置的性能试验，阀类、空气罐的安装状态；
- 车体·车顶·车门开关装置·车底下的设备安装状态；
- 广播装置·照明装置·各类显示装置的安装状态；
- 综合检查　各设备的安装状态，各装置的性能检查，ATS·ATC 装置的动作特性试验；
- 试运行　起动、加速及减速能力，制动装置的主要性能，试运行结束后的设备等状态。

2. 检修流程

CRH2 型动车组大修的简要流程如图 11-44 所示。以图形的方式给出了动车组在检修基地进行大修时的过程如图 11-45 所示：需要大修的动车组进入检修基地，首先被牵引到

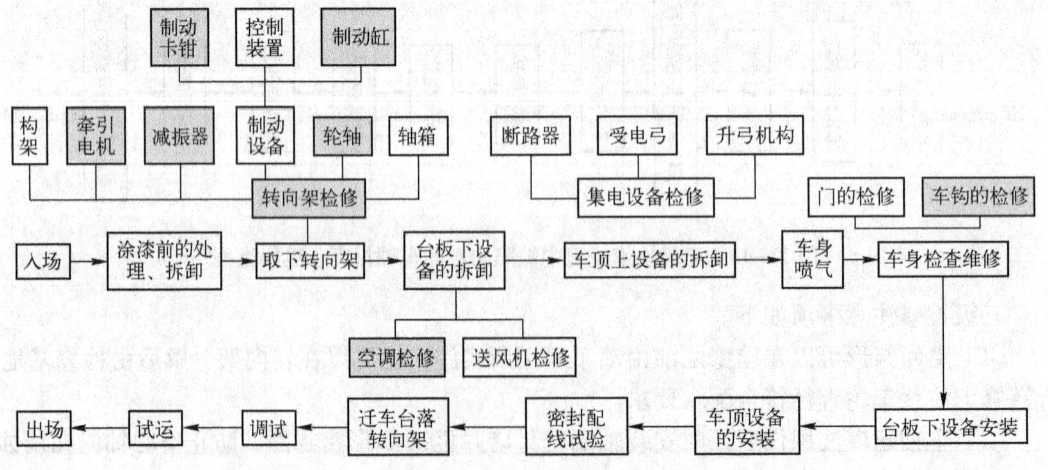

图 11-44　CRH2 动车组大修的简要流程

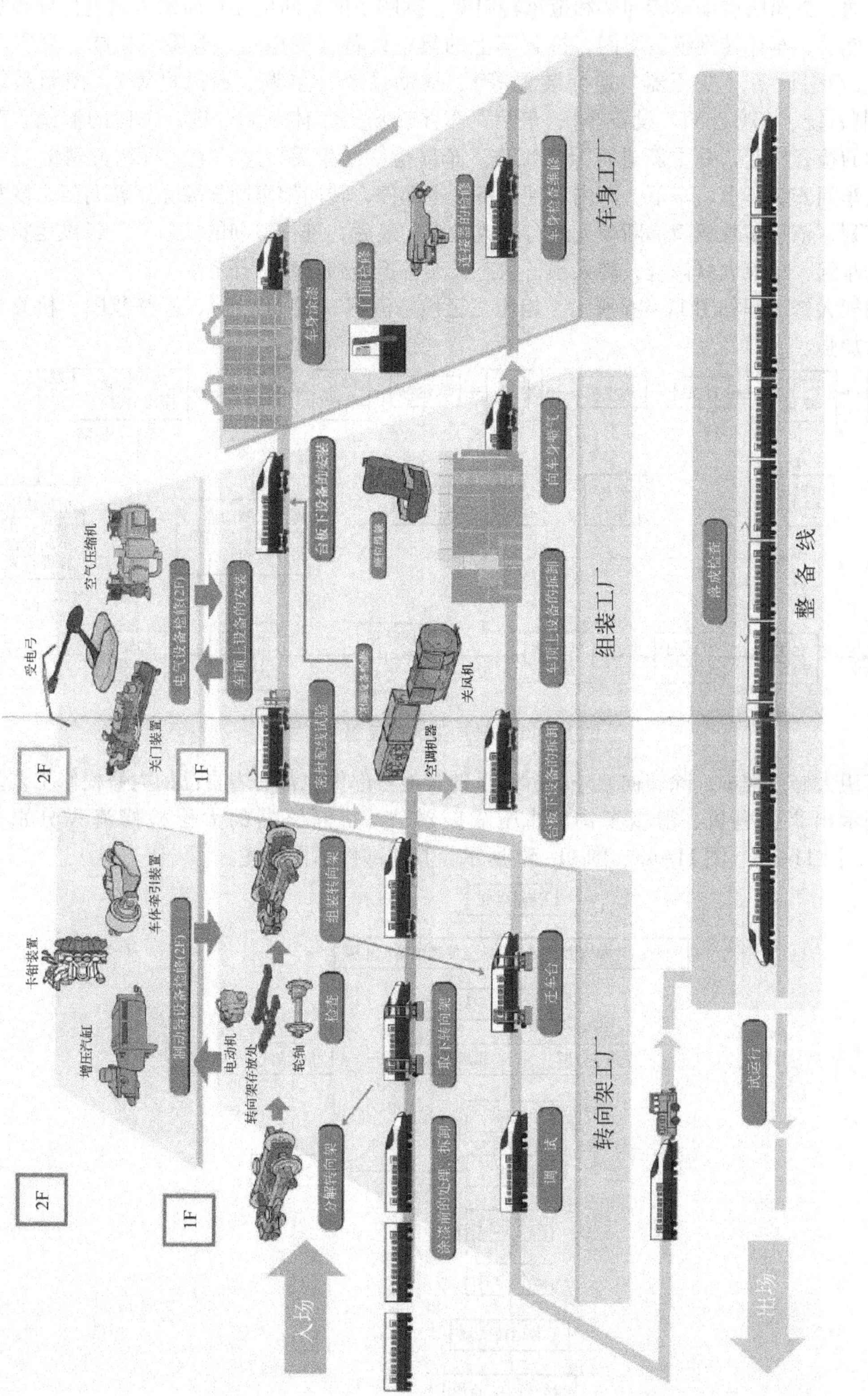

图11—45　动车组大修流程图解

转向架车间，拆离所有动车转向架和拖车转向架，拆解下的转向架在转向架车间进行分解解体检修；然后，车体转到组装车间，拆解车上的集电设备（受电弓、升降弓机构、真空断路器等）、牵引设备（变压器、逆变装置等）、辅助系统（空调、通风机等）、控制系统（网络控制系统、ATC、ATP 设备等）；最后，车体转场至车体车间，进行车体的清洗、车门、车钩的检查作业，并重新进行涂漆工作。车体检修结束后，进行上述拆卸分解的逆流程：组装车间安装车上、车下、车内各种设备、零部件，转向架车间安装完好转向架，恢复成完整车列，依靠车载故障诊断单元进行落成检查，最后，进行整列的试运行。经试运状态完好的动车组，结束大修修程，转入预备状态，准备担当列车牵引任务。

转向架大修流程如图 11-46 所示，相比三级检修流程（图 11-39），检修范围、检修深度都大大加强。

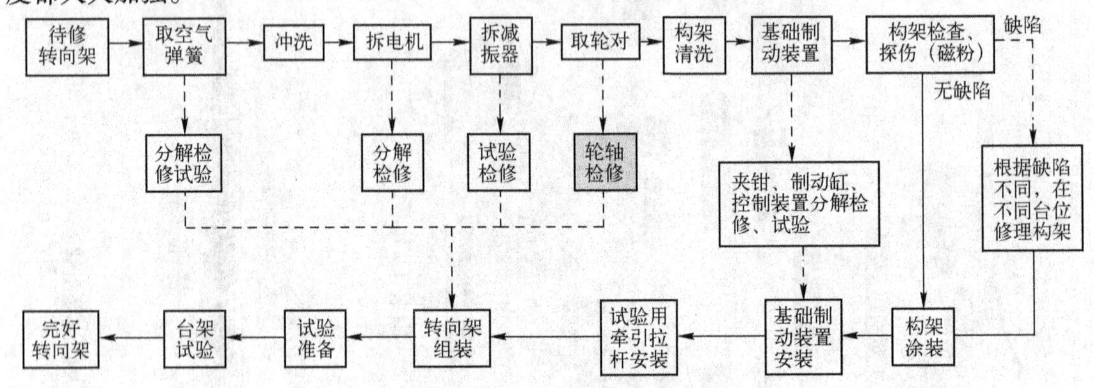

图 11-46　转向架大修流程

动车组大修过程中，除转向架外，拆卸下的其他零部件也都有着自己的大修检修工艺流程。此处示出牵引电机、密接车钩、油压减振器、真空断路器的大修检修流程分别如图 11-47、图 11-48、图 11-49、图 11-50 所示，其他部件不再赘述。

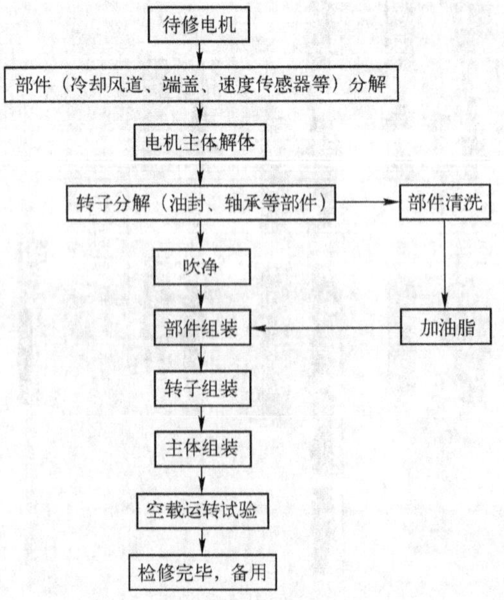

图 11-47　牵引电机大修检修流程

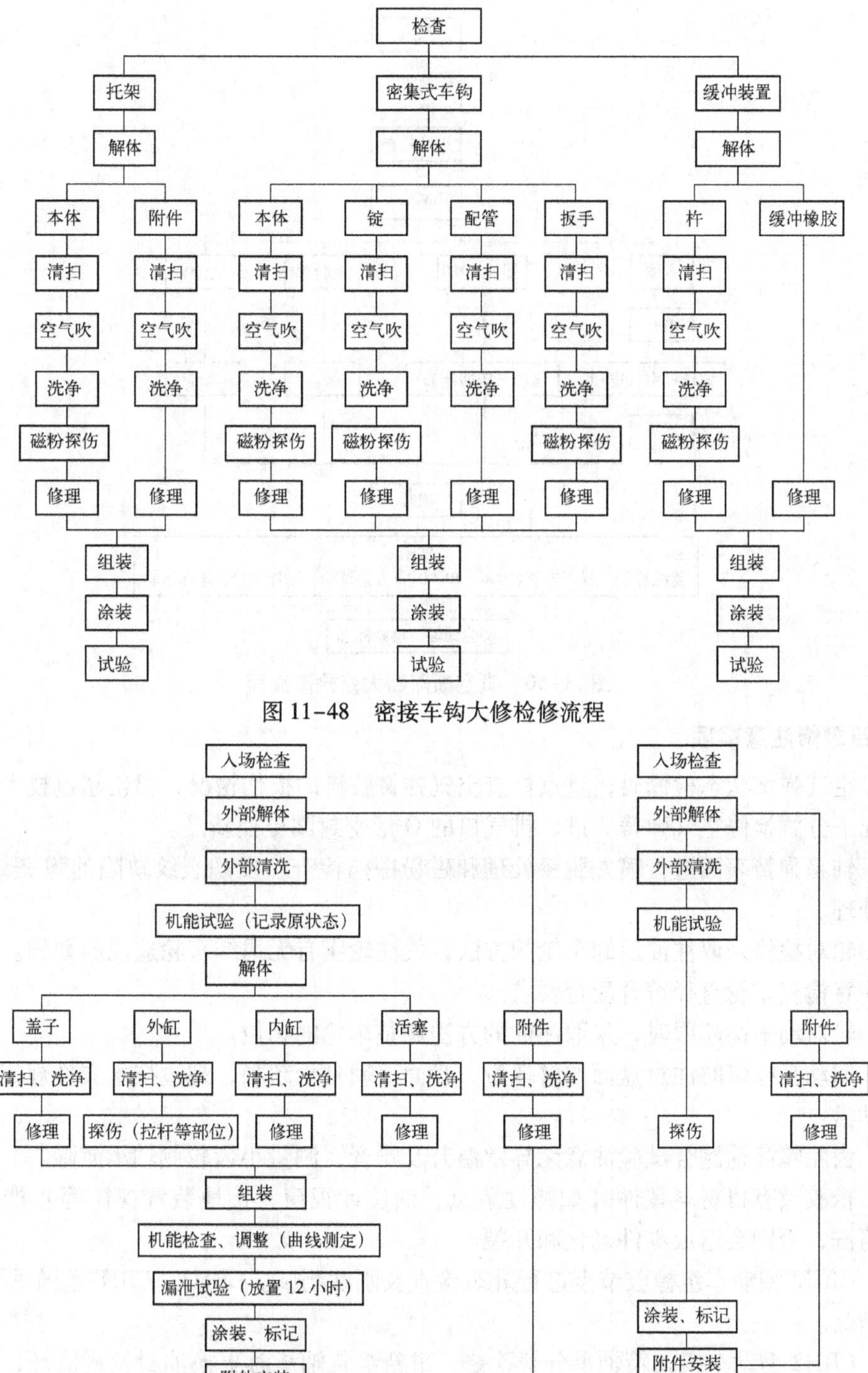

图 11-48　密接车钩大修检修流程

A　上次检查后 18 个月及以上的，全部解体检修

B　上次检查后未满 18 个月的，进行机能检查，合格的继续使用，不合格的进行解体检修。

图 11-49　油压减振器大修检修流程

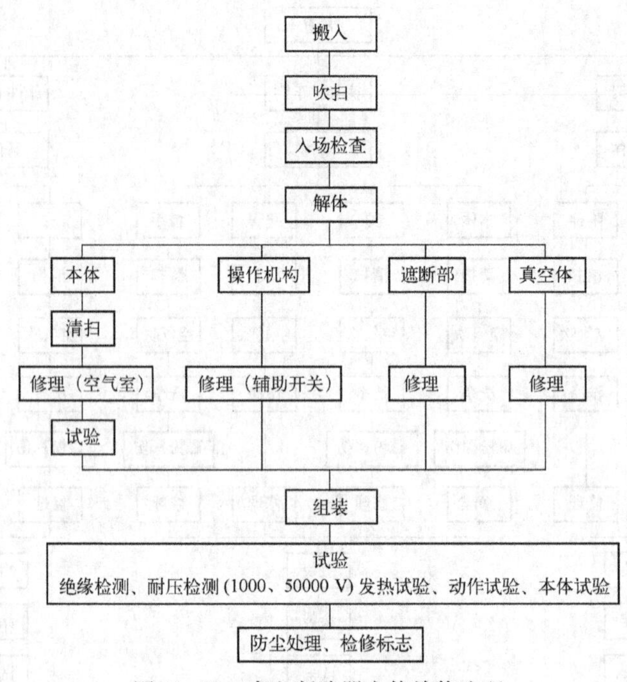

图 11-50 真空断路器大修检修流程

3. 四级修注意事项

（1）空气弹簧状态检修时，重点检查空气弹簧胶囊的损伤情况，损伤超过技术文件规定限度情况下分解检修空气弹簧。进、排气口的 O 形密封圈更换新品。

（2）轴箱弹簧表面进行喷丸脱漆处理和磁粉探伤检查，发现裂纹缺陷的弹簧禁止修复，做报废处理。

（3）轮对检修采取注油退卸车轮的方法，关注轮座有无退卸车轮造成的划伤。车轮重新组装时注意检查车轮直径符合配台要求。

（4）轮对动平衡超限时，采取注油的方法调整车轮的相位。

（5）制动盘检修时注意盘面的磨耗量、盘面反翘是否超限，超过技术文件规定的限度时镟修制动盘。

（6）齿轮箱高速跑合试验注意无异常温升及噪音，测量小齿轮侧轴承游隙。

（7）橡胶及有机材料零件（如弹性节点、油位计视窗、接地装置视窗等）严禁使用有机溶剂清洗，否则会造成零件老化和开裂。

（8）CRH2 型动车组橡胶节点进行外观检查及刚度测试。CRH3、CRH5 型车所有橡胶节点更换新品。

（9）CRH2 型动车组轴箱轴承分解检修，重新组装轴承时更换油封及耐磨环，防止轴承油脂渗漏。CRH3、CRH5 型动车组更换新品轴箱轴承。

4. 五级修注意事项

（1）五级修时将有大量的车轮磨耗到限，注意提前做好车轮配件的采购和储备。

（2）中心销、减振器托架的关键部位焊缝及构架、摇枕的所有焊缝进行探伤检查。

（3）CRH2 型动车组以下零部件应结合寿命管理在后续检修时更新：大齿轮侧圆锥滚子

轴承隔次五级修时更换；空气弹簧的胶囊及橡胶座每运行 360 万公里（或 10 年）更换；空气弹簧整体每运行 720 万公里（或 15 年）更换。

（4）CRH5 型动车组空气弹簧在 360 万公里时更换。

11.4.7　检修安全

安全工作重在预防。为切实保障职工的人身安全，确保动车组检修作业顺利进行，在日常工作中，需增强安全意识，加强现场卡控，消除安全隐患。

1. 途中作业安全要点

随车机械师在动车组运行途中下车处理故障时，在作业期间需要设置防护信号；停车处理故障时，注意邻线来往的机车车辆；登顶作业前确认断电、挂接地杆。

2. 检修作业安全要点

地沟作业的要点是：确认动车组处于断电状态；在来车方向设置安全防护信号；检修人员按要求着装，做好劳动防护。

登顶作业的要点是：遵守三层平台门禁管理制度，严格登（销）记；作业前确认接触网已断电，接地杆已挂，且放电时间达到要求；作业完毕后，确认三层渡板已收起，避免刮伤车体。

设备操作的要点是：设备操作员必须经专业培训合格，持证上岗；上岗前应当正确穿戴防护用品；操作电器设备要有防触电措施；设备不能超负荷和带故障运转。

11.5　动车组检修管理与人员培训

11.5.1　检修配件管理

1. 检修配件含义

动车组高级修配件一般分必换件、偶换件。

必换件是指检修中必须更换新品的配件。它主要是易损易耗件和按照寿命管理要求必须在高级修中更换的重要部件。

偶换件是指检修中除必换件外更换的配件。偶换件具有偶发性和不确定性。

为缩短动车组修时，使用备品代替待修部件，待修部件检修后作为备品待用，这些备品称为周转件。周转件一般为检修时间长、价值较大的重要部件，如牵引电机、减振器、万向轴、轮对等。

2. 配件管理的注意事项

进口配件采购周期较长，一般为六个月左右，有些配件采购周期在一年以上，该类配件需提前进行采购和储备。如：轮对、油压减振器、轴承等。

周转件尽量不要混用于不同轮次不同修程的动车组上。如按照三级修标准检修的周转件尽量不要用于四、五修动车组上。

配件使用一般“先进先出”，对有存放时间要求的配件应在规定的期限内使用。橡胶品、油脂、密封胶等化学品超过存放时间时报废处理，其他配件超过存放时间时使用前进行必要的保养检查和试验。

结合寿命管理要求，在动车组高级检修中达到或接近使用寿命的重要部件，如轴承、空气弹簧、轴箱弹簧、油压减振器、万向轴、真空断路器等，如无法保证运用到下次高级修，必须更换，以保证该类配件不超期使用。

11.5.2 动车组调度管理

动车调度主要职能有生产信息管理，作业组织协调，掌握车组状态，应急指挥处理等。

1. 调度日常管理

日常管理主要包括检修计划的编制与实施，动车组运行管理。

日计划要按照相对固定，灵活可调的原则编制，尽量实行“模板管理”。模板要做到固定路径、固定股道、固定时刻，以方便计划编制和检修工作快速有序进行。非正常情况下及时调整检修计划，以保证动车组正常运用。

在一级修过程中存在人员多、作业内容多，突发因素多的特点，动车所调度作为一体化作业信息的核心，需强化与相关部门的信息共享和交互，实现各作业环节之间的密切衔接和高效协调配合。

动车组运用管理主要包括计划换车和临时换车两种情况，计划换车用不同车型替换时，要考虑客运售票因素，提前编排计划并及时通知各相关部门，给客运售票系统充分调整时间。临时换车要以同车型、同定员为原则，以保安全、保畅通为前提，充分考虑各类相关因素，确保行车运营。

2. 信息处理的要点

调度是各种生产信息的第一接收者，由于动车组的高速运行，快速检修，需要对信息快速进行甄别判断，将有效信息及时上传下达。

调度信息要逐级上报，上报的信息要准确、具体，信息报告的主要内容应包括发生时间、地点、车辆故障情况、现场应急处置等情况。各级调度要做好信息的记录和交接班，避免交接过程中的信息丢失。

动车组涉及的专业多，各种专业调度集中办公，可以更全面、更准确、更快速的掌握信息。

3. 应急故障指挥的要点

熟练掌握行车组织和各项应急处置流程。

准确、全面掌握动车组故障信息，及时按规定上报或处理。

积极联系专家组，给随车机械师提供技术支持。保持与现场作业人员的联系，避免多方指挥。

需要出动备用动车组救援时，立即组织备用动车组出库。

11.5.3 设备管理

1. 动车设备维修的一般原则

动车检修设备大多具有技术含量高、自动化程度强、价值成本高的特点，因此设备维修一般遵循“专业设备专业维修、重点设备重点维修”的原则。对于不落轮镟床、踏面诊断、空心轴探伤机等专业性强的设备，委托设备制造厂家进行专业的检修维护。对于转向架更换设备、洗刷设备、吸污设备、移动接触网等重点设备，组建精干的维修队伍重点维护。

2. 设备检修管理

动车设备检修分为大修、中修、小修、项修和巡检。关键设备实行检定制度。如空心轴探伤机，开工前进行一次日常校验，验证使用前精度；收工后还要进行一次校验，检验使用中精度是否发生了改变，从而确认探伤的结果是否准确。不落轮镟床每月要进行一次校验，如有误差立即调整，以保证镟轮的精度。

3. 轨边设备的管理

轨边设备是指安装在轨道或轨道两侧的设备，不按规定使用或检修时可能会对通过的机车车辆安全产生影响。主要有清洗机、转向架更换设备、轮对踏面诊断设备等。

由于轨边设备影响动车组安全通过，因此应重点加强日常管理及状态的检查。轨过设备检修时，要提前向主管部门提报施修计划，按规定填写《行车设备检查登记簿》（运统 -46），待批准后方可实施。作业前到调度室登记作业，作业中现场必须派人防护，作业后到调度室销记。

4. 设备故障管理

动车检修设备是动车检修的基础和关键，为使故障及时得到处理，通常采取如下措施：

（1）成立设备抢修 110。在动车段（所）由主管领导负责，专业人员组成设备抢修队伍。并建立信息反馈系统，形成快速反应的设备抢修体系。当关键设备发生故障时，相关人员能在第一时间赶到现场抢修。并与厂家售后人员建立联系，在需要技术支持时，可及时获得支持。

（2）启动远程维护。对有的重点设备，如信息管理系统及监控系统等，当发生故障时，设备厂家可通过网络远程维护，对控制系统的故障进行处理。

11.5.4　动车组技术管理

动车组技术管理是围绕动车组质量进行的动车组检修计划管理、动车组质量分析及质量鉴定、检测诊断技术应用及质量信息反馈、规章制度管理、技术履历管理以及故障数据库管理的技术活动，是动车组运用、维修过程中技术支持的重要内容之一，也是提升运用安全、维修质量的根本保证。因此，动车段（所）需设置专门的技术管理部门。

1. 动车组检修计划管理

1）检修计划的制订

检修计划的制订需根据动车组修程要求，按预计走行公里、结合技术状态、车载及地面检测诊断的实际记录信息，安排动车组一至五级检修计划。其中一、二检修计划由动车段（所）制定安排，三到五级检修计划由铁路局和铁道部根据动车段（所）上报的动车组走行公里及总体技术状态制定安排。

2）检修计划的落实

动车组检修计划的落实及兑现率是衡量动车组检修计划管理的一个重要指标，其一级、二级检修计划由动车段（所）兑现落实，三级～五级检修计划由铁道部组织铁路局兑现落实，动车段（所）要定期进行计划落实兑现情况分析会，提出存在的问题和改进措施。

3）动车组质量分析及对规鉴定

动车组质量分析及对规鉴定是技术活动的主要内容之一，主要包括运行故障分析、库检及检测诊断故障分析、动车组一二级检修超范围修原因分析、检修工艺对规、动车组质量鉴定等。

动车组质量分析的主要目的是查清运行故障、库检及检测诊断故障及一二级检修超范围修发生的原因，与制造、运用、维修之间的关系，需要吸取的经验教训，提供设计制造改进的措施，避免同类质量问题的重复持续发生。

动车组工艺对规主要是对动车组检修过程的工艺标准执行情况进行对标检查。

动车组质量鉴定主要是对动车组进行一次质量状态摸底，考核动车段（所）在动车组运用、维修中规章制度、暂行规定、技术措施落实情况。

4）检测诊断数据管理

动车组检测诊断分为车载诊断和地面诊断两部分。车载检测诊断主要记录在运行过程中各种参数变化情况及主要部件状态变化情况，是实现动车组状态维修的主要依据。地面检测诊断主要记录走行部主要部件运用参数变化情况和受电弓支撑滑动部件状态变化情况，是进行一、二检修作业对走行部主要部件及受电弓支持滑动部件实施超范围维修的重要依据。

检测诊断数据管理是实现动车组状态修和换件修必不可少的技术支持。其有助于故障信息的及时反馈和处理，有助于快速进行故障检修，及时恢复动车组的可靠性，提高动车组运用效率。

技术管理部门需要对检测诊断数据进行及时有效的分析和提出改进措施。

2. 规章制度管理

1）动车组技术规章制度的内涵

动车组技术规章制度分为基本规章制度和专业规章制度。

基本规章制度是技术管理的核心，分为铁道部、铁路局、站段三个层次。铁道部基本规章制度包括《铁路技术管理规程》（简称《技规》）、《铁路客运专线技术管理办法》等；铁路局基本规章制度包括《行车组织规则》（以下简称《行规》）、《客运专线行车组织细则》等；站段基本规章制度包括《车站行车工作细则》（以下简称《站细》）、《车站客运专线行车工作细则》等。

专业规章制度是对基本规章制度分层次、按专业进行细化的技术规定。对动车组而言，铁道部负责制定各型动车组一、二级检修作业办法；三、四、五级检修规程；轮对空心轴探伤等重要零部件的检修工艺规程。铁路局依照部颁检修规程、作业办法制定相应的检修工艺和作业标准；站段依照铁道部、铁路局规章制度制定相应的《段行车工作细则》（以下简称“段细”）或《动车段（所）客运专线行车工作细则》、操作规程和作业指导书等。

“技规”等主要反映铁路设计、施工、运营、维修的技术要求；“行规”等主要反映铁路局运用、施工、维修及作业的技术要求；“段细”主要反映站段技术管理工作的技术要求。

2）规章制度目录和文档管理

规章制度目录和文档管理实行纸质文件档案和电子档案双重归档管理方式。规章制度的制定、发布需按照铁道部《铁路技术规章制度管理办法》（铁科技〔2008〕69号）文件、《铁道部技术规章制度目录管理办法》（铁科技〔2008〕150号）通知及各铁路局《铁路局技术规章制度管理办法》规定执行。站段需对铁道部和铁路局发布的动车组技术规章制度均须纳入技术规章制度编号管理，每半年或一年根据上级发布的技术规章制度目录对现行技术规章制度目录和文件档案进行整理、电子档案审核刷新和重新归档。

3. 规章制度的落实

铁路技术规章制度是铁路运输生产实践的总结，动车组规章制度是根据动车组制造、运用、维修实际情况出台的时效性极强的技术规章制度，动车组规章制度的管理是为了更及时、有效、准确地解决在其应用上存在的问题，使动车组能够安全、可靠、高效运行。为此，动车组规章制度的落实须加强以下三方面的工作。

（1）对铁道部最新发布的规程、规范、规则及技术文件或铁路局最新发布的检修工艺、作业标准、实施细则以及措施和办法应及时纳入规章制度的管理，并积极组织相关人员进行学习。

（2）按照规章内容要求，组织相关生产部门和技术人员对条文进行分解，编制落实的具体措施，包括相应的检修工艺和作业标准指导书、实施细则和落实到岗位的作业指导书、暂行规定。

（3）组织相关人员对规章内容及落实措施实施情况进行检查，看颁布的规程、工艺、标准、细则及落实措施和作业指导书是否到位，操作性是否可行，还需要哪方面的技术支持，并及时改进落实措施、增加相应的补充规定，补充规定按规章制度管理办法管理。

4. 技术履历管理

动车组技术履历管理是对动车组质量技术状态的真实写真，是动车组实行计划预防修和状态维修的主要依据。

1）*动车组技术履历*

动车组技术履历分为纸质履历档案和电子履历档案。纸质履历档案主要作为履历的存档备查依据和随车资料，是随动车组的配属变更进行移交的文档。电子履历档案主要应用于各级修程及发生临修时信息化数据实时交流的依据，是信息化管理的重要内容之一，主要侧重于信息的收集、统计、处理、分析的快捷性和时效性。

2）*动车组技术履历主要内容*

动车组技术履历主要内容包括动车组类型、出厂日期、主要技术参数、部件概要、配属动态、主要部件动态、走行公里、检修动态、技术改造记录、破损记录及特别记录等。

3）*动车组技术履历管理*

动车组技术履历实行一车一档管理。在运用检修（一、二级检修）及临修的作业中，相关作业组须按规定填写检修作业记录单，按要求将不属于一、二级检修的部件更换及原因、动态、破损记录归入履历档案。

在高级修程（三、四、五级检修）中，将履历要求的主要部件动态（换件修情况）、大部件破损情况、走行公里、技术改造记录以及特别记录等详细记录在履历档案中，形成可追溯的原始检修历史记录。

动车组技术履历须实行严格的调阅登记制度和随车交接规定。

5. 故障数据库管理

故障数据库管理是动车组检修管理的重要组成部分，其重要意义在于：首先，故障数据库管理是动车组维修管理现代化的必要手段；其次，故障数据库管理是动车组修制改革创新的重要内容；最后，故障数据库管理是提高动车组制造、运用、维修质量的关键。为此，故障数据库管理需要加强以下三方面的工作。

(1) 故障数据库的日常管理和维护。将日常发生的各种故障、地面和车载检测系统记录的各种故障及动车组各级修程中检查出的各类故障纳入故障数据库的日常管理范畴，进行信息归类、统计、整理。

(2) 对故障数据库的信息进行加工处理、统计分析，形成故障信息日统计、周分析、月总结的长效机制，对典型故障和倾向性问题实行专题分析报告制度，为上级部门及制造厂商及时准确地提供有效信息。

(3) 应用故障数据库信息的有效信息，指导相关厂家提升产品可靠性设计；指导有关部门修改和提升动车组各级修程的检修规程和范围，修改和提升检修工艺、检修标准及作业指导书；作为故障案例指导培训相关技术人员。

11.5.5 人员素质培训

从事动车组运用检修的人员素质培训主要分资格性培训、适应性培训和尖子人才、技术业务骨干的培训。

资格性培训的目的是使从业人员取得上岗资格，主要是满足于持证上岗的要求；适应性培训是经常性的日常培训，其目的是使从业人员通过培训能够熟练掌握本岗位的作业技能，能够胜任本职工作；尖子人才、技术业务骨干的培训是有针对性的专业技术拔高培训。

培训方式主要是理论培训和实作培训两种。故障案例培训是一种理论与实作相结合的培训，属适应性培训的范畴。

在生产实践中，故障案例培训、实作培训和尖子人才培训是人员素质培训的关键和核心，是一项要常抓不懈、必须长期坚持的重点工作。

1. 故障案例培训

动车组故障案例培训的主要对象是随车机械师、动车调度、应急故障处置小组成员、动车组调试人员，目的是提高相关人员的动车组故障分析判断和应急处理能力。

1）编好故障案例教材

故障案例的收集一般由各单位安全管理部门负责，信息的来源渠道主要有铁道部每月下发的车辆故障信息通报、本属动车组故障库、生产厂家故障处理情况的技术交流、兄弟局配属动车组故障信息等。通常由各单位技术部门组成专家组，根据故障案例按系统进行分类，认真分析判断、汇总整理，形成故障案例汇编，由教育部门印刷成册。一般的，故障安全汇编的周期为半年或一年，也可根据典型的、突发的或带有倾向性故障的特殊情况单独编制成册，逐年累积，并做必要的增删等编辑工作。

2）适时开展案例培训

案例培训分定期和不定两种。

(1) 定期进行的案例培训。通常，定期案例培训要纳入日常适应性培训计划，按月下达，可采取半脱产和不脱产两种方式，一般由车间组织实施。

(2) 不定期进行的案例培训。当动车组发生较为典型的、突发的、带有倾向性的或集中一段时间内多发的故障时，要及时组织进行故障案例的专项培训，避免同类故障反复发生。

3）创新案例培训手段

在一些单位，在坚持不懈地开展正常的案例培训的同时，不断总结经验，创新案例培训手段和方法。一是通过案例分析开办技术讲坛、自办技术交流论坛，将案例培训上升到学术交流的层面；二是模拟再现动车组故障，组织人员进行排查，提高职工应急处置的动手能力；三是按动车组故障的类别分别找出处理方式相同或相近具有相通性的特点，创建快速处理法，规范处理过程中的几个步骤，编成口诀，简洁明了，一学就会，大大地提高了案例培训的效果。

2. 实作培训

动车组开行以来的职工培训经验证明，实作培训是日常岗位适应性培训的基石，实作培训搞不好直接影响动车组出库质量和运行安全。

1）定期开展实作培训

一般的，定期开展的实作培训要纳入各单位年度适应性培训计划，由各车间按计划项目和时间安排分步实施。动车组的实作项目很多，实施实作培训是一项长期性的工作，要有耐心、恒心，必须有步骤、有计划、科学地按培训工作量均衡组织，分步展开，逐项培训、逐项考试、逐项过关，不能走过场。如更换受电弓弓头等，要反复练，一遍不行十遍，直到能够熟练掌握为止。

在一些单位，开展以实作培训为主题的全员岗位技能达标考核活动，将全员的实作培训纳入绩效考核，严格考试纪律，大大提高了职工的实作技能，成效非常明显。

2）适时开展专项实作培训

针对调图、新线开通运营、车型更换、新规章颁布、加装改造、新检修运用设备板块投产运营及春运、暑运、冬季运输、军特运、黄金周、国家级大型会议或活动等不同情况，要根据不同情况，区别对待，积极组织开展专项实作培训。

特别是在车型更换、加强装改造、新线开通运营等非正常情况下，或在一段时间内连续发生带有倾向性、突发性的动车组典型故障，必须及时开展专项实作培训。如因车型更换未及时进行闸片更换培训，造成动车组在运行中闸片脱落；再如 CRH2 型动车组 153MR 加装改造后未及时对随车机械师进行实作培训，造成动车组救援时制动不缓解等。

3）开展全员岗位练兵和技术比武活动

充分利用开展好全员岗位练兵和技术比武活动这个平台，能够强化实作培训的效果，广泛调动职工参与实作培训的积极性和主动性。

3. 尖子人才的培训

1）尖子人才的选拔与培养

通常尖子人才的选拔和培养通常有以下几个途径。

（1）从不同层面选拔动车组技术尖子，组成集训队，进行重点培养。同时建立首席工程师、首席技师聘用机制，在政策、待遇方面予以倾斜。优先选派技术尖子参加铁道部组织的高层次技术培训、中外技术交流等活动，促进骨干成才。

（2）利用主机厂培训资源对尖子人才进行培训。每年可根据需求与主机厂联合制定系统的培训计划，挑选优秀的技术人员到主机厂进行系统培训，通过理论和实作培训、协助处理故障等多种手段培养尖子人才。

(3) 通过组织技术比武活动发现和培养技术尖子。要有目的地经常性地开展技术比武集训活动，通过层层选拔，让技术骨干苗子脱颖而出，然后有针对性地进行专项业务技术培训，让他们在省、部级大赛中得到锤炼，可成为各单位培养业务技术尖子行之有效的途径之一。事实证明，动车组开行以来，铁道部每年都组织了大型的动车组技术比武活动，为各铁路局、动车基地（车辆段）选拔和培养了一大批动车组业务技术尖子人才。

2）尖子人才的分类培训

众所周知，培养一个动车组全才型的技术专家非常困难，也不切合现场实际，人的精力和相对的知识水平有所不同，具体条件也不一样，有一定的差异性，动车组运用检修工作急需各系统方面的专才，所以在对尖子人才进行培训时要注意分类培训。

所谓分类培训，是指要针对尖子人才的具体情况，结合各单位专业技术人才队伍结构的特点，将动车组专业技术分成若干个研究方向，有目的地安排他们参加动车组的专项系统培训，使之成为某一个领域或某一个系统方面的专家，如制动、高压牵引、转向架、辅助供电、列车网络技术、空调、给水等。

分类培训尖子人才具有周期短、见效快的优点，能够达到事半功倍的效果。

3）积极发挥专家型人才的引领作用

我国动车组开行至今，通过不断积累运用检修的故障处理经验，已经形成了不同层次的专家型技术人才队伍，铁道部、铁路局、动车基地（车辆段）、动车所和生产厂家都建立了不同形式的动车组故障处理应急指挥中心或应急处置“110”，由若干专家型技术骨干组成，为动车组运输畅通和行车安全提供了可靠的技术支持。要充分发挥专家型业务技术骨干的引领作用，在政策、待遇上予以倾斜，建立长效的激励机制，鼓励他们带徒弟、开办技术讲坛、做专题技术报告、当教练、编教材等，以促进整体专业技术水平的提高，重在培养尖子人才。

4）基层单位尖子人才选拔和培养的要点

(1) 注意对新分配的大学生进行有目的的培养，要让他们在不同的岗位上进行锻炼，反复摔打，周期尽量长一些，特别是要在工人的岗位上多待一些时间。

(2) 要善于在工人中发现技术专才，要不拘一格大胆使用，促进其岗位成才。

(3) 经常开展不同形式的各类技术交流活动，尤其是与主机厂、兄弟单位之间的技术交流要尽量安排多一些。

(4) 充分发挥师带徒的作用，有条件的可试行导师制。

(5) 利用好技术比武这个培养技术尖子的平台。

11.6 信息化的维修管理

维修管理的任务是对列车维修任务进行预测和规划；制订维修计划，对维修各项工作内容、步骤和实施程序做出科学的安排和规定；按照系统优化的原理调配维修资源，统筹规划，科学配置；组织维修的实施；监控维修质量；不断改进、优化维修体制。由德铁、法铁、日本新干线的维修看出，基于现代控制技术、计算机技术与网络技术的检修管理信息系统对于高速列车的维修是必不可少的。

动车组的运用维修方式与既有机车、车辆维修有较大的差异，高度专业化、集约化、程序化；检修基地大量采用先进的检测和试验手段，而且要考虑兼容不同车型的维修作业。为提高工作效率，实现动车组的快速维修，必须改变传统的机车车辆运用、维修及管理模式，全面采用信息技术对检修基地生产过程进行管理，建立检修管理信息系统，用全新的概念和手段全方位的管理动车组的维修。

11.6.1　管理信息系统的功能

（1）接收动车组控制中心的各种信息，如行车计划、行车调整、传递列车运用及检修计划和有关统计资料。

（2）根据行车计划安排动车组出段、入段时间，并实时完成动车组进路的信号指示，司机的管理。

（3）接收车载故障诊断系统检测的动车组故障信息和运行状态信息。

（4）根据动车组运营时间、故障信息和工作人员信息，确定动车组的维修等级，制订维修工作计划和材料计划；动车组技术履历管理、物资配件管理；动车组维修的生产管理、维修进程管理、检修基地（运用所）劳资管理，车辆乘务员管理。

（5）计算分析动车组及其主要零部件的可靠性和维修性指标。

（6）统计、检索各种信息，摸清故障规律，不断改进检修制度。

动车组检修管理系统功能框图如图 11-51 所示。

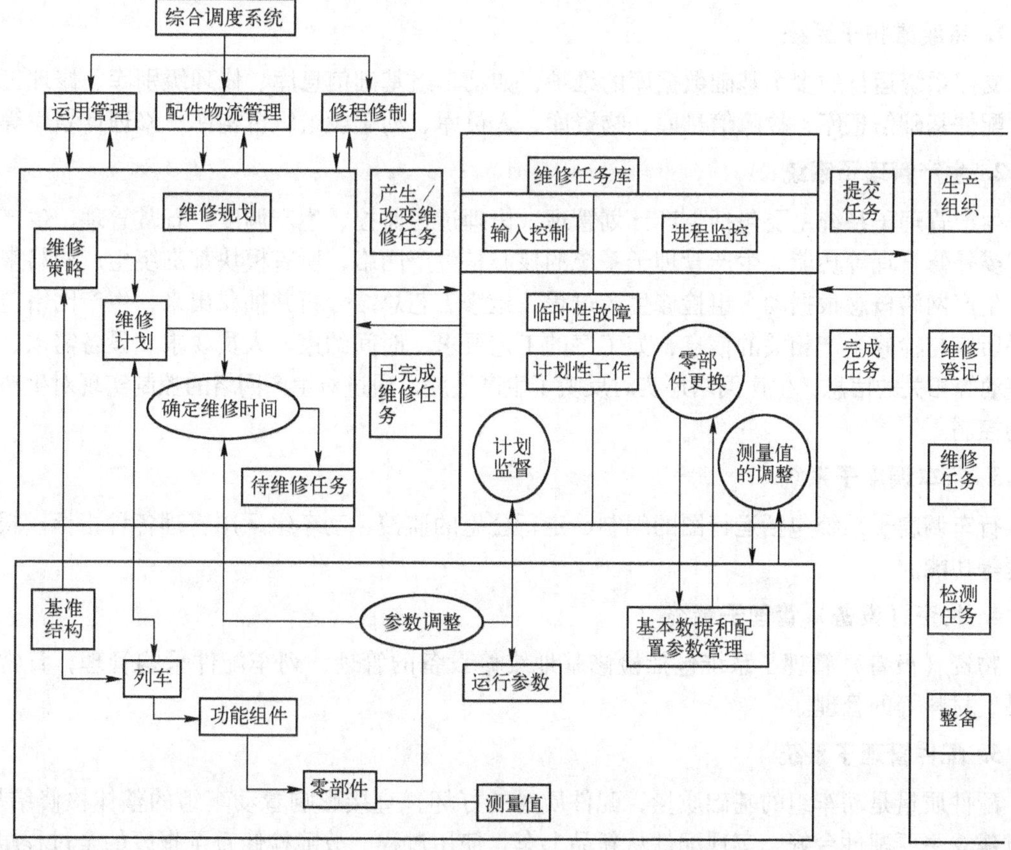

图 11-51　动车组检修管理系统功能框图

11.6.2 管理信息系统构成

系统由系统维护子系统、生产管理子系统、行车调度子系统、物资（设备）管理子系统、配件管理子系统、质量（履历）管理子系统、成本管理子系统、人员管理子系统、统计与分析子系统构成，如图 11-52 所示。

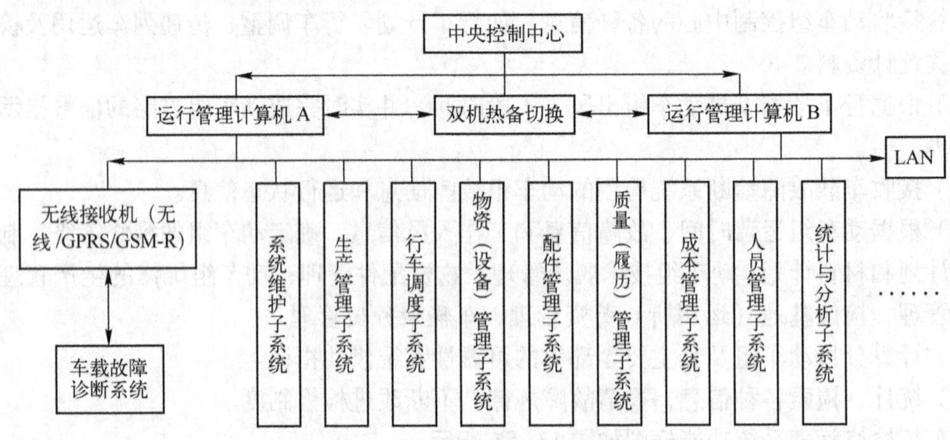

图 11-52 检修管理信息系统构成

1. 系统维护子系统

支撑系统运行的多个基础数据库的维护，如动车组基础信息库、修理级别库、修理工艺库、配件基础信息库、故障信息库、物资库、人员库、动车段组织机构库、修理计划库等。

2. 生产管理子系统

生产管理子系统主要包括生产计划管理、修理过程监控、生产调度、日常管理、生产日志、委外修管理等功能。生产管理子系统的核心是生产网络，所有模块都围绕生产网络来展开。生产网络概念根据动车组检修生产过程、检修工艺总结分析并抽象出来，生产网络包含几乎所有与检修生产相关的信息，如工序的工艺要求、时间约束、人员要求、设备需求、物资流动等相关的信息，生产网络还实时反映了生产进度，通过对生产网络的控制实现对生产过程的控制。

3. 行车调度子系统

行车调度子系统包括运行图的编制、走行公里的监控、动车组运用管理各种指标、报表管理等功能。

4. 物资（设备）管理子系统

物资（设备）管理子系统包括检修基地维修设备的管理，列车配件采购管理，日常消耗品、材料等的管理。

5. 配件管理子系统

配件质量是动车组的基础质量，配件质量的好坏，直接影响着动车组的整体检修结果。通过建立主要配件台帐，实现配件从新品上车、使用过程、故障检修直至报废的全过程跟踪管理。通过对同类配件的寿命分析，确定是工作质量问题、材质问题还是其他问题，实现对配件的寿命管理，逐步总结出配件的使用寿命和检修寿命，有针对性地实现局部配件的状态修，对严重影响动车组质量的配件及时采取改进措施。

6. 质量（履历）

质量（履历）管理子系统应包括动车组技术履历管理、检修质量监控、车载系统故障信息管理、检测信息管理等功能模块。

7. 成本管理子系统

成本管理是直接关系到检修生产效益的重要部分，控制成本、减少浪费是所有检修部门必需实行的手段。包括领料管理、成本定额、成本分析、成本统计等功能模块。通过网络，使成本控制更加趋于过程化、合理化。

8. 人员管理子系统

人员管理子系统应包括人事管理、培训教育考核管理、工作量统计和工作量调整分析等几个主要功能模块。

9. 统计与分析子系统

统计与分析子系统应包括检修工作量测算及调整、人员设备材料配置方案确定配备检修工艺管理、检测维修信息分析、车载故障信息统计分析、主要零部件的可靠性和维修性指标测算等功能模块。

检修管理系统模块之间的逻辑关系，如图 11–53 所示。

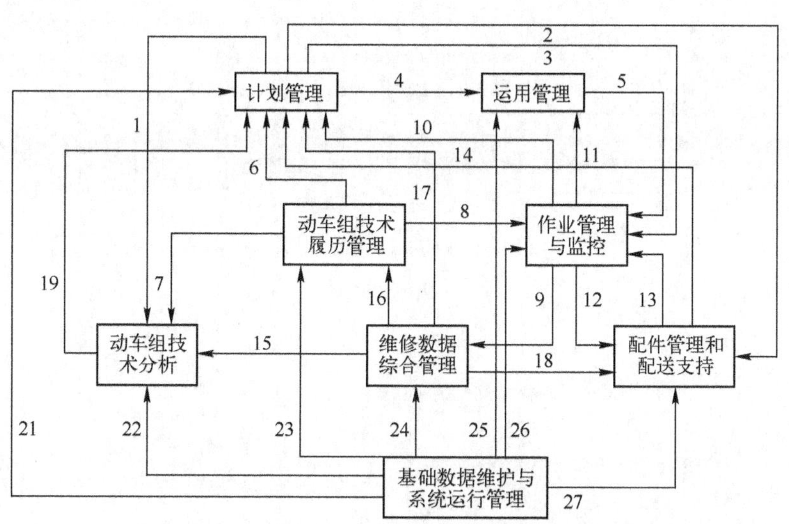

图 11–53　检修管理系统模块间的逻辑关系

11.6.3　系统支撑文件

（1）良好的检修管理制度是检修质量的保证，也是信息系统运行的基础。管理制度包括生产调度作业标准、配件调度标准、各工种作业标准、管理考核办法、记名修管理办法等。

（2）动车组及其主要零部件与制造单位统一的编码规则。

（3）动车组故障编码规则。

检修管理信息系统是检修基地不可或缺的技术手段，通过信息流把不同类型列车的调度、整备、运用、维修、配件及设备管理等业务有机链接起来，实现全路动车组检修基地及运用所之间的网络化修车，最大限度利用维修资源，确保动车组的检修质量和检修效率。

复习参考题

1. 如何理解动车组的三线（三级）维修理念？
2. 什么是动车组的均衡维修？
3. 试述检修基地三级检修流程及所用设备。
4. 结合国外动车组的检修，试述我国动车组维修的维修体系。
5. 检修管理信息系统的功能及组成？

附录A

模拟试题

A1　模拟试题一

课程名称：机车车辆运用与维修

学生姓名：________　　班级：________　　学号：________

题　号	一	二	三	四	五	六	七	总分
得　分								
阅卷人								

一、填空题（10分，每空0.5分）

1. 动车组运行总体要求________、________、________、________；直线上桥梁自线路中心到维修通道栏杆内侧距：________，隧道内轨顶面以上净空面积单线隧道不小于________平米，双线隧道不小于________平方米。

2. 列车在中间站的停站时间由________、________、________产生。

3. 列车运行图的表示方法有______________、____________；列车运行图的划分方法有______________，______________，______________。

4. 动车组上线运营前，必须达到________，运行途中不进行________。动车组因故障不能继续运行时，不得____________。正常情况下，在始发站发车前，列车处于________模式，司机选择部分监控模式。当列车出站ATP车载设备从应答器收到控车所需基本数据后自动进入________模式，按自动生成的目标距离模式运行。

二、问答题（40分）

1. 简述动车组司机和随车机械师的岗位职责。(10分)
2. 简述列车运行图指标。(10分)
3. 简述列车运行图包含的内容。(10分)
4. 简述动车组维修的意义（10分）

三、论述题（50分）

1. 客货混运时列车运行图通过能力如何计算，其中的每一项构成是何意义。(20分)
2. 描述空心车轴的检修周期及检修过程。(15分)
3. 以可靠性为中心的维修意义？试举例说明分析方法。

A2 模拟试题二

课程名称：机车车辆运用与维修

学生姓名：________ 班级：________ 学号：________

题 号	一	二	三	四	五	六	七	总分
得 分								
阅卷人								

一、填空题（10 分，每空 0.5 分）

1. 动车组运行的总体要求________、________、________、________。
2. 运行图分为________、________、________三种。
3. 动车组乘务组由________、________、________组成。
4. 车站间隔时间有________、________、________、________、________五种。
5. 区间通过能力中固定设备________、________、________、________、________、________五种。

二、问答题（40 分）

1. 简述线路平面图和纵断面图的含义、作用。（5 分）
2. 简述铁路信号的基本颜色及各颜色的意义。（5 分）
3. 简述继电连锁的组成及各部分作用。（10 分）
4. 利用最小割集进行故障树定性分析时的原则？（10 分）
5. 如何确定动车组维修间隔期（10 分）

三、计算题（30 分）

1. 已知系统的可靠性框图如图所示，试以此框图绘出故障率。（15 分）

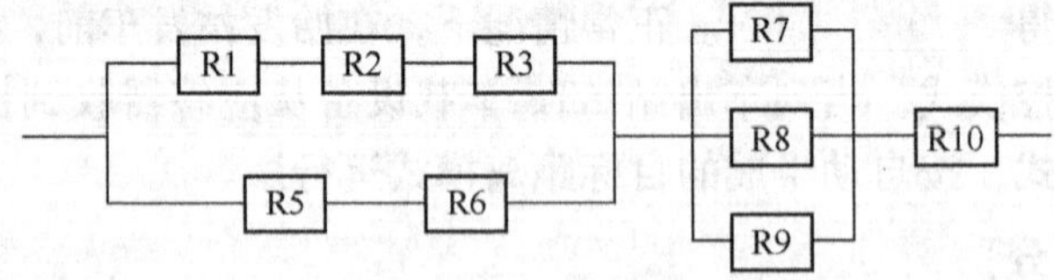

2. 由 $2n$ 个单元组成的并串联系统和串并联系统的可靠性框图分别如图（a）和（b），假设各单元失效是互相独立的，试比较两个系统的可靠性。（15 分）

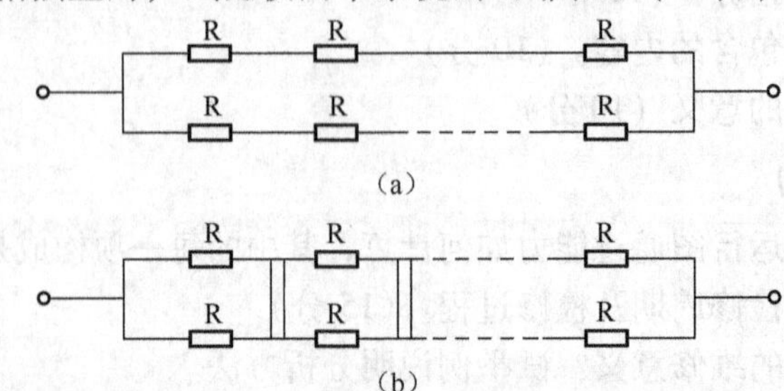

参考文献

[1] 董锡明. 机车车辆维修基本理论. 北京：中国铁道出版社，2005.
[2] 董锡明. 机车车辆运用可靠性工程. 北京：中国铁道出版社，2002.
[3] 甘茂治，康建设，高崎. 军用装备维修工程学. 国防工业出版社，2005
[4] 张凤鸣，郑东良，吕振中. 航空装备科学维修导论. 北京：国防工业出版社，2006.
[5] 康锐，石荣德. FMECA 技术及其应用. 北京：国防工业出版社，2006.
[6] 黄采伦，樊晓平，陈特放. 列车故障在线诊断技术及应用. 北京：国防工业出版社，2006.
[7] 刘贵民. 无损检测技术. 北京：国防工业出版社，2006.
[8] 吴庄胜. 机车维修工程. 成都：西南交通大学出版社，1997.
[9] 杨浩 铁路运输组织学. 北京：中国铁道出版社，2001.
[9] 陆廷孝，郑鹏洲. 可靠性设计与分析. 北京：国防工业出版社，2002.
[10] 贺国芳. 可靠性数据的收集与分析. 北京：国防工业出版社，1995.
[11] 铁道部. 动车组运用检修实作培训教材. 2007.
[12] 铁道部. 动车组定期检修工艺. 2007.
[13] 王长明. 铁路机车运用管理. 北京：中国铁道出版社，2002.
[14] 佟立本. 铁道概论. 5 版. 北京：中国铁道出版社，2006.
[15] 铁道部. 铁路技术管理规定. 北京：中国铁道出版社，2006.
[16] 吴言. 电力机车运用与规章. 北京：中国铁道出版社，2006.
[17] BAURE G. ICE 高速列车的维修. 国外铁道车辆，1995（5）：33－38.
[18] 杨其明. 德、法、意高速铁路的技术运用与维修. 中国铁路，2002（2）：47－50.
[19] 臧其吉. 德国高速列车技术的发展. 机车电传动，2003（5）：10－14.
[20] 徐智勇. 高速动车组运用检修基地若干问题探讨. 上海铁道大学学报，1998，19（6）：67－71.
[21] 董锡明. 高速列车的维修制度. 中国铁路，1999（7）：35－38.
[22] 李忠厚，王华胜. 高速列车维修的若干问题探讨. 铁道机车车辆，2003，23（A02）：48－52.
[23] 孙佩明. 高速旅客列车检修基地探讨. 工程建设与设计，2003（6）：61－62.
[24] 李剑虹. 高速铁路动车段管理信息系统. 铁道标准设计，2000，20（5）：43－44.
[25] 李克枭. 京沪高速列车维修体制浅析. 铁道标准设计，1996（9）：39－42.
[26] 傅八路. 日本高速列车及检修基地综述. 国外铁道车辆，1998，35（4）：41－45.
[27] 田葆栓. 世界高速列车的发展模式与运用前景. 世界轨道交通，2004（10）：36－41.
[28] 刘丽影，刘继刚. 我国高速动车组检修制度. 同济大学学报：自然科学报，2001，29（8）：1000－1003.
[29] 董锡明. 高速列车的维修. 中国铁路，1999（5）：42－47.
[30] 铁道部. 运用所基本管理制度，2007.
[31] 铁道部. 动车运行管理办法初稿，2007.

四、论述题（20 分）

1. 简述对结构可靠性的认识，以可靠性为中心的维修制度如何建立？（10 分）
2. 阐述我国动车组维修机构设置的原则与设置特点（10 分）

[32] 铁道部. 动车组维修现场作业安全控制办法，2006.
[33] 铁道部. 动车组专业管理规定，2007.
[34] 铁道部. 四动车组联挂和摘解作业办法，2007.
[35] 铁道部. 随车机械师作业标准，2007.
[36] 铁道部. 铁路技术管理规定，2006.
[37] 铁道部. 铁路动车组运用维修规程（暂行），2007.
[38] 铁道部. 铁道部关于印发《和谐3C型动车组四级检修规程（试行）》的通知，2012.
[39] 铁道部．铁道部关于印发《和谐1A、1B、1E型动车组三级检修规程》的通知，2012.